ALBA NUEDA LOZANO • AINHOA CAMPOS POSADA
(coords.)

Memoria Democrática en Castilla-La Mancha

UNA HISTORIA EN CONSTRUCCIÓN

editorial

cuarto
centenario

Ediciones de la Universidad
de Castilla-La Mancha

Cuenca, 2023

Colección Coediciones, n.º 175 (UCLM).
Serie Memoria Democrática de Castilla-La Mancha. N.º 9
Director: Francisco Alia Miranda

De la edición © UCLM

De los textos © Alba Nueda Lozano y Ainhoa Campos Posada

Portada Memorial a las víctimas del Franquismo
en el Cementerio Municipal de Guadalajara.
Fotografía: Sandra Beldad Colado.

Editan Ediciones de la Universidad de Castilla-La Mancha
Editorial Cuarto Centenario

Maquetación IMP Comunicación

Impresión Editorial Cuarto Centenario

ISBN 978-84-9044-628-7

Depósito legal CU 200-2023

Plan Regional de Estudio sobre Memoria Democrática de Castilla-La Mancha, de la Junta de Comunidades
de Castilla-La Mancha y Universidad de Castilla-La Mancha.

Impreso en España - Printed in Spain

Sin embargo, con el tiempo comprendí que la alegría

era un arma superior al odio, las sonrisas más útiles,

más feroces que los gestos de rabia y desaliento.

"Las tres bodas de Manolita",
Almudena Grandes

Pero nosotras lo tenemos claro,

Que somos, porque peleamos

Que somos, porque nos tenemos

Que somos, porque nos cuidamos

"Hazme una perdida",
Tremenda jauría

Índice

1. Introducción: Historia y Memoria en Castilla-La Mancha, un proceso en construcción

ALBA NUEDA LOZANO y AINHOA CAMPOS POSADA
Universidad de Castilla-La Mancha

Los procesos de memoria son un componente esencial de la configuración y desarrollo de todas las sociedades humanas y afectan desde los gestos más cotidianos hasta las grandes políticas de Estado. El despliegue de la memoria es especialmente importante en la constitución de identidades individuales y colectivas, porque su enorme potencial de cohesión es equiparable a su capacidad de generación de exclusión, diferencia y enfrentamiento. Para ello, las políticas públicas de memoria democrática deben recoger y canalizar las aspiraciones de la sociedad civil, incentivar la participación ciudadana y la reflexión social para lograr reparar y reconocer la dignidad de las víctimas de toda forma de violencia. La memoria se convierte así en un elemento decisivo para fomentar formas de ciudadanía abiertas, inclusivas y plurales.

Más allá de España, en otros muchos países con un pasado de padecimiento bajo el influjo de regímenes totalitarios, el diálogo de las sociedades con sus memorias también está adquiriendo un papel protagonista en los medios, centralizado en la difusión a través de las redes sociales

(Argentina, Chile, Alemania, Israel, Italia, Sáhara, Cuba, etc.). La historia –la reciente especialmente– deviene en relato construido en primera persona por individuos con intereses directos, lo que está en el origen de la construcción identitaria de la nación lo definido como *nation-building* (SMITH, 2008, 34-38; 55). Así es como la historia, en su ficción de herramienta forjadora de las identidades colectivas, es manipulada e instrumentalizada de forma continuada para ajustarse a lo que se requiere de ella para crear la "familia nacional" (HOBSBAWM, 1983).

En un proceso que también ha sido común en otros países con un pasado traumático reciente, el debate sobre la historia y la memoria ha trascendido la barrera teórica, incluso la parcela académica, para implicar de forma muy activa al conjunto de la sociedad civil. La "explosión de la memoria" (BURKE, 2011) tuvo lugar en nuestro país a comienzos de los años 2000, de la mano de la primera exhumación científica de represaliados del franquismo, lo que constituyó el punto de partida de la formación de asociaciones memorialistas y puso en el primer plano del foco mediático la cuestión de la memoria histórica. Estos movimientos se incorporaban al camino que en las décadas anteriores venían marcando los estudios académicos sobre la guerra civil y la dictadura franquista, con un especial énfasis en el estudio de la violencia y la represión.

En 2007 el gobierno socialista de José Luis Rodríguez Zapatero aprobaba la denominada "Ley de Memoria Histórica" como respuesta a la necesidad de localizar y dignificar a las víctimas de la guerra y del franquismo, mientras la sociedad se dividía entre aquellos partidarios de la ley y los que se oponían a la misma, considerando que, en lugar de ayudar a abrir viejas heridas, las estaba volviendo a abrir. El estudio científico y el recuerdo colectivo de lo ocurrido en la guerra y en la posguerra estuvieron acompañados de un intenso debate público sobre la necesidad de reconciliación con el pasado traumático, un debate que sigue muy presente en la actualidad (SOLER PARICIO, 2019)

Indudablemente la Guerra Civil española ha condicionado en gran medida, hasta hoy, la conciencia de las generaciones posteriores. Incluso se puede decir que acaso no haya habido en los tiempos contemporáneos otro hecho histórico que, como la Guerra Civil española, haya sido piedra de toque de lealtades políticas e ideológicas y divisoria de posiciones existenciales. Las consecuencias de la guerra marcaron la vida de millones de ciudadanos; el conflicto es considerado por la mayoría de los españoles como el acontecimiento más importante de la historia de su país para comprender la España actual. Por ello, no es exagerado decir que la Guerra Civil introdujo en la sociedad española una cesura traumática que hace de la guerra la coyuntura decisiva de la historia española en el siglo XX (ARÓSTEGUI, 2013).

Las violaciones de los derechos humanos durante la guerra y la durísima represión de la posguerra por parte de la dictadura franquista fueron condenadas en el informe de la Asamblea Parlamentaria del Consejo de Europa, adoptado en París el 17 de marzo de 2006. Los hechos descritos por el Consejo de Europa señalan que durante la guerra en España se cometieron gravísimos crímenes y que en la posterior dictadura franquista se estableció un sistema político autoritario que reprimió masivamente todo atisbo de oposición política de manera sistemática y generalizada. La ciudadanía tiene ahora el derecho al conocimiento de la experiencia histórica.

La ley de 2007 fue proyectada, ante todo, como una forma de reparación de la situación de inferioridad que durante décadas sufrieron quienes perdieron la guerra y sus familias. No se trataba de una norma maniquea de culpabilidad. La ordenación de una política memorialística no aboga por un señalamiento binario, sino por dignificar y tratar a todas las víctimas de la misma manera, aunque se distingan diferencias entre la naturaleza o el origen de las violencias sufridas. Su renovación y reformulación ha venido dada por la vigente Ley 20/2022, del 19 de octubre de Memoria Democrática que deja atrás la nomenclatura de la *memoria histórica* para avanzar a una concepción amplificada. Por esta se pretende fomentar el conocimiento de las etapas democráticas de la historia española y todos sus agentes que de forma individual y colectiva fueron construyendo los nexos de cultura democrática hasta el actual Estado de Derecho. A la vez, mantiene su voluntad de preservar y mantener la memoria de las víctimas de la guerra y la dictadura franquista como un deber de memoria colectiva.

El conocimiento del pasado es un derecho de las víctimas y un deber de los poderes públicos que tiene como finalidad evitar cometer los mismos errores en el futuro y conectar la memoria democrática de España con los principios del Derecho Internacional especificados en los Derechos Humanos, que se especifican en los valores de justicia, reparación y garantías de no repetición. El informe del grupo de trabajo de Naciones Unidas sobre las desapariciones forzadas o involuntarias, realizado en 2013, recomendaba al Estado español, que "las iniciativas en materia de verdad y memoria democrática relativas a la búsqueda de desaparecidos deben de ser asumidas como una obligación del Estado y tiene que ser parte de una política de Estado integral, coherente, permanente, cooperativa y colaborativa". Por ello, haciendo uso de sus competencias autonómicas, el gobierno de Castilla-La Mancha dispuso la promoción del estudio y de la propuesta de medidas encaminadas al reconocimiento público y a la rehabilitación moral de aquellas personas que fueron objeto de represión como consecuencia de su compromiso democrático durante la Guerra Civil y la Dictadura Franquista. A partir del Decreto 77/2019, de 16 de julio y por medio del Decreto 109/2021, de 19 de octubre y a través del Acuerdo Marco de Colaboración de la Junta de Comunidades de Castilla-La Mancha y la Universidad de Castilla-La Mancha firmado en Toledo el 28 de septiembre de 2021, se ha emprendido un camino conjunto dirigido a la investigación y la implementación de políticas que fomenten la acción reparadora, inclusiva y plural.

El Proyecto de Memoria Democrática de Castilla-La Mancha se inserta dentro del Plan Regional de Estudio sobre Memoria Democrática de Castilla-La Mancha, realizado en colaboración entre la Junta de Comunidades de Castilla-La Mancha y la Universidad de Castilla-La Mancha. Se desarrolla a partir del Acuerdo Marco de Colaboración firmado entre ambas instituciones en septiembre de 2021 y de los convenios de colaboración "Proyecto para la elaboración del mapa regional de fosas y su integración en el proyecto integrado de fosas a nivel estatal" y "Proyecto para promover la formación y divulgación en materia de memoria democrática como instrumento para la sensibilización de la ciudadanía de Castilla-La Mancha".

Los objetivos básicos que pretendía cumplir esta colaboración eran, en primer lugar, lograr el reconocimiento institucional y la reparación de las víctimas de la Guerra Civil y el Franquismo. Junto a ello, se aspiraba a favorecer el enterramiento regular de víctimas halladas o, en su lugar, dignificar los lugares de enterramientos irregulares, como lugares de memoria. En todo momento, este proyecto ha pretendido dirigirse a la población civil de la región. Por ello, toda la investigación patrocinada se ha diseñado para facilitar su incorporación en los currículos educativos y académicos, así como a ser puesto en manos de la ciudadanía a través de la divulgación pública. Un ejemplo de ello es de los fondos archivísticos, por ejemplo, con la digitalización y difusión de los archivos sobre detenciones, juicios y procesos de los juzgados militares y el Tribunal de Responsabilidades Políticas que se encuentran conservados en los archivos históricos provinciales de la región.

Una de las principales líneas de actuación del proyecto ha consistido en la creación de la web del Plan Regional de Estudios de Memoria Democrática de Castilla-La Mancha (https://memoriademocraticaclm.uclm.es/), con varias actuaciones. Se ha diseñado una nueva página principal, con nuevas categorías. Entre ésta destaca el Mapa Regional de Fosas, mapa interactivo con acceso independiente del mapa general. También se han hecho trabajos de modificación y la elaboración científica de nuevas entradas en el Mapa Interactivo de la página Web de Memoria Democrática de Castilla-La Mancha. Se han elaborado un total de 125 nuevas fichas correspondientes a las siguientes materias: fosas, guerrilla antifranquista y arqueología de la guerra civil, principalmente. También se han actualizado 35 fichas correspondientes a la guerrilla antifranquista, campos de concentración y fosas con nuevos datos ofrecidos por las publicaciones recientes. En total, actualmente hay disponibles 632 fichas: 561 de localizaciones y 71 de acontecimientos.

La segunda de las actividades prioritarias de este proyecto consiste en la publicación de monografías para la colección Memoria *Democrática de Castilla-La Mancha*, del Servicio de Publicaciones de la Universidad de Castilla-La Mancha, que ya cuenta con un total de ocho títulos. Los libros han sido impresos por la Editorial Cuarto Centenario, que se ha encargado también del diseño y maquetación. Todos los libros que la componen han distribuido, como los anteriores, de forma gratuita por todos los centros de enseñanza secundaria de Castilla-La Mancha (unos 350), para su biblioteca; bibliotecas generales de la UCLM en sus campus de Albacete, Ciudad Real, Cuenca y Toledo; biblioteca del Centro de Estudios y Documentación de las Brigadas Internacionales de Albacete; bibliotecas públicas provinciales de Ciudad Real, Cuenca, Guadalajara y Toledo (en la de Albacete ingresan por Depósito Legal); y biblioteca de la Universidad de Alcalá de Henares. Uno de los objetivos del Plan Regional es facilitar el acceso a todos los libros publicados y, sobre todo, a los institutos de enseñanza secundaria y centros universitarios para facilitar materiales a los profesores y contribuir a la divulgación de la memoria democrática en Castilla-La Mancha.

En este marco de actividades se celebró el I Congreso de Memoria Democrática de Castilla-La Mancha, que se celebró en el Aula Magna de la Facultad de Letras de Ciudad Real entre el 8 y 9 de noviembre de 2022 y que no ha supuesto ningún desembolso a cargo del convenio porque se ha sufragado gracias a una subvención del Ministerio de la Presidencia, Relaciones con las Cortes y Memoria Democrática.

El objetivo de esta publicación es recoger algunas de las principales aportaciones que se desarrollaron en este encuentro. Su variedad y heterogeneidad enriquecen una visión de conjunto de una problemática compleja, con miradas de ida y vuelta en una conversación que trasciende la línea temporal y que se interroga, en común, sobre la recuperación de la memoria democrática, sus elementos vectores y su valor para la sociedad del Estado de Derecho actual. Es, por tanto, la memoria del pasado traumático del espacio que hoy se define como Castilla-La Mancha el denominador común de todas estas investigaciones y proyectos que se inscriben en el contexto de renovación de las políticas y actuaciones en torno a la recuperación del pasado emprendidas desde la Secretaría de Estado de Memoria Democrática.

Todos ellos, en su conjunto, permiten sensibilizar a la ciudadanía sobre la realidad de que el pasado español no es un museo cerrado de objetos vacuos, sino un elemento vivo que está en constante diálogo con el presente, con las políticas públicas, con las calles que se recorren diariamente e incluso con la construcción de la identidad regional y nacional. Pretenden, ante todo, establecer canales de comunicación entre el pasado y el presente para construir un futuro cercano próspero. Una democracia plena no puede esconder un pasado doloroso en aras del establecimiento de un presente consensuadamente ausente en la cuestión de la reparación y la reivindicación de las víctimas. La medida se toma para evitar la historia que duele y que hiere, como la definió Jameson (2002). Los múltiples y serios trabajos de investigación de los últimos años contribuyen a eliminar los fantasmas del pasado y a defender el derecho a la memoria y a la recuperación de la Historia que posee cualquier sociedad. El trabajo de historia y memoria críticas sobre un pasado dictatorial resulta esencial cuando se trata de construir la democracia, cuando el establecimiento de un sistema democrático arraigado es la tarea colectiva de toda una sociedad (AGUILAR FERNÁNDEZ, 2002)

Para ello, se han reunido en esta publicación una serie de textos derivados de aquel encuentro que, ordenados de manera temática, pretenden arrojar una visión de conjunto para iniciar el abordaje de los estudios de memoria democrática en la región. Se aspira, además, a crear diálogo y sendero en colaboración con los trabajos que en este sentido ya están en marcha, como las excavaciones de las fosas comunes de la comunidad y la elaboración de los listados de víctimas y los mapas de fosas, entre los que destacan los esfuerzos del proyecto "Víctimas de la dictadura en Castilla-La Mancha" y el Mapa de la Memoria Democrática de Albacete, ambos protagonizados por la UCLM y la Diputación Provincial de Albacete; el proyecto "Mapas de Memoria", del Centro Internacional de Estudios de Memoria y Derechos Humanos de la UNED, centrado en Ciudad Real, y los trabajos realizados por la Asociación por la Recuperación de la Memoria Histórica de Cuenca, el Foro por la Memoria de Guadalajara y la Asociación Manuel Azaña, en Toledo.

El encuentro nació con la voluntad de dar voz tanto a especialistas reconocidos en sus áreas como a las aportaciones de aquellos que han comenzado a desarrollar sus investigaciones, y con la aspiración de establecer canales de diálogo entre la academia y las iniciativas memorialistas que surgen de la iniciativa popular. Así, investigadores consolidados y nuevos, procedentes de la Universidad o de las asociaciones de memoria, han integrado con sus trabajos los cuatro apartados en los que se divide este libro: el primero, centrado en las propuestas que abordan la memoria democrática desde la enseñanza y la divulgación; el segundo, dedicado al análisis de la violencia y de la represión; el tercero, volcado en el estudio de los vestigios de la guerra civil y el franquismo y, por último, un cuarto capítulo que se centra en iniciativas desarrolladas para recuperar y visibilizar la memoria de determinadas localidades o colectivos.

Uno de los objetivos fundamentales de las políticas de memoria democrática consiste en transmitir el conocimiento sobre lo acontecido a la ciudadanía, a través fundamentalmente de la educación reglada, pero también mediante otro tipo de iniciativas que pretenden generar conciencia de lo que ha implicado históricamente perder la convivencia democrática y así valorarla en su justa medida. En las dos últimas décadas se ha desplegado toda una serie de propuestas didácticas que han girado en torno a lo local como forma de transmitir el conocimiento histórico sobre la guerra civil y el franquismo y los valores principales de la memoria democrática. Cosme Jesús Gómez Carrasco, Félix González Chicote y Ramón López abordan un estudio sobre cómo los temas y métodos de enseñanza han evolucionado para incorporar las cuestiones controvertidas en los planes educativos entre los que la Memoria Democrática ocupa un papel protagonista. A través de un análisis de mirada internacional, abren caminos para la reflexión y la innovación docente en el marco de la reciente legislación. Por su parte, Felipe Molina Carrión y Laura Perona Guillén aportan en esta sección dedicada a la enseñanza y la memoria democrática dos propuestas, la primera centrada en Alcázar de Cervantes y la segunda que, con una perspectiva más amplia, utiliza el Mapa de Memoria Democrática de Castilla-La Mancha para estimular el interés del alumnado de instituto en estos temas. María de la Hoz Bermejo Martínez cierra este apartado con un capítulo centrado en el análisis del callejero de Guadalajara y su papel en la construcción de la memoria ciudadana, aportando un enfoque de género que resulta imprescindible para comprender la realidad en toda su complejidad.

No hay obra sobre la memoria democrática que pueda dejar de lado el estudio de la violencia y su recuerdo: como afirmaba Theodor Adorno, "La necesidad de prestar voz al sufrimiento es condición de toda verdad", por lo que el análisis de este sufrimiento es esencial para entender la sociedad de la guerra y la posguerra. El segundo apartado de este libro se centra precisamente en este tema y recoge trabajos novedosos sobre la represión desatada por el franquismo en Castilla-La Mancha. Los dos primeros capítulos abordan el análisis de la violencia desde el marco local: mientras que Ana María Bascary Peña estudia el impacto de la represión en Villarrobledo, Juan Carlos Buitrago Oliver analiza el papel de los testigos en la justicia del régimen en Ciudad Real. Los otros dos trabajos incluidos en este apartado abordan específicamente la represión ejercida sobre las mujeres, que adquirió rasgos distintivos que la diferenciaban de la que sufrieron los hombres. Así, Eva María Jesús Morales y Marta Aguilar Castellanos analizan las respuestas elaboradas por las mujeres de Valdepeñas a la hora de vivir y sobrevivir durante la posguerra, mientras que Cristina Somolinos Molina y Mario Bueno Aguado aportan una nueva interpretación sobre los testimonios de Tomasa Cuevas y Juana Doña, presas en Guadalajara.

El espacio dedicado a los *vestigios de la memoria* se centra en las propuestas que tienen que ver con la dignificación y señalización de los espacios históricos emblemáticos vinculados a la Guerra Civil y la represión franquista. Desde que se aprobara en 2007 la Ley de Memoria Histórica y, sobre todo, por medio de los impulsos a la recuperación de la memoria emprendidos por los gobiernos autonómicos, se ha desarrollado una política específica fundamentada en la idea de que era necesario implementar iniciativas políticas relacionadas con estos espacios. Para ello se partió de un concepto de lugares ideado por Pierre Nora en su obra *Les lieux de mémoire,* que plantea una idea mucho más amplia, centrada en la identidad de la comunidad y cubriendo no solo los aspectos físicos, sino también otras expresiones culturales intangibles (NORA, 1984). Estos lugares de memoria pueden ser de lo más variados, como se demuestra en los cuatro capítulos que componen este apartado. Isabel Baquedano Beltrán y Francisco Javier Pastor Muñoz realizan en el primero un exhaustivo recorrido por el patrimonio arqueológico de la guerra civil en Madrid, prestando una especial atención a las fortificaciones que a modo de "cicatrices" se distribuyen por el paisaje de esta Comunidad, dando testimonio de la posición del frente en la misma. Rafael Villena Espinosa y Esther Almarcha Núñez-Cerrado analizan uno de los monumentos más cotidianos del franquismo, la cruz de los caídos, a través de otro objeto muy cotidiano y que aporta una perspectiva novedosa: las tarjetas postales; mientras que Silvia García Alcázar y Francisco José Cerdeña Cañizares estudian la evolución de la simbología de un monumento concreto con una historia única: el "Ángel de la Victoria y de la Paz" de Valdepeñas. Por su parte, Ángel Mora Urda aborda el análisis de los restos enterrados en el cementerio de "La Tahona de Uclés", situado en el Monasterio de la localidad, que ejerció de hospital durante la guerra y de cárcel durante la posguerra. Este análisis aporta información novedosa y relevante tanto sobre los soldados republicanos que fueron heridos y tratados en el hospital durante el conflicto como de las condiciones de vida de los presos allí encerrados hasta 1943.

El cuarto y último apartado, *Recuperar la memoria*, aborda algunas de las más importantes iniciativas para dar visibilidad al pasado traumático en Castilla-La Mancha. En la recuperación de la memoria democrática ha sido imprescindible la actuación de las asociaciones memorialistas, que en muchas ocasiones han cubierto el vacío dejado tanto por las instituciones como por la Universidad. Por tanto, es necesario que fluya el diálogo entre estas asociaciones y los investigadores pertenecientes a la academia. En este apartado se recogen las aportaciones de Carmen Parreño Tébar, secretaria de la Asociación de Memoria Histórica en la Roda de Albacete y Comarca, y de Manuel Ramírez Gimeno, presidente de la Asociación Fosa de Alcaraz, que realizan un recorrido por los acontecimientos fundamentales de la represión en sus localidades y recogen las actuaciones más destacadas de dichas asociaciones en el esfuerzo de recuperación y visibilización de la memoria. Por su parte, Antonio Selva Iniesta, codirector del Centro de Estudios y Documentación de las Brigadas Internacionales, analiza el Memorial dedicado a estas unidades en Madrigueras y que fue inaugurado en febrero de 2022.

Por su parte, Pedro y Xulio García Bilbao, presientes del Foro por la Memoria de Guadalajara ofrecen un relato sobre el tortuoso y conflictivo camino de aplicación de las leyes de memoria en la provincia.

A través de estos trabajos, diversos en sus temáticas y perspectivas, novedosos en sus enfoques y procedentes de un amplio abanico de autores representantes del mundo de la investigación, la enseñanza secundaria y la sociedad en general, se ofrece una imagen de conjunto del panorama de los estudios sobre memoria democrática en Castilla-La Mancha, con el objetivo de seguir aportando a los debates y al conocimiento de un período esencial en la historia de la región y contribuir al desarrollo de nuevos trabajos en una disciplina que goza de muy buena salud y se encuentra en plena expansión. |

Referencias bibliográficas

- ADORNO, Theodor (2005): *Dialéctica negativa. La jerga de la autenticidad*. Akal, Madrid.

- AGUILAR FERNÁNDEZ, Paloma (1996): *Memoria y olvido de la Guerra Civil española*, Alianza, Madrid.

- (2002): "Justicia, política y memoria: los legados del Franquismo en la Transición española», en BARAHONA DE BRITO, Alexandra; AGUILAR FERNÁNDEZ, Paloma y Carmen GONZÁLEZ ENRÍQUEZ (eds.), *Las políticas hacia el pasado. Juicios, depuraciones, perdón y olvido en las nuevas democracias*, Istmo, Madrid, pp. 135-194.

- ARÓSTEGUI, Julio (2013): *Largo Caballero: el tesón y la quimera*. Debate, Barcelona.

- BURKE, Peter (2011): "Historia y memorias: un enfoque comparativo» *Isegoría Revista de filosofía moral y política*, nº 45490, pp. 489-499.

- HOBSBAWM, Eric (1983): *The Invention of Tradition*, Cambridge University Press, Cambridge.

- JAMESON, Fredric (2002): *Political Unconscious: Narrative as a Socially Symbolic Act*. Routledge, London.

- NORA, Pierre (1984): *Les Lieux de mémoire*, Gallimard, Paris.

- SMITH, Anthony D. (2000): *Nacionalismo y Modernidad,* Madrid, Itsmo.

- SOLER PARICIO, Pere (2019): "La memoria histórica de la Guerra Civil, la dictadura franquista, y la Transición, en España. Síntesis histórica e iniciativas legislativas recientes", *Cahiers de civilisation espagnole contemporaine*, 23.

2. Enseñanza y memoria democrática

2.1. Memoria democrática y temas controvertidos en la enseñanza de la historia: pasado, presente y futuro

COSME JESÚS GÓMEZ CARRASCO
Universidad de Murcia

FÉLIX GONZÁLEZ CHICOTE
IES Margarita Salas

RAMÓN LÓPEZ FACAL
Universidad de Santiago de Compostela

1. Las investigaciones sobre educación histórica

En la educación histórica conviven enfoques tradicionales de enseñanza junto a prácticas fundamentadas en teorías constructivistas de aprendizaje (VANSLEDRIGHT, 2014; GÓMEZ, MIRALLES, RODRÍGUEZ-MEDINA & MAQUILÓN, 2020; VOET & DE WEVER, 2020). En las aulas se han priorizado narrativas cuyo sujeto histórico es la nación; todavía en la actualidad son minoritarios los relatos basados en perspectivas múltiples, que tienen como sujeto a las personas y colectivos subordinados, a víctimas de conflictivos, aunque son cada vez más las experiencias que exploran estas temáticas alternativas (EPSTEIN & PECK, 2018; LÉVESQUE Y CROTEAU, 2020).

Hace ya décadas que los trabajos en educación histórica exploran modelos que incorporan nuevas concepciones metodológicas. Así, los estudios de Monte-Sano (2011), Ledman (2015), Lesh (2011), Reisman (2012), Van Boxtel y Van Drie (2012) o Wineburg (2001) están relacionados con el pensamiento histórico, la alfabetización histórica o el uso de fuentes primarias en el aula. Y, desde otra perspectiva, los trabajos de Carretero y Van Alphen (2014), Grever, Peltzer y Haydn (2011), López et al. (2014), Rüsen (2012) y Wilschut (2010), se han centrado en investigar temáticas de conciencia histórica, identidad y el planteamiento de diferentes memorias del pasado en las aulas.

En la figura 1 se sintetizan los estudios que han abordado de forma más profunda la historia pública, los procesos identitarios relacionados con el pasado, y la recepción de narrativas por parte de los estudiantes en los últimos años (LÉTOURNEAU, 2014). No se trata solamente de que el alumnado adquiera habilidades sobre cómo se construye el conocimiento del pasado. Los docentes buscan hacerles reflexionar sobre la construcción de esos discursos históricos más allá del ámbito académico, y por qué y para qué aprender historia (GÓMEZ, MIRALLES & LÓPEZ-FACAL, 2021). Este enfoque trata de combinar la formación ciudadana, la conciencia histórica, y la introducción de temas sociales candentes en la línea de lo planteado por J. Rüsen (2012).

Este modelo ha sido definido por Barton y Levstik (2004) como una perspectiva sociocultural de la educación histórica. Para su desarrollo no solamente es necesario el manejo de fuentes y su interpretación. Hay que dar voz al alumnado en debates sobre temas del pasado, fomentar la crítica, la reflexión y el debate e incorporar temas controvertidos (DOMÍNGUEZ-ALMANSA Y LÓPEZ-FACAL, 2017). Las investigaciones muestran un notable cambio en las concepciones de la historia por parte del alumnado cuando se introducen perspectivas críticas a través de estrategias de indagación (BLEVINS, MAGINS & SALINAS 2020; ENDER, 2019).

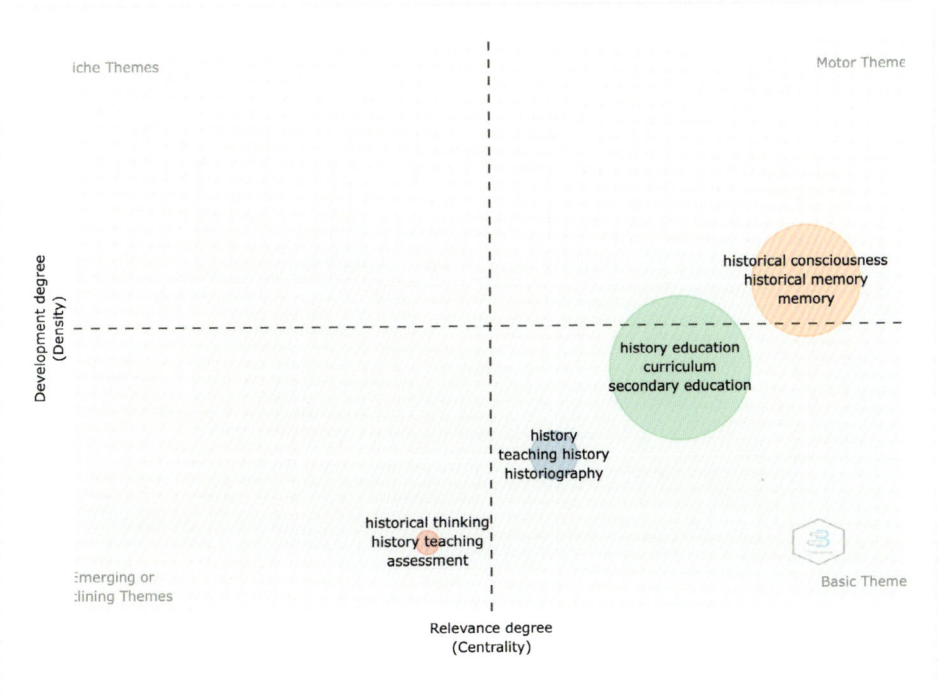

Figura 1. Evolución de las temáticas sobre enseñanza de la Historia en la WoS (2000-2022).
Fuente: Elaboración propia a través de los datos de la Web of Science y el programa Bibliometrix.

2. Los temas conflictivos en las aulas

A nivel internacional, las investigaciones sobre el uso de temáticas conflictivas en el aula se han ido incrementando desde el inicio del siglo XXI. Para poder analizar este crecimiento se ha realizado una búsqueda en las bases de datos de la Web of Science: Social Science Citation Index (SSCI), Science Citation Index Expanded (SCI) y Emerging Sources Citation Index (ESCI). Se realizaron búsquedas sistemáticas en el título y en el resumen de los artículos con la clave de búsqueda: "Controversial issues" and "Education" entre los años 2000-2022. En ese periodo se publicaron 395 artículos relacionados con temas controvertidos y educación. Como se muestra en la figura 2 el incremento de artículos sobre esta temática ha sido notable en los últimos cinco años. La producción académica desde el año 2000 al 2009 es muy baja (entre 3-5 artículos

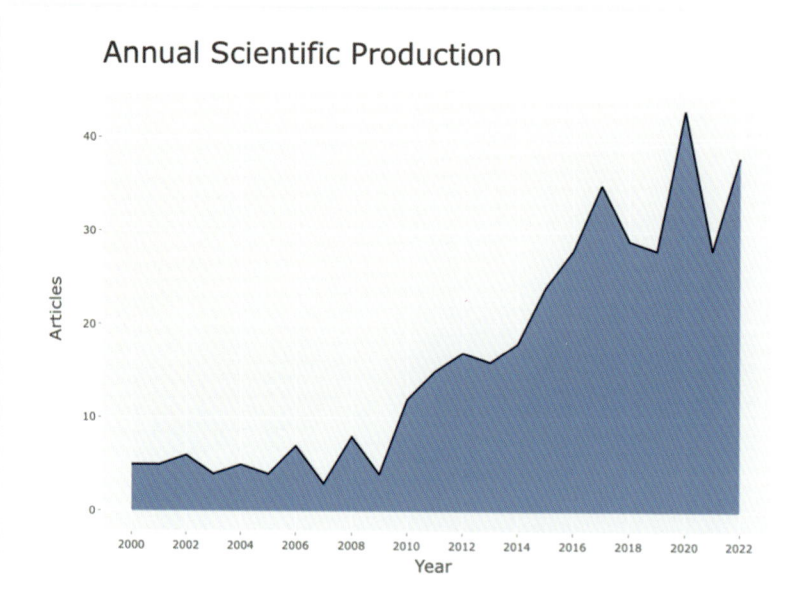

Figura 2. Evolución de los artículos sobre temas conflictivos en el aula (2000-2022).
Fuente: Elaboración propia a través de los datos de la Web of Science y el programa Bibliometrix.

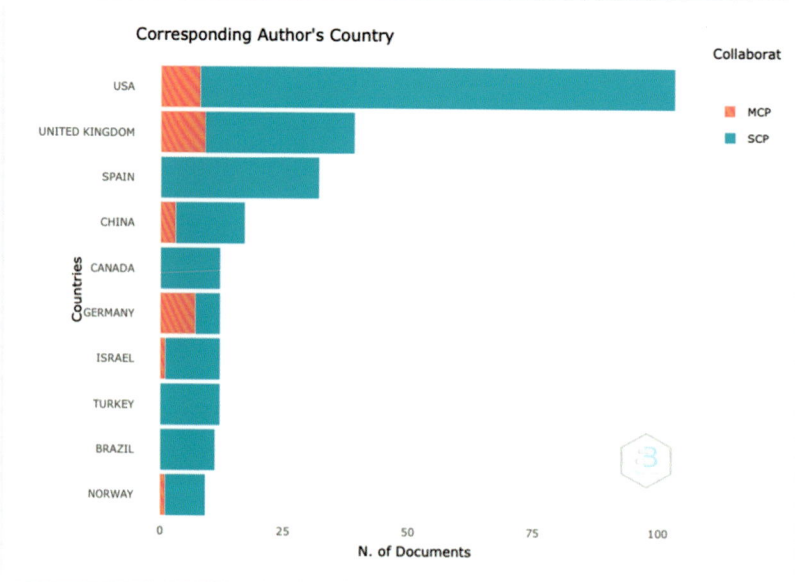

Figura 3. Procedencia de los autores de los artículos publicados sobre temas conflictivos en el aula (2000-2022). Fuente: elaboración propia a través de los datos de la Web of Science y el programa Bibliometrix.

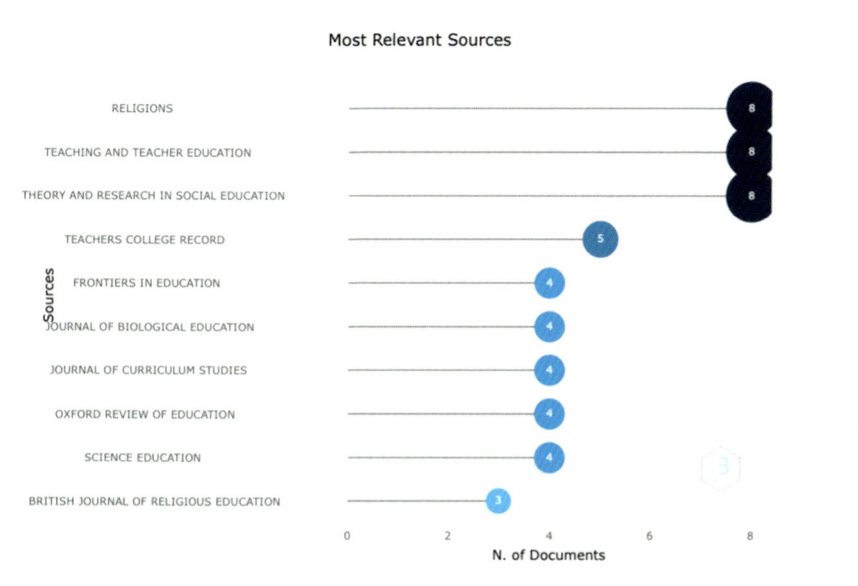

Figura 4. Revistas con más publicaciones en la WoS sobre temas conflictivos en el aula (2000-2022). Fuente: Elaboración propia a través de los datos de la Web of Science y el programa Bibliometrix.

anuales). Hay una segunda fase, entre el 2010 y el 2015 con una producción anual entre 10-20 artículos. A partir del año 2016 nos encontramos en una fase de incremento, entre 25-40 artículos anuales.

El 50% de la producción académica está concentrada en tres países: EE.UU. (más de un centenar de publicaciones), Reino Unido (35 publicaciones) y España (30 publicaciones). China, Canadá, Alemania, Israel, Turquía, Brasil y Holanda aglutinan en torno a 10 publicaciones (figura 3). Las tres revistas que han publicado más artículos de esta temática son: *Religions, Teaching and Teacher Education,* y *Theory and Research in Social Education* (figura 4).

Las temáticas más relevantes de estos 395 artículos se dividen en varios clústeres (figura 5). El clúster central, en amarillo, con relevantes conexiones con los clústeres morado y azul claro, está relacionado con el uso de temas controvertidos en las aulas de ciencias sociales para

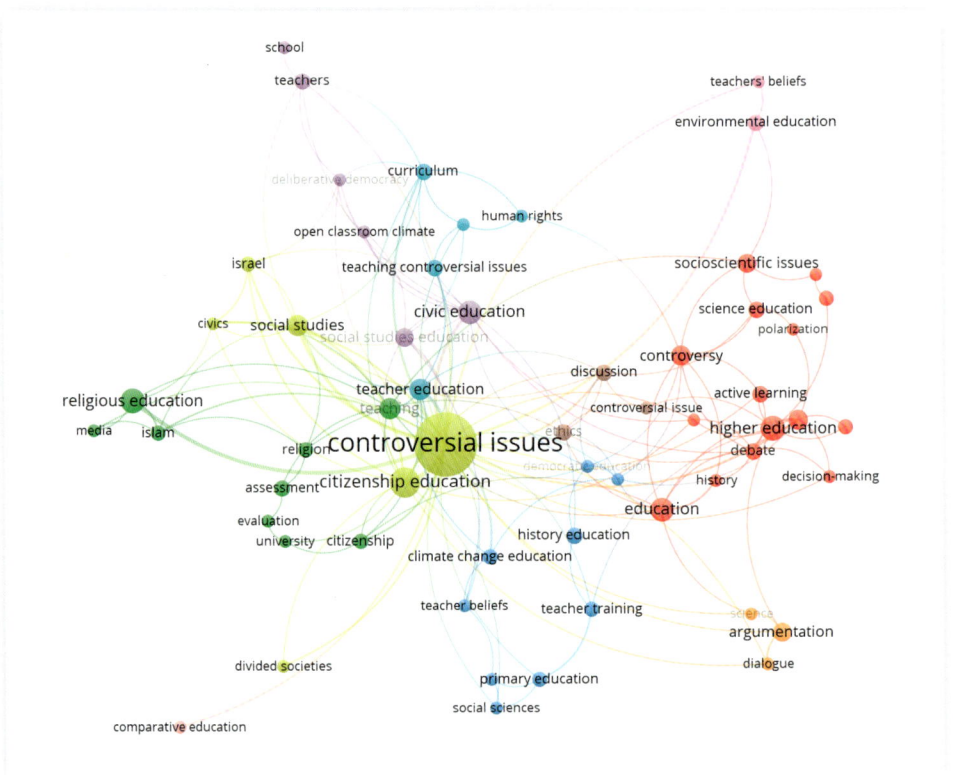

Figura 5. Redes temáticas de los artículos publicados en la WoS temas conflictivos en el aula (2000-2022). Fuente: elaboración propia a través de los datos de la Web of Science y el programa VOSViewer.

trabajar la educación cívica y los derechos humanos. El clúster verde, en el extremo izquierdo de la figura, muestra las conexiones del trabajo en las aulas con temáticas religiosas y medios de comunicación. En el extremo derecho de la figura aparecen las temáticas relacionadas con educación ambiental, pensamiento científico y argumentación.

Entre los contenidos más investigados relacionados con la educación histórica destaca el Holocausto judío en la Segunda Guerra Mundial (GROSS, 2014), seguido del sufrimiento de otros colectivos subordinados (LE CORDEUR, 2015) y, en general, otras memorias traumáticas. Investigaciones como los de Najbert (2020) en República Checa o de Gerber & Van Landingham (2021) en Rusia muestran las dificultades de trabajar con memorias traumáticas del pasado reciente relacionadas con limpiezas étnicas, torturas y otras formas de violencia política.

Es necesario profundizar en los condicionantes que facilitan o dificultan el planteamiento de estos temas controvertidos en las aulas. Estudios como los de Savenije, Brauch & Wagner (2019) han explorado estos elementos, comparando algunos países europeos e Israel. Entre estos condicionantes, los autores señalan las concepciones identitarias y la naturaleza del conocimiento histórico por parte del profesorado, el contexto local y las características del currículo nacional de cada país.

Las concepciones sobre la historia de los docentes, y cómo perciben las relaciones con las familias de sus estudiantes juega un papel fundamental, como señala Wooley (2017) en Inglaterra. El trabajo de Misco (2016) en Corea del Sur muestra que también influye el miedo del alumnado a no encontrar las respuestas adecuadas a los problemas planteados en el aula, ya que están acostumbrados a tareas más mecánicas que suelen ser las habituales en los libros de texto. Ante esas reticencias por parte del alumnado, los docentes prefieren evitar el planteamiento de temas conflictivos (VOET & DE WEVER, 2020). Mantiene su vigencia el modelo propuesto por Kelly (1986) sobre las cuatro perspectivas docentes de abordar los temas controvertidos en el aula y todavía sigue estando muy generalizada la *neutralidad excluyente,* de quien elude la discusión en el aula porque considera que el docente debe ser neutral y debe evitar influir en el alumnado, (LÓPEZ-FACAL & SANTIDRIÁN, 2011).

Bevernage y Temoney (2022) identifican tres formas de abordar los pasados violentos traumáticos en relación con la epistemología del saber histórico. El primer enfoque es el que denomina como "recuperación cognitiva de la verdad", que se basa en proponer un conocimiento histórico y una realidad única y compartida. Se basa en la presunción objetivista de que las personas solo pueden reconciliarse si comparten la misma realidad histórica, si aceptan que el pasado es realmente pasado en lugar de tratarlo como un presente continuo, y si llegan a comprender la complejidad de la historia, sin dejar espacio para la culpa colectiva o transgeneracional.

Una comprensión historicista trata de crear una distancia entre el pasado y el presente. La esperanza de algunos historiadores es que esta verdad "apaciguará" el pasado y "trazará una línea" sacando a las víctimas de su estado de "extratemporalidad", en el que el pasado parece "permanecer presente". Se basa en la suposición de que el estudio objetivo y sin implicación emocional con las víctimas arroje una "verdad moderadora" basada en un "reconocimiento mutuo de complicidad en conflictos pasados" y "desmantelamiento la percepción del "otro" como un enemigo malvado e intratable" (AIKEN 2014: 54).

Un segundo enfoque es el llamado "Reencuadre (inter)subjetivo: reubicación, transformación de la identidad y comprensión metahistórica". A diferencia del énfasis positivista en la verdad histórica objetiva, muchos creen que las iniciativas de reconciliación efectivas requieren un cierto replanteamiento (inter)subjetivo o reelaboración de la historia y las identidades del presente que se basan en ella. Para tratar de provocar el cambio que se necesita para la reconciliación, son numerosos los investigadores, historiadores y docentes que se centran no en transmitir "la verdad" sino más bien en narrativas o "narración de historias", y en su supuesta potencia para (re)construir la identidad y como "instrumento". para la negociación cultural" (BRUNER 1991: 17). En el centro de las teorías y prácticas de reconciliación basadas en la narrativa está la idea de que las narrativas pueden reformularse.

Un tercer enfoque, relacionado con el anterior, se denomina "Reconocimiento ético". Enfatiza en la necesidad de un reconocimiento de las experiencias históricas de los quienes han sufrido la opresión y las formas culturalmente diferentes en que se relacionan con el pasado. Este enfoque tiende a ser muy crítico con el historicismo.

Las publicaciones sobre temas socialmente conflictivos en España se han planteado principalmente en torno a la Guerra Civil y el periodo de la dictadura franquista. La Ley de Memoria Histórica de 2007 ha conllevado que las temáticas controvertidas del periodo señalado se hayan identificado como "memoria histórica" (VALLS, 2009) o más recientemente como "memoria democrática". Recientes trabajos como los de Sáez-Rosenkranz y Prats (2021) o el estudio llevado a cabo por la

Fundación CIVES (AYALA ET AL., 2021) han analizado la presencia de estos temas y su tratamiento en las aulas de historia. El planteamiento de estas temáticas en los currículos y libros de texto ha sido escaso y, cuando aparecen, se suelen presentar desde una perspectiva aparentemente objetivista (DÍEZ, 2014; FUERTES, 2018). Los estudios de Martínez-Rodríguez, Munoz Labrana & Sánchez-Agustí (2019), han mostrado también las reticencias del profesorado para abordar estos temas controvertidos. Sin embargo, la evaluación de intervenciones en el aula muestra una mejora significativa en el alumnado (PEDROUZO & CASTRO-FERNANDEZ, 2021).

3. La enseñanza de la historia en España y sus conexiones con la memoria democrática (1970-2022)

La dictadura franquista (1936-1975) aniquiló cualquier elemento liberal o democrático en la interpretación del pasado. Los manuales de esa etapa responden a una ideología reaccionaria, clerical y providencialista (VALLS y COLOMER, 2018). En 1970 se inició en España un proceso de modernización del sistema educativo que, en relación con la enseñanza de la historia, fue bastante radical. En la etapa de educación básica (6-14 años) se sustituyeron las viejas asignaturas de Historia y Geografía por una nueva asignatura de Ciencias Sociales en la que, además de contenidos geográficos e históricos, se incluyeron contenidos de educación cívica.

En los inicios de la Transición democrática (1976[1]) se incluyeron nuevos contenidos en las orientaciones pedagógicas del área social en la segunda etapa de la Educación General Básica y se incorporaron, por primera vez, contenidos de educación cívica que abordaban la convivencia en un marco diferente al de las viejas narrativas del nacionalcatolicismo:

El sistema educativo constituye una base imprescindible para el logro de una sociedad democrática en la cual la convivencia pacífica y

---

1 <https://www.boe.es/buscar/doc.php?id=BOE-A-1976-24474/>, [Fecha de consulta: 09/10/2023].

armónica permita la realización del individuo en todas sus dimensiones, ordene su contribución al bienestar de los demás y considere el respeto mutuo como valor de general y obligada aceptación.

La educación para la convivencia –incluida por el Gobierno en su declaración programática– aparece así como objetivo demandado para la construcción de un tipo de sociedad que. parta de una nueva orientación del hombre como sujeto de derechos y deberes públicos, y de una paralela potenciación de virtudes éticas y comunitarias.

También se introdujeron contenidos relacionados con situaciones conflictivas (conflictos de orden personal y colectivo) de orden colectivo y la forma de superarlas.Los textos escolares de historia comenzaron a revisarse, y la perspectiva historiográfica de *Annales* (muy minoritaria antes de 1945) se convirtió en el paradigma hegemónico para la enseñanza (VALLS, 2002; 2007). La historiografía de *Annales* prescinde de la vieja historia política y buscaba explicaciones globales a partir de análisis socioeconómicos; combina los tiempos largos que facilitan establecer relaciones muy amplias, con los cortos que facilitan explicaciones concretas a fenómenos puntuales; los marcos territoriales en los que se mueven van de lo regional a lo supranacional, con lo que se adecuaban mucho mejor tanto a las demandas descentralizadoras frente al viejo centralismo jacobino en el interior de cada país como, por otra parte, las aspiraciones de integración supranacional. *Annales,* o la *New History* en el Reino Unido, proporcionaron un nuevo discurso que se acomodaba mejor a la nueva situación.

En Bachillerato, se produce el cambio de la narración patriótico-política al discurso modernizador, adaptándose los contenidos escolares a los nuevos valores: libertades individuales, democracia, identidad cultural europea (LÓPEZ FACAL, 2000). El concepto de civilización, con claras influencias en la obra de Braudel, articula un cambio que permite vertebrar los contenidos de manera no estrictamente política y cronológica, abriéndose paso temas como el Feudalismo, la Ilustración, la Revolución Industrial y la difusión del Capitalismo. El Decreto 160/1975, que definía el nuevo plan de estudios de Bachillerato Unificado y Polivalente, no podía ser más elocuente, se debían conocer "aquellos aspectos que conviven hoy en nuestra civilización y que inciden en el camino de una futura civilización universal, de la cual la de Occidente será probablemente la base". Al mismo tiempo, para la materia de Geografía e historia de España y de los Países Hispánicos del tercer curso, similar en contenidos a la actual Historia de España del segundo curso de Bachillerato se indicaba que "ha de prevalecer su proyección a épocas más recientes hasta llegar al de la vida actual en España".

En 1982 la izquierda formó gobierno en España, por vez primera desde 1936. Los deseos de renovación y cambio social presentes en la sociedad tuvieron su reflejo en esta pluralidad de iniciativas didácticas. En 1987, consolidada ya la democracia, se anunció un proyecto de reforma general de la educación recogiendo sugerencias realizadas en un informe de la OCDE. Aunque la ley de 1970 había impulsado un importante avance en la educación, los desajustes eran enormes, con un elevado fracaso en la educación básica superior al 30%.

En las propuestas reformistas iniciales se proponía una amplia libertad al profesorado y a los centros (curriculum abierto). Pero de manera inmediata se cerró esta posibilidad, publicándose unos contenidos mínimos obligatorios tan extremadamente prolijos que apenas dejaban margen para la innovación. El "cierre" del currículum obedeció a presiones y motivos variados: por una parte, a la reivindicación de las editoriales de libros de texto que, por razones comerciales, reclamaban contenidos comunes en toda España; pero también para dar respuesta a la demanda mayoritaria de un profesorado anclado en rutinas profesionales y que carecía de voluntad y de la formación necesaria para asumir una tarea compleja. Hubo una amplia ofensiva en defensa de una concepción tradicional y disciplinar de la enseñanza de la historia.

Los sectores conservadores realizaron una intensa su campaña de agitación que llevó a un cambio de la legislación educativa cuando ganaron las elecciones en 1996 (LÓPEZ FACAL, 2022). Modificaron los contenidos de la historia de España además de re-establecer la asignatura de religión como evaluable y eliminar algunas de las orientaciones sobre diversidad.

La rectificación[2] se justificaba por "la necesidad de dar mayor concreción a todos los currículos", lo que se traduciría en el área de Ciencias Sociales, Geografía e Historia en un desglose e incremento de los contenidos, especialmente destacado para algunas etapas como la Edad Moderna, en la que debía conocerse "los hechos más relevantes de la Monarquía hispánica", el mayor protagonismo del encuadre cronológico y una clara apuesta por los hechos políticos frente a los fenómenos socioeconómicos.

No obstante, resulta llamativo que esta "rectificación" introdujo por primera vez, nada menos, que entre los objetivos de la materia de Ciencias Sociales, Geografía e Historia, la noción de memoria histórica, a diferencia de la noción memoria colectiva de la LOGSE.

> *Objetivo 9. Adquirir una memoria histórica que permita elaborar una interpretación personal del mundo, a través de unos conocimientos básicos tanto de Historia Universal, como de Historia de España, respetando y valorando los aspectos comunes y los de carácter diverso, con el fin de facilitar la comprensión de la posible pertenencia simultánea a más de una identidad colectiva*[3].

El debate, aunque quizá mejor sería definirlo como cruzada, sobre las Humanidades, abierto por la ministra Esperanza Aguirre, acompañado de algunas declaraciones apocalípticas de un sector muy bien integrado dentro del mundo académico, como las del director de la Real Academia de la Historia, que llegó a afirmar en el año 2000 en una entrevista en *El País* que los jóvenes sufrían de una "ignorancia aterradora" ya que "desconocen quién fue Alfonso XIII" o no había oído "hablar de la trilla o las mieses". Esta dinámica de instrumentalización política de la historia escolar impidió un balance sereno de los cambios producidos por los planes de 1975 y 1990 y las siempre necesarias actualizaciones

---

2   Real Decreto 937/2001, de 3 de agosto: <https://www.boe.es/buscar/doc.php?id=-BOE-A-2001-17024>, [Fecha de consulta: 09/10/2023].

3   Real Decreto 831/2003, de 27 de junio: <https://www.boe.es/buscar/doc.php?id=-BOE-A-2003-13284>, [Fecha de consulta: 09/10/2023].

metodológicas y didácticas que todo conocimiento debe realizar para ajustarse a las necesidades sociales.

Desde entonces, todos los cambios de gobierno en España implicaron cambios en los currículos escolares, fundamentalmente la enseñanza de la historia: 2002 (conservadores); 2006 (socialistas), 2013 (conservadores); 2022 (coalición de izquierdas).

La polémica, hasta hace pocos años se centraba en los contenidos obligatorios de historia de España, repartidos entre los cursos de educación secundaria (12-16) y en segundo curso de bachillerato, que se incluye en los exámenes que habilitan para el acceso a la universidad. Desde 2002 la historia de España en 2º curso de bachillerato, se ha concebido de nuevo como una Historia General que comprende desde la prehistoria hasta el presente y cuyo sujeto es "España", por absurdo que sea utilizar ese concepto para referirse a grupos de homínidos de hace 800 000 años.

En 2022, el gobierno de coalición de izquierdas elaboró una nueva ley de educación, aprobada por mayoría parlamentaria. La oposición conservadora de derecha y extrema derecha han declarado que la derogarán si alcanzan nueva mayoría en el Parlamento. Los debates sobre la materia de Historia en este proceso han sido similares a los que se han producido a cada cambio curricular en países latinoamericanos, en EE. UU., o en los países que integraban la antigua URSS (CARRETERO, 2011).

En la nueva ley de 2022, el currículo de Geografía e Historia en la educación secundaria (12-16) y bachillerato (17-18) organiza los conocimientos en tres bloques: retos del mundo actual, sociedades y territorios, y compromiso cívico. En el bloque "sociedades y territorios", además de conocimientos procedimentales (pensamiento histórico y uso de fuentes históricas), se han introducido temáticas políticas, sociales, económicas y culturales, que pueden ser articulados libremente por el profesorado a través del diseño de las unidades didácticas, situaciones de aprendizaje, o proyectos. Esto permite integrar el aprendizaje de las experiencias del pasado con los retos del futuro, y plantear un conocimiento social,

Educación Primaria

Saberes básicos

Primer ciclo:

Las fuentes orales y la memoria colectiva.

Tercer ciclo:

La memoria democrática. Análisis multicausal del proceso de construcción de la democracia en España. La Constitución de 1978.

Educación Secundaria Obligatoria

Competencia 5

"Reconocimiento de la memoria democrática, así como la visibilización de la aportación de las mujeres, que han marcado, a través de su compromiso y la acción pacífica, gran parte de los avances y logros del estado social [...]".

Criterios de evaluación:

Criterio de evaluación 5.1. "...puesta en valor de nuestra memoria democrática y de los aspectos fundamentales que la conforman, de la contribución de los hombres y mujeres a la misma y la defensa de nuestros valores constitucionales".

Saberes básicos:

Bloque "Retos del mundo actual"

Genocidios y crímenes contra la humanidad. Guerras, terrorismo y otras formas de violencia política. Alianzas e instituciones internacionales, mediación y misiones de paz. Injerencia humanitaria y Justicia Universal.

Bloque "Sociedades y territorios"

La memoria democrática. Experiencias históricas dolorosas del pasado reciente y reconocimiento y reparación a las víctimas de la violencia. El principio de Justicia Universal.

Boque compromiso cívico:

Compromiso cívico y participación ciudadana. Mediación y gestión pacífica de conflictos y apoyo a las víctimas de la violencia y del terrorismo.

Figura 6. La memoria democrática los Reales Decretos de enseñanzas mínimas LOMLOE (2022). (Elaboración propia).

Bachillerato

Justificación de la asignatura

"La libertad, el primero de esos ejes vertebradores, ofrece una perspectiva no lineal que atraviesa toda la época contemporánea hasta nuestros días, recogiendo la trayectoria de nuestra memoria democrática hasta la Constitución de 1978 y los retos actuales y futuros a los que puede enfrentarse nuestra democracia."

Competencia 1. Valorar los movimientos y acciones que han promovido las libertades en la historia de España, utilizando términos y conceptos históricos, a través del análisis

comparado de los distintos regímenes políticos, para reconocer el legado democrático de la Constitución de 1978 y el reconocimiento de las víctimas como fundamento de nuestra convivencia y garantía de nuestros derechos.

Competencia 8. Valorar el patrimonio histórico y cultural como legado y expresión de la memoria colectiva, identificando los significados y usos públicos que reciben determinados

acontecimientos y procesos del pasado, por medio del análisis de la historiografía y del pensamiento histórico para el desarrollo de la iniciativa, el trabajo en equipo, la creatividad y la implicación en cuestiones de interés social y cultural

Saberes básicos

Bloque "Sociedad y territorios"

La II República y la transformación democrática de España: las grandes reformas estructurales y el origen histórico de las mismas. Realizaciones sociales, políticas y culturales; reacciones antidemocráticas contra las reformas.

El golpe de estado de 1936, la Guerra Civil y el Franquismo: aproximación a la historiografía sobre el conflicto y al marco conceptual de los sistemas totalitarios y autoritarios. [...]. La represión, la resistencia, el exilio y los movimientos de protesta contra la dictadura por la recuperación de los valores, derechos y libertades democráticas.

Bloque "Retos del mundo actual"

Memoria democrática: reconocimiento de las acciones y movimientos en favor de la libertad en la historia contemporánea de España, conciencia de los hechos traumáticos y dolorosos del pasado y del deber de no repetirlos. Reconocimiento, reparación y dignificación de las víctimas de la violencia y del terrorismo en España. Las políticas de memoria en España. Los lugares de memoria.

Bloque de "Compromiso cívico"

Conciencia y memoria democrática: conocimiento de los principios y normas constitucionales. La memoria democrática en el marco del derecho internacional humanitario: verdad, justicia, reparación y garantía de no repetición.

vinculado con el compromiso cívico (SCHUGURENSKY Y WOLHU-TER, 2020).

Este planteamiento está alineado con las propuestas del Consejo de Europa sobre enseñanza de la Historia de calidad[4] que recomienda currículos de Historia flexibles, y pedagogías interactivas que reconozcan las diferencias culturales; enseñar y aprender sobre la compleja historia de la democracia; plantear una historia social que refleje las actividades de individuos y grupos sociales; reconocer que las sociedades se han ido nutriendo a lo largo del tiempo de personas de diferentes orígenes culturales, religiosos y étnicos; introducir temáticas controvertidas en el aula; valorar las identidades múltiples; o proporcionar al alumnado herramientas intelectuales para evaluar fuentes históricas.

Las críticas formuladas desde la derecha y la extrema derecha, ampliamente difundidas por activistas conservadores en la prensa y redes sociales, se centran en tres aspectos: la mayor presencia de la historia contemporánea frente a etapas anteriores; la introducción de conceptos de otras ciencias sociales; y, sobre todo, lo que consideran un exceso de contenidos de carácter cívico relacionados con la memoria democrática (figura 6).

4. Presente y futuro de la memoria democrática en educación histórica

La enseñanza de la memoria democrática implica introducir nuevos ingredientes en la docencia de la historia, revisar marcos y relatos heredados y reflexionar, con ánimo constructivo, sobre ciertas inercias didácticas y/o metodológicas. Por ello, es necesaria una intervención importante en la formación inicial y permanente del profesorado, además de una actualización científico-didáctica de los temarios, sin modificar desde 1993, que los nuevos graduados y futuros profesores deben conocer para acceder a la función docente. Por su parte, en las

---

4   https://edoc.coe.int/en/teaching-history/7754-quality-history-education-in-the-21st-century-principles-and-guidelines.html/>,   [Fecha   de   consulta: 09/10/2023].

Facultades de Educación, tanto en el Grado de Educación Primaria como en el Máster de Secundaria, es necesario introducir estas temáticas y las nuevas formas de acercamiento al conocimiento del pasado.

El abordaje de este cambio, por tanto, debe plantearse tanto desde su actualización historiográfica, como a través de las estrategias que permitan al profesorado llevarlas al aula, tomando en consideración diferentes dimensiones como la perspectiva cognitiva (pensamiento histórico), epistemológica (manejo de fuentes primarias), sociohistórica (conciencia histórica, análisis de las narrativas informales) y ético-política (análisis del vínculo entre historia-memoria-identidad desde la complejidad y nunca desde el relato único).

Por otro lado, entidades como el INTEF[5] y los diferentes servicios y agencias de formación del profesorado de las Comunidades Autónomas pueden convertirse en actores importantes de este cambio, integrando la investigación histórica y didáctica que se hace en la universidad, las propuestas de las asociaciones de memoria histórica o de víctimas del terrorismo y las demandas de los docentes. A modo de ejemplo, cabe destacar las unidades didácticas elaboradas por los profesores de la universidad de León, E. J. Díez Gutiérrez y J. Rodríguez González y el foro por la memoria de León[6] o el proyecto "Memoria y prevención del terrorismo" impulsado por los Ministerios de Interior y de Educación y Formación Profesional junto con el Centro para la Memoria de las Víctimas del Terrorismo y la Fundación Víctimas del Terrorismo[7].

Al mismo tiempo, el impulso modernizador de bibliotecas y archivos está permitiendo la creciente digitalización de fondos que se ponen a disposición de los investigadores, pero que también están a golpe de clic para los docentes, alumnado y público en general. Además, estas

---

5   https://intef.es/>, [Fecha de consulta: 09/10/2023].

6   https://foromemorialeon.wordpress.com/2009/02/01/unidades-didacticas-para-la-recuperacion-de-la-memoria-historica/#more-12>, [Fecha de consulta: 09/10/2023].

7   https://www.interior.gob.es/opencms/eu/servicios-al-ciudadano/tramites-y-gestiones/ayudas-y-subvenciones/ayudas-a-victimas-de-actos-terroristas/unidades-didacticas-del-proyecto-educativo-memoria-y-prevencion-del-terrorismo/>, [Fecha de consulta: 09/10/2023].

instituciones apuestan por crear entornos web intuitivos y didácticos que, en muchos casos, incluyen importante material para docentes. En este sentido, cabe destacar, entre otros, el Portal de Archivos Españoles (PARES)[8], la Biblioteca Virtual de Prensa Histórica del Ministerio de Educación[9] o https://prensahistorica.mcu.es/es/consulta/busqueda.dola Hemeroteca Digital de la Biblioteca Nacional[10] que dispone de una excelente colección digitalizada de fotografías de la Guerra Civil y que ya ha permitido desarrollar proyectos educativos vinculados con el estudio de la imagen de la mujer republicana durante la Guerra Civil (GONZÁLEZ CHICOTE, 2019). Por su parte, el esfuerzo por geolocalizar las personas desaparecidas ha dado lugar a mapas que un gran valor didáctico como el desarrollado para la provincia de Ciudad Real en el marco del proyecto Memoria Democrática de Castilla-La Mancha[11], o, en otra línea complementaria, la base de datos del proyecto *Nomes e Voces* de Galicia, que permite identificar y localizar víctimas de la represión franquista en esta Comunidad Autónoma[12].

Por otro lado, nuevas metodologías como el aprendizaje-servicio abren nuevos espacios educativos de conocimiento y divulgación que reactualizan y potencian la función social del conocimiento histórico. En este sentido, cabría preguntarse ¿Dónde se albergan hoy la mayor parte los testimonios orales de la dictadura franquista y de la transición? Sin duda, muchos de ellos habitan en nuestros centros y residencias de mayores que son lugares, conviene subrayarlo, de y con memoria que pueblan nuestra geografía. No obstante, el alumnado no encontrará en ellos respuestas prefabricadas de manual escolar y deberá aprender, con la guía del docente, a realizar preguntas, contextualizar y analizar los testimonios. Al mismo tiempo, ese caudal de información debe traducirse en formas de socializar el conocimiento que superen los muros del aula

8   https://pares.culturaydeporte.gob.es/inicio.html>, [Fecha de consulta: 09/10/2023].

9   https://prensahistorica.mcu.es/es/inicio/inicio.do>, [Fecha de consulta: 09/10/2023].

10   https://www.bne.es/es/catalogos/hemeroteca-digital>, [Fecha de consulta: 09/10/2023].

11   https://memoriademocraticaclm.uclm.es>, [Fecha de consulta: 09/10/2023].

12   https://www.nomesevoces.net>, [Fecha de consulta: 09/10/2023].

y la pregunta del examen, así exposiciones temporales, podcast, vídeos o webs se convierten en resultados o productos didácticos que ofrecen nuevas formas de acercamiento al pasado que permiten combinar empatía y emoción con análisis y comprensión histórica.

Como afirma La Ley 20/2022 de Memoria Democrática se ha convertido en un deber moral desarrollar una pedagogía del "nunca más" que permita neutralizar el olvido y evitar la repetición de los episodios más trágicos de la historia, reconociendo en las víctimas de la Guerra Civil y, sobre todo, de la represión y dictadura franquista, el componente ético que abona una mejor enseñanza y aprendizaje de la historia.

No obstante, conviene ensanchar las alamedas de la memoria democrática desbrozando itinerarios poco explorados por nuestras narrativas maestras y textos escolares. El nuevo currículo LOMLOE para la ESO nos invita a desarrollar, desde una perspectiva emancipadora de la interpretación del pasado, las memorias de las personas invisibilizadas de la historia: mujeres, esclavos y extranjeros que sufrieron situaciones de marginación, segregación, control y sumisión en la historia de la humanidad, así como el caudal de rebeldías y resistencias a la opresión sobre las que se edificaron los cimientos de los derechos políticos y sociales hoy consolidados, aunque en disputa, ya que no son esencias inmutables. El reto implica nuevas preguntas, revisar olvidos y aflorar nuevos senderos para una mejor comprensión de la injusticia, la intolerancia y la desigualdad, verdaderos obstáculos de la democracia. En este sentido, ¿Podemos olvidar a esa mitad del género humano de la que hablaba Clara Campoamor en 1931 mientras defendía el sufragio para las mujeres? ¿Debemos seguir obviando a los más de dos millones de esclavos que llegaron a los dominios españoles en América y al millón de esclavos transportados en buques de pabellón español? ¿No fue quizá el verdadero desastre colonial del XIX que España fuera el último país europeo en abolir la esclavitud en 1886? ¿Podemos obviar las semillas democráticas de los movimientos republicanos del XIX que abanderaron fórmulas pluralistas de organización territorial, política y social? ¿Convine olvidar la conexión entre el incipiente feminismo del XIX y el movimiento abolicionista? ¿Puede olvidarse la memoria del campesinado y su legado de rebeldías sin vaciar también de sentido la propia historia? ¿Acaso se pueden entender las diferentes adhesiones en la Guerra Civil sin comprender las diferencias gestadas durante décadas entre el mundo rural y el mundo urbano, o las diferencias entre las relaciones clientelares y familiares de los grandes terratenientes en función de los territorios? Nuevas preguntas que apuntan a los clásicos horizontes de comprensión que ya apuntara Josep Fontana: conocer las desigualdades sociales, económicas y culturales fraguadas durante siglos para una mejor comprensión del presente.

Debemos huir de la miopía de la inmediatez y de sesgos interpretativos basados solamente en culturas políticas. Insistir en esto puede llevar a que el sesgo ideológico de ciertos profesores dificulte el planteamiento de estas temáticas históricas en las aulas. ▌

Referencias bibliográficas

- AIKEN, Neiven (2014): "Rethinking Reconciliation in Divided Societies: A Social Learning Theory of Transitional Theory" en Susanne BUCKLEY-ZISTEL, Teresa Koloma BECK, Christian BRAUN y Friederike MIETH (eds.), *Transitional Justice Theories*, Routledge, New York, pp. 40–65.

- AYALA, Fernando et al. (2021): *Investigación sobre la incorporación de la MEMORIA DEMOCRÁTICA al currículo escolar. Situación, retos y propuestas pedagógicas.* Ministerio de Presidencia, Relaciones con las Cortes y Memoria Democrática, Madrid

- BEVERNAGE, Berber y Kate TEMONEY (2022): "Historical understanding and reconciliation after violent conflict", en Zoltan BOLDIZSÁR y Lars DEILE (Eds). *Historical Understanding. Past, Present and Future,* Bloomsbury, London.

- BLEVINS, Brooke; Kevin MAGILL y Cinthia SALINAS (2020): "Critical historical inquiry: The intersection of ideological clarity and pedagogical content knowledge", *The Journal of Social Studies Research, 44,* pp. 35-50.

- BRUNER, Jerome (1991): "The Narrative Construction of Reality", *Critical Inquiry*, 18,1 pp. 1–21.

- BURN, Katharine (2007): "Professional knowledge and identity in a contested discipline: Challenges for student teachers and teacher educators", *Oxford Review of Education, 33,* pp. 445-467.

- CARRETERO, Mario (2011): *Constructing Patriotism: Teaching History and Memories in Global Worlds (Advances in Cultural Psychology: Constructing Human Development).* Information Age Publishing, Charlotte.

- CARRETERO, Mario y Floortje VAN ALPHEN (2014): "Do master narratives change among high school students? A characterization of how national history is represented", *Cognition & Instruction*, 32, 3, pp. 290-312.

- Stefan BERGER y Maria GREVER (Eds). (2017): *Palgrave Handbook of research in historical culture and education,* Palgrave McMillan, London.

- DÍEZ GUTIÉRREZ, Enrique Javier (2014): "La memoria histórica en los libros de texto escolares", *Revista Complutense de Educación,* 25, 2, pp. 393-409.

- DOMÍNGUEZ-ALMANSA, Andrés y Ramón LÓPEZ FACAL (2017): "Patrimonios en conflictos. Competencias cívicas y formación profesional en educación primaria", *Revista de Educación,* 375, pp. 86-109.

- ENDER, Tommy (2019): "Counter-narratives as resistance: Creating critical social studies spaces with communities", *The Journal of Social Studies Research,* 43, 2, pp. 133-143.

- EPSTEIN, Terrie y Carla PECK (2018): *Teaching and Learning Difficult Histories in International Context.* Routledge, New York.

- FUERTES, Carlos (2018): "La dictadura franquista en los manuales escolares recientes: una revisión crítica", *Revista Historia Autónoma,* 12, pp. 279-297.

- GERBER, Theodor y Michael VAN LANDINGHAM (2021): "Ties That Remind: Known Family Connections to Past Events as Salience Cues and Collective Memory of Stalin's Repressions of the 1930s in Contemporary Russia", *American Sociological Review,* 86 (4), pp. 639-669.

- GÓMEZ, Cosme Jesús; Pedro MIRALLES y Ramón LÓPEZ-FACAL (2021): *Handbook of Research on Teacher Education in History and Geography,* Peter Lang, Berlin.

- GÓMEZ, Cosme Jesús; Pedro MIRALLES; Jairo RODRÍGUEZ-MEDINA, y Javier MAQUILÓN (2020): "Perceptions on the procedures and techniques for assessing history and defining teaching profiles. Teacher training in Spain and the United Kingdom", *Educational Studies.*

- GONZÁLEZ CHICOTE, Félix (2020): "Aprender investigando: la imagen de las mujeres republicanas en la prensa gráfica durante la guerra civil española (1936-1939)", en Eduardo HIGUERAS CASTAÑEDA, Ángel Luis LÓPEZ VILLAVERDE y Sergio NIEVES CHAVES (coords.)

El pasado que no pasa: la Guerra Civil Española a los ochenta años de su finalización, Universidad de Castilla-La Mancha, Cuenca, pp. 353-374.

- GREVER, Maria; Ben PELTZER y Terry HAYDN (2011): "High school students' views on history", *Journal of Curriculum Studies,* 43, 2, pp. 207-229.

- GROSS, Magdalena (2014): "Struggling to deal with the difficult past: Polish students confront the Holocaust", *Journal of Curriculum Studies*, 46, 4, pp. 441-463.

- KELLY, Thomas (1986): "Discussing controversial issues: Four perspectives on the teacher's role", *Theory and Research in Social Education*, 14, pp. 113-138.

- LE CORDEUR, Michael (2015): "The issue of Kaaps: Afrikaans teaching at school needs a more inclusive approach", *Tydskrif Vir Geesteswetenskappe*, 55, 4, pp. 712-728.

- LEDMAN, Kristina (2015): "Navigating historical thinking in a vocational setting: teachers interpreting a history curriculum for students in vocational secondary education", *Journal of Curriculum Studies*, 57, pp. 77- 93. [

- LESH, Bruce (2011): *Why won't you just tell us the answer? Teaching Historical Thinking in Grades 7-12*, Stenhouse, Portland.

- LÉTOURNEAU, Jocelyn (2014): *Je me souviens? Le passé du Québec dans la conscience de sa jeunesse*, Fides, Montreal.

- LÉVESQUE, Stephane y Jean Philippe CROTEAU (2020): *Beyond History for Historical Consciousness. Students, Narrative and Memory*, Toronto University Press, Toronto.

- LÓPEZ FACAL, Ramón (2010): "Nacionalismos y europeísmos en los libros de texto: identificación e identidad nacional", *Clío y asociados: la historia enseñada*, 14, pp. 9-13.

- LÓPEZ-FACAL, Ramón, y Víctor SANTIDRIÁN (2011): "Los "conflictos sociales candentes" en el aula", Íber. *Didáctica de las Ciencias Sociales, Geografía e Historia,* 69, pp. 8-20.

- LÓPEZ, César; Mario CARRETERO y María RODRÍGUEZ-MONEO (2014): "Conquest or reconquest? Students' conceptions of nation embedded in a historical narrative", *Journal of the Learning Sciences*, 2, 2, pp. 252-285

- MARTÍNEZ-RODRÍGUEZ, Rosendo; Carlos MUÑOZ LABRANA y María SÁNCHEZ-AGUSTI (2019): "Teacher knowledge and beliefs and their relationship with the purpose of teaching recent history. The transition to democracy in Spain as a controversial case", *Revista de Educación*, 383, pp. 11-35.

- METZGER, Scott y Lauren HARRIS (eds.) (2018): *The Wiley International Handbook of history teaching and learning.* Wiley, Arizona

- MIRALLES, Pedro; Cosme Jesús GÓMEZ; Víctor ARIAS y Olaia FONTAL (2019): "Digital resources and didactic methodology in the initial training of History teachers", *Comunicar,* 61, pp. 45-56.

- MONTE-SANO, Chauncey (2011): "Learning to open up history for students: Preservice teachers' emerging pedagogical content knowledge", *Journal of Teacher Education,* 62, 3, pp. 260-272.

- MONTE-SANO, Chauncey y Christopher BUDANO (2013): "Developing and enacting pedagogical content knowledge for teaching history: An exploration of two novice teachers' growth over three years", *Journal of the Learning Sciences,* 22, pp. 171-211.

- DE LA PAZ, Susan y Mark FELTON (2014): *Reading, thinking and writing about history. Teaching argument writing to diverse learners in the common core classroom, grades 6-12.* Teacher College Press, New York.

- NAJBERT, Jaroslav (2020): "Guarding against the "loss of national memory": The communist past as a controversial issue in Czech history education", *Historical Encounters-A Journal Of Historical Consciousness Historical Cultures And History Education,* 7, 2, pp. 63-78.

- NOKES, Jeffery (2017): "Historical reading and writing in secondary school classrooms", en Mario CARRETERO; Stefan BERGER y Maria GREVER (Eds). (2017): *Palgrave Handbook of research in historical culture and education,* Palgrave McMillan, London, pp. 553-572.

- PEDROUZO Ana y Belén CASTRO-FERNANDEZ (2021): "From the Pazo de Meiras to the Oseira's Crime: educational intervention about memory, heritage and conflict", *Revista Interuniversitaria de Formacion del Profesorado-RIFOP*, 96, pp. 11-28.

- REISMAN, Avishag (2012): "Reading like a historian: A document-based history curriculum intervention in urban high schools", *Cognition and Instruction*, 30, 1, pp. 86-112.

- SÁEZ-ROSENKRANZ, Isidora y Joaquín PRATS (2021): *Memoria histórica y enseñanza de la historia,* Trea, Gijón.

- SAVENIJE, Geerte; Nichola BRAUCH y Wolfgang WAGNER (2019): "Sensitivities in history teaching across Europe and Israel", *Pedagogy, Culture and Society,* 27, 1, pp. 1-6.

- SCHUGURENSKY, Daniel y Charl WOLHUTER (2020): *Global Citizenship Education in Teacher Education Theoretical and Practical Issues,* Routledge, New York.

- SEIXAS, Peter y Tom MORTON (2013): *The big six historical thinking concepts,* Nelson, Toronto.

- TUITHOF, Hanneke; Albert LOGTENBERG; Larike BRONKHORST; Jannet VAN DRIE; Leen DORSMAN y Jan VAN TARTWIJK (2019): "What do we know about the Pedagogical Content Knowledge of History teachers: A review of empirical research", *Historical Encounters: A journal of historical consciousness, historical cultures, and history education,* 6, 1, pp. 72-95.

- VALLS, Rafael (2002): "Cambios y continuidades en los manuales y materiales curriculares de Historia de la Educación Secundaria Obligatoria", *Gerónimo de Ustáriz,* 17/18, pp. 67-78.
  - (2007): *Historiografía escolar española: siglos XIX-XXI,* UNED, Madrid
  - (2009): *Historia y memoria escolar. Segunda República, Guerra Civil y dictadura franquista en las aulas,* Universitat de València, Valencia.

- y COLOMER, Juan Carlos (2018): "El modelo de historias generales", en Vicent PERIS, David Parra y Xosé Manuel Souto (Coords):

Repensamos la geografía e historia para la educación democrática, Nau llibres, Valencia, pp. 23-36.

- VAN BOXTEL, Carla y Jannet VAN DRIE (2012): "That's in the time of the Romans! Knowledge and strategies students use to contextualize historical images and documents", *Cognition and Instruction*, 30, 2, pp 113-145.

- VAN HOVER, Stephanie y Elizabet YEAGER (2007): "I Want to Use My Subject Matter to...: The Role of Purpose in One US Secondary History Teacher's Instructional Decision Making", *Canadian Journal of Education/Revue canadienne de l'éducation*, 30, 3, pp. 670-690.

- VANSLEDRIGHT, Bruce (2014): *Assessing historical thinking and understanding. Innovate designs for new standards*, Routledge, New York.

- VOET, Michiet y Bram DE WEVER (2020): "How do teachers prioritize instructional goals? Using the theory of planned behavior to explain goal coverage", *Teaching and Teacher Education*, 89, p. 103005.

- WILSCHUT, Arie (2010): " History at the mercy of politicians and ideologies: Germany, England, and the Netherlands in the 19th and 20th centuries", *Journal of Curriculum Studies*, 42, 5, pp. 693-723.

- WINEBURG, Sam (2001): *Historical thinking and other unnatural acts: Charting the future of teaching the past*, Temple University Press, Philadelphia.

- WOOLLEY, Mary (2017): "The attitudes and perceptions of beginning teachers in relation to teaching controversial issues in the history classroom", *Revista Electrónica Interuniversitaria de Formación del Profesorado*, 20, 2, pp. 1-16.

2.2. La didáctica y memoria democrática. Alcázar de Cervantes como ejemplo

FELIPE MOLINA CARRIÓN

IES Pando, Oviedo[13]

1. Planteamiento e intencionalidad

Esta comunicación que presento ahora en *el I Congreso de Memoria Democrática de la Universidad de Castilla-La Mancha* forma parte un proyecto más amplio que estoy llevando a cabo para construir una Guía didáctica de la II República y la Guerra Civil en Alcázar de San Juan, Alcázar de Cervantes durante el periodo comprendido en 1936 – 1939. Completaría así el círculo de muchísimos años de trabajo (desde 2005 hasta ahora) que me han permitido estudiar diferentes aspectos del proceso histórico y del tiempo que ahora nos toca analizar durante estas dos apasionantes jornadas.

Desde la doble experiencia de historiador y profesor de Enseñanza Secundaria con veintiséis años de práctica docente trato de introducir una serie de recursos que nos permiten acercar a nuestro alumnado

13 Este artículo es resultado del proyecto de investigación: Catálogo de vestigios de la Guerra Civil (1936-1939) en Castilla-La Mancha, cofinanciación de la Junta de Comunidades de Castilla-La Mancha y de la Unión Europea a través del Fondo Europeo de Desarrollo Regional, referencia SBPLY/19/180501/000054.

la historia de la II República y la Guerra Civil en Alcázar de San Juan (Ciudad Real), lugar al que tengo un especial cariño porque he realizado mi labor docente a lo largo de unos cuantos años de mi trayectoria profesional, tanto en el IES "María Zambrano", y sobre todo en el IES "Miguel de Cervantes". Como centro de comunicación de primer orden por su significación ferroviaria esta localidad fue un punto central tanto el periodo republicano como durante la Guerra Civil. Por ello fue objeto de bombardeos por la aviación franquista, adquiriendo un valor especial en la retaguardia republicana ciudadrealeña, como centro significativo para la defensa de Madrid por parte de la República. Por tanto, reúne muchas de las claves que pueden permitir enseñar historia abordando una amalgama de aspectos muy enriquecedora para su aprendizaje.

Durante esta exposición me centraré sobre todo en aportar un conjunto de recursos básicos que pueden ser utilizados en nuestras clases de historia. Al educando/a se le propone el trabajo con fuentes primarias y secundarias: prensa del periodo, cartas, documentación (especialmente las actas del periodo que conserva el Archivo Municipal de Alcázar de San Juan), análisis de fotografías y el uso de las fuentes orales.

El haber estudiado el periodo durante años y el publicar varios trabajos al respecto me permite volcar esa experiencia con el manejo de las fuentes en el aula. Creo que puede ser una propuesta sugestiva que me permita participar en este Congreso tan interesante y significativo. Así podré aprender mucho más y conocer otros modelos de enseñar la Guerra Civil en nuestras aulas.

Además, pretendo encontrar respuestas a una serie de dudas que no he resulto aún y que creo que se deberían abordar; ¿es posible la enseñanza objetiva de la Guerra Civil a alumnos de Secundaria y Bachillerato? ¿los temarios actuales y su encorsetamiento nos permiten emprender modelos didácticos en donde los alumnos sean partícipes en primera persona de la experimentación histórica? ¿tiene el aprendizaje de la historia en la escuela y el instituto el tiempo suficiente para abordar estas formas de entender la didáctica? ¿son necesarias tantas reformas educativas para mejorar la calidad de la enseñanza en nuestros alumnos/as? Estos días creo que me permitirán conocer mucho más de uno de los momentos históricos que despiertan mayor interés entre nuestros alumnos/as y encontrar respuestas a estas y otras incógnitas que están muy presentes en el debate historiográfico actual.

2. ¿A qué alumnado nos debemos dirigir con este proyecto?

El tema sobre la República y Guerra Civil Española solamente lo podemos abordar durante tres cursos concretos. Uno durante la enseñanza secundaria, cuarto de la ESO, contemplado su currículo específico. El otro durante el Bachillerato, en primero de bachillerato para alumnos de Ciencias Sociales y Humanidades; y en segundo de bachillerato para todos los bachilleres ya que Historia de España es una asignatura obligatoria. Son edades que van desde los 16 a los 18 años.

Incluso alumnos/as mucho más mayores si se trabaja en un bachillerato nocturno o en internacional como en el IES "Miguel de Cervantes" que lo tiene. Las posibilidades son aquí mucho más amplias porque se puede abordar temas más sensibles que necesitan una mayor madurez para su plena comprensión y capacidad de análisis.

El modo y la forma de abordar la temática quedan abiertos a distintas posibilidades dependiendo de diferentes parámetros: tiempos, espacios, entorno social político e ideológico, rigidez del currículo, posibilidades del grupo, madurez del alumnado, permeabilidad del departamento y la dirección del centro y especificidades de cada comunidad autónoma. La propuesta que presento quiere ser flexible. Quiere huir de los encorsetamientos y dejar que el docente elija junto al alumnado qué objetivos se puede plantear, qué contenidos puede desarrollar, qué metodología va a emplear y con qué recursos va a elegir trabajar.

Es el docente el encargado de seleccionar las estrategias más adecuadas para abordar un tema que no podemos obviar, que setenta y cinco años después sigue creando debate, levantando susceptibilidades y que, en muchos casos, no está exento de una especial carga ideológica. En ese sentido se pronuncian también investigadores como María Feliu Torruella y Frances Xavier Hernández Cardona:

La Guerra Civil española fue una lejana guerra de la primera mitad del siglo pasado, de la cual ya prácticamente no quedan testigos directos. Sin embargo, el conflicto sigue siendo motivo de controversia y debates apasionados, ya que fue decisivo para el futuro de España y de Europa. La consideración de la Guerra Civil española por parte de las sociedades del Estado español continúa fuertemente mediatizada y politizada… (FELIU TORRUELLA y HERNÁNDEZ CARDONA 2013, 7)

Estoy absolutamente de acuerdo con su planteamiento inicial. Debemos convertir a la Historia en una cuestión científica y no en el campo de batalla de un debate ideológico, y mucho menos utilizando nuestras aulas como escenario de ese enfrentamiento. Los autores titulan el primer capítulo de su libro sobre didáctica de la Guerra Civil española como "Historia… una cuestión científica". Eso debería ser, pero también una cuestión educativa. De ahí que debamos tratar este tema con una didáctica que se aleje de la doctrina, y que apueste firmemente por la objetividad y el criterio científico: "Por tanto, lo más razonable consiste en platearse una didáctica general y racional al margen de propuestas de programación politizadas e ideológicas que no siempre se plantean con criterio científico". (FELIU TORRUELLA y HERNÁNDEZ CARDONA 2013, 10)

Finalmente he de referirme a un inconveniente en el desarrollo de estos modelos pedagógicos. Sería segundo de bachillerato, por la madurez de los alumnos y el grado de capacidad de análisis, el curso adecuado para poder desarrollar todas estas iniciativas. Pero un temario densísimo: Historia de España en solo tres horas lectivas (tal y como aparece en la carga horaria de segundo de Bachillerato en la Comunidad Autónoma de Castilla-La Mancha y en otras como la Asturiana) es prácticamente imposible abordar. Si a eso sumamos la presión de las pruebas de acceso a la Universidad con un programa casi cerrado tanto a nivel teórico como en el desarrollo de procedimientos nos encontramos ante un conjunto de problemas casi insalvables a la hora de emprender este tipo de iniciativas. Sumar el encorsetamiento de los estándares de aprendizaje.

Recordemos que para este periodo se agruparían en el Bloque 10 denominado "La Segunda República. La Guerra Civil en un contexto de Crisis Internacional (1931 – 1939)", y serían los siguientes:

1. Explica las causas que llevaron a la proclamación de la Segunda República y relaciona sus dificultades con la crisis económica mundial de los años 30.

2. Diferencia las fuerzas de apoyo y oposición a la República en sus comienzos, y describe sus razones y principales actuaciones.

3. Resume las reformas impulsadas durante el Bienio Reformista de la República.

4. Especifica las características esenciales de la Constitución de 1931.

5. Describe causas, desarrollo y consecuencias de la Revolución de Asturias de 1934.

6. Explica las causas de la formación del Frente Popular y las actuaciones tras su triunfo electoral, hasta el comienzo de la guerra.

7. Representa una línea del tiempo desde 1931 hasta 1939, situando en ella los principales acontecimientos históricos.

8. Relaciona la Guerra Civil española con el contexto internacional.

9. Compara la evolución política y la situación económica de los dos bandos durante la guerra.

10. Especifica los costes humanos y las consecuencias económicas y sociales de la guerra.

11. Sintetiza en un esquema las grandes fases de la guerra, desde el punto de vista militar.

También serían tangenciales algunos del Bloque XI "La Dictadura Franquista (1939 – 1975)" como:

• Elabora un esquema con los grupos ideológicos y los apoyos sociales del franquismo en su etapa inicial.

• Explica la organización política del Estado franquista, para que nuestros estudios quedasen completos.

En estos estándares nos tenemos que mover hasta que se concrete el nuevo modelo de selectividad que marque la aplicación de la LOMLOE[14]. Por tanto, queda poco margen para la realización de estos proyectos, que siempre estarían sujetos a la buena voluntad, trabajo extra y dedicación de nuestro alumnado y de nosotros, como docentes. La solución sería aumentar la carga horaria de la asignatura como tienen otras comunidades como la de Madrid y además flexibilizar y cambiar los criterios y las pruebas de acceso a la Universidad, apostando por una dinámica de trabajo diferente, más renovadora y cercana a la investigación y al manejo de fuentes primarias.

3. Las fuentes

3.1. El uso del archivo y la importancia del contacto con las fuentes primarias

La visita al archivo y el contacto de los alumnos/as con el documento se hace una tarea imprescindible. Quizás sea el recurso didáctico más significativo. En el caso del Archivo Municipal de Alcázar de San Juan es uno de los mejores conservados de su entorno gracias fundamentalmente al trabajo de José Fernando Sánchez Ruiz (antiguo director del Patronato de Cultura), Diego Vaquero (actual director del Patronato de Cultura), y Francisco José Atienza Santiago (archivero municipal). En él podemos encontrar un conjunto significativo de documentos que podemos utilizar para el análisis del periodo que aquí examinamos. Hablaré posteriormente de la riqueza de la Hemeroteca para el especio temporal comprendido entre 1931 y 1939.

De la misma manera es uno de los pocos archivos municipales que conservan casi en su plenitud las actas municipales desde estas fechas incluidas las de la Guerra Civil. En muchos otros lugares desaparecieron conforme los sublevados fueron conquistando el territorio que aún no tenían, por el miedo de las autoridades republicanas a las represalias por las decisiones políticas, económicas, sociales y de seguridad tomadas

---

14 *Boletín Oficial del Estado,* 30 de diciembre de 2020.

durante aquellos años. En este caso se conservaron y son una fuente de primer orden para reconstruir la historia de aquel Alcázar de Cervantes de la guerra. Incluso existe algunas publicaciones como *Las actas municipales bajo la Alcaldía de Domingo Llorca Servet. Alcázar de San Juan (abril de 1936 – febrero de 1938), Camilo Laguna Morales. Alcalde de Alcázar de San Juan en tiempos convulsos (1938 – 1939) y Alcázar de San Juan, 1930 – 1940. Diario de diez alcaldes para la década más convulsa* de Miguel Ángel Martínez Cortés que se basan en el análisis de esta documentación tan interesante.

Si tuviese que elegir dos documentos imprescindibles que los alumnos/as deberían analizar por la significación que tuvieron para la ciudad serían: de un lado el acta de la Sesión Extraordinaria del 30 de diciembre de 1936 en la cual Alcázar de San Juan cambia su nombre a Alcázar de Cervantes, por atribuírsele supuestamente a esta villa el lugar de nacimiento del escritor Miguel de Cervantes. Este primer texto nos serviría para analizar diferentes parámetros tales como el modo de redacción de un documento municipal, la composición del pleno, los cambios sufridos después de la guerra, la forma de presentar la iniciativa y el interés de los diferentes momentos políticos por los símbolos y los cambios de nombres a las calles y plazas neurálgicas de la ciudad. Podemos compararlos con lo que serán los nuevos nombres que tendrán tras la llegada de las tropas nacionalistas a la ciudad. Asimismo, podremos ver en qué medida se han conservado estos nombres y símbolos utilizando simplemente el plano y el callejero de la villa. De igual forma podremos hacer un pequeño estudio de la retirada de los símbolos, lo que ha supuesto para la localidad y qué costes políticos e ideológicos han tenido todos estos procesos

Un segundo ejemplo de fuente primaria es el Acta de la Constitución de la Comisión Gestora que se constituyó en el Ayuntamiento de Alcázar de San Juan tras el fin de la guerra el 2 de abril de 1939. El 28 de marzo las autoridades municipales republicanas habían realizado su acto de rendición, extendiendo una enorme sábana blanca. Unas horas antes de que acabase la guerra, las unidades militares pertenecientes al cuerpo del ejército de Navarra al mando del coronel alcalareño Alfredo Galera

Paniagua entraban en la ciudad entregando pan a la población. Todo un símbolo (MOLINA CARRIÓN 2011, 189 - 19).

Lo primero que debieron hacer es frenar la ola de asesinatos y represalias que se extendieron en la ciudad. Una vez conseguido este objetivo se constituía una comisión gestora que serviría como nueva corporación municipal para darle un nuevo rumbo a la vida política de la ciudad. Todo este proceso lo podemos analizar desde la perspectiva de este documento que se utilizaría para que los alumnos entendieran como se llevó a cabo la rendición de las distintas localidades de la retaguardia republicana. Son documentos distintos, y periodos diferentes pero muy esclarecedores de la realidad que vivió Alcázar de Cervantes desde 1936 a 1939.

De la misma forma ahora tenemos la posibilidad de recurrir a la red para acceder a fuentes primarias significativas que ya están digitalizados. Es el caso de la Causa General y sus 385 folios del Expediente de Alcázar de San Juan. Son documentos muy duros, pero pueden servirnos para explicar a nuestros alumnos/as lo qué es, cómo se gestó, para qué sirvió, cómo es su estructura y que documentos están ahí analizados[15]. En definitiva será el docente el qué deberá elegir que textos de los muchísimos a los que puede tener acceso sirvan para que sus escolares sean capaces de entender mucho mejor los contenidos que se les pretenden reforzar.

3.2. Memorias de vida

Son muy pocas las personas que actualmente pueden servirnos de testigos directos de aquella realidad porque la mayor parte de ellas ya han fallecido. Si contamos con aquellos que eran niños durante la guerra y que tienen referencias de lo que pudo ser aquellos días. Para Alcázar de San Juan tenemos que resaltar lo publicado por Teófilo Zarceño Domínguez en la revista Tesela Cuadernos Mínimos, en su número 18. El título *Alcázar de San Juan, Trágicos años 30*. Se trata de una especie de memoria de vida que abarcan tanto el periodo republicano, como el de la guerra

---

15 Archivo Histórico Nacional, Fondos Contemporáneos - Causa General, 1029, Exp. 23. Accesible en <http://pares.mcu.es/ParesBusquedas/servlets/Control_servlet> [14/09/2023]

civil y el fin del conflicto. Me parece un texto interesantísimo que puede servir para platear a nuestros alumnos las vivencias de un niño que fue a la escuela durante esta época tan convulsa y que vivió en primera persona la realidad de una guerra, desde la retaguardia. Nos cuenta su percepción de los bombardeos, de los refugios antiaéreos, de la experiencia de la escuela y de la brutalidad de la represión. Posteriormente me referiré a otros ejemplos, pero en el apartado de documental.

El de Zarzeño sería un caso de persona que vivió la guerra desde la condición de civil. Estos análisis nos deben hacernos reflexionar sobre la validez del recurso de las memorias de vida, sirviéndonos para que el alumnado buceen en su propia memoria familiar pidiendo a padres, abuelos o bisabuelos que les cuenten sus experiencias o recuerdos sobre la república, la guerra o la posguerra llegando a recuperar fotografías, cartas o testimonios orales que a ellos particularmente les van a enriquecer notablemente. Siempre lo cercano les interesará mucho más, su implicación e ilusión serán mucho mayores.

Pero no podemos olvidar que el historiador debe plantearse un sentido crítico fundamental en este tipo de fuentes pese a que los testigos directos son elementos fundamentales para documentar el pasado. Me gustaría resaltar aquí un trabajo que he coordiné con mi alumna María Eugenia Valencia en el IES de Corvera (Asturias) y que se circunscribía en este tipo de propuestas. Se llamó *Morir por la palabra* y aborda la realidad de un familiar que fue represaliado por las tropas franquistas por su participación en artículos de prensa que molestaban por su denuncia y compromiso. Su esfuerzo tuvo recompensa al lograr uno de los accésits de los prestigios premios educativos Eustory dedicados a "Mi Familia en la Historia"[16].

De recuperación de la memoria, pero en un ámbito absolutamente diferente fue el proyecto de Andrea Rodríguez titulado *Nostalgia de Montevideo. Recuerdos de la 18 de julio.* Se trató de un trabajo comprometido que buceaba en los recuerdos de una familia asturiana que tuvo que marchar

---

16 "Un estudio familiar y con premio", *La Nueva España*, 13/11/2013.

a ganarse la vida a América. El destino les juntó y el destino les trajo de nuevo a España.

Eso le sirvió a la alumna que lo realizó para entroncar estas vivencias personales con la Historia de Asturias, de España y de América. De igual forma, para comparar aquellos emigrantes con los nuevos desplazados que marcharon de nuestro país por una crisis económica durísima. Esta investigación le ha permitido valorar más a estas personas que marchan y que retoman y aquellos que han venido a nuestro país a buscar un nuevo camino en sus vidas. A todos ellos dedicó su trabajo que también fue galardonado con una mención de Honor premios San Viator y tercer premio de Eustory del curso 2013-2014[17].

De igual modo citar otro trabajo, esta vez colectivo, muy interesante que también tuve la oportunidad de coordinar *Los puentes de la Memoria. Proyecto abuelos y nietos* del que fueron autoras Lucía Menéndez Fernández, Claudia Martínez Pandiella, Sofía González Fuentes y Patricia Mon Hevia, del IES Pando de Oviedo (Asturias), ganadoras de la XIX Edición del Premio de Investigación Rosario Acuña,[18] que sirvió de punto de encuentro entre dos generaciones tan diferentes, pero a la vez tan entrelazadas por la Historia y la Cultura.

3.3. Libros y bibliografía

Hacer un repaso de todas las publicaciones sobre la II República y la Guerra Civil en España nos podría llevar muchas líneas de las que ahora no dispongo. Incluso hablar de la producción historiográfica en Castilla-La Mancha en estos últimos tiempos sería difícil de abarcar. Citaré simplemente un conjunto de obras que pueden resultarnos interesantes. Sobre el espacio analizado Alcázar de San Juan, debemos decir que existe una buena bibliografía al respecto. Buena parte de este esfuerzo investigador proviene de la iniciativa del Ayuntamiento de Alcázar de San Juan y de su Patronato de Cultura que en el año 2006 celebró el setenta

---

17 "Andrea Rodríguez, premio en el Concurso de Historia Eustory", *El Comercio,* 17/10/2014; "Andrea Rodríguez analiza en una charla la emigración a Uruguay", *La Nueva España*, 03/01/2015.

18 "Investigar tiene premio", *La Nueva España*, 19/05/2017.

aniversario del estallido de la guerra civil con la publicación de una serie de obras significativas en las que participaron historiadores vinculados a la localidad que abordaron diferentes aspectos del periodo, todas ellas publicadas en la revista Tesela. Así destacan contribuciones como la de Mariano Velasco Lizcano, José Ángel Gallego Palomares, Francisco José Atienza Santiago, Carlos Fernández Pacheco Sánchez-Gil, Concepción Moya García, Miguel Ángel Martínez Cortés, Damián A. González Madrid y Felipe Molina Carrión.

Fruto de todo ese trabajo surgieron monografías que abordan todo este conjunto como mi trabajo *Alcázar de San Juan, Alcázar de Cervantes* publicado en el año 2012 y galardonado con el Premio "Alcázar de San Juan" en la VII Edición de los Premios Oretania de Investigación Histórica. Asimismo, la obra de Mariano Velasco Lizcano *Mancha Roja. República y Guerra Civil en La Mancha de Ciudad Real (1931 – 1939).* Obras más específicas como la de María Teresa González Ramírez, Mª Nieves Molina Ajenjo y Jesús Simancas Cortes *La enseñanza secundaria en Alcázar de San Juan. S. XX.*

No quisiera olvidar aquí clásicos como el libro de Francisco Alia Miranda sobre la Guerra Civil en la provincia de Ciudad Real, o monografías *Historia Contemporánea de Castilla-La Mancha* como la dirigida por Isidro Sánchez Sánchez o *Castilla-La Mancha en su Historia,* obra colectiva dirigida por Francisco Ruiz Gómez. Igualmente, interesantes son las actas del *Congreso sobre la Guerra Civil en Castilla-La Mancha, 70 años después* coordinadas por Francisco Alía Miranda, Ángel Ramón del Valle Calzado y Olga Mercedes Morales, y las del *Congreso Internacional. La Guerra Civil Española (1936 – 1939). 80 años después,* coordinadas por Eduardo Higueras, Ángel Luis López Villaverde y Sergio Nieves Chaves.

3.4. La fotografía

El trabajo sobre la fotografía nos permite trabajar desde parámetros absolutamente distintos: desde armamento e indumentaria militar, pasando por infraestructuras, modos de vida, fotografía aérea, refugiados, incautaciones, etc… Podemos proponer a nuestros alumnos desde la confección de catálogos, hasta la recuperación de su propia memoria digital sobre una temática concreta o sobre un periodo. En el caso de Alcázar de San Juan se conservan fotos de indudable valor y que nos pueden servir de análisis especialmente las famosas de Kati Horna sobre refugiados en la Estación de Alcázar. Hay que destacar en este caso la exposición *La mirada de Kati Horna. Guerra y Revolución* que llegó a la ciudad alcazareña durante octubre del 2019, organizada por la Confederación General del Trabajo y por el Patronato de Cultura y comisariada por José María Oterino. Contó con 98 fotografías de esta magnífica fotógrafa húngara, donde se reflejaba la vida cotidiana en España entre los años 1937 y 1939. Játiva, Teruel, Gandía y Alcázar de San Juan, fueron algunos de los escenarios retratados durante su presencia en España durante la guerra.

De la misma forma hay que referirnos a la iniciativa del ayuntamiento que ha publicado tres volúmenes dedicados a la fotografía en la Historia de Alcázar de San Juan, a lo largo de estos años y que pueden perfectamente servir para conocer plenamente todo el periodo. Al mismo tiempo el alumno/a puede fotografiar espacios que fueron escenarios de estos periodos, buscar y realizar fotomontajes a partir de antiguas fotografías y modernas sobre temáticas diferentes o implicarse en trabajos de grandes fotoperiodistas del periodo de la II República y de la guerra civil.

3.5. El documental como recurso didáctico

Las memorias de vida, guerra y represión también se recogen en documentales y reportajes que recogen testimonios y entrevistas de personas que vivieron en este periodo o que fueron niños y han sabido conservar en el registro de sus recuerdos esas aportaciones que son tan necesarias para reconstruir y enseñar historia.

En este sentido tengo que citar el documental del 2007 *"Alcázar de San Juan. Un pueblo de la Retaguardia"*[19] dirigido por Ana Belén Rodríguez Patiño y guionizado y producido por Francisco Atienza Santiago y José Fernando Sánchez Ruiz. Lo recomiendo porque podemos proyectarlo en

---

19 Documental completo accesible en <https://www.youtube.com/watch?v=bwx0HDC0i-kQ> [14/09/2023]

el aula tanto como modelo de entrevistas como recurso didáctico acompañado siempre de un conjunto de actividades.

3.6. La prensa

Otra de las grandes joyas de Alcázar de San Juan es su magnífica hemeroteca con posibilidad de consulta de diarios y semanarios de la época, como *Democracia*, *El Despertar*, *Socialista Manchego* o *Letra Confederal*. Esta abundancia de fuentes de diferentes signos políticos nos permite contrastar las diversas posiciones ideológicas dentro de la zona republicana y su actitud ante los acontecimientos internacionales y el propio desarrollo de la guerra. En la ciudad se recibían publicaciones que provenían de Madrid como *Disco Rojo*, el órgano de expresión del grupo O.S.R. del Metro de Madrid. Eso nos da la posibilidad de mostrar todos estos recursos tan necesarios para comprender aquel tiempo.

Esta riqueza en la prensa alcazareña del periodo de 1931 a 1939 no fue un fenómeno aislado en Castilla-La Mancha. En todo este ámbito geográfico se va a producir un aumento del número de periódicos de carácter político, sindical y militar. En las capitales de provincia los diarios tradicionales pasaron a ser controlados por los partidos, los sindicatos y las organizaciones favorables a la República. Todos ellos se sometían a su propio supervisor ideológico; asimismo el gobierno republicano vigilaba lo que se imprimía, aplicando la censura a las noticias negativas en los frentes y eliminaba los artículos derrotistas. En este sentido podemos incorporar un reciente estudio muy interesante del profesor Isidro Sánchez Sánchez titulado *Ciudad Real y su prensa (1811 – 2021)* donde se hace un exhaustivo repaso a todo el movimiento periodístico del S. XIX, XX y principios del siglo XX en la provincia castellanomanchega.

El estudio de la prensa local puede ayudarnos a pulsar como era la información que les llegaba a los alcazareños de todo ello. No solo los medios de comunicación de ámbito nacional o internacional nos pueden servir para reconstruir la Historia. Se pueden complementar con el análisis de lo cercano para descubrir cuáles son los elementos de valor que nos afectan y transforman.

En Alcázar de San Juan se difundían sobre todo semanarios y algún periódico que tuvo una corta trayectoria. Tenían ideologías diferentes, aunque se respetaban y no entraban en guerras partidistas. Se imprimió *El Despertar* desde 1924 a 1936 que estaba dirigido por José Toribio Elvira. Ellos mismos decían que se sentían "consagrados a la defensa del pueblo". *Crispín* fue dirigido por Rosendo Navarro y *La Verdad* por José Baille. El *Regional* era un semanario de derechas encabezado por Sánchez Escobar. Había otros de corta vida como *Duende* (1931), *Toma goles* (1932), *El Heraldo Manchego* (1932), *La Opinión* (1932), *Letra* (1933), *Acción* (1935).

Pese a no ser del municipio, *El Pueblo Manchego*, el periódico de la capital, Ciudad Real, era uno de los más leídos e incorporaba noticias de toda la provincia. Su ideología, durante el periodo republicano, era la derecha conservadora y el cedismo desde 1933 a 1936. En los periodos electorales era un instrumento valioso para captar el voto. En 1933 sus mensajes se dirigieron a la obtención del voto femenino utilizando argumentos morales que calaron en las conciencias de muchas manchegas.

Democracia era un semanario de izquierdas que se editó de 1931 a 1936 y cuyos directores fueron sucesivamente Ángel de Castro, Emilio Paniagua y Antonio Subril Manzaneles. Sufrió una evolución en su adscripción política desde el republicanismo socialista al republicanismo moderado. A partir de 1933 y hasta 1935 fue la voz del progresismo exaltado.

La mayoría de estas ediciones se dedicaban a informar sobre los problemas cercanos del ámbito local, comarcal y provincial. Su interés por los acontecimientos internacionales era muy limitado, solo *Democracia* y *Letra Independiente* les destinaban espacios de análisis. Únicamente algunos articulistas como Emilio Paniagua, César Pedrero o Clemente Cruzado se preocuparon por desarrollar este aspecto en un estilo ensayístico más que puramente informativo.

Durante la contienda Alcázar de Cervantes promovió el desarrollo activo de una prensa militante, aunque sujeta a la censura propia de las hostilidades bélicas. Los trabajadores de la Imprenta Castellanos se colectivizaron y reanudaron la publicación de *Letra Independiente* que pasó a denominarse ahora *Letra Confederal* con un claro estilo cenetista.

De este momento podemos seleccionar varios extractos de prensa donde se analizan las preocupaciones más significativas que tenía la prensa alcazareña en aquel instante. El papel de los medios de comunicación locales en la lucha contra el fascismo es vital. Los propios dibujos contenidos en la prensa después de los bombardeos son muy esclarecedores de que la intervención extranjera por parte de Alemania e Italia es mucho más que una mera contribución en voluntarios. De este periodo son una gran cantidad de artículos donde se manifiesta un interés fundamental en la actitud europea ante la situación que se está viviendo en España. Entre los editorialistas más destacados tendríamos a Luis de Tabique, Jerónimo Ruíz, Zoido Fernández, Emilio Samper, y otros con seudónimos como Jeromo, Sataniel y Dimas. A alguno de ellos su trabajo les costará muy caro pues fueron objeto de la durísima represión franquista.

Se buscan paralelos históricos: Numancia y Sagunto, como símbolos de la resistencia tenaz al invasor. En ese sentido a la Guerra Civil se la compara con la Guerra de la Independencia (1808 – 1814) y la lucha mantenida contra los franceses, exaltando el sentimiento nacional heroico. Otro de los temas que aborda la prensa durante la guerra es la lucha contra los sublevados. Se opone la idea de las dos Españas: por un lado, la "España Fascista", injusta, cruel y traidora. De otro la "Anfascista", de los trabajadores y de la revolución. Quizás los más criticados por las hábiles plumas periodísticas de la época fueron los militares que apoyaron la sublevación. Se fustiga, de la misma manera, a la iglesia por su alianza con el nuevo régimen y por el apoyo al gobierno de Burgos.

Los "burgueses capitalistas" son también blanco de las iras desde los rotativos tanto cenetistas como socialistas. Se ataca a "acaparadores", "especuladores" y "logreros" a los que se les acusa de "agentes del fascismo". Se les pide que la justicia sea implacable con ellos. Se acusa a los patronos de "actuar entre sombras". La prensa se convierte en un instrumento eficaz para elevar la moral de la retaguardia y del frente. Las guerras no solo se ganan con fusiles. Se apuntalan con las palabras. Convenciendo a la opinión pública a través de la propaganda.

Otro de los aspectos que podemos entender con el uso de la prensa es la desunión de la república, las tensiones y la lucha por el poder en la España Republicana. Una de las razones de más peso que explicaría la derrota del bando republicano fue las tensiones internas que se produjeron. Los temas que motivaron estas divergencias entre las organizaciones políticas y sindicales fueron los relativos a la revolución y la constitución del ejército.

En la retaguardia republicana la unidad no se logró. Sin embargo, si algo destaca la atención en la prensa alcazareña durante el conflicto civil fueron los continuos llamamientos a lograrla desde todos los ámbitos políticos y obreros. Era fundamental conseguirla si se quería actuar de una manera decidida para alcanzar la deseada victoria.

Todas las publicaciones alcazareñas en general plantean un sentimiento común de mantener un compromiso en la retaguardia de unidad, una pedagogía de sus idearios políticos, con propaganda hacia la movilización de los jóvenes, por la incorporación de la mujer al trabajo, de lucha contra el derrotismo y la "Quinta Columna". Se pretendía crear una identidad popular y una coherencia frente al enemigo, elevando la moral con el uso de la abnegación y el heroísmo.

A partir de 1938 se observa en la prensa republicana alcazareña (especialmente la socialista), un reforzamiento de la idea de unidad, de atender a lo prioritario, los frentes y la cosecha. Muchos jóvenes, animados por estos mensajes, marcharon al frente. Algunos jamás volvieron, otros partieron al exilio o sufrieron la dura represión franquista al final de la guerra. En los momentos finales los mensajes más repetidos son los de "resistir", "adelante", "una línea recta y una conducta", "las fuerzas antifascistas estrechan sus lazos de unión para lograr el triunfo sobre el fascismo". La guerra se debe ganar por "nosotros mismos". Parece que los republicanos eran conscientes de que la ayuda internacional no va a llegar y que el fin estaba cerca. Todos estos temas se pueden tratar con una gran profundidad buceando la riqueza de una hemeroteca que simplemente está ahí para utilizarla como recurso didáctico de primer orden[20].

4. El blog como recurso educativo y proyecto de trabajo

Una de las experiencias didácticas más gratificantes de toda mi carrera profesional fue el de Revista Digital "elséptimodecaballeria". Se trata de un proyecto educativo elaborado durante el curso 2008-09 con los alumnos de Segundo de Bachillerato Internacional del I.E.S "Miguel de Cervantes" de Alcázar de San Juan (Ciudad Real)[21].En este caso no era un trabajo de investigación tradicional, sino que se combinaba las nuevas tecnologías y el trabajo del historiador. Fue desde luego una labor tremendamente recomendable tanto por el compromiso, como por el grado de implicación de los alumnos. Dos de los números mensuales de la revista los dedicamos a la República y a la Guerra Civil. La secuenciación en la publicación de los artículos fue la siguiente:

- **ENERO:** La Guerra de Independencia Española (1808 – 1814) y Reinado de Fernando VII (1814 – 1833).

- **FEBRERO:** El Reinado de Isabel II (1833 – 1868).

- **MARZO:** Sexenio Revolucionario (1868 – 1874). y La restauración I (1875 – 1902).

- **ABRIL:** El Reinado de Alfonso XIII (1902 – 1931).

- **MAYO:** II República (1931 – 1936).

---

20 Sobre la prensa en Alcázar de San Juan en este periodo citar MOLINA CARRIÓN, FELIPE: *"La lucha contra el fascismo desde la prensa de Alcázar de Cervantes (1936 -1939). "*, en PERE YSÀS SOLANES (ED. LIT.) Europa, 1939: el año de las catástrofes. Actas del Congreso internacional, Barcelona, 22,23 y 24 de abril de 2009 [CD-ROM]. También "Las relaciones internacionales después del Crack del 29 en la prensa de Alcázar de San Juan (1931 – 1939)". IV Jornadas de Historia Contemporánea de la Universidad de Oviedo. Otro aspecto de análisis que merece la pena al menos mencionar es la presencia de este periodo histórico en la prensa actual, tanto escrita como digital. El corto espacio de la comunicación no me permite entrar en este punto, que abordaré en futuras publicaciones y proyectos.

21 Vídeo de la entrevista que hizo Onda Cero para la presentación del proyecto. <https://youtu.be/adGIUbCuno4> [14/09/2023]

- **JUNIO:** Guerra Civil (1936 – 1939).
- **JULIO:** El Régimen de Franco (1939 – 1975).
- **AGOSTO:** Transición y Democracia (1975 – 2009).

El blog nos sirvió como foro de diálogo y debate sobre nuestra Historia Contemporánea. Nos ha permitido conocerla, y a partir de ahí interpretarla, siempre con un criterio muy claro: intentar la máxima objetividad. Alejarnos de los juicios de valor gratuitos, y centrarnos en el hecho, ya sea económico, social o político, desde el punto de vista local, regional, nacional e internacional que tiene todo proceso histórico. Igualmente, este blog digital sirvió como medio de desarrollo de la vocación profesional de algunos de sus componentes que han podido ejercer posteriormente tras su formación universitaria y su llegada al campo profesional. El equipo del blog recibió también varios galardones educativos. Hasta la fecha la página web ha recibido más de 19000 visitas[22].

5. Otros recursos didácticos

Aún quedan muchos recursos por analizar, entre ellos el viaje por el paisaje urbano como actividad didáctica. A estos tenemos que sumar otros como la biografía, el análisis del cómic y la caricatura, la música durante una guerra, la memoria de represión, el uso del museo y los paisajes de guerra, el análisis de monumentos y cementerios, los objetos y artefactos, las colecciones de guerra, el cine, la radio y el podcast. Sin olvidar los carteles, la propaganda, los juegos de ordenador, cada vez más cercanos a nuestros jóvenes, o la organización de exposiciones colectivas, el empleo de revistas digitales tales como *Salitre*[23] o de webs tan interesantes como la del proyecto Memoria Democrática de Castilla-La Mancha[24].

---

22 Una de las secciones más interesantes del blog era "En Profundidad" donde los alumnos entrevistaban a un experto en el tema de cada mes. El enlace es <https://elseptimodecaballeria.wordpress.com/en-profundidad/> [14/09/2023]

23 *Salitre – Revista Digital de Historia.* Patronato de Cultura, Alcázar de San Juan. <https://salitre.patronatoculturaalcazar.org/> [14/09/2023]

24 Web del proyecto Memoria Democrática de Castilla–La Mancha (UCLM). <https://memoriademocraticaclm.uclm.es/>[14/09/2023]

La ausencia de espacio no me ha permitido abordar estos aspectos como tampoco el tema de la evaluación de la programación, la atención a la diversidad, el diseño más concreto de actividades o el problema de la secuenciación y la periodización, y el encaje de todas estas actividades en el diseño curricular que plantea la implantación de la LOMLOE.

6. Conclusiones

Al principio de esta comunicación me planteaba una serie de incógnitas que me asaltan a la hora de realizar el doble "oficio de historiador y maestro" (MORADIELLOS GARCÍA 2013) Yo no tengo las respuestas, pero sí sé que la experiencia me ha permitido llegar a la conclusión, muy personal, eso sí, que la mejor forma de enseñar historia es aquella en la que el alumno/a maneja las fuentes, toca el documento, diseña y realiza la entrevista, o lee la monografía que le permite entender lo que estaba pasando en aquel momento y en aquel lugar.

A lo largo de mi trayectoria profesional como profesor de Geografía e Historia y Arte con alumnos/as de ESO y Bachillerato he tenido la oportunidad de desarrollar una serie de experiencias didácticas que creo que han sido unas herramientas muy útiles que han permitido ampliar con mucha más profundidad los contenidos de las diferentes asignaturas impartidas. Se trata de poner en valor un conjunto de experiencia educativas que he llevado a cabo a lo largo de estos años de docencia y que han servido para profundizar en el conocimiento del estudiantado sobre la Historia, la Geografía y el Arte. Han sido desarrolladas con alumnos/as de diferentes centros educativos y dos Comunidades Autónomas: Castilla-La Mancha y Asturias, donde he desarrollado mi labor profesional durante estos últimos veintisiete años.

Son proyectos de investigación tanto innovadores como tradicionales con una metodología distinta, pero siempre con un objetivo común: "hacer historia es la mejor forma de aprender Historia". Los resultados han sido muy satisfactorios. No solo por algunos galardones significativos conseguidos, sino porque todos sus participantes recuerdan con agrado lo mucho que aprendieron cuando desarrollaron estas investigaciones.

No solo no han interferido en su proceso de aprendizaje (ya que siempre se desarrollaban fuera de su horario lectivo), sino que les han ayudado a fijar mejor los contenidos que necesitaban aprender.

Al mismo tiempo, me han servido para acercar a los alumnos la experiencia de la investigación histórica, el mundo de los archivos, la riqueza de los documentos y del mundo del historiador. Es evidente que la mejor forma de enseñar historia es hacer a nuestros alumnos que la vivan. Y la mejor manera de vivirla es la propia experimentación. De ahí que reclamemos más implicación de la Ministerio y de las Comunidades Autónomas en este tipo de proyectos. La experiencia empírica demuestra que son herramientas muy eficaces para el proceso de enseñanza –aprendizaje.

Este tipo de experiencias didácticas, donde el alumno/a convive con las fuentes primarias y secundaria, participa de la experiencia de la investigación o elabora memorias de vida son las que nos pueden permitir que la historia de la II República y la Guerra Civil se pueda entender mejor desde puntos de vista distintos y desde perspectivas de análisis diferentes, usando los recursos que tengamos disponibles en cada momento, tanto por su cercanía como por su validez y vigencia. Ahí está una de las tareas del historiador, investigar, ayudar a conocer mejor el pasado, pero también darlo a conocer y enseñarlo a aquellos que tendrán un papel prioritario en el futuro.

Como hemos podido observar si repasamos esta comunicación, una conclusión importante es que son muchos los recursos que tenemos a nuestro alcance, desde el análisis de las fuentes primarias, al valor de muchas de fuentes secundarias y terciarias, especialmente si residimos en localidades como Alcázar de San Juan que han prestado un gran interés en conservar su patrimonio bibliográfico y cultural, y lo han hecho accesible a todos/as. Siempre es útil poner en valor estas herramientas que nos pueden servir para nuestra labor docente, siempre y cuando contemos con los requisitos para llevarlos a cabo: interés, tiempo y flexibilidad para poder concretar todos estos proyectos de investigación que son tan importantes en el aprendizaje de la Historia Contemporánea. |

Referencias bibliográficas

- AGUILAR FERNÁNDEZ, Paloma (2008): *Políticas de la memoria y memorias de la política*, Madrid, Alianza Editorial.

- ALÍA MIRANDA, Francisco, DEL VALLE CALZADO, Ángel Ramón y Olga Mercedes MORALES ENCINAS (coords.) (2008): *La guerra civil en Castilla-La Mancha, 70 años después*, Cuenca, Servicio de Publicaciones UCLM.

- ALTED, Alicia (1995): *Entre la memoria y la historia*, UNED, Madrid

- CUESTA BUSTILLO, Josefina (2008): *La odisea de la memoria. Historia de la Memoria en España. Siglo XX*, Madrid, Alianza Editorial.

- ERICE SEBARES, Francisco (2010): *Teoría y práctica de la memoria histórica*, Oviedo, Eikasa.

- ESPINOSA MESTRE, Francisco (2006): *Contra el olvido. Historia, memoria de la guerra civil*, Barcelona, Crítica.

- HIGUERAS, Eduardo, LÓPEZ VILLAVERDE, Ángel Luis y Sergio NIEVES CHAVES (coords.): *El pasado que no pasa. La Guerra Civil Española a los ochenta años de su finalización*, Cuenca, Servicio de Publicaciones UCLM.

- JULIÁ, Santos (dir.) (2006): *Memoria de la guerra y del franquismo*, Madrid, Taurus.

- MARTÍNEZ CORTÉS, Miguel Ángel (2006): "Las actas municipales bajo la Alcaldía de Domingo Llorca Servet. Alcázar de San Juan (abril de 1936 – febrero de 1938)", *Tesela, Cuadernos Mínimos*, 24, (monográfico).

- MARTÍNEZ CORTÉS, Miguel Ángel (2016): "Camilo Laguna Morales. Alcalde de Alcázar de San Juan en tiempos convulsos (1938 – 1939)", *Tesela, Cuadernos Mínimos*, 69 (monográfico).

- (2022). "Alcázar de San Juan, 1930 – 1940. Diario de diez alcaldes para la década más convulsa", *Tesela, Cuadernos Mínimos*, n.º 87 (monográfico).

- MOLINA CARRIÓN, Felipe (2012): *Alcázar de San Juan, Alcázar de Cervantes (1931 – 1939)*, Ciudad Real, Ediciones C&G.

- MORADIELLOS GARCÍA, Enrique (2013): *El oficio de historiador*, Madrid, Akal.

- PÉREZ GARZÓN, Juan Sisinio y Eduardo MANZANO MORENO (2010): *Memoria histórica*, Madrid, CISC-La Catarata.

- SÁEZ – ROSENKRANZ, Isadora y Joaquín PRATS CUEVAS (Eds.). (2020): *Memoria histórica y enseñanza de la Historia*, Gijón, Editorial Trea.

- SAIZ CAMAÑES, Porfirio, MOLERO GARCÍA, Jesús M. y David RODRÍGUEZ GONZÁLEZ (coords.). (2019): *Cómo se hace un trabajo académico en Historia*, Madrid, Libros de la Catarata.

- SÁNCHEZ SÁNCHEZ, Isidro (2022): *Ciudad Real y su prensa (1811 – 2021)*, Ciudad Real, Editorial Serendipia.

- ZARZEÑO DOMÍNGUEZ, Teófilo (2006): "Alcázar de San Juan. Trágicos años 30. Sombríos años 40. Apuntes sobre Alcázar de San Juan", *Tesela, Cuadernos Mínimos*, 18, (monográfico).

2.3. El mapa de Memoria Democrática de Castilla-La Mancha como recurso educativo. Una propuesta didáctica

LAURA PERONA GUILLÉN
Universidad de Castilla-La Mancha

1. Introducción

El trabajo que se presenta a continuación consiste en el planteamiento de una propuesta didáctica titulada "La Memoria Democrática en Castilla-La Mancha", que se ha implementado en dos grupos de 4º curso de ESO en el IES Maestro Juan de Ávila (Ciudad Real) durante la realización del Prácticum del Máster Universitario en Profesor de Educación Secundaria Obligatoria y Bachillerato, Formación Profesional y Enseñanza de Idiomas, en el curso 2021/2022.

El diseño e implementación de esta propuesta didáctica ha surgido por diversos factores. En primer lugar, tras haber participado en el Plan Regional de Estudio sobre Memoria Democrática de Castilla-La Mancha, que contempla entre sus actividades la divulgación de la memoria democrática en los centros de enseñanza no universitaria de la comunidad autónoma de Castilla-La Mancha. En segundo lugar, tras comprobar la mínima presencia de la memoria entre los contenidos, criterios de evaluación y estándares de aprendizaje evaluables fijados en el Decreto 40/2015, de 15 de junio, por el que se establece el currículo de Educación Secundaria Obligatoria y Bachillerato en la Comunidad Autónoma de Castilla-La Mancha (en adelante Decreto 40/2015), vinculado al marco legislativo fijado por la Ley Orgánica 8/2013, de 9 de diciembre, para la mejora de la calidad educativa (en adelante LOMCE). De casi doscientos estándares de aprendizaje evaluables que hay fijados en el currículo educativo para Geografía e Historia de 4º de ESO, solo uno contempla el estudio de la memoria, aunque de manera muy genérica: "discute cómo se entiende en España y en Europa el concepto de memoria democrática" (Decreto 40/2015, 19014). En consecuencia, el libro de texto con el que trabaja el alumnado tampoco contiene referencias a la memoria de la historia más reciente de España: la guerra civil y el franquismo. Además, estos contenidos se suelen programar para impartirse al final del tercer trimestre, por lo que, a pesar de su valor como hechos históricos para entender el presente, se suele profundizar poco en ellos por falta de tiempo.

Por este motivo, se ha considerado oportuno plantear una propuesta didáctica sobre la memoria democrática en Castilla-La Mancha, y especialmente sobre la provincia de Ciudad Real. El recurso principal para elaborar la propuesta ha sido el mapa de lugares y acontecimientos de la web de memoria democrática de Castilla-La Mancha, elaborado por un equipo de investigadores de la misma universidad. El punto de partida han sido la historia local y los lugares de memoria, con el objetivo de generar un aprendizaje sobre los contenidos más generales, que no implique la memorización y, al mismo tiempo, fomente la reflexión y el debate en el alumnado. El diseño de la propuesta didáctica se ha sustentado, por un lado, en estudios relativos al desarrollo de las competencias de pensamiento histórico, que promueven dos modelos de pensamiento: *historical thinking* e *historical consciousness,* en los que priman el aprendizaje sobre conceptos de segundo orden o metodológicos y dotan de una dimensión ética la enseñanza de la historia para promover en el alumnado aprendizajes útiles para su vida, conectando el pasado más reciente para generar aprendizajes vinculados con el presente. Así es posible desarrollar una forma de "pensar históricamente" dotando a los discentes de unos valores ciudadanos y democráticos. Por otro lado, se ha valorado hasta qué punto las leyes educativas que están actualmente en vigor –LOMCE y LOMLOE– contemplan la enseñanza de la materia de Geografía e Historia a partir de estos modelos de pensamiento y cómo han planteado la enseñanza de la memoria en las aulas de Educación Secundaria Obligatoria y Bachillerato.

2. Aproximación al marco teórico: el desarrollo del pensamiento histórico

En las últimas décadas se ha acentuado el debate sobre qué historia se debe enseñar y qué historia se debe aprender. Paralelamente, se ha desarrollado el modelo de pensamiento histórico, que se ha definido como un modelo de aprendizaje, opuesto a la enseñanza memorística basada en la acumulación de información, hechos, datos, fechas, personajes o instituciones. Consiste, por lo tanto, en un aprendizaje de la historia basado en la comprensión de la construcción de la narración histórica y de la interrelación entre personajes, hechos y espacios históricos. Es un modelo en el que se concede una mayor importancia a los cambios sociales, la temporalidad y el uso de las fuentes. Por lo tanto, mientras que la enseñanza de la historia memorística se plantea como un discurso cerrado, en el modelo de pensamiento histórico se propone una enseñanza en la que se argumenta en torno al debate democrático y se plantean preguntas que conduzcan al alumnado a nuevos interrogantes (SANTISTEBAN FERNÁNDEZ 2010, 35).

El concepto de pensamiento histórico ha evolucionado en torno a dos escuelas, la británica y la alemana. En la escuela británica se ha planteado un modelo de educación histórica llamado *historical thinking* basado en los conceptos metodológicos, con un perfil muy instrumental de la historia (RODRÍGUEZ MEDINA et al. 2020, 214). En cambio, en la escuela alemana se ha desarrollado el modelo de *historical consciousness,* que ha incluido la dimensión ética de la historia con el fin de generar aprendizajes útiles para la vida del alumnado (MONTEAGUDO FERNÁNDEZ, LÓPEZ FACAL 2018, 132). Aunque no están claras las diferencias entre ambos modelos y se suelen confundir y entremezclar, ambos contribuyen al desarrollo del pensamiento histórico, aunque la conciencia histórica estaría más orientada a los estudios culturales y la memoria colectiva (RODRÍGUEZ MEDINA et al. 2020, 234).

En España se ha avanzado progresivamente en la definición del pensamiento histórico y en su desarrollo competencial. Ni la LOMCE ni el decreto 40/2015 han definido qué es el pensamiento histórico, aunque el decreto sí establece que los procedimientos que llevan a cabo los estudiantes "sigan, de alguna manera, los pasos de la investigación histórica, pero sobre todo las formas de razonar del pensamiento histórico" (Decreto 40/2015, 19617). No obstante, no concreta qué pasos se han de seguir para alcanzar esta forma de razonar. En cambio, la nueva ley de educación, Ley Orgánica 3/2020, de 29 de diciembre, por la que se modifica la Ley Orgánica 2/2006, de 3 de mayo, de Educación (en adelante LOMLOE), promueve el desarrollo del pensamiento histórico, que se ha concretado en el Decreto 82/2022, de 12 de julio, por el que se establece la ordenación y el currículo de Educación Secundaria Obligatoria en la comunidad autónoma de Castilla-La Mancha (en adelante decreto 82/2022). En este decreto se ha definido el pensamiento histórico como

El proceso por el que se crean narrativas sobre el pasado a través de la reflexión sobre su relevancia, el análisis de fuentes, la discusión sobre las causas y consecuencias de estos acontecimientos, así como el análisis de los cambios y continuidades entre los mismos, desde una perspectiva temporal y contextualizada y con relación a determinados criterios éticos y cívicos (Decreto 82/2022, 24590).

A pesar de las particularidades de las escuelas británica y alemana, hay un claro consenso en que el pensamiento histórico implica el desarrollo de las habilidades relacionadas con la comprensión del pasado y en ello juegan un papel fundamental la interpretación de las fuentes y la creación de narrativas históricas. El uso de fuentes permite relacionar el pasado y el presente, pero, sobre todo, contribuye a que el alumnado piense históricamente y lo prepara para una participación democrática

(MONTEAGUDO FERNÁNDEZ, LÓPEZ FACAL 2018, 144). Asimismo, el aprendizaje histórico implica el dominio de los conceptos de primer orden –datos, fechas, hechos– y de los conceptos de segundo orden o metodológicos, que son aquellos relacionados con los cambios y las continuidades en la historia, el análisis de las causas y las consecuencias y la dimensión ética de la historia. Mediante este modelo de pensamiento histórico, el pasado se convierte en una herramienta para comprender el presente. (MONTEAGUDO FERNÁNDEZ, LÓPEZ FACAL 2018, 132). Por otra parte, el profesorado debe facilitar a cada generación la enseñanza del pensamiento histórico, ya que las necesidades del alumnado varían con el tiempo. Solo de esta manera es posible contribuir a que el alumnado desarrolle las habilidades y las competencias del pensamiento crítico (GÓMEZ CARRASCO, GARCÍA GONZÁLEZ 2018, 3).

3. Pasado y presente de la enseñanza de la memoria

3.1. El currículo educativo y los manuales escolares

Los estudios que han analizado la evolución del currículo educativo de los últimos veinticinco años en España han demostrado su vertiente tradicionalista, en la que se imponen los conceptos de primer orden sobre los de segundo orden (GÓMEZ CARRASCO, VIVAS MORENO, MIRALLES MARTÍNEZ 2019, 10-11). Los manuales escolares del siglo XXI han aumentado, progresivamente, la presencia de fuentes y documentos históricos de las distintas etapas a las que se refieren (VALLS, LÓPEZ FACAL 2010, 79). Sin embargo, en el caso de la LOMCE, se ha estimado que solo un 5% de los contenidos estarían relacionados con los conceptos de pensamiento histórico, por lo que la práctica ausencia de conceptos de segundo orden o metodológicos impide que el alumnado desarrolle una conciencia histórica basada en una capacidad crítica (GÓMEZ CARRASCO, VIVAS MORENO, MIRALLES MARTÍNEZ 2019, 14-15).

   Las críticas a la LOMCE han ido mucho más allá de la presencia o ausencia de los conceptos de segundo orden, ya que los contenidos, desarrollados en criterios de evaluación y estándares de aprendizaje evaluables, son tan extensos e incluyen tantas actividades que es muy complicado generar conocimientos históricos rigurosos y útiles (LÓPEZ FACAL 2014, 280-282). A la amplitud de los contenidos se añaden las pocas horas lectivas asignadas a la materia de Geografía e Historia, que han dado lugar a una enseñanza en la que predominan las clases expositivas y memorísticas (MONTEAGUDO FERNÁN-DEZ, LÓPEZ FACAL 2018, 131-132). Por lo tanto, la enseñanza de la historia, tal y como ha planteado la LOMCE, es una actividad mecá-nica que favorece la memorización e impide comprender e interpretar procesos históricos (LÓPEZ FACAL 2014, 284-285). Esto, a su vez, tampoco contribuye al desarrollo de una "autoconsciencia histórica" ni a promover un pensamiento crítico sobre los problemas del pasado y del presente (MONTEAGUDO FERNÁNDEZ, LÓPEZ FACAL 2018, 131-132).

En cuanto a los análisis de los manuales escolares, las publicaciones más recientes inciden en que el libro de texto sigue siendo el princi-pal recurso empleado por los docentes para el proceso de enseñan-za-aprendizaje en la materia de Geografía e Historia, sobre todo por su doble vertiente de transmisor de contenidos y recurso para realizar actividades (GÓMEZ CARRASCO, CÓZAR, MIRALLES MARTÍNEZ 2014, 14). En estos manuales escolares sigue predominando el discur-so de la macro-historia política e institucional, con escasa presencia de factores sociales, económicos y culturales (ARIAS FERRER et al. 2018, 466). Para el tema que nos atañe, que son los contenidos sobre la guerra civil y el franquismo en 4º curso de ESO, esta es la línea predominante en la explicación de los contenidos, en la que prima la descripción de las fases de la guerra, por ejemplo.

Otros autores han señalado el desequilibro entre la formación histo-riográfica y didáctica del profesorado, en detrimento de esta última, lo que conlleva la falta de innovaciones didácticas en el aula (VALLS, LÓPEZ FACAL 2010, 82). En este sentido, se ha valorado positiva-mente la LOMCE por cuanto mantiene la competencia social y ciuda-dana de la Ley Orgánica 2/2006, de 3 de mayo, de Educación (en ade-lante LOE), aunque ahora reciben el nombre de competencias sociales y cívicas. A través de esta competencia, la materia de Geografía e Historia debe contribuir a formar ciudadanos democráticos y críticos con el mundo en el que viven (MIRALLES MARTÍNEZ, GÓMEZ CARRASCO 2017, 12). Los últimos estudios, por lo tanto, no sitúan solo el foco del problema en los contenidos fijados en el currículo estatal y autonómico sino en la reproducción, por parte de los docentes, de una serie de rutinas en el aula en las que los nuevos profesores reproducen los métodos de enseñanza de sus maestros (MIRALLES MARTÍNEZ, GÓMEZ CARRASCO 2017, 17), debido a factores como las pocas horas lectivas, la extensión de los contenidos y la falta de formación didáctica en el profesorado. Todo ello ha contribuido a que se prolongue una narración lineal de los acontecimientos históricos, en la que los docentes se guían por lo fijado en el currículo y en los libros de texto y, por lo tanto, evitan cualquier contenido añadido (GÓMEZ CARRASCO, VIVAS MORENO, MIRALLES MARTÍNEZ 2019, 14-15). Esto implica, al mismo tiempo, que se hayan excluido debates sobre asuntos polémicos o complejos que van más allá de los límites del libro de texto (MONTEAGUDO FERNÁNDEZ, LÓPEZ FACAL 2018, 129-130).

Otros autores consideran que el enfoque tradicional y memorístico se ha perpetuado en las aulas, en parte, porque facilita el mantenimiento del orden entre el alumnado (VALLS, LÓPEZ FACAL 2010, 82-83). En estas investigaciones se ha concluido que es necesario revisar los libros de texto de Geografía e Historia por cuanto perpetúan unas narrativas históricas ya superadas (MIRALLES MARTÍNEZ, GÓMEZ CARRASCO 2017, 19). También recomiendan la intervención de los historiadores en el diseño de las propuestas, que hasta ahora ha sido bastante limitada (LÓPEZ FACAL 2014, 283).

En relación con el aprendizaje de los contenidos relativos a la guerra civil y al franquismo en 4º curso de la ESO, desde 2014 se ha desarrollado un proyecto de investigación (ARIAS FERRER et al. 2018) cuyo objetivo ha sido evaluar el nivel del alumnado al finalizar su formación en la Educación Secundaria Obligatoria y en qué medida se han desarrollado las competencias de pensamiento histórico. Para lograrlo, es esencial que el alumnado sepa identificar la relevancia de determinados periodos históricos, como la guerra civil o el franquismo. El análisis de los resultados ha determinado que no se trataría de una historia olvidada, sino más bien de una historia no enseñada, sobre la que se pasa de puntillas por varios motivos. En primer lugar, el currículo educativo y los manuales escolares imponen al docente qué debe impartir y cómo debe hacerlo, limitando el desarrollo del pensamiento histórico. En segundo lugar, estos contenidos son programados para el final del curso académico, lo que dificulta su explicación (ARIAS FERRER et al. 2018, 463-466 y 476). Todos estos factores, sumado al predominio de la historia política y económica en los libros de texto, supone que no se aborde, por ejemplo, la historia sociocultural de la guerra civil, por no hablar de la historia de las mujeres durante esta etapa histórica, a pesar del amplio volumen de investigaciones que se han realizado en estas áreas desde hace décadas (VALLS, PARRA, FUERTES 2017, 13). Esta distancia entre la historia enseñada y la historia investigada ha contribuido a que muchos tópicos y falsedades se hayan perpetuado hasta la actualidad (ALONSO DÁVILA 2023, 232).

Por todo ello, los profesores Rafael Valls y Ramón López Facal ya propusieron la creación de currículos con contenidos más abiertos y flexibles que no determinen las posibilidades didácticas del docente (VALLS, LÓPEZ FACAL 2010, 83). En esta línea se ha configurado la LOMLOE, que concede un mayor protagonismo a los conceptos de segundo orden o metodológicos y permite al docente organizar los contenidos con una mayor flexibilidad. Además, entre los contenidos para 4º curso de ESO, la LOMLOE ha incluido la enseñanza de la memoria democrática, aunque en este preciso momento aún no ha entrado en vigor para los cursos pares. Por su parte, la Ley de Memoria Democrática plantea en su artículo 44 la enseñanza de la memoria en las aulas a partir de dos ejes: la innovación didáctica y la formación del profesorado (ALONSO DÁVILA 2023, 231-232).

3.2. La memoria en el aula. Recursos didácticos

La didáctica de la memoria histórica o democrática en la Enseñanza Secundaria Obligatoria y Bachillerato se remonta a un pasado no muy lejano. Cuando se produjo la transición, no se impulsó una política de la memoria capaz de contrarrestar la creada durante el franquismo (DÍEZ GUTIÉRREZ 2014, 395). El impulso para el desarrollo de una memoria en España se produjo gracias a la labor de la Asociación para la Recuperación de la Memoria Histórica y tomó fuerza con la Ley de Memoria Histórica de 2007. Todo ello tuvo su correlación en el ámbito educativo, ya que los manuales escolares mejoraron significativamente su discurso historiográfico e incluyeron alusiones a cuestiones como la represión o la resistencia antifranquista. También se produjo una eclosión de propuestas didácticas y estudios sobre la importancia de enseñar memoria en las aulas y su significación para crear una ciudadanía ética y democrática (DELGADO ALGARRA, ESTEPA GIMÉNEZ 2016, 523). Sin embargo, ha trascurrido más de una década desde la publicación de esta ley, e incluso ha entrado en vigor la Ley de Memoria Democrática, pero todavía no se ha abordado de manera oficial –en el currículo y en los libros de texto– la presencia de la memoria en las aulas.

Según el profesor Díez Gutiérrez, todo ello podría explicarse, en primer lugar, porque las editoriales son partidarias de crear unos contenidos políticamente correctos y, en segundo lugar, porque buena parte de los docentes no aceptan el concepto de memoria, vinculada a lo subjetivo, frente a la Historia, que ha de ser una ciencia objetiva (DÍEZ GUTIÉRREZ 2011, 12-14). Sin embargo, el conocimiento histórico es hijo de la memoria y, aunque esta sea subjetiva, debe ser "objetivada", reelaborando los contenidos de manera consciente y crítica (MIRALLES MARTÍNEZ, GÓMEZ CARRASCO 2017, 10-11). Esto es clave por cuanto la escuela es el lugar idóneo para la transmisión de la memoria (DELGADO ALGARRA, ESTEPA GIMÉNEZ 2016, 523) y el profesorado debe saber transmitir la trascendencia histórica de la guerra civil y el franquismo a la luz de los valores democráticos (DÍEZ GUTIÉRREZ 2011, 14) con el fin de generar un aprendizaje significativo y promover el pensamiento histórico en el alumnado.

Desde la publicación del Anteproyecto de Ley de Memoria Democrática en 2020 se ha producido un nuevo impulso en la publicación de estudios sobre la enseñanza de la historia y de la memoria, así como materiales didácticos y recursos en línea para los docentes, todos ellos con el objetivo de contribuir al desarrollo de las competencias de pensamiento histórico. Sin embargo, se ha detectado la ausencia de propuestas didácticas que vinculen la historia local, los lugares de memoria y el uso de las TIC.

Se han realizado estudios que han analizado la presencia o ausencia de contenidos vinculados con la memoria en los libros de texto, por ejemplo, el realizado para la comunidad valenciana por Bel Martínez y Colomer Rubio (2017), aunque no hay ninguno a nivel estatal. Otros autores han incidido en la necesidad de vincular historia y memoria en el aula (DELGADO ALGARRA, ESTEPA GIMÉNEZ 2016, 523), mientras que Pérez Lorenzo (2007) ya puso el foco en que debía ser el docente el que abordarse y transmitiese la memoria en el aula. Sin embargo, en las últimas décadas el debate se ha centrado en la formación inicial y continua del profesorado. Los estudios más recientes indican que es necesario renovar esta formación para transformar los procesos de enseñanza-aprendizaje en las aulas (MIRALLES MARTÍNEZ et al. 2019, 46). Las comunidades autónomas, por su parte, tampoco han promovido cursos para la formación permanente del profesorado en relación con la memoria histórica o democrática (ALONSO DÁVILA 2023, 249). Se considera que es crucial dotar de formación al profesorado, para poder superar las dificultades que puedan surgir de la enseñanza de la memoria democrática en el proceso de enseñanza-aprendizaje (ESTEPA GIMÉNEZ, DELGADO ALGARRA 2011, 127-134) y superar el modelo tradicional en la enseñanza de la Geografía y la Historia para alcanzar una didáctica reflexiva y razonada (VALLS, LÓPEZ FACAL 2010, 83).

En relación con la propuesta didáctica que se presenta en este trabajo, Valero Escandell (2021) ha manifestado que profundizar en el conocimiento de la memoria es prácticamente imposible sin contar con el estudio de los lugares de memoria. Por ello, es esencial preservarlos, estudiarlos, musealizarlos y divulgar el conocimiento a la sociedad. En este sentido, hay autores que han exaltado el valor de los lugares de memoria como recurso educativo para la enseñanza de la memoria histórica en Educación Secundaria Obligatoria con el fin de promover el pensamiento histórico y crítico entre el alumnado (COROMINA VERDAGUER 2022, 55-59). Debido a la escasa o nula presencia de contenidos relacionados con la memoria en los manuales escolares, se han diseñado propuestas por parte de algunos centros educativos para promover la enseñanza de la memoria. Destaca, por ejemplo, el caso de Navarra, donde se ha impulsado la iniciativa de *Escuelas con Memoria* para abordar los lugares de memoria de la comunidad (ALONSO DÁVILA 2023, 235) a raíz de la legislación para regular los lugares de memoria histórica (LIZARRAGA 2019, 979-1013).

No obstante, la mayoría de los recursos y materiales didácticos se encuentran en red, como un complemento al recurso principal en el aula. Estos recursos tuvieron su eclosión, sobre todo, a partir de la Ley de Memoria Histórica. En 2009, el profesor Enrique J. Díez Gutiérrez coordinó una publicación con unidades didácticas para la recuperación de la memoria histórica como material alternativo a los manuales escolares clásicos (DÍEZ GUTIÉRREZ 2009). Recientemente, desde INTEF (Instituto Nacional de Tecnologías Educativas y de Formación del Profesorado), asociado al Ministerio de Educación y Formación Profesional, se han planteado actividades y recursos a través de situaciones de aprendizaje para educar en la memoria, planteando problemas que resulten relevantes en la actualidad con el fin de desarrollar un pensamiento crítico.

Por otra parte, otros estudios ensalzan el valor de los museos virtuales para la enseñanza de la memoria, aunque los presentan como un recurso complementario por cuanto estos no tienen la capacidad de reemplazar la visita a los museos o lugares de memoria *in situ* (MARTÍNEZ MARTÍNEZ, ALEGRE BENÍTEZ, TUDELA SANCHO 2020, 3613). Al recurso de los museos virtuales se deben añadir otras webs y plataformas que difunden un contenido riguroso y científico sobre la memoria en España, como es el caso de la página web de memoria democrática de Castilla-La Mancha, que se presenta en esta propuesta didáctica. A nuestro juicio, este tipo de recursos digitales y en línea son cruciales, sobre todo si hay limitaciones para visitar los lugares de memoria o para realizar salidas educativas desde el centro educativo. De este modo, estas plataformas contribuyen a hacer visible la recuperación de la memoria y la red se convierte en un espacio público de colaboración, debate y protesta (FERNÁNDEZ MACÍAS 2019).

Valls, Parra y Fuertes (2017) han destacado que se han introducido actividades en las que predomina el uso de recursos digitales y audiovisuales, así como las propuestas didácticas que vinculan los problemas del presente con los del pasado, como es el debate sobre la memoria histórica en España. El uso de los recursos digitales y de las TIC para la enseñanza y el aprendizaje en ciencias sociales está plenamente aceptado, puesto que permiten aumentar la motivación y la atención del alumnado y sirven como base para promover el pensamiento crítico. A pesar de estas virtudes, autores como Miralles Martínez, Gómez Carrasco y Monteagudo se han planteado cómo se deben emplear estos recursos en el ámbito educativo y sus posibilidades didácticas. Estos autores han incidido en que no es lo mismo emplear los recursos TIC para promover las competencias de pensamiento histórico, que utilizarlos de manera esporádica y lúdica. Si estas herramientas no se emplean de forma adecuada, no contribuyen a generar un pensamiento crítico (MIRALLES MARTÍNEZ, GÓMEZ CARRASCO, MONTEAGUDO 2019, 190-191, 204).

Sin embargo, se ha demostrado que estas propuestas solo se desarrollan de forma puntual y, según los autores, aún queda un largo camino por recorrer por cuanto la mayoría de los docentes aún creen que el conocimiento histórico se basa exclusivamente en los grandes procesos políticos, dejando de lado la enseñanza de una historia como ciencia social útil y práctica para la vida, que permita a su vez aprender de forma razonada y crítica (VALLS, PARRA, FUERTES 2017, 13-19).

El didacta de la historia Joan Pagès ha defendido que la enseñanza de la memoria debe vincularse, en la medida de lo posible a los lugares de la memoria, pues pueden emplearse como una herramienta didáctica que, unida a la historia local, contribuye a vincular el pasado y el presente del entorno geográfico del alumnado y permite generar aprendizajes útiles en relación con las competencias del pensamiento histórico (PAGÈS 2009, 132). La historia local se ha presentado como un recurso didáctico en el que, a partir de hechos particulares, es posible acceder a explicaciones más generales (PÉREZ LORENZO 2007, 10). Hay propuestas didácticas y estudios que inciden en que trabajar a través de la historia local y establecer conexiones con el presente –evitando caer en presentismos– contribuye a que el alumnado comprenda mejor determinados procesos históricos (GALIANA I CANO 2020, 430). Esta hipótesis es útil principalmente con hechos históricos de nuestro pasado más reciente, porque permite generar interés y empatía y, al mismo tiempo, contribuye a que el alumnado valore el patrimonio material e inmaterial de nuestro entorno geográfico (GALIANA I CANO 2018, 16). Además, los discentes han manifestado su deseo de aprender una historia útil, vinculada a la vida, de la que se puedan extraer aprendizajes sobre los acontecimientos del pasado (VALLS 2007, 69).

4. Propuesta didáctica

4.1. Justificación y objetivos de la propuesta didáctica

La propuesta didáctica se titula "La Memoria Democrática en Castilla-La Mancha" y se ha implementado en la materia de Geografía e Historia de 4º curso de ESO en el IES Maestro Juan de Ávila (Ciudad Real). En concreto, esta propuesta didáctica se ha desarrollado con dos grupos de 4º curso, el primero compuesto por veintidós alumnos y el segundo por veintiséis.

La propuesta didáctica ha consistido en trabajar sobre el concepto de memoria democrática y los lugares de memoria empleando como recurso principal la web de memoria democrática de Castilla-La Mancha. Se han empleado también la colección de libros de Memoria Democrática –disponibles en los centros educativos de enseñanza secundaria de la región– y material arqueológico como recursos complementarios. Se trata de conocer y profundizar en el concepto de la memoria y los lugares de la memoria de la provincia de Ciudad Real con el objetivo de promover el desarrollo de las competencias de pensamiento histórico y la adquisición de los valores para una ciudadanía democrática, incidiendo en los principios de verdad, justicia, reparación y no repetición.

La propuesta didáctica también implica otros objetivos específicos entre los que destacan el planteamiento de una actividad dinámica que contribuya a aumentar el interés en la materia de Geografía e Historia; profundizar en los contenidos relativos a la guerra civil y el franquismo que no aparecen en los libros de texto; fomentar el aprendizaje significativo por una vía alternativa al aprendizaje memorístico; contribuir al buen uso de las TIC y promover el trabajo en pareja, la solidaridad y la cooperación.

Los contenidos y los criterios de evaluación del currículo educativo fijados en el decreto 40/2015 que se abordan en esta propuesta didáctica son los relativos al primer, sexto y octavo bloque. En relación con el primer bloque, el contenido consiste en la "elaboración y presentación de trabajos de investigación histórica, individualmente o en equipo" (Decreto 40/2015, 19000) que, en este caso es en parejas e implica el uso de las TIC para su elaboración y exposición. En el sexto bloque se abordan los contenidos relativos a la guerra civil (1936-1939), que implica comprender la significación histórica del conflicto. La dictadura de Franco (1939-1975) está incluida en el octavo bloque de contenidos. En este bloque se encuentra un criterio de evaluación que implica "explicar las causas de que se estableciera una dictadura en España, tras la guerra civil, y cómo fue evolucionado esa dictadura desde 1939 a 1975" y a él se vincula el único estándar de aprendizaje evaluable relativo a la memoria fijado en el currículo educativo del decreto 40/2015: "discute cómo se entiende en España y en Europa el concepto de memoria histórica" (Decreto 40/2015, 19014).

4.2. Desarrollo, evaluación y metodología

La propuesta didáctica sobre "La Memoria Democrática en Castilla-La Mancha" se ha desarrollado durante el tercer trimestre, abordando los contenidos relativos al primer, sexto y octavo bloque, que se corresponden con la séptima y novena unidad didáctica del libro de texto. Debido a la duración del Prácticum en el Máster de Educación Secundaria Obligatoria y Bachillerato –de febrero a mayo– se han adelantado algunos de estos contenidos que estaban programados y temporalizados después.

La duración del prácticum también ha condicionado las sesiones programadas para el desarrollo de la propuesta didáctica, limitándose a tres sesiones. La primera sesión ha estado destinada a explicar la guerra civil haciendo hincapié en la situación de la provincia de Ciudad Real entre 1936 y 1939. Al mismo tiempo se ha introducido el concepto de memoria y los lugares de memoria. En la segunda sesión abordamos en profundidad algunos lugares de memoria de la provincia de Ciudad Real –refugios antiaéreos, campos de concentración, fosas comunes y aeródromos– a partir de los contenidos del mapa de la web de memoria democrática de Castilla-La Mancha. A través de estos lugares de memoria se explica el transcurso de la guerra civil, las causas y consecuencias sociales, económicas o demográficas, así como la represión que tuvo lugar con la implantación de la dictadura. En esta sesión también se incorporan materiales arqueológicos con el objetivo de que los discentes puedan contextualizar y empatizar con la dureza del conflicto en la retaguardia.

La tercera sesión se ha diseñado de tal forma que el alumnado pueda profundizar en el concepto de memoria y en los lugares de memoria de la provincia de Ciudad Real y comprender la transcendencia de estos hechos históricos en relación con el pensamiento histórico. Por este motivo, se ha planteado una actividad en parejas en la que han de elegir entre dos lugares de memoria –refugios antiaéreos o aeródromos– a partir de un listado proporcionado por el docente. El alumnado ha de trabajar con la información que aparece en las monografías de la colección de Memoria Democrática y elaborar un póster con los contenidos seleccionados. El póster debe elaborarse en una plataforma digital, elegida libremente por cada pareja. Una vez elaborado el póster, se transforma en un código QR, que se ha de geolocalizar en un mapa colaborativo de lugares de memoria creado en Google Earth. Al finalizar la actividad, los alumnos habrán creado su propio mapa de lugares de memoria para la provincia de Ciudad Real.

La evaluación de la propuesta didáctica se ha realizado a través de una rúbrica, que permite evaluar y medir la asimilación de los contenidos de manera objetiva y precisa. La rúbrica está formada por cinco ítems que miden los contenidos seleccionados, el esfuerzo y la cooperación reflejados en el trabajo final, la creatividad y el formato del póster, el uso adecuado de las TIC y la selección de bibliografía o webgrafía. Cada ítem ha sido puntuado a partir de cuatro niveles, siendo el 1 el más bajo y el 4 el más alto. De este modo, cada ítem tiene un valor máximo de dos puntos, por lo que la nota máxima ha de ser un diez. Con el objetivo de facilitar la realización del trabajo de manera provechosa, la rúbrica fue proporcionada y explicada al alumnado previamente. Por otro lado, al final de las sesiones destinadas a la propuesta didáctica, el alumnado rellenó una encuesta sobre el diseño e implementación de la misma, que permite al docente evaluar los aspectos positivos y negativos de la actividad con el fin de mejorar el planteamiento.

La metodología empleada para el desarrollo de esta propuesta didáctica parte de los conocimientos previos del alumnado para asegurar la construcción de aprendizajes significativos en el proceso de enseñanza-aprendizaje. Con el uso de los recursos de la web de memoria democrática de Castilla-La Mancha y con los materiales complementarios se ha pretendido que el alumnado relacione los contenidos generales con los específicos del entorno en que viven, con el objetivo de generar aprendizajes útiles y significativos que contribuyan a su formación en una ciudadanía democrática. Por otra parte, la creación del mapa de lugares de memoria en Google Earth también permite al alumnado asimilar y comprender los contenidos sin necesidad de recurrir al aprendizaje memorístico, al mismo tiempo que desarrollan su capacidad creativa con la elaboración del póster y mejoran sus habilidades en el uso de las TIC. Es una propuesta enriquecedora que permite al alumnado adquirir una formación útil para la vida cotidiana.

4.3. Resultados de la propuesta didáctica

La implementación de la propuesta didáctica sobre "La Memoria Democrática en Castilla-La Mancha" en dos grupos de 4º curso de ESO ha permitido extraer una serie de resultados, que se pueden dividir en dos categorías: resultados de tipo cualitativo y resultados de tipo cuantitativo.

Los resultados de tipo cuantitativo son fruto de una encuesta[25] en la que el alumnado respondió a preguntas relativas a la adquisición de los contenidos, los materiales empleados, la capacidad de la propuesta didáctica para generar aprendizajes útiles para la vida y el desarrollo de la actividad final. En concreto, las preguntas eran seis:

- **Pregunta 1.** ¿Los contenidos relativos a la actividad de "La Memoria Democrática en Castilla-La Mancha" han sido explicados con claridad?

- **Pregunta 2.** ¿Los recursos y materiales –web de Memoria Democrática de Castilla-La Mancha, material arqueológico y libros– te han servido para profundizar en los contenidos?

- **Pregunta 3.** ¿La actividad te ha resultado útil para aprender sobre un tema de actualidad y vincular el pasado y el presente de la historia de España y de tu región?

- **Pregunta 4.** ¿Las pautas de trabajo han sido explicadas con claridad?

- **Pregunta 5.** ¿La rúbrica ha sido útil para realizar el trabajo en parejas?

- **Pregunta 6.** ¿Esta actividad sobre la memoria democrática ha contribuido a aumentar tu interés en la materia de Geografía e Historia?

Los resultados, representados en la gráfica 1, son bastante significativos por cuanto representan un alto grado de satisfacción por parte del alumnado en el desarrollo de la propuesta didáctica.

Los resultados cualitativos –recogidos en preguntas de respuesta abierta– complementan de manera positiva a los cuantitativos, ya que el alumnado manifestó que la actividad les resultó de interés, sobre todo porque les había permitido trabajar en el aula de manera dinámica, en grupo y mejorar sus habilidades en el uso de las TIC. Algunos de los alumnos manifestaron su deseo de visitar los lugares de memoria de la provincia de Ciudad Real, aunque consideraban de utilidad los recursos

---

25 En la encuesta solo participó el alumnado de un grupo de 4º de ESO, compuesto por veintidós alumnos. Las respuestas a las preguntas eran sí, no y no sabe/no contesta, tal y como aparece representado en las barras del gráfico. La escala de 0 a 20 representa el número de respuestas.

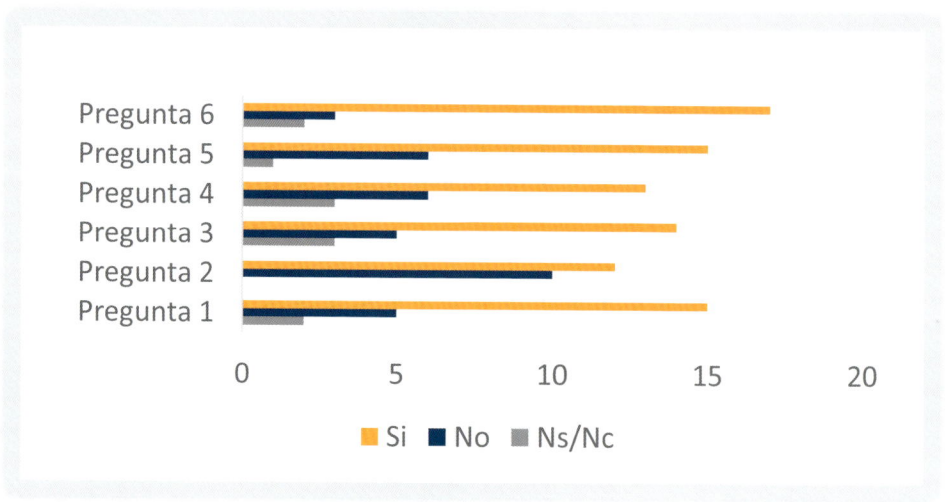

Gráfico 1. Respuestas del alumnado a la encuesta sobre el proyecto "La Memoria Democrática en Castilla-La Mancha". Elaboración propia.

del mapa de la web de memoria democrática de Castilla-La Mancha. Por otra parte, la gran mayoría del alumnado estuvo de acuerdo en que a través de los lugares de memoria habían aprendido sobre el concepto de la memoria y su relación con los acontecimientos históricos de la guerra civil y el franquismo, que eran bastante desconocidos para ellos.

A nuestro juicio, el mapa de la web de memoria democrática de Castilla-La Mancha, el material arqueológico y las publicaciones de la colección de Memoria Democrática han sido esenciales para atraer la atención del alumnado. Además, destaca el valor pedagógico de los lugares de memoria para el desarrollo de las competencias de pensamiento histórico, favoreciendo al mismo tiempo el aprendizaje significativo. Por otra parte, el trabajo en parejas, aunque ha dado lugar a resultados óptimos, ha sido elaborado con menor interés por parte del alumnado y ello se puede explicar, en primer lugar, por las fechas en que se realizó –al término del tercer trimestre– y, en segundo lugar, por la elevada carga de trabajo en otras asignaturas. La falta de tiempo ha sido un condicionante negativo para el desarrollo de las actividades, ya que ha impedido profundizar en algunos aspectos. No obstante, de manera global, valoramos positivamente el desarrollo e implementación de esta propuesta didáctica por cuanto el alumnado de ambos grupos de 4º curso de ESO se involucró y participó activamente, enriqueciendo el proceso de enseñanza-aprendizaje y su capacidad para desarrollar las competencias de pensamiento histórico.

5. Discusión y conclusiones

La propuesta didáctica que se ha presentado destaca por su novedad frente a otras propuestas, ya que está fundamentada en los contenidos y materiales de la web de memoria democrática de Castilla-La Mancha, elaborados por un equipo científico de manera rigurosa. Estos materiales están a disposición de la comunidad científica y de la sociedad en general y contribuyen a conocer en profundidad los contenidos que no vienen recogidos en los manuales escolares. Es una propuesta que ha pretendido abordar la enseñanza de la guerra civil y del franquismo a partir de la memoria y los lugares de memoria de la provincia de Ciudad Real, con el fin de promover en el alumnado un aprendizaje basado en la "autoconsciencia histórica", es decir, dotando de una dimensión ética a la historia en la que se promueve un aprendizaje sobre el pasado para comprender el presente en el que viven, ayudándoles a pensar históricamente como ciudadanos democráticos.

En relación con la implementación de la propuesta didáctica, se han obtenido varias conclusiones. En primer lugar, la actividad ha estado limitada por la duración del Prácticum del Máster de Educación Secundaria Obligatoria y Bachillerato, que finalizó en el mes de mayo. Por lo tanto, las sesiones planificadas fueron insuficientes para profundizar en algunos lugares de memoria, o en otros contenidos como la represión, el hambre o la resistencia antifranquista. Sin embargo, el mapa de memoria democrática de Castilla-La Mancha se ha erigido en un recurso web fundamental para la región por cuanto permite abordar las categorías y los lugares de la memoria, sobre todo en el curso 2021/2022 en el que las salidas del centro educativo estaban restringidas con motivo de la pandemia.

Por otro lado, destaca la versatilidad de esta propuesta didáctica por cuanto puede adaptarse a cualquier nivel educativo y a las necesidades específicas del alumnado en Educación Secundaria Obligatoria y Bachillerato. Esto es clave debido a la implantación progresiva de la nueva ley educativa –LOMLOE–. El nuevo currículo educativo de Castilla-La Mancha sí promueve claramente la adquisición de las competencias específicas de pensamiento histórico en relación con la memoria democrática, el principio de Justicia Universal y el tratamiento de las experiencias históricas dolorosas del pasado reciente para el reconocimiento y reparación de las víctimas (Decreto 82/2022, 24601-24602). En este sentido, la propuesta didáctica puede transformarse en una situación de aprendizaje y seguir completando los contenidos relativos a la memoria que no incluyen los libros de texto.

Finalmente, tras desarrollar la propuesta didáctica en un centro educativo de Castilla-La Mancha, compartir experiencias con otros docentes de la región en foros de debate y congresos, y estableciendo conexiones con los estudios publicados al respecto, consideramos que la memoria se trata en un porcentaje minoritario en los centros de enseñanza de Educación Secundaria Obligatoria y Bachillerato. Esta cuestión debe hacernos reflexionar sobre la necesidad de abordar los contenidos con el fin de generar aprendizajes útiles, la temporalización de los mismos y la formación del profesorado, inicial y permanente. La extensión de los contenidos impide profundizar en ellos, en sus causas, consecuencias y su interrelación, aunque el nuevo currículo educativo que promueve la LOMLOE permite al docente organizar los contenidos de manera más flexible.

Por otra parte, se ha de poner también el foco en la formación inicial y permanente del profesorado, que debe permitir la adecuada transformación de los procesos de enseñanza-aprendizaje en el aula. Las comunidades autónomas, por su parte, han de destinar recursos que incentiven el aprendizaje y formación en memoria democrática del profesorado, a través de cursos de formación y talleres, que promuevan la educación y el respeto en valores cívicos y críticos, fundamentos básicos de una enseñanza en libertad, tolerancia y democracia. ▌

Referencias bibliográficas

- ALONSO DÁVILA, Isabel (2023): "La memoria en el currículo de ESO y Bachillerato: nuevas luces y viejas sombras", *Fundación 1º de Mayo. Colección Informes,* 171, pp. 230-252.

- ARIAS FERRER, Laura, Alejandro EGEA VIVANCOS, Raquel SÁNCHEZ IBÁÑEZ, Jesús DOMÍNGUEZ CASTILLO, Francisco Javier GARCÍA CRESPO y Pedro MIRALLES MARTÍNEZ (2018): "¿Historia olvidada o historia no enseñada? El alumnado de Secundaria español y su conocimiento sobre la Guerra Civil", *Revista Complutense de Educación,* 2 (30), pp. 461-478.

- BEL MARTÍNEZ, Juan Carlos y Juan Carlos COLOMER RUBIO (2017): "Guerra Civil y franquismo en los libros de texto actuales de Educación Primaria: análisis de contenido y orientación didáctica en el marco de la LOMCE", *Cabás,* 17, pp. 1-17.

- COROMINA VERDAGUER, Lluís (2022): "Los lugares de memoria, ¿un recurso didáctico para las aulas de secundaria?", *Iber: didáctica de las Ciencias Sociales, Geografía e Historia,* 108, pp. 55-59.

- DELGADO ALGARRA, Emilio José y Jesús ESTEPA GIMÉNEZ (2016): "Ciudadanía y memoria histórica en la enseñanza de la historia: análisis de la metodología didáctica en un estudio de caso en ESO", *Revista de Investigación Educativa,* 2 (4), pp. 521-534.

- DÍEZ GUTIÉRREZ, Enrique Javier (dir.) (2009): *Unidades didácticas para la recuperación de la Memoria Histórica,* León, Foro por la Memoria y Ministerio de la Presidencia.
- (2011): *La Memoria Histórica en los libros de texto escolares,* León, Foro por la Memoria de León y Ministerio de Presidencia.
- (2014): "La Memoria Histórica en los libros de texto escolares", *Revista Complutense de Educación,* 2 (25), pp. 393-409.

- ESTEPA GIMÉNEZ, Jesús y Emilio José DELGADO ALGARRA (2011): "Educación para la Ciudadanía y memoria histórica", *Social Education,* 1, pp. 92-134.

- FERNÁNDEZ MACÍAS, Érika (2019): "Lugares de memoria en la Red: nuevas formas de recuperar, representar y divulgar la memoria histórica. España, 1939-1975", *Amnis: Revue d'études des sociétés et cultures contemporaines Europe/Amérique,* 18.

- GALIANA I CANO, Vicent (2018): "La memoria democrática en las aulas de secundaria y bachillerato: balance de una experiencia didáctica", *Didáctica de las ciencias experimentales y sociales,* 34, pp. 3-18.

- (2020): "La Memoria democrática como herramienta didáctica. Pasado traumático e historia local en secundaria y bachillerato", *Sémata: Ciencias sociais e humanidades,* 32, pp. 421-432.

- GÓMEZ CARRASCO, Cosme J., Ramón CÓZAR y Pedro MIRALLES MARTÍNEZ (2014): "La enseñanza de la historia y el análisis de libros de texto. Construcción de identidades y desarrollo de competencias", *Ensayos. Revista de la Facultad de Educación de Albacete,* 1, pp. 1-25.

- GÓMEZ CARRASCO, Cosme J. y Francisco GARCÍA GONZÁLEZ (2018): "Identidad, patrimonio y pensamiento histórico", *Arbor: ciencia, pensamiento y cultura,* 788, pp. 1-4.

- GÓMEZ CARRASCO, Cosme J., Verónica VIVAS MORENO y Pedro MIRALLES MARTÍNEZ (2019): "Competencias históricas y narrativas europeas/nacionales en los libros de texto", *Cadernos de Pesquisa,* 172, pp. 210-234.

- LIZARRAGA RADA, Mikel (2019): "Los lugares de la memoria histórica y el mapa de fosas de Navarra", *Príncipe de Viana,* año LXXX, 274, pp. 979-1013.

- LÓPEZ FACAL, Ramón (2014): "La LOMCE y la competencia histórica", *Ayer,* 94, pp. 273-285.

- MARTÍNEZ MARTÍNEZ, Juan Miguel, Carolina ALEGRE BENÍTEZ y Antonio TUDELA SANCHO (2020): "Memoria histórica y didáctica de las Ciencias Sociales: los museos virtuales como herramienta de innovación", en Eloy LÓPEZ MENESES, David COBOS SANCHIZ,

Laura MOLINA GARCÍA, Alicia JAÉN MARTÍNEZ, Antonio Hilario MARTÍN PADILLA (eds.), *Claves para la innovación pedagógica ante los nuevos retos: respuestas en la vanguardia de la práctica educativa,* Barcelona, Octaedro, pp. 3608-3615.

- MIRALLES MARTÍNEZ, Pedro y Cosme J. GÓMEZ CARRASCO (2017): "Enseñanza de la historia, análisis de libros de texto y construcción de identidades colectivas", *Historia y Memoria de la Educación,* 6, pp. 9-28.

- ARIAS, Víctor B. y Olaia FONTAL-MERILLAS (2019): "Recursos digitales y metodología didáctica en la formación inicial de docentes de Historia", *Comunicar,* v. XXVII, 61, pp. 45-56.

- y MONTEAGUDO FERNÁNDEZ, José (2019): "Percepciones sobre el uso de recursos TIC y Mass-Media para la enseñanza de la historia: un estudio comparativo en futuros docentes de España-Inglaterra", *Educación XXI: revista de la Facultad de Educación. UNED,* 22, pp. 187-211.

- MONTEAGUDO FERNÁNDEZ, José y Ramón LÓPEZ FACAL (2018): "Estándares de aprendizaje y evaluación del pensamiento histórico, ¿incompatibles?", *Perfiles educativos,* 161, pp. 128-146.

- PAGÈS, Joan (2009): "La memoria i l'ensenyament de la historia a Catalunya: reflexions sobre alguns antecedents i suggeriments per al futur" en Joan PAGÈS y María Paula GONZÁLEZ AMORENA (coords.), *La memoria i l'ensenyament de la historia a Catalunya,* Barcelona, Bellaterra-Universitat Autònoma de Barcelona, pp. 121-135.

- PÉREZ LORENZO, José Manuel (2007): "La transmisión de la Memoria Histórica: una propuesta didáctica", *Cuadernos del Ateneo,* 23, pp. 9-26.

- RODRÍGUEZ MEDINA, Jairo, Cosme J. GÓMEZ CARRASCO, Ramón LÓPEZ FACAL y Pedro MIRALLES MARTÍNEZ (2020): "Tendencias emergentes en la producción académica de educación histórica", *Revista de Educación,* 389, pp. 211-242.

- SANTISTEBAN FERNÁNDEZ, Antoni (2010): "La formación de competencias de pensamiento histórico", *Clío & Asociados,* 14, pp. 34-56.

- VALERO ESCANDELL, José Ramón (2021): "Los lugares de la memoria histórica: más allá de la Guerra Civil", *Revista valenciana d'estudis autonòmics,* 66, pp. 185-218.

- VALLS, Rafael (2007): "La guerra civil española y la dictadura franquista: las dificultades del tratamiento escolar de un tema potencialmente conflictivo", *Enseñanza de las ciencias sociales,* 6, pp. 61-73.

- y LÓPEZ FACAL, Ramón (2010): "¿Un nuevo paradigma para la enseñanza de la Historia? Los problemas reales y las polémicas interesadas al respecto en España y en contexto del mundo occidental", *Enseñanza de las Ciencias Sociales,* 10, pp. 75-85.

- PARRA, David y Carlos FUERTES (2017): "Los temas históricos conflictivos y su abordaje escolar: un ejemplo español", *Clío y asociados. La historia enseñada,* 25, pp. 8-21.

2.4. Políticas de la memoria en el callejero de Guadalajara: una lectura histórica, democrática y feminista de las calles de nuestra ciudad

MARÍA DE LA HOZ BERMEJO MARTÍNEZ
Universidad de Alcalá; LEA-SIECE

Las escrituras presentes en nuestros espacios públicos, desde las de carácter oficial hasta las creadas al margen de la legalidad, forman parte del relato que una sociedad deja sobre sí misma para la historia. Las escrituras expuestas, un fenómeno que nace con el nacimiento de la propia escritura y que ya fue definido hacia 1980 por el paleógrafo italiano Armando Petrucci en su obra *La scrittura: ideologia e rappresentazione* (PETRUCCI 2013, 25), representan una fuente documental de gran valor que los historiadores/as debemos observar si queremos atender al pasado de un lugar con una mirada democrática y responsable hacia su propio relato. Si damos un paseo entre los nombres de los edificios, locales o tiendas; los carteles y grafitis de todo tipo dispersos por las paredes, las pancartas reivindicativas de las manifestaciones, los rótulos publicitarios o los mensajes pegados en farolas o marquesinas de autobuses, hasta llegar a los nombres de las calles, plazas o vías de cualquier ciudad, descubriremos sus principales hitos históricos, los distintos momentos clave de su vida política, el transcurso de su economía o, por ejemplo, los grandes cambios que a nivel social y/o cultural hayan tenido allí lugar. Entre sus escrituras expuestas veremos entonces la historia de su ciudad, sí, pero esta será la versión de la historia que han querido mostrar, fijar y exhibir públicamente, por ejemplo a través de los nombres de sus calles, quienes han tenido en sus manos el poder de nombrarlas, al tiempo que se desvelará la historia que ellos mismos han querido ocultar, silenciar, borrar, reescribir o simplemente dejar en el olvido hasta que, en muchas ocasiones, las reivindicaciones de la propia ciudadanía que transitaba esas vías luchó por renombrarlas y, con ello, democratizarlas para hacer de sus espacios públicos, de sus ciudades y, en definitiva, de sus hogares y de su sociedad, un lugar en el que vivir en igualdad.

1. Las calles no siempre tuvieron un nombre. Historia de un instrumento de control del espacio urbano y de sus viandantes

Aunque para nosotros/as las calles de nuestras ciudades siempre han tenido un nombre oficial, inscrito en una placa de cerámica o de metal ubicada en las esquinas o intersecciones, muy útil para ubicarnos en el trazado urbano de nuestras ciudades, pero también en aquellas que visitamos como foráneos/as o, por supuesto, imprescindible para enviar y recibir toda nuestra correspondencia, tanto oficial como personal; lo cierto es que no siempre las calles tuvieron un nombre. Este instrumento de control del espacio urbano, al tiempo que escaparate de los poderes gobernantes y herramienta de dominio e imposición ideológica de sus ciudadanos/as, nació hacia mediados del siglo XIX, cuando el 30 de noviembre de 1858 se promulgó una Real Orden que determinó que por primera vez todas las vías de cualquier localidad del país debían tener en algún lugar visible una placa con sus respectivos nombres. Fue así como, a lo largo del siglo XIX, se fueron paulatinamente configurando los callejeros españoles.

Pero antes de esta decisión, crucial en cuanto a la oficialidad de este nuevo instrumento político, las calles ya tenían nombres. Teniendo en cuenta que la primera y principal función de un callejero es ubicar a la ciudadanía en su espacio público, lo lógico es pensar que antes de esa Real Orden, la población ya hubiera dado ciertos nombres a algunas de los de los espacios o barrios de sus ciudades, aunque estos no fueran oficiales hasta 1858 ni, en consecuencia, estuvieran escritos en ninguna parte. Los topónimos geográficos o las funciones desempeñadas en esas zonas de la ciudad fueron las denominaciones históricas más habituales que, en muchos casos, van además a unirse al mapa oficial configurado a partir de esa promulgación.

Pese a que en un primer momento la intención de esta nueva ley era la de controlar mejor los espacios urbanos para así administrar de forma más eficiente los recursos municipales gracias a la información que aportaba saber cuánta gente vivía en cada zona y cuáles eran sus necesidades, lo cierto es que los callejeros se convirtieron casi inmediatamente en un espacio de reconocimiento público bajo el poder de quienes tuvieron, en cada momento, el control de la ciudad. Aunque muchas de las calles mantuvieron entonces los nombres históricos de los gremios medievales allí desarrollados, o los topónimos y los accidentes geográficos pasaron a estar expuestos entonces en una placa de carácter oficial, lo cierto es que a partir de este momento el callejero se va a convertir también en una herramienta política, en un instrumento más al servicio de quienes ostentaron el poder y que van a emplear para homenajear públicamente a ciertos personajes destacados en lo político, económico, cultural, militar, nobiliar o religioso, al tiempo que para exhibir su supremacía y tartar de fijar su forma de pensar como válida y única para toda la población del lugar.

Desde entonces y hasta llegar a nuestros días, los poderes políticos, influenciados desde otros muchos ámbitos de la sociedad, han hecho de los callejeros un aparato a su servicio, un mecanismo muy vivo con el que han podido y pueden dedicar calles a deidades, a vírgenes y a santos/as, a personas, a colectivos, a instituciones, a cosas, a hechos o a tradiciones que, por distintos motivos, hayan destacado en su tiempo y sean merecedores/as, bajo su propio y único juicio, de ser recordados/

as públicamente con el elogio que supone tener una calle con tu propio nombre.

Por ello, es de imaginar que las elecciones de los nombres de las calles nunca estuvieran exentas de polémicas. Ni lo estuvieron antes, ni lo están ahora. No tenemos que echar mucho la vista atrás para encontrar un buen ejemplo de las fuertes críticas recibidas recientemente, por ejemplo, por las alcaldías de Manuela Carmena en Madrid o de Ada Colau en Barcelona por los cambios de denominaciones en las vías que todavía, en pleno siglo XXI, seguían haciendo honores al franquismo y a los promotores de su dictadura. Y es que a pesar de estar aplicando la Ley de Memoria Histórica del año 2007, así como la posterior Ley de Memoria Democrática del 2020, para la resignificación y democratización de los espacios públicos de las grandes ciudades de nuestro país en reconciliación con el pasado más reciente y traumático de su historia, para algunos/as, estos motivos no tuvieron el suficiente peso como para aceptar estas políticas de memoria histórica que las alcaldías de la capital y de la ciudad condal trataron de aplicar.

Así, en Madrid, el 28 de abril de 2017 el Pleno de su Ayuntamiento aprobaba con los votos del Partido Socialista Obrero Español (PSOE), Ciudadanos (Cs) y Ahora Madrid, y con la abstención del Partido Popular (PP), eliminar 52 nombres de vías que homenajeaban en la capital a personas o acontecimientos relacionados con el éxito de la sublevación militar del 18 de julio de 1936, con la Guerra Civil o con la posterior dictadura franquista. De todos ellos, sin duda uno de los cambios más controvertidos fue el de la calle Millán Astray, establecida durante la dictadura en honor al general y fundador de la Legión Española, y sustituida en 2018 por la calle de la maestra Justa Freire, en recuerdo a una de las figuras clave de la pedagogía española del pasado siglo. La disconformidad con esta decisión fue expresada por la Hermandad Nacional de Antiguos Caballeros Legionarios, quienes llevaron ante el Tribunal Superior de Justicia de Madrid su rechazo y a lo que la justicia madrileña respondió dándoles finalmente la razón y devolviendo en mayo de 2021 al espacio público de la capital a Millán Astray.

Hoy, la Plataforma por la restitución de la calle "Maestra Justa Freire" en el callejero de Madrid, creada bajo este propósito y con el objetivo claro de recuperar la democratización de estas calles de la capital y el fin del reconocimiento público de figuras del franquismo en pleno siglo XXI, lucha por restituir en el callejero madrileño la vía en honor a la maestra y pedagoga, así como las otras seis que, a pesar de la decisión del Pleno de Madrid de 2017, han recuperado sus viejas denominaciones franquistas al considerar las sentencias judiciales correspondientes la falta de pruebas que relacionasen a estos personajes con la dictadura y sus crímenes y delitos. Así, esta Plataforma reclama que la avenida de los Hermanos García Noblejas pase a ser la de la Institución Libre de Enseñanza, la calle Crucero de Baleares sea renombrada por la de Barco Sinaia, reponer la placa de Largo Caballero, eliminar la calle de los Caídos de la División Azul y relevarla por la del Memorial 11 de marzo de 2004, reemplazar la glorieta Cirilo Martín Martín por la de Ramón Gaya y la calle de José Rizal en sustitución de la actual calle del Algabeño.

Aunque no es necesario irse hasta las grandes ciudades del país para encontrar otros ejemplos similares, pues la polémica también se desató, por ejemplo, en Cádiz, cuando la Comisión Municipal de Nomenclátor aprobó el cambio de 29 de sus vías para dar respuesta a la Ley de Memoria Democrática y eliminar así del espacio público gaditano a personajes del franquismo al tiempo que, en este caso, se trataba de aumentar la presencia de mujeres en el mismo. De todas ellas, 21 de esas vías cambiaron su nombre por el de mujer, como la antigua glorieta Ingeniero de la Cierva, que pasó a hacer justicia a la figura de Ana Orantes, víctima de violencia de género que tuvo el valor en 1997 de contar públicamente en un programa televisivo de Canal Sur el horror que llevaba décadas sufriendo junto a su marido, hecho que desgraciadamente hizo que este le quitara la vida tan solo unos días después, pero que sembró sin duda un precedente histórico en la lucha contra la violencia de género.

Por desgracia, todavía son muchas las vías que, por todo el país, siguen hoy recordando y reconociendo públicamente en nuestras calles a figuras del franquismo y que prueban, una vez más, que los nombres de las calles no son algo simbólico y sin importancia, sino una herramienta de memoria democrática que cada vez que se utiliza, sea con los intereses políticos que sea, desata el debate social. Descubramos, pues, cuál es en este sentido la situación del callejero de Guadalajara.

2. Cambios en sus nombres: reticencias vs. avances democráticos –y feministas– en el callejero de Guadalajara

Como sucede en la mayoría de las ciudades del país, el origen del callejero de Guadalajara data también de principios del siglo XIX. Algunos de los primeros nombres oficiales que se pusieron, tal y como recogió Emilio Valverde y Álvarez en su *Plano y guía del viajero en Alcalá de Henares, Guadalajara y Sigüenza* publicado en 1886, hacían precisamente referencia, tal y como hemos señalado que era lo habitual en la época, a clásicas denominaciones de los espacios históricos de la ciudad. Topónimos y referencias a los usos de esos espacios urbanos van a ser algunos de los protagonistas de estos primeros identificativos, como el barrio del Alamín, de origen medieval; la calle del Arco, por estar en ella uno de los arcos que antiguamente había en la calle Mayor de la ciudad; la calle del Ferial, donde era habitual que se celebraran las ferias de ganado; el Arrabal del Agua, un barrio situado en la parte externa de la muralla y por donde discurría un arroyo que solía inundarse cuando había fuertes tormentas; la calle de la Sinagoga, donde estaba el templo judío de Guadalajara; la Nevera de los Frailes, la Huerta del Carmen o el Cerro del Pimiento, principales zonas de huertas y cultivos agrícolas; la calle Horno de San Gil, así llamada por haber en ella un horno para cocer el pan; la plaza del Concejo, por ser el lugar en el que se reunía el Concejo municipal; la calle de la Pelota, hoy calle Vizcondesa del Jorbalán, lugar en el que se encontraba el frontón de la ciudad; la calle de Bardales, la cuesta de Calderón o la plaza de Dávalos, que deben sus nombres a nobles que vivieron allí; la cuesta del Matadero, donde estaba situado el matadero municipal, muy cercano al mercado; el conocido popularmente como paseo de las Cruces, hoy paseo Doctor Fernández Iparraguirre, así llamado por ser el lugar por el que transcurrían las procesiones religiosas en fechas señaladas del calendario cristiano, como la Semana Santa; la

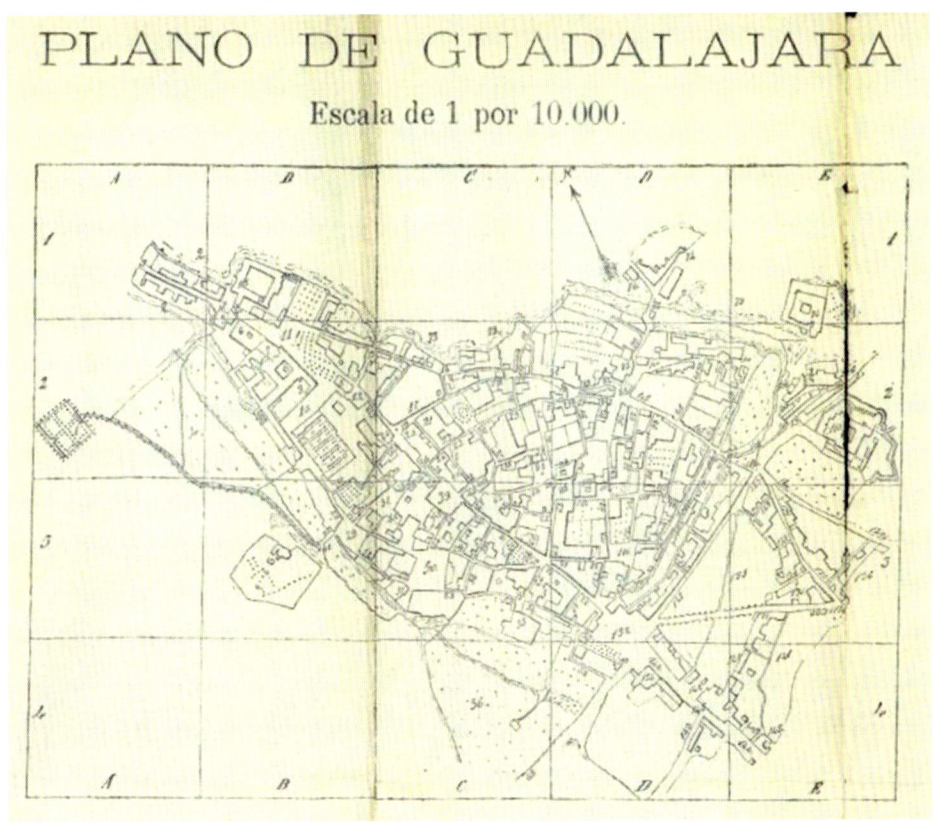

Imagen 1. Plano de la ciudad de Guadalajara hacia el año 1886 (VALVERDE y ÁLVAREZ, 1886, 16).

calle de La Carrera, que era una de las principales vías de salida de la ciudad y que conectaba con la llamada carretera o calle de Zaragoza, antiguo camino real que unía Madrid con la capital maña; o las clásicas calles de los olleros, los caldereros, las cacharrerías, la carbonería, los panaderos o los bodegones, entre otras, todas ellas en relación con las actividades gremiales allí desarrolladas.

Sin embargo, con la promulgación de la Real Orden que establecía la obligatoriedad de crear un nomenclátor oficial en todas las localidades del país, pronto empezaron también a aparecer letreros en las vías de Guadalajara dedicados a diferentes figuras locales, personas destacadas en distintos ámbitos a quienes se les estaba homenajeando con una calle en el espacio público de su propia ciudad. Este fue el caso, por comenzar este pequeño paseo con algunos de los nombres que aparecen en los primeros planos que se conservan con una relación de las vías de la ciudad, de las muchas plazas que recibían su identificativo por las iglesias, monasterios o conventos allí ubicados, como la plaza de San Nicolas, la de San Esteban o de San Ginés; la del Carmen, la de Santa María, la de la Virgen de la Antigua o la de la Amparo, entre otras muchas.

Pero si nos vamos del ámbito religioso al político, sin olvidar que ambos panoramas estaban íntimamente relacionados, resulta inevitable detenernos en la presencia de una de las familias quizás más conocidas de su historia local. Como no podía ser de otra forma, los Mendoza aparecen en el callejero guadalajareño no en una, sino como veremos, en varias ocasiones. En paralelo a la cuesta del Matadero y desde el paseo del Doctor Fernández Iparraguirre, más conocido como el ya señalado paseo de las Cruces, y hasta la avenida del Ejército, nos encontramos desde el año 1972 la calle del cardenal González de Mendoza, aunque antes, desde 1915, estaba ubicada cerca del palacio del cardenal, junto a la concatedral de Santa María, una vía que hoy lleva el nombre de Pedro Pascual. El quinto hijo del marqués de Santillana y hermano del segundo Duque del Infantado, Pedro González de Mendoza (1428-1495) fue conocido por el apodo del "tercer rey de España", junto a Isabel y Fernando, por el enorme poder que ostentó en su tiempo en lo político, religioso, militar y cultural.

Pero también algunas figuras de la conquista de los territorios indígenas en América Latina han sido rememoradas en el espacio público guadalajareño, como Cristóbal Colón, Hernán Cortés o, por ejemplo, Nuño Beltrán de Guzmán (1490-1558), perteneciente a una de las familias hidalgas más conocidas de la ciudad, los Guzmán, y a quien históricamente se ha otorgado el nombramiento de nuestra homóloga en México, la Guadalajara de Jalisco. A pesar de este noble detalle con su ciudad natal, lo cierto es que Beltrán de Guzmán pasó a la historia por su violento, cruel, sanguinario e inhumano papel a su llegada a América, donde protagonizó saqueos, palizas, violaciones y ejecuciones de indígenas, incluida la del último rey del pueblo purépecha, Tangáxoan II (ORTIZ GARCÍA 2003). Y por si esta calle, que aparece ya en los planos de la ciudad desde 1925,

Imagen 2. Escultura al cardenal González de Mendoza, realizada en 1998 por Óscar Alvariño Belinchón, situada junto al palacio del Infantado de Guadalajara.

no fuera suficiente, Beltrán de Guzmán fue además elegido por el PP para protagonizar uno de los nueve bustos que en 2003 el Ayuntamiento ubicó en el céntrico paseo del Doctor Fernández Iparraguirre, realizados por el escultor Luis Sanguino de Pascual, y que incluían también en su reconocimiento al propio Iparraguire, a Alvar Fáñez de Minaya, encargado de recuperar para los cristianos la Guadalajara musulmana en el año 1085; al gobernador musulmán de la ciudad Izraq Ibn-Muntil, a los escritores Mosé ben Sem Tob de Leon, Antonio Buero Vallejo y Camilo José Cela, o a las célebres figuras del Marqués de Santillana y de María Diega Desmaissières y Sevillano, Condesa de la Vega del Pozo, quien además es la única mujer incluida en este paseo.

Y es que, aunque hoy ya no se trate de una calle, el reconocimiento a través de una placa está igualmente presente en Guadalajara en otro de los personajes clave de su historia. Álvaro de Figueroa y Torres

(1863-1950), más conocido como el Conde Romanones, fue uno de los grandes representantes del caciquismo de su tiempo, una figura que aprovechó su situación política, económica y social para ostentar un poder que le llevó a ser, entre otros cargos, alcalde de Madrid, presidente del Senado, del Congreso de los Diputados e, incluso, del Gobierno en tres ocasiones, así como ministro hasta en diecisiete. Guadalajara, que cumplía para él la función de ser la circunscripción por la que conseguía su escaño de diputado, fue el feudo en el que compró por un par de pesetas, tal y como reconoció él mismo en sus memorias, cada uno de los votos con los que fue elegido diputado por la ciudad de manera ininterrumpida desde 1888 y hasta 1936. A pesar de representar hoy un ejemplo único del clientelismo, el caciquismo y la corrupción de la Restauración, en Guadalajara conserva el busto que encargaron un grupo de maestros en 1913, situado hoy en la plaza de Santo Domingo, y que alaba su contribución al Magisterio. El conjunto escultórico, elaborado por Miguel Blay y Fábregas, ensalza al conde como ministro de Instrucción Pública y Bellas Artes con un alumno a sus pies que sostiene los presupuestos generales del Estado donde se incluye, tal y como Romanones logró en 1901, la incorporación del sueldo de los maestros/as a esta partida presupuestaria.

Pero, como ya hemos señalado que ha sucedido y sucede en otros muchos lugares, los nuevos nombres dados a las calles de la ciudad no siempre fueron bien acogidos por sus habitantes y esta polémica apareció, especialmente, con los cambios efectuados en el nomenclátor de Guadalajara desde la Segunda República y hasta llegar a nuestros días. Durante los años de gobierno republicano en la ciudad, se cambiaron de nombre vías como la antigua plaza que recordaba al propio Romanones desde 1910, situada junto al palacio del Infantado, y donde se ubicó inicialmente esta escultura creada en su honor. Esta plaza, que desde mediados del siglo XIX quedaba dividida en dos por la iglesia de Santiago, la plazuela de la Fábrica y la plazuela de Santiago, se unificó en una sola en 1910 con la desaparición de la iglesia. Así, se escogió a Romanones para identificarla hasta que, en 1931, pasó a llamarse plaza de Galán y García Hernández, en honor a los dos capitanes fusilados un año antes

Imagen 3. Escultura en honor al conde Romanones.

durante una fallida sublevación en Jaca contra la monarquía de Alfonso XIII.

Sin embargo, el inicio de la dictadura hizo que, rápidamente, las antiguas vías denominadas en época republicana fueran rebautizadas con el fin de eliminar el pasado democrático más reciente, al tiempo que incorporar entre los nuevos héroes públicos a aquellos que hubieran colaborado en el triunfo del golpe de estado del 1936, ya fuera en lo militar, lo policial o lo civil. De este modo, la antigua plaza de Romanones, después plaza de Galán y García Hernández, pasó en 1939 a llamarse plaza de los Caídos, nombre que la dictadura incluyó religiosamente en todos

Imagen 4. Evolución de las nomenclaturas de la actual plaza de España,
junto al Palacio del Infantado de Guadalajara.

los espacios públicos del país. Como sucedió en otras localidades, esta plaza fue rebautizada durante la Transición y en 1981 dejó de recordar solo a unos "caídos" para, aparentemente, rendir homenaje a todos como plaza de los Caídos de la Guerra Civil. Desde entonces y hasta ahora, han pasado décadas de pervivencia del enaltecimiento al fascismo que esta y otras muchas vías representan en la ciudad de Guadalajara, y todo ello a pesar de las constantes denuncias que asociaciones como el Foro por la Memoria de Guadalajara y agrupaciones políticas como Izquierda Unida o Ahora Guadalajara llevaban años reclamando para su cambio. Finalmente, en septiembre de 2015 Ahora Guadalajara llevó al Pleno municipal una moción que abrió la puerta al cambio. Así, cargado de simbolismo y de intencionalidades políticas, Antonio Román, alcalde de la ciudad por el PP, decidió finalmente cumplir con la Ley de Memoria Histórica, no sin antes pedir disculpas a sus vecinos/as por quitarles de sus calles el recuerdo a la dictadura franquista, y en marzo de 2017, justo dos meses antes de la celebración del Día de las Fuerzas Armadas en la ciudad, renombró esta como plaza de España. Y aunque en la moción se recogía el cambio de otras seis vías más que el PP no modificó, sí que sustituyó la calle de Luciano Gutiérrez Orejón, policía golpista, por la calle del Buen Vecino, nombre por el que había sido conocida hasta entonces.

En 1928, por tanto, en plena Dictadura primorriverista, se otorgó al que fue entre 1927 y 1928 alcalde de la ciudad, Fernando Palanca, la hasta entonces conocida como calle Mayor de Guadalajara, tal y como

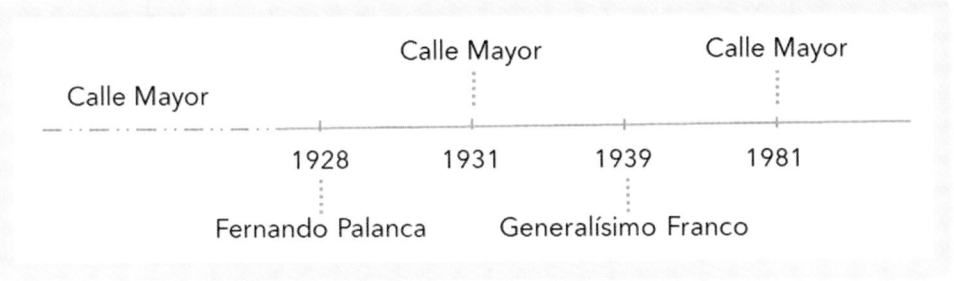

Imagen 5. Cambios en los nombres de la actual plaza de España,
junto al Palacio del Infantado de Guadalajara.

aparecía ya en los primeros planos de 1860, una denominación que recuperó en 1931 durante el gobierno republicano pero que volvió a perder en 1939, momento en el que pasó a llamarse calle del Generalísimo Franco. Pero para mantener el agradecimiento al alcalde golpista, en 1939 la antigua plaza de Pablo Iglesias, nombre que adoptó en 1931 donde estaba situada la Casa del Pueblo que él mismo había inaugurado en 1915, pasó a ser la plaza de Fernando Palanca. No es hasta la llegada de la democracia, en 1984, cuando esta plaza recupera su nombre y, para no perder el de Palanca, se le dio de nuevo a él una vía, en esta ocasión cerca de la concatedral.

Pero una calle del Generalísimo Franco hubo en todas las localidades del país, como también hubo en Guadalajara entre 1939 y hasta 1981 una plaza de José Antonio, donde estaba y está actualmente la plaza Mayor; una calle de la División Azul, hoy calle del Ferial; otra llamada del 18 de julio; la plaza del Comandante Ortiz de Zárate, hoy renombrada como del Jardinillo; o, por ejemplo, la céntrica plaza del General Mola, ahora plaza de Santo Domingo. Aunque si hubo un cambio democrático en el callejero de Guadalajara con un especial significado para la ciudad este fue el de la vía en honor al militar José Boixareu Rivera, popularmente conocida como de La Carrera, y cuyo nombre no recobró hasta el pasado 2021 y a pesar de los esfuerzos del Foro por la Memoria de Guadalajara y otras agrupaciones políticas que, durante años, han tratado de sacarles del espacio público de la ciudad junto al resto de vías con denominaciones franquista s. Esta calle, que en ocasiones aparece en los

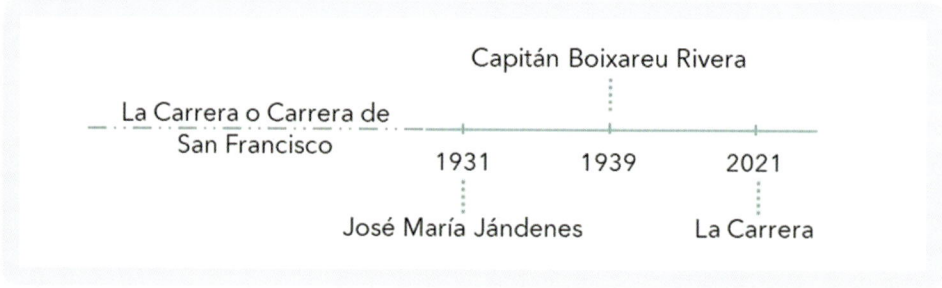

Imagen 6. Cambios de nombres en la actual calle de la Carrera de Guadalajara.

planos referida como Carrera de San Francisco por estar ubicada junto a la iglesia y fuerte de San Francisco, fue rebautizada durante la Segunda República como calle Jándenes, en reconocimiento al gobernador civil de la ciudad, José María Jándenes. Sin embargo, y aunque nunca dejó de conocerse como de La Carrera, durante más de ocho décadas fue oficialmente la calle capitán Boixareu Rivera, en honor a un joven militar franquista que en 1936 colaboró en el éxito de la sublevación militar. Además, y para aumentar la simbólica presencia del franquismo y sus héroes en el espacio público de Guadalajara, durante décadas esta calle estuvo además acompañada del llamado parque de Calvo Sotelo, hoy ya rebautizado como el parque de la Concordia.

Pero todos estos pasos recorridos en los últimos años han permitido no solo avanzar hacia la construcción de un espacio público más democrático en Guadalajara y que trata de atender con responsabilidad y respeto a su pasado histórico más reciente y conflictivo, sino mirar también de frente a las desigualdades de género que presentan nuestros espacios públicos, claramente materializadas en los callejeros. Si analizamos nuestros callejeros desde una perspectiva de género, lo que nos vamos a encontrar, en términos generales, es una ínfima presencia de mujeres frente al protagonismo histórico de los hombres, un reflejo de nuestra propia historia y de nuestra sociedad heteropatriarcal. Así lo prueban, por ejemplo, los callejeros de Madrid o Barcelona, con en torno a un 20% de vías con nombres de mujeres, de las cuales casi el 90% hace exclusivamente referencia a religiosas, vírgenes o santas, que representan el modelo de feminidad convencional, o bien nobles que pudieron acceder a la esfera pública y jugar un papel más o menos relevante en ella gracias a que formaban parte de ese grupo social.

Sin embargo, la particularidad del callejero de Guadalajara es que a pesar de tener tan solo un 9,50% de calles con nombre de mujer, solo el 45% responde a esas vías de religiosas, vírgenes o nobles, mientras que más de la mitad hacen referencia a otras mujeres que han sido recientemente incorporadas a nuestro callejero, al hilo de la expansión urbanística y, por tanto, en zonas periféricas, como los barrios del Alamín, de la Chopera o de Aguas Vivas, donde precisamente nos encontramos una mayor concentración de calles en honor a otras mujeres, a aquellas pioneras de los siglos XIX y XX que lucharon precisamente en contra de ese modelo de sociedad heteropatriarcal.

Y para seguir contribuyendo a este fin, el cambio de las seis vías franquistas que todavía había en la capital arriacense en pleno siglo XX se hizo con nombre de mujer. La exposición *Con nombre de mujer. Las mujeres en el callejero de Guadalajara,* acogida en el Archivo Histórico Provincial de Guadalajara entre 2019 y 2020, promovida por el grupo LEA (Lectura, Escritura y Alfabetización) y el seminario SIECE (Seminario Interdisciplinar de Estudios sobre Cultura Escrita) de la Universidad de Alcalá (UAH), tenía como fin mostrar a la ciudadanía cómo los callejeros han sido históricamente, y lo son hoy en día, herramientas de reconocimiento público, al tiempo que de olvido, en las que hombres y mujeres no han sido igualmente representados. Aprovechando este espacio, pedimos a los/as visitantes de la muestra que nos contaran a qué mujeres dedicarían hoy una calle en su ciudad. Todas sus propuestas fueron reunidas a las elaboradas por la comisión creada a petición del Ayuntamiento y conformada por profesores/as de la UAH, archiveros/as y otros especialistas de la historia de Guadalajara y de su provincia para ponerlas después a disposición de la ciudadanía en la web del Ayuntamiento y elegir así a las mujeres que el 10 de agosto de 2021 vinieron a protagonizar este gran cambio democrático y feminista.

Los conocidos como Hermanos Ros Emperador, tres militares llamados Rómulo, Justo y Manuel, fueron condecorados con una calle y una travesía en 1954, vías que hoy recuerdan a otra de las Mendoza, la humanista Aldonza de Mendoza, y a la escritora chilena Gabriela Mistral. Por su parte, quien fuera gobernador civil, el general Moscardó Guzmán, fue reconocido con una calle dos años después, en 1956, una vía que desde 2021 recuerda a la noble y mecenas Brianda de Mendoza y Luna, un personaje especialmente conocido por dar nombre al instituto histórico de la ciudad. Y a estas tres vías se unían las ya mencionadas calle Capitán Boixareu Rivera, que ahora se divide en dos, la conocida como La Carrera, y la calle María Pacheco, en recuerdo a la líder comunera; y la antigua calle Fernando Palanca nos habla hoy de la bioquímica Margarita Salas.

3. El camino que queda por recorrer. El callejero como espacio público de necesario encuentro democrático

Los callejeros de nuestras ciudades tienen como principal función, después de la puramente orientativa y administrativa, expresar el poder de aquellos que fueron dueños del espacio urbano y, por tanto, del espacio gráfico, en cada momento histórico. Armando Petrucci afirmaba en su obra *La ciencia de la escritura* que "el dominio sobre la memoria y el olvido en cuanto prácticas sociales es un hecho eminentemente político y constituye un elemento fundamental del control y del gobierno de una sociedad desarrollada" (PETRUCCI 2003, 123). El callejero es un reflejo más de la sociedad que lo ha concebido, creado, modificado y transitado. En él podemos descubrir las diferentes políticas de memoria histórica y cómo los poderes políticos se han servido de este instrumento para crear su propia memoria, destacando aquello que han considerado como válido, frente a lo que veían como necesario de eliminar.

Ante al diferente panorama de las calles arriacenses en las primeras décadas del siglo XXI, lo cierto es que debemos sonreír, pues hoy las calles de Guadalajara son un espacio un poquito más democrático que hace tan solo unos años. De ellas, y gracias a la insistente lucha de su ciudadanía y, siendo de justicia destacar y agradecer la incansable labor que en este sentido lleva años desarrollando desde el Foro por la Memoria de Guadalajara, y apoyados por agrupaciones políticas progresistas que han luchado también en esta batalla, se ha logrado hacer justicia histórica y acabar con el elogio a figuras que posibilitaron el franquismo y, en su lugar, recuperar en muchos casos los nombres históricos por los que, a pesar de todo, eran popularmente conocidas esas vías y, en otros, incorporar a distintas mujeres para hacer de nuestras calles un espacio más feminista.

Pero a pesar de todos estos importantes pasos dados hacia la democratización de nuestra ciudad, no podemos perder de vista que la balanza se mueve constantemente. Solo tenemos, por ejemplo, que detenernos en el año 2002, cuando ellas apenas daban nombre a una quincena de vías, el PP decidió otorgar en el barrio de Aguas Vivas 15 calles más dedicadas a diferentes advocaciones de la Virgen en la provincia, insistiendo así en pleno siglo XXI en la presencia y pervivencia de este modelo de feminidad convencional, religiosa y profundamente heteropatriarcal en el espacio público de la ciudad. Pero es que, del mismo modo, solo encontramos una mujer, la Condesa de la Vega del Pozo, noble y, además, una figura ya profundamente reconocida en la ciudad, entre los nueve personajes de la historia local que en 2003 el mismo Ayuntamiento elogiaba con un busto en el céntrico paseo del Doctor Fernández Iparraguirre.

Por suerte, dos décadas después hemos dado algunos pasos hacia delante y corregido algunos de los errores de nuestro pasado. Así, en abril de 2023 el Ayuntamiento, bajo la iniciativa promovida por la artista Pilar V. Foronda, colocó en el bulevar Clara Campoamor ocho bustos, en este caso sí, exclusivamente dedicados a mujeres: María de Cazalla, alumbrada procesada por la Inquisición, varias figuras de la nobleza local, como Mayor Guillén de Guzmán, Mencía de Mendoza y Ana Mendoza de la Cerda, más conocida como la princesa de Éboli; la maestra Crescencia Alcañiz, la actriz Amelia de la Torre, la archivera Juana Quílez y la militante antifranquista Tomasa Cuevas, curiosamente, una de las figuras que históricamente más se ha reclamado para incluir en el callejero de la ciudad y quien, aunque sigue sin tener una calle con su nombre, al menos ahora tiene un busto en este barrio rodeado de vías con nombre de mujer.

Imagen 7. Busto de Tomasa Cuevas en el bulevar Clara Campoamor de Guadalajara.

Y aunque no se trate de calles, pero sí de escrituras conmemorativas en nuestros espacios públicos, también se han llevado a cabo en los últimos años otras iniciativas que contribuyen enormemente a democratizar nuestra ciudad y a responsabilizarse con su propio pasado y con la memoria de sus ciudadanos/as. Así, en 2021 se realizaban dos importantes avances en este sentido. En el mes de mayo se colocaba en el parque de la Concordia una placa en recuerdo, tal y como reza su inscripción, a "las víctimas de la ciudad y la provincia de Guadalajara que fueron deportadas a los campos de concentración del régimen nazi" entre 1940 y 1945. Unos meses después, en noviembre de ese mismo año, se inauguraba en el cementerio municipal de la ciudad un monumento dedicado a las víctimas de la represión franquista en Guadalajara y donde se recogen los nombres y apellidos de las 976 personas asesinadas entre 1939 y 1945 por defender la libertad y que fueron enterradas en diferentes puntos de este cementerio, especialmente en las dos fosas comunes que aquí hay.

Medidas como estas, y aún siendo conscientes de las muchas que aún quedan por tomar, nos hacen caminar como sociedad hacia un futuro más justo, igualitario, democrático y, en definitiva, más comprometido con su pasado. Las escrituras en nuestras ciudades y pueblos, como las placas de sus calles, son un reflejo más de nuestra sociedad, una sociedad en la que no podemos nunca dejar de luchar por los derechos que nos faltan por adquirir, pero tampoco de defender los ya logrados por otros y otras en el pasado para hacerde nuestro mundo, en definitiva, un lugar más bello en el que merezca la pena vivir. ▌

Referencias bibliográficas

- LAYNA SERRANO, Francisco (1993-1996): *Historia de Guadalajara y sus Mendozas en los siglos XV y XVI*, 4 volúmenes, Guadalajara, Aache Ediciones.

- MORENO LUZÓN, Javier (1988): *Romanones. Caciquismo y política liberal*, Madrid, Alianza Editorial.

- PETRUCCI, Armando(2003): *La ciencia de la escritura. Primera lección de paleografía*, Buenos Aires, Fondo de Cultura Económica de Argentina.

- (2013): *La escritura. Ideología y representación*, Buenos Aires, Ampersand.

- VALVERDE Y ÁLVAREZ, Emilio (1886): *Plano y guía del viajero en Alcalá de Henares, Guadalajara y Sigüenza*, Madrid, Imprenta de Fernando Cao y Domingo de Val.

3. Memoria de la violencia y la represión

3.1. "Arrancar la cizaña de cuajo": violencia y represión franquista en Villarrobledo (Albacete) (1939-1942)

ANA MARÍA BASCARY PEÑA

IES Llanes. Sevilla.

A Juan Munera Calero, *in memoriam*

1. Introducción

Recuerda Rita Montero Cuesta, cuya madre fue asesinada y arrojada a *Los Barreros* de Villarrobledo y su padre ejecutado en cumplimiento de sentencia en Albacete que, siendo apenas una niña, la esposa del alcalde a la que ella le vendía huevos, le dijo refiriéndose a los "rojos" y en particular a su familia que "a la cizaña había que arrancarla de cuajo". Esa frase lapidaria de aquella "buena señora"[26] resume el espíritu de la represión franquista: aniquilar y amedrentar a los vencidos. En este estudio analizamos la represión física en localidad manchega de Villarrobledo, que se caracterizó por una extrema violencia que afectó apro-

---

[26] Término empleado por Rita Montero Cuesta en la entrevista realizada el 4/11/2018.

ximadamente a 800 personas en la primera década de la dictadura[27], constituyendo la cifra más elevada de la provincia de Albacete.

Estudiamos en esta oportunidad los mecanismos de la represión, sus actores y su vinculación con la sociedad civil, indagando por un lado el perfil de las víctimas, pero también el de los represores, sus motivaciones y su modus operandi, enfocando el análisis en quienes fueron responsables y ejecutores, pero también delatores, testigos, denunciantes e instigadores. Los estudios sobre los mecanismos de la represión franquista demuestran que la activa implicación ciudadana en la misma fue un importante elemento vertebrador de la cohesión del nuevo régimen. El mensaje dirigido insistentemente durante el desarrollo de la guerra y en la propia dictadura de que "los buenos patriotas" eran aquellos que colaboraban en la persecución de los vencidos había calado hondo. Existió una colaboración estrecha entre lo que Anderson y del Arco denominan "Ciudadanos comunes" y el aparato del estado franquista (ANDERSON Y DEL ARCO 2011, 131). La imposición desde "arriba" del modelo de Estado represivo iba necesariamente acompañado de una participación "desde abajo", desde el seno de la sociedad civil y en particular de quienes se sentían identificados con el régimen (CASANOVA, 2002, 28; CENARRO, 2002, 75). El monopolio del ejercicio de la represión constituía un fin prioritario en la construcción del Nuevo Estado, y en algunos casos como Villarrobledo hubo sectores entre los propios vencedores que ofrecieron resistencia con una lucha solapada por el control del poder local.

El intenso proceso represivo que analizamos estuvo marcado por distintos momentos con características y ritmos diferentes. Distinguimos una primera etapa -en la que nos centramos en este estudio- que se extendió entre 1939 y 1942 en la que la represión se dirigió a perseguir y castigar a parte de la población por sus actividades desarrolladas durante la República y la Guerra Civil, y en la que se produjeron el 74,5% de las detenciones documentadas. Pero hubo una segunda oleada represiva

---

27 El cálculo de las personas que sufrieron represión física es imposible de concretar, ya que muchas de las detenciones realizadas en Villarrobledo o no fueron registradas o desconocemos sus datos debido a la "desaparición" de toda la documentación relativa a ellas.

que se desató a partir de 1945 y que se vinculó específicamente a la persecución de la guerrilla antifranquista que actuó en la región, y que tuvo en Villarrobledo uno de sus focos principales. Entre 1939 y 1942, a su vez, observamos momentos muy diferenciados, en los que la intensidad y la violencia de la represión fue disminuyendo progresivamente. En las dos primeras semanas de abril de 1939 se produjo una brutal represión "extralegal", que se puede considerar como "terror caliente": centenares de personas fueron detenidas, torturadas y al menos 68 asesinadas en las matanzas de *Los Barreros*. Una vez puesto en funcionamiento el tribunal militar de la localidad, el ritmo de detenciones se mantuvo, aunque las ejecuciones se hicieron desde ese momento en "cumplimiento de sentencias" dictadas en juicios realizados con gran celeridad. A partir de los últimos meses de 1939 las detenciones y juicios fueron reduciéndose hasta no registrarse ninguna en 1942.

Para el análisis de la represión física en Villarrobledo contamos con el inestimable aporte del portal de Víctimas de la Dictadura de Castilla-La Mancha[28], procedimientos sumarísimos, expedientes carcelarios, una decena de testimonios orales y en este caso en particular con las memorias de Juan Munera Calero, hijo de una víctima de Los Barreros. Conocido como "Caguetas" fue precursor del movimiento memorialista en Villarrobledo erigiendo con sus propias manos un monumento a los represaliados en 1977. Escribió un manuscrito al que tituló *Recuerdos de infancia* con información muy detallada de la represión en su pueblo y que entregó a Casimiro Roldán Olivares de la Asociación de Memoria de Villarrobledo para que se hiciera público después de su fallecimiento. Su escrito ha sido fundamental a la hora de realizar esta investigación, ya que aporta importante información que las fuentes documentales ocultan sobre los aspectos más oscuros de la represión franquista.

2. Cifras, ritmos y víctimas de la represión

Entre 1939 y 1942, 590 personas fueron represaliadas en Villarrobledo, constituyendo el 74, 5% del total de las registradas durante toda la

---

28 Consulta disponible en: https://victimasdeladictadura.es/

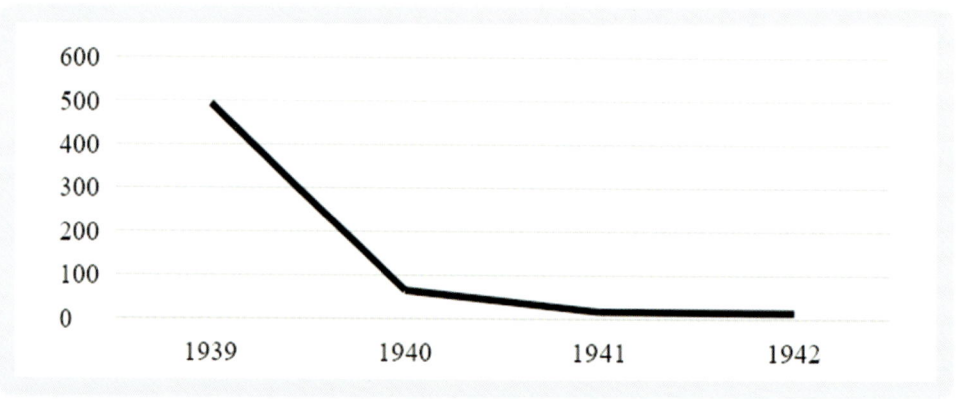

Gráfico 1. Detenciones en Villarrobledo (1939-1942). Fuente: Elaboración propia a partir de datos del portal "Victimas de la dictadura de Castilla-La Mancha" juicios sumarisimos y expedientes penales.

década. En 1943 y 1944 no se iniciaron juicios, aunque esto no indica que no se hubieran producido detenciones: simplemente no se conservan registros de las mismas. Considerando como fechas aproximadas de las detenciones las de inicio de la instrucción de los juicios[29] se comprueba que fue en 1939 cuando se concentró con mayor intensidad, contabilizando 493 personas (el 83,5% de las personas detenidas en los 4 años analizados), descendiendo notablemente hasta 1942 y no registrándose ninguna en 1943.

Se buscaba castigar al mayor número de personas con algún tipo de implicación directa o indirecta, verdadera o atribuida, en el período republicano. Ya desde la preparación del golpe de Estado se contempló el terror como un instrumento imprescindible para la sujeción y control de la población. Las requisas, detenciones a diario, palizas, asesinatos, el rapado y paseo de mujeres por las calles de Villarrobledo se concentraron durante la cruenta primavera y verano de 1939, generando un intenso clima de terror entre parte de la población. El 29 de marzo había entrado en la localidad "una avanzadilla de *moros*" a quienes se unieron falangistas que comenzaron con "los registros de los domicilios buscando a *izquierdistas* destacados" (SÁNCHEZ 2007, 45).

---

29 Las fechas de las detenciones se han estimado tomando como referencia la fecha del inicio del procedimiento sumarísimo, puesto que por lo general ya se encontraban detenidas.

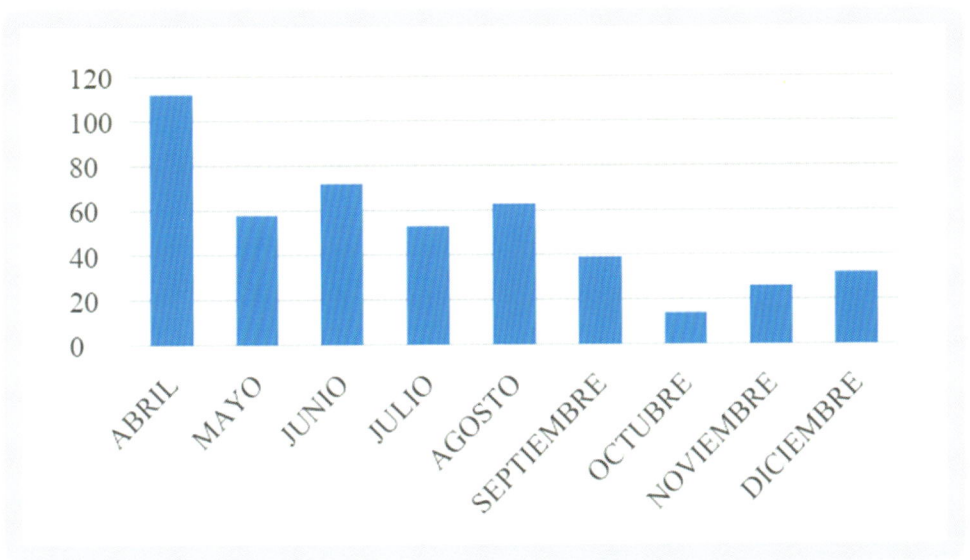

Gráfico 2. Detenciones mensuales en Villarrobledo (1939). Fuente: Elaboración propia a partir de datos del portal "Víctimas de la dictadura de Castilla-La Mancha" juicios sumarísimos y expedientes penales.

A comienzos de abril se les sumaron integrantes del Batallón de Milán al mando del teniente coronel José Enrique Rengifo Flores, el capitán Díaz y el Alférez Provisional Gafoy. A lo largo de ese mes contabilizamos 112 detenciones. Muchas fueron realizadas por grupos de falangistas y otros adeptos al régimen con la complacencia de las autoridades militares y sin atenerse a ningún principio ni apariencia de "legalidad". El falangista Miguel López Caballero recordaba en un juicio que al enterarse de que el encartado al que "tenía hincha" podía estar escondido, junto a otros camaradas y por propia iniciativa "fueron una patrulla a detenerle en la que iban de paisano"[30]. Las víctimas no solo eran trasladadas al "depósito municipal" sino también a centros de detención improvisados donde los represores encerraron y torturaron a cientos de personas en aquellos días.

El mayor número de detenciones se produjo entre abril y septiembre. Un dato interesante es su significativa reducción en octubre cuando se

---

30 Archivo General e Histórico de Defensa (AGHD), caja 15275/10, "Juicio sumarísimo nº 8588/42 contra Miguel López Calero".

produjo un paréntesis en la represión, coincidiendo con la época de vendimia y probablemente provocado por la acuciante necesidad de mano de obra rural, drásticamente reducida por el elevado número de encarcelados, desaparecidos en la guerra o exiliados.

En cuanto a la represión según el género, se constata que las mujeres comenzaron a ser encarceladas con posterioridad a los hombres. Como puede observarse en los gráficos Nº 4 y 5, sólo 4 de las 112 personas detenidas en abril eran mujeres, pero su número se incrementó a lo largo de 1939 y fue acentuándose proporcionalmente en los siguientes años, disminuyendo la brecha de género inicial. Estas detenciones algo más tardías se deben a que en muchísimos casos ellas fueron víctimas de una represión "delegada", por ser familiares de hombres destacados por su actividad en la República y la Guerra y castigadas en "sustitución" de sus esposos, padres, hijos o hermanos huidos, desaparecidos o escondidos (BASCARY 2021, 67-68).

La alta concentración de víctimas en los primeros 6 meses de la instauración de la dictadura nos hace preguntarnos sobre a quiénes iba dirigida, si respondía a un plan preestablecido o primaba la espontaneidad en las detenciones. Para dilucidar esos interrogantes trataremos de establecer el perfil de las víctimas y determinar si se produjeron variaciones a lo largo del período estudiado. Del análisis de sus ocupaciones (Gráfico Nº 5) se desprende que un gran porcentaje de las víctimas de esta primera fase de la represión franquista en Villarrobledo eran pequeños campesinos, jornaleros y trabajadores asalariados sometidos frecuentemente a condiciones de explotación laboral, tal como ocurrió a lo largo de casi toda la geografía española, en Castilla-La Mancha y en particular en las zonas rurales (PRADA 2010, 208; ORTIZ Y GONZÁLEZ 2021, 60). No obstante hubo también algunos miembros de la pequeña burguesía local entre los represaliados entre abril y septiembre

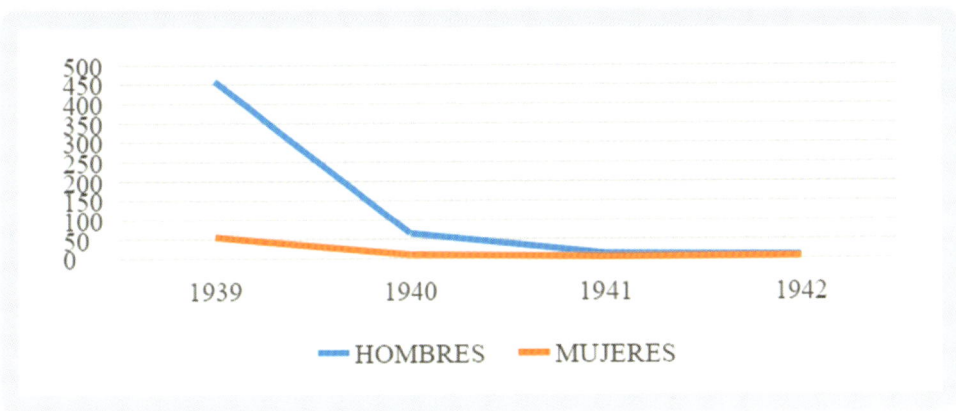

Gráfico 3. Detenciones en Villarrobledo por año y género.

Gráfico 4. Detenciones en Villarrobledo por mes y género (1939).

Fuente: Elaboración propia a partir de datos del portal "Victimas de la dictadura de Castilla-La Mancha" juicios sumarisimos y expedientes penales.

de 1939[31]. Más de la mitad de los hombres sobre los que contamos con información estaban vinculados a las labores del campo (jornaleros, labradores, algunos pastores y cabreros), pero había también 42 albañiles, 13 ferroviarios y 10 panaderos. En cuanto a las mujeres, 44 se dedicaban a "sus labores", entendiéndose éstas en un sentido amplio, ya

---

31 Cuatro "industriales", cinco "bodegueros", seis empleados y cinco comerciantes. En cuanto a los bodegueros trata de la ocupación asignada en los procedimientos sumarísimos, aunque hay que tener en cuenta que en Villarrobledo existían numerosas pequeñas bodegas en las que se elaboraba vino con técnicas prácticamente artesanales, por lo que hay que ser cautas a la hora considerar esta terminología y sus alcances.

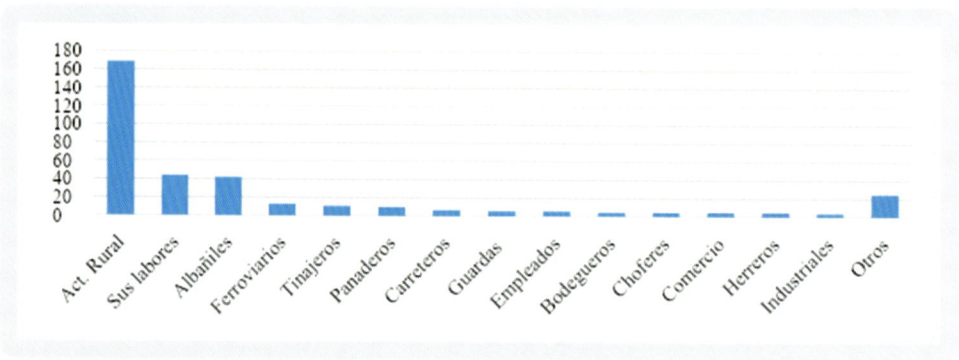

Gráfico Nº 5 Ocupaciones de las personas detenidas (abril-septiembre de 1939).
Fuente: Elaboración propia a partir de datos del portal "Victimas de la dictadura de Castilla-La Mancha" juicios sumarísimos y expedientes penales.

que no se trataba solo las vinculadas a las tareas del hogar, de cuidado y reproducción en el ámbito doméstico, sino que comprendían también ciertas actividades que también se consideraban "propias de su sexo", como la venta al menudeo, las ocupaciones rurales estacionales como la siega y la vendimia o tareas de limpieza y cuidados domésticos para familias acomodadas. En algunos casos junto a "sus labores" se informa en los sumarios que eran calceteras, modistas o auxiliares de magisterio. Tres de las víctimas femeninas de esta primera etapa aparecen mencionadas como sirvientas.

El componente de clase presente en la represión franquista en general, y en Villarrobledo en particular, no puede entenderse como único factor determinante. El *status* que habían detentado las víctimas durante la República y la guerra fue decisivo a la hora de colocar a muchas personas en la diana de represores. Quienes habían ocupado cargos políticos, habían sido miembros de comisiones de incautación o actuado en las milicias están entre las víctimas más numerosas. En el caso de Villarrobledo fueron determinantes la combatividad de sus trabajadores (organizados en torno la FETT y los sindicatos de albañiles y panaderos de UGT), su implicación en las diferentes huelgas y en la Revolución de octubre de 1934 (CARRIÓN 1990, SEPULVEDA 2001, ESPINAR 1993); junto con la participación en la saca y los hechos violentos del verano de 1936. En el caso de las mujeres, además de su propia acción política, sus vínculos familiares con militantes republicanos fue un móvil recurrente en la represión sobre ellas.

Ante la perspectiva que abría la aplicación de la Ley de Responsabilidades Políticas de de1939 de una amplísima represión y la violencia ya aplicada en las zonas contraladas por los sublevados durante el desarrollo de la guerra, muchas personas optaron por el exilio. Dos días antes de la entrada de las tropas franquistas en el pueblo partió de Villarrobledo un camión con destino a Alicante[32]. Veintitrés de sus pasajeros lograron embarcar en el Stanbrook rumbo a Orán y salvar sus vidas. Casi todos habían tenido una actuación destacada en la República y la Guerra Civil: 9 habían sido concejales y 12 habían participado en la revolución de 1934 en Villarrobledo[33]. En contrapartida –como ocurrió a lo largo de todo el territorio ocupado al finalizar la guerra– muchos villarrobledenses que se encontraban movilizados por el ejército republicano prefirieron volver a su pueblo confiados en que allí estarían seguros. Agustina González recuerda que:

> *Mi madre al ver a mi padre le dijo: Diego ¿Por qué has venido?, ¿por qué has venido? No si no nos van a hacer nada. Pusieron unos pasquines, como decían entonces, que el que no hubiera robado o hubiera matado podía volver a su casa que no le iban a hacer nada, y mi padre tan inocente pese a tan listo como era, él no había matado ni había robado, dijo pues yo me voy ahora a mi casa con mi mujer y mis hijos[34].*

Diego fue detenido y condenado a muerte. Él, como muchos, creyó que quienes no tenían las manos manchadas de sangre no corrían peligro alguno. Juan Munera Fernández, a pesar de los consejos que recibió para que huyera, tampoco lo hizo convencido de su inocencia. Fue detenido, asesinado y arrojado a *Los Barreros*.

---

32 Entrevistas a Francisca y Abel Roldán López. 21/01/19 y a Agustina González López, 24/01/2019.

33 Algunos lograron huir con sus familias como Baltasar Vargas a quien acompañaron en su viaje su esposa y dos hijos menores. En otros casos fueron hermanos como los Berruga y González Nueda o padres e hijos como Pelayo, López y Descalzo. En cuanto a su militancia política: 12 eran del PSOE, uno del PC, tres de IR y uno de PRC.

34 Entrevista Agustina González López, 24/01/2019.

La persecución se dirigió hacia quienes habían destacado en el período anterior. Las detenciones y asesinatos de señalados dirigentes de izquierda tenían un efecto aterrorizador y ejemplarizante. Gran parte de aquellos concejales y alcaldes republicanos que no habían logrado salir de Villarrobledo fueron detenidos: 12 de 15 concejales fueron represaliados en el primer semestre, 8 de ellos entre abril y junio[35]. Victoriano Ballesteros, edil del PSOE que había participado también en la revolución de 1934, fue víctima de la matanza de *Los Barreros*; otros dos concejales fueron ejecutados en las tapias del cementerio del pueblo después de unos juicios extremadamente rápidos. Otros seis fueron ejecutados en Albacete. Cuatro murieron en prisión, entre ellos Francisco Velasco Olmeda quien comentó a un amigo encarcelado junto él poco antes de morir a consecuencia de las palizas de las que había sido víctima "que no crean mis hijos que muero de muerte natural, me han matado Pedro María, me han matado"[36]. Otros concejales y alcaldes republicanos como Ramón Albert, Froilán Herreros y Lucio José Sahuquillo lograron sobrevivir a los primeros meses de terror escondidos en sus propias viviendas, aunque años después fueron apresados. Delegados de abastos, de comités de incautación, representantes de partidos políticos e incluso el director del Instituto de Secundaria también cayeron en manos de los represores entre abril y septiembre de 1939. Haber sido milicianos o milicianas o haberse alistado voluntariamente en el ejército llevó a la cárcel a 151 de las personas que tenemos información.

Los delitos que se les atribuían estaban vinculados –sobre todo en los casos que fueron asesinados, condenados a muerte o a décadas de prisión– a dos momentos que marcaron el curso de la historia posterior de la localidad: la revolución de octubre de 1934 y la saca de prisioneros de derechas y los asesinatos de fines de julio y agosto de 1936. Los sucesos de 1934 dejaron una huella indeleble que dirigió la represión

---

35 Francisco Tomás Ruano, Joaquín Ruiz Huertas, Alfredo Escudero Montejano, Francisco Atienza Moreno, Luis Gómez Girón, Brígido Collado Esteso, Julián Castillo, Heliodoro Sepúlveda , Ernesto Martínez Hernández, Francisco Velasco, Santos Sánchez Aguilar, Victoriano Ballesteros.

36 Entrevista a Amelia Gimena Fernández, 31/11/2018.

directamente a quienes habían participado en ellos: 12 de los 70 que fueron juzgados lograron huir a Orán, pero 27 fueron represaliados junto a otros 12 hombres más a quienes se acusaba en 1939 de haber intervenido en ellos, aunque no fueron juzgados. Desde el comienzo estuvieron en la mira de los represores y se cuentan entre las víctimas iniciales. Juan Ramón Lozano López, el principal denunciante de Villa-rrobledo, afirmaba sobre uno de ellos que en julio de 1936 "se lanzó a la calle armando de escopeta y *como buen condenado de octubre* dispuesto a vengar los meses de prisión"[37]. Cuatro de los revolucionarios del 34 fueron asesinados y arrojados a Los Barreros y otros 19 condenados a muerte o muertos en las cárceles.

Pero la acusación de haber participado en la "saca" y en las posteriores detenciones y asesinatos en julio y agosto de 1939 fue la más frecuente en las denuncias. Un total de 152 personas detenidas en 1939 fueron acusadas de haber intervenido de diferentes maneras en la "saca" y 46 de ellas en los asesinatos. Muy pocos de sus supuestos cabecillas de esos hechos lograron escapar de las garras de la represión: algunos partieron al exilio, pero la mayoría murieron ejecutados ante pelotones de fusilamiento, asesinados en *Los Barreros* o en las cárceles. Entre ellos hubo una decena de mujeres que habrían tenido una actuación destacada en la saca "animando a los asesinatos y detenciones" que también fueron encarceladas y en algunos casos ejecutadas. (BASCARY 2021,104-105).

Es evidente que la intensa represión inicial se orientó especialmente a la detención y eliminación de las figuras más notorias del período republicano y la guerra (concejales, otros cargos políticos, miembros de comisiones de incautación, milicianos y milicianas) que según las denuncias —muchas basadas en rumores— habían participado en la Huelga Revolucionaria de 1934 y en los hechos violentos de julio de 1936. Pero también en esos meses hubo detenciones y encausamientos por otras causas: participación en saqueos de iglesias y propiedades de personas de derechas, militancia en partidos o sindicatos, haber denunciado o

---

37 "Juicio sumarísimo nº2453/39 Contra Sebastián Cla Vitori", AGHD, caja. 14764/12.

	Hombres	Mujeres	TOTAL	Pena de muerte	Pena de muerte conmutada	Muerte en cárcel
ABRIL (Barreros)	66	2	68			
ABRIL (Juicios)	42	2	44	21	7	2
Total abril	108	4	112			
MAYO	52	6	58	23	10	3
JUNIO	60	12	72	24	12	6
JULIO	44	9	53	17	7	4
AGOSTO	48	14	62	7	7	4
SEPTIEMBRE	34	5	39	8	5	
OCTUBRE	14		14	5	1	1
NOVIEMBRE	24	2	26	6		1
DICIEMBRE	30	2	32	5	4	2
Total	416	53	468			
Sin datos sobre detención	15	10	25	6	–	11
			493	122	53	34

Tabla 1. Detenidos/as por meses 1939 y tipos de condena. Fuente: Elaboración propia a partir de datos del portal "Victimas de la dictadura de Castilla-La Mancha" juicios sumarísimos y expedientes penales.

testificado contra personas de derechas, y en algunos casos por enfrentamientos y conflictos de tipo personal. Las sentencias de los juicios iniciados entonces condenaron a muerte a un número muy elevado de prisioneros (176, aunque a 53 se les conmutó la pena a 30 años). Si sumamos a 34 hombres y mujeres que murieron en las prisiones de Villarrobledo y Albacete, el 31,3% las personas encartadas en los procedimientos incoados en 1939 perdieron la vida por mano de los represores, en cumplimiento de sentencia o en las cárceles. Si consideramos también a las 68 víctimas de la matanza *de Los Barreros* las muertes ascienden al 45,4 % de las personas detenidas en aquel año, evidenciando la existencia un plan premeditado de aniquilación, castigo y escarmiento.

3. De la "Operación Lucero" a los juicios "urgentísimos"

Los estudios sobre represión franquista coinciden en la existencia de una primera etapa de "terror caliente" marcada por una cruda violencia extralegal llevada a cabo por grupos heterogéneos de falangistas, requetés, adeptos al régimen y familiares de "mártires" que se lanzaron a la *caza de rojos*, torturándolos y asesinándolos en acciones supuestamente espontáneas, ante la mirada permisiva del Nuevo Estado y las autoridades militares. (PRADA 2010, 118-162; DEL ARCO y HERNÁNDEZ 2016, 79, CASANOVA 2002, 20). En Villarrobledo los comienzos de la represión fueron similares pese a que fue ocupada por los fascistas al finalizar la guerra –lejos temporalmente de la represión caliente del verano de 1936– y en un momento en el que el Nuevo Régimen monopolizaba el ejercicio de la violencia hacia los vencidos. Se desató un período muy intenso de violencia extralegal que llegó a su paroxismo con la matanza de *Los Barreros* entre los días 9 y 16 de abril de 1939, y que se saldó con al menos 68 personas asesinadas y arrojadas a profundos pozos de extracción de arcilla para la elaboración de tinajas[38]. La trascendencia e impacto de estos asesinatos aparecen reflejados en relatos como el de Juana Doña, que recordaba que:

> En las "sacas" de Albacete, la mayoría eran de Villarrobledo, aunque muchos villarrobledanos habían quedado en su pueblo sufriendo la más atroz de las muertes. Existían en Villarrobledo unas zanjas llamadas barreros de donde se extraía la tierra para la construcción de tinajas, estos barreros eran tan profundos que si caías a ellos no podías salir, allí

---

[38] Durante décadas el número estimado de víctimas de Los Barreros fue incierto, llegando a calcularse incluso en varios centenares según algunas fuentes. El estudio realizado por la ARMH de Cuenca en 2011 logró concretarlo en 70 personas, aunque debido a la existencia de dos registros erróneos se reducen a 68. Pero esta cifra tampoco puede considerarse definitiva ya que no todas las víctimas fueron registradas con posterioridad y porque probablemente algunas de las personas que aparecen mencionadas repetidamente en juicios sumarísimos como "en paradero desconocido" y de las que se pierde todo rastro a partir de esa fecha podrían estar en la fosa común.

fueron arrojados vivos decenas de villarrobledanos, así murieron las tres hermanas llamadas Cuesta, una tras otras fueron arrojadas a los fosos después de haberle cortado los pechos[39].

El 29 de marzo de 1939 habían comenzado los registros y detenciones llevadas a cabo por las tropas *moras*, falangistas y un amplio y variado grupo de partidarios de los vencedores. Les avalaban las brutales prácticas represivas producidas en las zonas ocupadas desde 1936 con la complacencia y probablemente la colaboración más o menos encubierta de las autoridades militares. En los primeros días de abril se realizaron innumerables detenciones de las que no existen registros. Eran acciones "espontáneas" y al margen de la "legalidad" establecida por el régimen y que seguían un patrón común. Según diferentes testimonios se trataba de grupos de hombres armados, a veces "vestidos de azul", que irrumpían en las casas de los detenidos a plena luz del día y procedían a arrestarlos en presencia de sus familiares, incluyendo sus hijos pequeños. Vicenta Flores recuerda cuando detuvieron a Pedro, su padre: "Estábamos en la cocina mi madre guisando y sentimos golpear y cuando salimos estaban tres hijos de [silencio] en el portal [...] y le empezaron a dar con los pies [...]. Yo vi como se lo bajaban: mi padre en medio, uno de cada lado y otro detrás. Y ya no lo volvimos a ver"[40]. Juan Munera describe también la detención de su padre a manos de José Jaime, Enrique Domínguez, Juan "el valenciano" y "el jotero":

Llegaron a la puerta que estaba abierta y llamaron muy fuerte y salió mi Victoria y dijo: vaya forma de llamar y el criminal de Jaime le dio con la culata del rifle en el pecho y le dijo ¿ánde está tu padre?, mi padre está echando la siesta, pues llámalo [...] Padre que lo buscan y bajó del camastro se puso los alpargates y salió de la cocinica.[41]

El hecho de haber trabajado como aprendiz en 1939 –siendo aún un niño– en la barbería de un reconocido falangista conocido como "Uba" en la que solían reunirse los represores, le permitió a Juan Munera ser

---

39 DOÑA 1978, 216.

40 Entrevista a Vicenta Flores Martínez. 17/08/2022.

41 MUNERA, S/F, 3.

testigo de sus conversaciones y confidencias. Relata que "contaban los crímenes que hacían, como gracia. […] en el cuartel de la casa de Don Juan Solares y en el patio pegaban palizas. Yo iba allí cuando hacían mesa redonda porque allí el jefe era mi primo Expósito, y cuando se juntaban me decía mi maestro: chico ves a ver que quieren". Según su relato los represores habían denominado a la matanza de *Los Barreros* como "Operación Lucero", porque los asesinatos se realizaban antes del amanecer. Recuerda que se vanagloriaban de sus actos y como en una ocasión ocurrió un escalofriante suceso: "llegaron a la barbería tres criminales y le dijeron al maestro que si pagaba las cervezas ellos ponían el aperitivo […] encima del cubo de la silla [*habían puesto*] los dedos [*amputados*]de una mano". En sus visitas a la casa de Solares pudo ver instrumentos de torturas como cadenas que en "una punta tenían una corona y en ella metían la mano para no hacerse mal cuando le pegaban a los presos". A través de una vecina suya a la que llamaban Lucía "La Pava" que había participado en las torturas y asesinatos también obtuvo información:

> Le dije: *allí de noche como os apañabais, me dijo el farolero de la estación que se llevaba tres faroles de la estación y se veía muy bien […] decía que allí iban todos y cada uno hacía una cosa. La Germana llevaba una cuchilla y la otra le decía bájate los pantalones ella se ponía guantes y le cogía sus partes y su hermana iba y se las cortaba y le decía se lo vamos a mandar a tu mujer, a otro le cortaban la mano y la oreja. Me decía que algunos caían al barrero hechos trozos.*

Según el relato usaban "una mesa de matar gorrinos" y que tres mujeres que eran costureras "se entretenían poniéndoles alfileres en todo el cuerpo". Varios de los testimonios orales se refieren a las "Germanas", que eran carniceras, como quienes los descuartizaban. Especial ensañamiento tuvieron con dos mujeres que fueron arrojadas a *Los Barreros,* a las que les cercenaron los pechos, las descuartizaron y en el caso de "La Lobica", incluso pasearon su cuerpo destrozado por las calles del pueblo (BASCARY 2021, 63). En la memoria colectiva de Villarrobledo se conserva la versión también relatada por Juan Munera, de que muchas de las víctimas de *Los Barreros* fueron arrojadas aún con vida y que se escuchaban sus lamentos hasta que morían en la profundidad de los pozos.

En una entrevista para el periódico El País en noviembre de 1978, Casino Munera Padilla (que tenía catorce años en 1939) relataba que "nunca podré olvidar la mañana del 12 de abril de 1939, cuando fui a la boca de los pozos y vi toda aquella sangre". En la misma entrevista Juan José Calero decía que "Son muchos los vecinos y familiares del pueblo que pudieron ver las huellas de los crímenes en los días posteriores a las ejecuciones"[42].

Durante las primeras semanas de represión extralegal los espacios de detención fueron variados. En la documentación consultada se hace referencia a personas detenidas en la cárcel del ayuntamiento (denominada depósito municipal) que pronto se tuvo que trasladar al Convento de Santa Clara debido a la imposibilidad de alojar a tan elevado número de presos y presas. Pero también había personas detenidas –de acuerdo a testimonios en juicios sumarísimos y entrevistas– en el local de Falange en la plaza principal[43], en las viviendas requisadas a los médicos socialistas exiliados José Tobarra[44] y Juan Solares y en el edificio de la Sociedad de Socorros Mutuos[45].

A diferencia de las víctimas de la represión que fueron sometidas a procedimientos sumarísimos, sobre las personas asesinadas en *Los Barreros* tenemos muy poca información al no existir registros. Sabemos que uno de ellos había sido concejal, tres habían participado en la Revolución de 1934, otro había sido presidente de las asociaciones agrarias,

---

42 LORENTE, Elena: "Vilarrobledo [sic] quiere que se reconozca a sus muertos republicanos de la guerra", El País, 11/11/1978.

43 Juicio donde aparece detenida en el local de falange. tal como recuerda Carmen Herreros Plá ya que era el sitio a donde llevaron los falangistas repetidas veces a su abuela Lola para someterla a simulacros de fusilamiento.

44 Por ejemplo, la viuda de Francisco Rubio comentaba en 1978 que "a las cuatro de la tarde, fue detenido por miembros de Falange y conducido a una casa habilitada para prisión. Era la casa de un médico llamado José Tobarra". LORENTE, Elena "Vilarrobledo [sic] quiere que se reconozca a sus muertos republicanos de la guerra", *El País*, 11/11/1978.

45 Entrevista a Vicenta Flores Martínez, 17/08/2022.

tres estuvieron en el frente y "La Lobica" que había sido una destacada miliciana. Poco se conoce de sus ocupaciones: la conserje de la Casa del Pueblo, un panadero, un cartero y un destilador de alcohol, mientras que los restantes eran jornaleros y pequeños campesinos. Está claro que las víctimas de Los Barreros no se encontraban entre los personajes más destacados durante la República y la guerra. Probablemente, como afirmó Conchita Mir, muchos sin militancia relevante "fueron los primeros denunciados, las primeras víctimas de la represión, sustituyendo, en más de una ocasión, a hermanos, padres, hijos o amigos huidos" (MIR 2013, 263), tal como ocurrió con Marta Cuesta Gil que fue torturada, asesinada y arrojada a *Los Barreros* probablemente por sustitución al no encontrar a su esposo y su hermano (BASCARY 2021, 68-71).

Analizar la represión solo considerando a las víctimas oculta con un benevolente manto de olvido a los verdugos y sus prácticas. En las localidades rurales los lazos de vecindad y el control social permanente hacían que las identidades de los represores fueran ampliamente conocidas, aunque durante generaciones se mencionaron solo en ámbitos privados. En 2003, –según Ezequiel San José– en Villarrobledo "la gente todavía tiene miedo a hablar. Los asesinos y sus partidarios se mueven descaradamente y son fuertes". (SAN JOSÉ 2003, 56). Tuvieron que pasar décadas para que se rompiera el silencio impuesto por el terror. Juan Munera se atrevió a nombrar en su escrito póstumo a muchas de las personas que actuaron directamente en la represión en Villarrobledo. Sugiere la existencia de cierta jerarquización y especialización en sus funciones. Por un lado señala a quienes "aconsejaban", daban instrucciones y órdenes[46]. Serían los que –como fue frecuente en muchas localidades– formaban parte de grupos que elaboraban las listas de personas sobre las que decidían su destino (PRADA 2010, 156). Por otro lado menciona a más de una veintena de "criminales" que participaron activa

---

46 Integraban el grupo Antonio Gavilla, Juan Bonillo, Guillermo Brazalez, Fernando "el Solanero", Ramón "el peca" y Joaquín "el jotero".

y directamente en la represión[47]. Varios de los nombres mencionados por Munera se repiten en los testimonios orales: Juan Ramón Lozano (a) "Jaime", las hermanas Montejano Calero conocidas como "Las Germanas"; Recaredo Martínez (a) "Asaura", Juan Antonio Lozano Torrente (a) "Lorena".

Pese a que Munera se refiere en general a los represores por sus motes, lo que dificulta a veces su identificación, es posible trazar un perfil muy genérico de los mismos[48]. Juan Pedro Rodríguez López, que tenía 96 años cuando fue entrevistado en 2014, los describía como "traspellaos"[49], afirmando que "unos eran ricos, otros medio ricos. Eran peor esa gente que los ricos principales y algunos de ellos se hicieron mayordomos con los ricos, que no eran ni ricos ni pobres"[50]. Analizando las ocupaciones de los represores que hemos podido identificar, se puede comprobar que la interpretación del informante era certera: se trataba en general de pequeños propietarios que trabajaban personalmente sus tierras, otros tenían talleres, alguna tienda pequeña, eran "cacharreros", costureras, carniceras, estanqueros o guarnicioneros. Muchos eran falangistas reconocidos y/o familiares de "mártires" o "excautivos", a quienes les animaba el deseo de venganza personal por los sufrimientos pasados, tal como le comentó Lucía "La Pava" a Juan Munera cuando le preguntó si no sentía pena por las personas que torturó: "tampoco les dio a ellos cuando ataron alambres a mi hermano para matarlo" (MUNERA S/F). Se trataba de realizar un ajuste de cuentas por propia

---

47 Eran Rafael "el tono", taxista; Antonio Berruga; Alberto Codeña, José y Juan Ramón "Jaime", Miguel Domínguez, Anselmo "el gafas", Juan "el valenciano de la fábrica de harinas", Enrique Domínguez, Luis "el enterrador", Pedro Joaquín Solana, Alfredo Navarro, Cirilo, Justiniano "Magro", Blas "el guarnicionero", Pepe y Casimiro "hijos de la Venancia", Alfonso Fernández, "el chambrino", "Asaura", Serafín y Juan "el chorralo", Alfonso y Bernardo "Botines".

48 Para la identificación ha sido fundamental la colaboración de integrantes de las asociaciones "Memoria y Dignidad " y "La Encantá" de Villarrobledo.

49 Traspellados: "con mucha hambre". https://diccet.com/2020/11/14/traspellado-traspellada/

50 Entrevista Juan Pedro Rodríguez López realizada por Francisco Fernández Amador, Roberto Morcillo y Casimiro Roldán Olivares a Juan Pedro Rodríguez López. 2014

mano tal como ocurrió en infinidad de lugares durante la represión (MIR 2013, 239, 252; MELERO 2015).

Quienes ejecutaron la matanza de *Los Barreros* no fueron miembros de las familias más poderosas de la localidad. Se trataba de subalternos, integrantes de las extensas redes clientelares controladas por los caciques que habían recuperado su poder político y apuntalado "su prestigio social gracias a la legitimidad que les daba haber ganado una guerra". (CENARRO 2002, 79). Quienes se mancharon las manos con sangre generalmente estaban al servicio de los poderosos, o eran personas que al margen de su posible simpatía hacía el Régimen actuaron impulsadas por el deseo de venganza, de ajustar viejas cuentas o buscando una oportunidad de ascender socialmente al amparo de la dictadura. Muchas veces se trataba de "ciudadanos comunes", de "miembros ordinarios de la sociedad" (ANDERSON y DEL ARCO 2011, 131) que se convirtieron en verdugos, torturadores y delatores. Para el régimen la implicación de la población en diferentes ámbitos de la represión constituía un medio que aseguraba un consenso fiel al convertirles en cómplices de sus atrocidades.

Las ejecuciones extralegales se detuvieron el 16 de abril de 1939. Días después comenzaron a instruirse en Villarrobledo los primeros procedimientos sumarísimos, que datan del 22 de abril de 1939. El juez militar destinado a la plaza fue el salmantino Alfredo Pérez Gallego que al casarse con María del Pilar Lodares Sandoval emparentó con una de las familias de derechas más destacadas de la localidad. Mariano Santos de la Torre, hermano de dos víctimas de julio de 1936 se desempeñó como secretario. De esta forma, los poderes locales tuvieron bajo control el aparato de la represión "normativizada"[51], lo que generó algunos conflictos entre los vencedores. La actividad del tribunal se mantuvo constante hasta fines de 1940.

Comenzaba el ejercicio de una represión conocida como "terror frío". En las primeras semanas las diligencias sumariales fueron extremadamente rápidas, dictándose las sentencias en pocos días y ejecutando a

---

51 Calificación utilizada por Julio Prada Rodríguez (2010), 186.

los condenados en las tapias del cementerio local. Se producía así una continuidad de la tónica represiva de "terror caliente", con un ritmo acelerado, contundente y visible revestido de "legalidad". Las sesiones públicas en la sede del juzgado militar instalado en el Círculo Mercantil hacían de los juicios una demostración tangible del poder y de la celeridad de la justicia del nuevo régimen, al tiempo que escenificaba el lugar que ocupaban los adeptos a la dictadura y los vencidos represaliados en la nueva sociedad. Se difundió la imagen de un todopoderoso juez militar, que se mantiene viva en el recuerdo de los familiares de las víctimas que hemos podido entrevistar[52], coincidiendo con lo expresado por Ezequiel San José, testigo de sus visitas a la prisión de Albacete.

> *Un militar, no recuerdo su graduación, venía con frecuencia a tomarles declaración [a los presos de Villarrobledo] o a ultimar los trámites procesales. Pude verlo casualmente. Era un individuo enfermizo, maciento, con cara de mala persona. Los presos le temían. Su gestión acrecentó el número de víctimas de este pueblo manchego. Más tarde oí que estaba casado con una ricachona de allí* (SAN JOSÉ 2003, 67).

Veintisiete hombres cuyos juicios se iniciaron entre el 22 de abril y el 4 de mayo de 1939 fueron condenados a muerte y ejecutados urgentemente "Extramuros" de Villarrobledo: 13 en la madrugada del 18 de mayo, 2 antes de finalizar ese mes, 4 el 23 de junio, 2 en julio y el resto en septiembre y octubre. Llama la atención la extrema celeridad de los primeros sumarísimos, a los que podríamos denominar "urgentísimos" por la premura en su tramitación: algunos se realizaron en solo 48 horas. Una de las causas –que incluía a 10 procesados– comenzó a instruirse el 23 de abril, a partir de una denuncia conjunta en la que se afirmaba que los encausados eran "peligrosísimos elementos rojos que daban guardia a los detenidos maltratándoles de obra y palabra, que asistieron a los

---

52 Entrevistas a Vicenta Flores Martínez, 17/08/2022; a Rita Montero Cuesta, 4/04/2018 y a Carmen Herreros Plá, 20/07/2020.

fusilamientos escarniéndose de los cadáveres y maltratando a los que no fueron muertos en el acto"[53].

Cuatro días después un Consejo de Guerra presidido por Francisco Quiroga Codina condenó a 9 de ellos a muerte. En cuanto la sentencia se hizo firme, con el visto bueno de Franco del 10 de mayo, se produjeron las ejecuciones, solo tres semanas después del inicio de la instrucción del sumario. El juicio contra Diego Ruiz Santos (a) "Coquinin" y Manuel Parrón Ortíz (a) "Lobico" también fue especialmente breve: comenzó con una denuncia el 24 de abril y dos días después fueron condenados a muerte por el mismo Consejo de Guerra, siendo ejecutados también el 18 de mayo[54]. Aquella madrugada fueron fusilados 13 hombres "extra-muros de Villarrobledo". Había pasado apenas un mes desde la matanza de *Los Barreros*. El impacto de las ejecuciones en la población seguramente acrecentó la desazón colectiva. No solo se trataba de "castigar" sino también de ejemplarizar aterrorizando al conjunto de la sociedad con escarmientos "públicos e impresionantes" (DI FEBO 1979, 18).

Los juzgados y ejecutados en los primeros sumarísimos eran hombres que habían destacado de diferentes maneras en el período anterior. La mayoría habían sido milicianos y voluntarios en el ejército republicano y entre ellos se encontraban algunos de los que supuestamente habían sido cabecillas de la revolución de 1934 y de la saca de 1936. Otros dos habían sido concejales de Izquierda Republicana. Algunos estaban en la mira de los fascistas ya desde 1936, puesto que los habían detenido entre el 19 y 25 de julio cuando tuvieron la población bajo su control. Pero entre las víctimas de estos juicios "urgentísimos" no solo se contaban hombres a los que se relacionaba con la saca, detenciones u otros actos violentos, sino también otros que fueron condenados por participar en

---

53 "Juicio sumarísimo 648/39 contra Diego Domínguez Sáez, Antonio Moreno Parra, Brígido Collado Esteso, Emiliano Martínez Ruiz, Joaquín Moreno, Parra. José Collado Herreros, Eduardo Díaz Orosco, Juan Antonio Nueda Carretero, Joaquín Blanco Rosillo y Pedro Reyes Morcillo". Archivo Histórico y General de Defensa (AGHD), caja 14554/6

54 "Juicio sumarísimo nº 662/39 contra Diego Ruiz Santos y Manuel Ortiz Parrón" AGHD, caja 14557/3. Otros juicios similares son los de Sánchez Maeso, Amós Casero Ruiz, Antonio Sevilla Bautista.

las incautaciones de bienes de familias de derechas durante la guerra civil como el caso del carpintero Diego Domínguez Sáez[55].

A partir de octubre de 1939 las ejecuciones dejaron de realizarse en Villarrobledo, y los procesos judiciales fueron enlenteciéndose progresivamente debido al enorme volumen de causas abiertas en la localidad, a lo que se suma que a partir de 1940 gran parte de los sumarios se concluyeron en Albacete. Para muchas de las personas detenidas y procesadas la espera hasta pasar por Consejo de Guerra y recibir sentencia se extendió a meses e incluso años, haciendo aún más dura su situación carcelaria. En esta etapa del "terror frío", con las cárceles abarrotadas de presos y presas famélicas, las detenciones en Villarrobledo prosiguieron, aunque la intensidad de las mismas fue disminuyendo. A partir de 1940 se redujeron notablemente aumentando en proporción la cantidad de mujeres procesadas, como vimos anteriormente.

La furia de la intensidad represiva de los primeros meses se corrobora con el hecho de que el 24,7% de las personas sometidas a procedimientos sumarísimos durante los 9 meses iniciales fueron condenadas a muerte. A partir de 1940, junto a la disminución de la intensidad de las detenciones y juicios, se produjo una merma del porcentaje de condenados a muerte, que se redujo al 15% de los detenidos en 1940, y a ninguno en 1941 y 1942.

4. Palabras que condenan

Pese a que Diego González Caballero escribiera en su carta de despedida a su esposa antes de ser fusilado que "ya sabes cuales son mis denunciantes aunque para mí hay nada más que uno que es el fascismo"[56], lo cierto es que los nombres de los represores y delatores jamás se olvidaron, ni los motivos de la persecución fueron siempre políticos. Quienes

---

55 "Juicio sumarísimo nº 648/39 contra Diego Domínguez Sáez, Antonio Moreno Parra, Brígido Collado Esteso, Emiliano Martínez Ruiz, Joaquín Moreno, Parra. José Collado Herreros, Eduardo Díaz Orosco, Juan Antonio Nueda Carretero, Joaquín Blanco Rosillo y Pedro Reyes Morcillo", AGHD, caja 14554/6.

56 Entrevista a Agustina González López, 24/01/2019.

denunciaron, delataron y testificaron cumplieron un rol imprescindible en la represión. Sin su colaboración la *justicia de Franco* no habría podido ser tan efectiva. Las denuncias y delaciones se multiplicaron en los primeros años de la dictadura extendiendo los tentáculos del régimen incluso a los espacios más privados e íntimos. Las investigaciones sobre este asunto insisten que surgían del conjunto de la sociedad "desde abajo" (…) pero fueron impulsadas, canalizadas e instrumentalizadas por el Estado, en su afán de consolidar el monopolio en el ejercicio de la violencia (CENARRO 2002, 85).

El perfil de las personas denunciantes fue tan variado como sus motivaciones. En Villarrobledo, como en otros lugares, quienes eran o se consideraban damnificados por República se convirtieron en un poderoso grupo de presión ante las nuevas autoridades. El hecho de haber sido víctimas directas o indirectas fomentó la aparición de un sentimiento de pertenencia a lo que Anderson y Del Arco denominan "comunidad de sufrimiento" (2011, 133), que movilizaba y legitimaba sus acciones ante sus propios ojos, los del Régimen y de la sociedad. Para estas personas, participar de diferentes formas en la represión a los vencidos era una vía para ajustar viejas cuentas, al tiempo que se aseguraban el lugar destacado que consideraban que merecían ocupar en la Nueva Sociedad.

Dentro esas "comunidades de sufrimiento" destaca el papel desempeñado por las viudas de los "mártires por Dios y por la patria" que asumieron el rol de salvaguardas de la memoria de los caídos y de adalides de la justicia. Hicieron de su duelo la fuente de su compromiso y fidelidad al Nuevo Estado, transformando su dolor en un "luto militante". (LANGARITA, 2016, 139-140). Villarrobledo no fue en este caso tampoco una excepción. Las viudas de los "caídos" ejercieron desde los primeros momentos de la ocupación gran presión sobre el teniente coronel Rengifo Flores y el juez militar para que se tomaran medidas drásticas con los vencidos (SÁNCHEZ, 2007, 47). En las actas del ayuntamiento aparecen exigiendo pensiones e indemnizaciones e incluso son mencionadas como pendientes de ser resarcidas económicamente en un sumarísimo contra miembros de la Gestora Municipal de 1940[57]. En los juicios realizados en la localidad, como afirma Pérez Gómez, se recurrió "constantemente a las viudas de los caídos como 'testigos de reconocida solvencia y moralidad'" (PEREZ, 2021, 153). De hecho, en una muestra de 112 sumarios analizados, 6 viudas de "mártires" denunciaron y testificaron insistentemente en contra de los procesados. Solían hacer mención a su condición de viudas y a la orfandad de sus hijos como valor añadido a sus declaraciones. María Ortega Calero, viuda de Castillo, añadir por ejemplo, denunció a César Velasco, administrador de la tienda incautada a su marido, porque le negó ayuda cuando "le solicité tela negra a fin de vestir de luto a los huérfanos"[58].

Carmen Escudero Montejano, viuda de Juan Filoso, tuvo un papel destacado entre las denunciantes. Su marido, que se había sublevado contra la República el 19 de julio de 1936, había sido propietario de una panadería que luego fue incautada, fue sacado de la cárcel la noche del 27 al 28 de julio de 1936 y asesinado en las afueras del cementerio. Sus hijos Miguel y Francisco de 16 y 18 años fueron detenidos por ofrecer resistencia armada a los milicianos republicanos en la Finca de *Los Minayas*. La viuda de Filoso fue una activa denunciante y testigo en numerosas oportunidades, en particular en las que se vinculaba a quienes supuestamente habían participado en la detención de sus hijos, de su marido, en la ejecución de este último, y en la confiscación de la panadería familiar. Fueron denunciados 13 panaderos, siete de los cuales murieron a manos de los represores[59]. Escudero Montejano testificó y/o denunció a todas las personas que según ella habían participado en la detención y el asesinato de su esposo, entre ellos a Caridad Plaza y Carmen Castellanos, que es una de las cuatro mujeres de Villarrobledo que fueron ejecutadas. También denunció a Alfredo Pérez Orea y a Alfredo Pérez Parrón por

---

57 "Juicio sumarísimo nº 7302/40 contra Antonio Gastañaga Elorriaga, Francisco Espinosa García, José Joaquín Calero Pérez, Juan Antonio Lozano Torrente, Dionisio Morata Mira, AGHD, caja 151706/12.

58 "Juicio sumarísimo nº 1034/39 contra César Velasco Olmedo", AGHD, caja 14600/8.

59 Cinco fueron condenados a muerte, uno asesinado cuando intentaba huir de la cárcel, y otro, Braulio Jiménez Moreno, fue una de las víctimas de Los Barreros

comentar públicamente que "Juan Filoso el panadero [...]cuando le llevaban en el camión era el único que lloraba y decía que no le matasen"[60]. Alfredo, que era menor de edad en 1936, fue condenado a 30 años de prisión. Su padre fue el último ejecutado en Villarrobledo. Probablemente la viuda trataba de limpiar una imagen de su marido poco acorde a la supuesta heroicidad de los mártires, ya que incluso testigos de derechas que compartieron con él sus últimas horas afirmaban que antes de la saca "estaba oculto debajo de una mesa"[61]. En el juicio de Pérez Parrón algunos testigos afirman que todo lo que habían denunciado lo sabían por "rumores" o porque se los había dicho "Carmen, la mujer de Filoso", lo que demuestra que además de declarar personalmente animaba a otras personas a hacerlo de acuerdo con su versión de los hechos. Sus hijos también actuaron como denunciantes y testigos: Miguel incluso formó parte de grupos de falangistas que vigilaban, perseguían y registraban viviendas, tal como reconoció él mismo en el juicio contra Miguel López Calero[62]. El empeño de Carmen y de sus hijos por ajustar cuentas por sus padecimientos pasados se mantuvo firme con el paso del tiempo, ya que incluso en 1942 denunció a Carmen Ortiz Calero, que residía entonces en Belmonte y era viuda de Santos Sánchez Aguilar, que supuestamente había intervenido en la detención y ejecución de su marido[63].

Los "excautivos" también tuvieron un rol destacado entre quienes delataron, denunciaron y testificaron contra los vencidos. Quienes habían estado encarcelados la noche de la saca fueron considerados testigos excepcionales y todopoderosos cuyos testimonios adquirían un valor diferencial en los Consejos de Guerra. Uno de ellos fue Juan Ramón Lozano López. Después de los sucesos de julio fue trasladado a la prisión de Ocaña donde logró escapar —según su versión— de un pelotón de fusilamiento en octubre, volviendo a su casa donde se mantuvo oculto hasta

---

60 "Juicio sumarísimo n° 2572/39 contra Alfredo Pérez Orea", AGHD, caja 14786/5 y "Juicio sumarísimo n° 1368/39 contra Alfredo Pérez Parrón", AHDG, caja 14638/13.

61 "Juicio sumarísimo n° 1833/39 contra Francisco Márquez Contreras", AGHD, caja 14693/4.

62 "Juicio sumarísimo n° 8588/42 contra Miguel López Calero", AGHD, caja 15275/10.

63 "Juicio sumarísimo n° 2016/39 contra Pilar Orea Campillo", AGHD, caja 14716/15.

Imagen de la plaza de toros de Hellín, sede del campo de concentración, a finales del siglo XIX.

Fuente: http://www.loscampos-deconcentraciondefranco.es/campos/101

la "liberación"[64]. Su sufrimiento fue recompensado por las nuevas autoridades. En abril de 1939 fue nombrado miembro de una comisión de investigación sobre los crímenes junto a Pedro Ortega Domínguez (SÁNCHEZ, 2007, 46) y de una comisión depuradora. Pero también participó activamente en la represión física: en varios testimonios orales y en los recuerdos de Juan Munera se lo menciona como integrante de las patrullas que durante la primavera y el verano de 1939 sembraron el terror en el pueblo (Munera, S/F). Fue el más activo denunciante y testigo en los procedimientos sumarísimos de Villarrobledo. Aparece testificando cuando no denunciando en el 36 % de los juicios que hemos podido analizar. Siguió haciéndolo incluso décadas después: él mismo denunció a Ramón Albert al que localizó en 1952 en Madrid. Su esposa María Ortiz Camacho y su hijo José (probablemente se trate del José Jaime mencionado en las memorias de Juan Munera como represor) también denunció y testificó en varias oportunidades. Lozano fue uno de los denunciantes de Diego González Caballero. Su familia lo sabía, por lo que, según recuerda su hija Agustina "fueron una tía mía y mi madre a decirle [a Juan Ramón Lozano] ¿Qué le ha hecho usted mi marido?¿Le ha ofendido a usted, a su mujer, a sus hijos? Contestación del señor, dijo: a mí personalmente, no, lo conozco pero es rojo y me estorba"[65].

Otro de los testigos "excepcionales" fue Juan Antonio Lozano Torrente (a) "Lorena" un falangista camisa vieja que había participado en el

---

64 "Juicio sumarísimo nº 2016/39 contra Pilar Orea Campillo", AGHD, caja 14716/15.

65 Entrevista Agustina González López, 24/01/2019.

golpe de Estado. Según su propia versión de los hechos logró escapar del camión que lo transportaba al cementerio para ser ejecutado y decidió volver a la cárcel. Fue trasladado a Ocaña, donde también logró escapar, pasando a zona nacional hasta el final de la guerra. Fue miembro de la segunda comisión gestora municipal. Recordado como "el chulo que andaba por el pueblo con las manos en los tirantes como si fuera un ministro [...] conocido, como Lorena" se lo menciona como acosador de presas y de mujeres de presos[66]. En 1940 fue denunciado por fraude junto a toda la comisión gestora por "tres patriotas anónimos". Según éstos, se había enriquecido tan rápidamente, que "al estallar el Glorioso Movimiento Nacional se encontraba en la mayor de las miserias [...] en la actualidad [1940] se le considera con una cuenta de ciento setenta mil pesetas aproximadamente, además de ponerle a cada hijo cinco mil pesetas en cartilla de ahorro"[67] La comisión gestora fue destituida, y aunque fueron juzgados resultaron absueltos pese a las pruebas incriminatorias[68].

Pero en los cuartelillos de la Guardia Civil o en el juzgado militar no solo delataron personas damnificadas durante el período anterior. Denunciaron y testificaron hombres y mujeres sin significación política previa ni un pasado como víctimas de la República. Jornaleros, albañiles, mujeres dedicadas a sus labores, sirvientas o miembros de la pequeña burguesía, personas comunes que optaban por la delatar a sus vecinos y vecinas, casi siempre con versiones basadas en el rumor, por motivos muy variados. Para algunos la delación era de un mecanismo para asegurar su supervivencia o seguridad en el nuevo régimen, como

---

66 Entrevistas a Vicenta Flores Mecinas, 17/08/2022 y a Rita Montero Cuesta, 4/04/2018.

67 Como encargado de obras públicas realizó un contrato a un testaferro para la reparación de algunas calles del pueblo utilizando como mano de obra a los presos republicanos a quienes pagó la mitad del salario registrado en los documentos contables del ayuntamiento. A otros, que trabajaron en la cantera, solo les dio un "rancho regular", pero no les pagó. "Expedientes instruidos por el inspector provincial del movimiento en el Ayuntamiento de Villarrobledo. 11 de mayo de 1940". Archivo Histórico Provincial de Albacete (AHPA), caja 29603/1.

68 "Expedientes instruidos por el inspector provincial del movimiento en el Ayuntamiento de Villarrobledo". 11 de mayo de 1940, AHPA, caja 29603/1. "Juicio sumarísimo nº 7302/40 contra Antonio Gastañaga Elorriaga, Francisco Espinosa García, José Joaquín Calero Pérez, Juan Antonio Lozano Torrente, Dionisio Morata Mira, AGHD, caja 151706/12.

respuesta ante el terror; para otros constituía una forma de eliminar sospechas sobre sus personas, e incluso hubo quienes fueron coaccionadas para hacerlo. Pero en el fondo de estos numerosísimos casos subyacía el deseo de demostrar públicamente por parte de los colabores su afinidad y compromiso con los vencedores.

Las denuncias y delaciones también fueron el medio para saldar viejas rencillas, conflictos o enemistades. Los recursos por falsas denuncias alegados por personas vinculadas a los vencidos no solían tenerse en cuenta, aunque la "enemistad manifiesta" quedara demostrada en los juicios. Sirva como ejemplo el de Marino Navarro Jiménez (a) "Veneno", chofer de profesión y perteneciente a una familia duramente represaliada[69] que fue condenado a 12 años de prisión por una denuncia de los hermanos Valeriano y José Almansa Esteso. En su juicio se afirmaba que "entre Marino Navarro Jiménez y los hermanos Almansa Esteso existía una tirantez bastante grande, debido sin dudas a cuestiones profesionales" debido a que se había concedido a Navarro la gestión de correos, anteriormente a cargo de los denunciantes[70]. Existía un interés personal en los denunciantes, pero también subyacía un trasfondo político que primó en el juicio y la sentencia.

Cuando denunciado y denunciantes pertenecían al mismo status social y político, al tratarse de delaciones entre iguales, podía darse la situación que terminaran en juicios por falso testimonio, tal como ocurrió con Felisa Jiménez Lozano y Ángel López Girón. Ambos eran hijos de *mártires* y fueron denunciantes y testigos en numerosos juicios. Denunciaron a Bautista Valls de delatar el paradero de su suegro –y padre de Girón– Antonio López Ortega (a) "El curica", por lo que fue detenido y asesinado por los republicanos. Según el hijo de éste "fue una *delación no de tipo político*, sino de cuestión puramente personal, para zanjar tal vez cuestiones familiares ignoradas por el que declara", ya que había una enemistad manifiesta y pública de su cuñado hacia su padre. Pero

---

69 Uno de sus hermanos fue víctima de la matanza de Los barreros, otro condenado a muerte y sus hermanas encarceladas una en Murcia y otra en Saturrarán.

70 "Juicio sumarísimo nº 5998/39 contra Marino Navarro Jiménez (a) Veneno". AGHD, caja 15073/7.

Valls era un hombre de derechas reconocido, bien considerado por Falange, Guardia Civil y Alcaldía, contando también con el apoyo del juez militar, que presionó con amenazas a Felisa para cambiar su testimonio según relataba ella misma:

> Cuando el juez militar le dijo a la declarante que creía que era una canallada la denuncia y que se iba a meter con todos los testigos falsos y que bajo la conciencia de la procesada quedaría las imputaciones que le había hecho al Bautista Valls, entonces se inició su remordimiento, (…) y que no ha podido deponer la denuncia porque estaba ya en prisión atenuada en su domicilio.

Tanto ella como López Girón fueron condenados a prisión y multa por falso testimonio "denunciando un hecho gravísimo […] para satisfacer vergonzosamente una ansiedad económica que era la de heredar a su difunto padre"[71]. La investigación por falso testimonio abierta en el juicio de Valls solo fue posible porque el acusado era un hombre con muy buenas relaciones con quienes controlaban los hilos del poder local, lo que no pasó en el caso de una gran cantidad personas denunciadas falsamente que no disponían de respaldos influyentes. Como afirma Julio Prada, el terror se convirtió en muchas oportunidades en un "mecanismo de satisfacción de intereses privados" difuminándose los límites de la violencia política y la criminal ordinaria (PRADA 2010, 159).

En las zonas rurales con la "Victoria" se desplegó un nuevo escenario político donde salieron a la luz nuevas y antiguas tensiones por el control del poder: entre las autoridades impuestas y los poderes fácticos locales e incluso entre diferentes grupúsculos dentro de las derechas. Estas diferencias se expresaron en conflictos más o menos encubiertos y en denuncias variadas. En Villarrobledo, desde el momento mismo de la ocupación se produjeron tensiones. Había entre algunos falangistas el deseo explícito de que se retiraran las nuevas autoridades para poder recuperar el control tal como lo expresó el falangista José María Romero a Miguel López Calero diciéndole que no tuviera prisa en entregarse "a

---

71 "Juicio sumarísimo nº 6820/40 contra Felisa Jiménez Lozano", AGHD, caja 15139/3.

ver si se marchaban los militares y quedaban ellos encargados"[72]. Los enfrentamientos llevaron a la destitución sucesiva de varias gestoras municipales (siete entre 1939 y 1944). Es particularmente llamativo la corta duración de la primera, que fue sustituida el 10 de julio de 1939 por otra impuesta por el gobernador civil con la connivencia del comandante militar José Calderón Jordán y el todopoderoso juez militar Adolfo Pérez Gallego.

Esta segunda gestora en la que se incluyeron a tres falangistas fue denunciada anónimamente por inmoralidad y corrupción (incluida la utilización de presos republicanos para la realización de obras públicas), por lo que fue destituida y juzgada. Se trataba de un conflicto por la monopolización del poder. La denuncia, la investigación por parte de Falange de Albacete y el posterior juicio sumarísimo permite vislumbrar la enorme dificultad que tuvieron las autoridades provinciales y militares para "encuadrar" en el aparato del Nuevo Estado a algunos sectores de los vencedores. A través de este conflicto se evidencia el intento de controlar el poder local por parte del juez militar Pérez Gallego con el apoyo del comandante militar y el gobernador civil, de algunos pocos falangistas y sobre todo sectores de las familias más poderosas de la localidad, que se hacían llamar los "los de la Peña del Artístico, los que somos saludados sombrero en mano" con la que había emparentado el juez militar mediante su matrimonio.

Al cambiar el gobernador civil y como resultado de la denuncia, la gestora fue destituida y reemplazada por otra formada por hombres que habían demostrado su lealtad con la participación en el golpe de Estado del 19 de julio de 1939 y siendo muchos de tradición falangista[73]. Pero hubo también otras denuncias, también entre "vencedores" que llevaron a la detención de tres hombres, entre ellos al encargado de la cárcel, Recaredo Martínez (a) "Asaura", mencionado frecuentemente como uno de

---

[72] "Juicio sumarísimo nº 8588/42 contra Miguel López Calero", AGHD, caja 15275/10.

[73] "Expedientes instruidos por el inspector provincial del movimiento en el Ayuntamiento de Villarrobledo. 11 de mayo de 1940. AHPA. Caja 29603/1. "Juicio sumarísimo nº 7302/40 contra Antonio Gastañaga Elorriaga, Francisco Espinosa García, José Joaquín Calero Pérez, Juan Antonio Lozano Torrente, Dionisio Morata Mira", AGHD, caja 151706/12.

los que torturaban en la cárcel, acusados de extorsionar económicamente (y según las fuentes orales, también sexualmente) a las mujeres de presos a cambio de ficticias reducciones de condena (BASCARY, 2021, 144-145).

5. A modo de conclusión

La represión franquista en Villarrobledo se caracterizó por su violencia y por el elevado número de víctimas. El objetivo de "arrancar la cizaña de cuajo" fue patente en los primeros meses de la dictadura. Se trataba de aniquilar a los vencidos y de neutralizar cualquier atisbo de resistencia utilizando impúdicamente el terror como herramienta de sujeción. Las patrullas de militares, falangistas y otros adeptos al nuevo régimen sembraron el pánico entre la población. Fueron tiempos de rumores de muerte, de amenazas, de casas convertidas en centros de tortura, de mujeres rapadas, humilladas públicamente y paseadas por las calles, de niños testigos de la detención de sus padres y madres, de personas escondidas en las cámaras y los pajares, de los gritos agonizantes de los torturados y arrojados a *Los Barreros*: eran los "públicos escarmientos" del Régimen destinados a aniquilar y amordazar a la población. Aunque hay quienes insisten en la espontaneidad de esta primera etapa represiva, lo cierto es que en Villarrobledo parece haber existido un plan bastante premeditado que contó con el consentimiento más o menos explícito de las autoridades, incluso en relación de los asesinatos de *Los Barreros*. El comienzo del funcionamiento del juzgado militar no aminoró el terror. La intensidad de las detenciones se mantuvo durante los primeros meses: los juicios "urgentísimos" se tramitaban en pocos días con resultados de penas de muerte que se cumplían a las pocas semanas en las tapias del cementerio del pueblo. Seguía exhibiéndose públicamente el poder represivo del nuevo régimen. A partir del otoño de 1939 se redujeron las detenciones. La cárcel de Las Claras estaba abarrotada. Los presos y presas morían por las torturas, tifus, desnutrición y hambre. A fines de aquel año se había detenido a la mayor parte de las personas que serían juzgadas en el período que estudiamos y de las cuales un importante porcentaje fueron condenadas a muerte. En la mira de los represores estuvieron principalmente quienes habían destacado en el período anterior, en particular los supuestos implicados en la saca de la noche del 27 al 28 de julio de 1936 que fueron castigados con la muerte o largas condenas.

Para que lograr el objetivo *de arrancar de cuajo la cizaña* resultó imprescindible la activa implicación de parte de la comunidad. Muchas personas actuaron como informantes, delatores, denunciantes, testigos, torturadores y verdugos. Se trataba de grupos heterogéneos. Por un lado, desempeñando un rol muy destacado, había familiares de "mártires" (en especial sus viudas, huérfanos y los "excautivos") comprometidos visceralmente con el Régimen, que exigían reparación por los sufrimientos pasados mediante una justicia muy parecida a la venganza, y que llegaron a ejercer incluso por propia mano. Pero la amplísima red de represores e informantes con los que contó el régimen en Villarrobledo estaba mayoritariamente formada por "ciudadanos comunes", personas muchas veces vinculadas a las redes clientelares de las familias caciquiles locales pero que no formaban parte de la élite, sino que por el contrario, eran miembros de la pequeña burguesía o campesinos con o sin tierras. Muchos se involucraron en la represión por convicciones políticas como en el caso de los falangistas y otras personas partidarias de la dictadura, pero también existió una variedad amplísima de motivaciones que van desde la sed de venganza, los conflictos personales, la búsqueda de un lugar socialmente reconocido, hasta la necesidad imperiosa de demostrar mediante delaciones y denuncias una fidelidad absoluta a un Régimen que así lo exigía. Consecuencia de esta suerte de acuerdo tácito entre el Nuevo Estado y parte de la población que se implicó de diferentes maneras en la represión fue un férreo control político y social que hizo de Villarrobledo un lugar donde "no se podía vivir"[74] para muchas familias represaliadas, condenándolas al exilio o al silencio. Pero no olvidaron. ▐

---

74 Entrevista a Rita Montero Cuesta. 04/11/2018.

Referencias bibliográficas

- ANDERSON, Peter y ARCO BLANCO Miguel Ángel del, (2011): "Construyendo la dictadura y castigando a sus enemigos. Represión y apoyos sociales del franquismo (1936-1951)". *Historia Social,* 71, 2011, pp. 125-141.

- ARCO BLANCO Miguel Ángel del, y HERNÁNDEZ BURGOS, Claudio (2016): "Los componentes sociales de la represión franquista: orígenes, duración, espacios y actores", *Historia Actual Online,* 41 (3), 2016, pp.77-90.

- BASCARY PEÑA, Ana María (2021): *Aquí estamos nosotras. Represión y resistencias femeninas en Villarrobledo (1939-1949)*, Sevilla, Deculturas.

- CARRION ÍÑIGUEZ, José Deogracias (1990): *La insurrección de Octubre de 1934 en la provincia de Albacete*, Albacete, Instituto de Estudios Albacetenses.

- CASANOVA, Julián, (2002): "Una dictadura de cuarenta años". En *CASANOVA, Julián(coord.) En Morir, matar, sobrevivir. La violencia en la dictadura de Franco,* Barcelona, Crítica.

- CENARRO LAGUNA, Ángela, (2002): "Matar, vigilar y delatar: la quiebra de la sociedad civil durante la guerra y la postguerra en España (1936-1948)", *Historia Socia*l, 44, pp. 65-84.

- DI FEBO, Giuliana (1979): *Resistencia y movimiento de mujeres en España 1936-1976*, Madrid, Icaria.

- ESPINAR, Virgilio, (1993): *Villarrobledo entre dos repúblicas. 1873-1936*, Villarrobledo, Biblioteca de autores y temas de Villarrobledo.

- GONZÁLEZ MADRID, Damián y Manuel ORTIZ HERAS, (2021): *Violencia franquista y gestión del pasado traumático*, Madrid, Sílex.

- GÓMEZ BRAVO, Gutmaro, (2017): *Geografía humana de la represión franquista. Del Golpe a la Guerra de ocupación (1936-1941)*, Madrid, Cátedra.

- LANGARITA GRACIA, Estefanía, (2016): "Viudas eternas, vestales de la patria. El "luto nacional" femenino como agente cohesionador de la España franquista" *Ayer,* 103, pp. 125-145.

- MIR CURCÓ, Conxita, (2013): *Vivir es sobrevivir: justicia, orden y marginación en la Cataluña rural de posguerra,* Lleida, Editorial Milenio.

- PRADA RODRÍGUEZ, Xulio, (2010): *La España masacrada. Represión franquista de guerra y de posguerra,* Madrid, Alianza Editorial.

- SÁNCHEZ MORENO, Antonio (2007). *Violencia y primer franquismo en Villarrobledo (1930-1948).* Edición autopublicada.

- SAN JOSÉ, Ezequiel, (2004): *De la República, la guerra, la represión, la resistencia… Recuerdos y notas personales,* AlbaceteInstituto de Estudios Albacetenses "Don Juan Manuel".

- SEPÚLVEDA LOSA, Rosa, (2003): "La primavera conflictiva de 1936 en Albacete". *Pasado y memoria: Revista de historia contemporánea,* 2, pp. 221-240.

3.2. Al servicio de la "justicia": los testigos del régimen franquista en una capital de provincia (Ciudad Real)

JUAN CARLOS BUITRAGO OLIVER
Universidad Castilla-La Mancha

Ciudad Real fue una localidad que se arrebató a la República desde dentro aprovechando el ambiente de desbandada general de los últimos días de marzo de 1939. Los quintacolumnistas capitalinos, que habían ido rumiando el momento de la venganza mientras permanecían escondidos en la relativa seguridad de sus secretos aposentos o de sus supuestas afecciones, salieron a la calle el día 28 de ese mes y, en muy pocas horas, sin ninguna oposición, se hicieron con el control de los centros neurálgicos de la capital. A pesar del ambiente festivo que se respiraba en aquellos momentos, la noche del 29 al 30, se iniciaron ya algunos ajustes de cuentas produciéndose incidentes que llevaron a que, en la primera reunión del consistorio, se decidiera restablecer la guardia municipal nocturna[75].

Tras la euforia inicial, los más politizados de entre los vencedores, que fueron todos ya conceptuados, independientemente de su adscripción

---

75 AHMCR, Actas Municipales, Libro 1939, Sesión Extraordinaria de 31 de marzo de 1939.

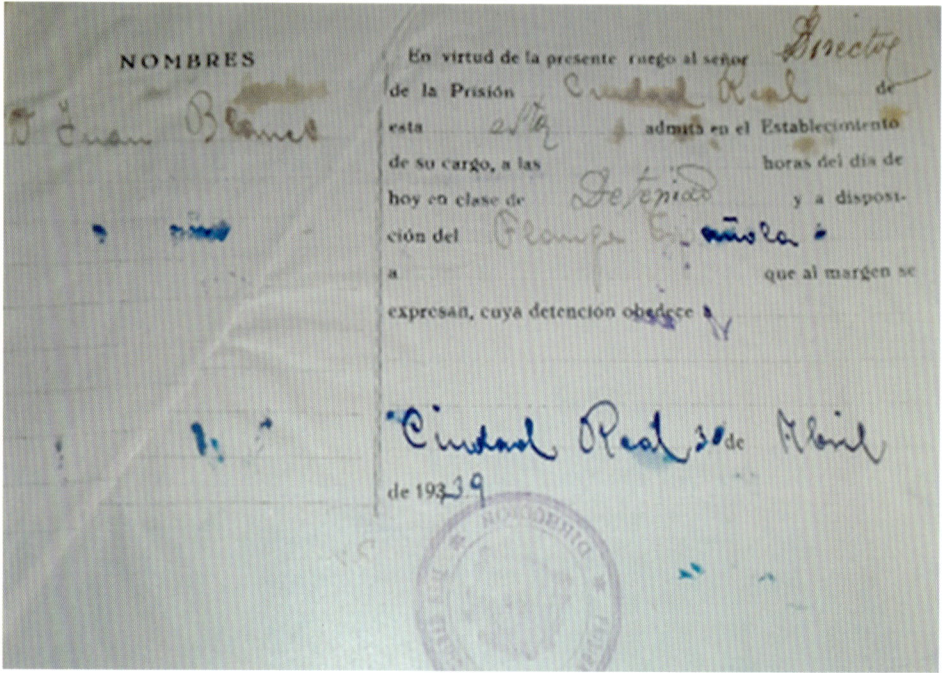

Imagen 1. Detención por Falange de Juan Blanco Gallardo el 3 de abril.[76]

política previa y aunque nunca lo hubieran sido, como "falangistas", se organizaron mínimamente y elaboraron listas de personas que, por su protagonismo, sobre todo durante los últimos meses de 1936, consideraron que debían ser inmediatamente detenidas; y por grupos, armados, se afanaron, junto a las fuerzas de orden público por intentar localizar y encarcelar a los más "señalados rojos".

Rápidamente también se empezó con la exhumación de los cadáveres de los asesinados durante el "terror" y comenzaron a celebrarse misas y responsos en memoria de los fallecidos. La referencia a "los caídos por Dios y por España" se convirtió en una constante en cualquier acto público, pero también en las conversaciones privadas porque el sentimiento de pérdida no surgía solo del uso propagandístico que el régimen hacía de "sus" muertos, sino también de la manifestación espontánea del duelo público natural y explicable en la mentalidad social de los españoles de

76   AHPCR, Sección Cárcel. Caja 406.471, Exp. 6.350.

ese momento. Era un ambiente de luto propicio para buscar culpables que favoreció que, desde el miedo y el rencor amasados durante los años previos, los que, con la "Victoria" detentaban ahora la potestad de la represión impusieran una visión deshumanizada del paisano vencido que, en aquellos meses, dejó de ser la persona que ellos conocían de siempre para convertirse, en virtud del rumor público, en el monstruoso autor de los actos más abyectos que merecía. Por tanto, el más duro de los castigos. Este es el proceso mental que nos permite entender que, en aquel contexto, el uso de la violencia, a veces brutal, se documente con frecuencia en detenciones o en interrogatorios[77].

Todo lo que iba a ocurrir desde ese momento se sustentaría "legalmente" mediante un artificio jurídico. En diciembre de 1938 el ministro del Interior del gobierno franquista, Ramón Serrano Suñer, encargó a la conocida como "Comisión Bellón", formada por magistrados, exdiputados y exministros de filiación derechista, la farragosa labor de argumentar la ilegitimidad que envolvía al régimen republicano el 18 de julio de 1936 para, así, poder justificar el golpe militar que se produjo en esa fecha. De esta forma, denostando a la República, se organizó, como años después reconocería el propio cuñado de Franco, "...un sistema que podríamos llamar de "justicia al revés" o de aplicación al revés del Código de Justicia Militar", que utilizó el aparato coercitivo que ya existía para aplicarlo, contra toda lógica, sobre los defensores del régimen republicano como si estos realmente hubiesen sido los conculcadores de la legalidad.

Tras unos días en los que se escudriño afanosamente la ciudad para "cazar" a aquellos que se habían incluido entre los que había que buscar se enviaron falangistas y agentes de policía a Alicante, pues se sospechaba que, allí, podían encontrarse retenidos en los diversos centros de reclusión que se habilitaron en esa localidad muchos de los huidos de la capital que habían salido hacia ese puerto para intentar embarcar camino del exilio y que, sin conseguirlo, habían quedado constreñidos en el cepo macabro en que se convirtieron los muelles de esa ciudad levantina

---

77 En aquellas fechas no se produjo ningún asesinato que se pueda calificar de "extrajudicial" porque, desde el principio, "la justicia oficial" empezó a ocuparse activamente de la coerción.

(ORS, 1995). La misión de esos individuos era, con la documentación reglamentaria que les abría las puertas de las prisiones y de los campos de concentración, deambular entre los reclusos para descartar que alguno hubiera conseguido registrarse con una identidad falsa e indagar en las fichas clasificatorias de los detenidos en busca de nombres conocidos para localizar a los convecinos huidos y solicitar, de manera inmediata a quien correspondiera, su rápido traslado a Ciudad Real para someterlos, allí, a la "reparadora justicia" de Franco (BUITRAGO, 2022).

En pocos días los centros penitenciarios empezaron a ser insuficientes y en la ciudad se tuvieron que habilitar como cárceles la antigua Granja Agrícola y, unos meses después, la Fábrica de Abonos para acoger a los presos que ya no podía albergar la saturadísima Prisión Provincial. Inmediatamente empezó también su actuación en la capital el Tribunal Militar[78]. Este fue organizado en varios juzgados, y se dispuso a recoger denuncias e iniciar las pesquisas necesarias para instruir los procesos y juzgar, en consejo de guerra, las actividades ocurridas en Ciudad Real convirtiéndose, por su transcendencia social, en uno de los epicentros de la vida ciudadrealeña de aquellos días. En él se dieron cita, desde primera hora, un aluvión de militares, de delatores, de testigos y de familiares, tanto de las víctimas como de sus teóricos verdugos.

La colaboración de la sociedad española de los primeros años cuarenta en el engranaje de la maquinaria judicial es una evidencia. Se constata, en primer lugar, en los propios consejos de guerra del tribunal militar de Ciudad Real donde, ante la falta de expertos jurídicos, participaron, para sorpresa y mayor desesperación de los encausados, individuos

---

78 Dependió primero de la Auditoria de la Primera Región Militar, ubicada en Madrid, y luego del Juez Auditor de la 12ª División, con sede en Badajoz. El día 1 de abril ya empezó a tomar declaraciones. Sobre la organización territorial y los consejos de guerra en general ver Chaves (2014). Este tribunal debía estar compuesto, según el Código de Justicia Militar, por un coronel o teniente coronel, que actuaba como presidente; cinco oficiales de carrera de la clase de capitán, que ejercían como vocales; un ponente del cuerpo jurídico militar, que tenía funciones de asesor; y por un secretario, que podía tener el grado de sargento, de cabo o incluso de soldado. La labor jurídica se completaba con la asistencia de un fiscal que, como mínimo, tenía que ser teniente jurídico, y de un defensor que debía ser un oficial elegido por el acusado, pero que, en este tipo de procesos, fue sobre todo al principio, asignado de oficio y conocedor de la causa tan solo unas horas antes de celebrarse la vista.

pertenecientes a conocidas familias derechistas de la ciudad. Algunos eran militares de carrera capacitados para hacerlo, pero otros eran simplemente abogados o estudiantes de derecho que se militarizaron "honoríficamente" para formar parte del Cuerpo Jurídico Militar[79]. Se comprueba, también, observando el bullicio que reinaba en los juzgados

---

79 Pedro César López Guerrero Portocarrero ya había actuado como juez militar en la ciudad en octubre de 1934, *El Pueblo Manchego*, nº 7.922, 20 de octubre de 1934. Durante la sublevación fue ayudante, en la Capitanía Militar de Sevilla, del general Gonzalo Queipo de Llano y tras "la Victoria" sería nombrado hijo adoptivo de Ciudad Real, *AHMCR*, Actas Municipales, Sesión Ordinaria de 11 de mayo de 1939. Ya con el grado de coronel actuó como juez en varios consejos de guerra a vecinos de Ciudad Real, *AGHD*, Fondo Madrid, Sum. 180, Caja 148/11.

Celestino Barreda Treviño, poco antes del inicio de la guerra era un miembro destacado de las Juventudes Tradicionalistas, de Acción Católica o de la Federación de Estudiantes Católicos de la capital, *El Pueblo Manchego*, nº 8.005, 21 de mayo 1935; *El Pueblo Manchego*, nº 8.021, 10 de junio 1935; *El Pueblo Manchego*, nº 8.139, 30 de octubre 1935. Tras la guerra era alférez del Cuerpo Jurídico Militar y como tal participó como vocal en distintos consejos de guerra contra acusados de Ciudad Real, *AGHD*, Fondo Madrid, Sum. 5.307, Caja 3.006/5 o *AGHD*, Fondo Madrid, Sum. 371. Caja 3548/5.

José Víctor Cantos, cuñado del exalcalde capitalino José Maestro, fue nombrado miembro del comité local de Acción Popular muy poco antes de las elecciones de febrero de 1936, *El Pueblo Manchego*, nº 8.200, 13 de enero de 1936. Abogado de formación fue repuesto tras la guerra en su plaza de oficial mayor letrado del Ayuntamiento de Ciudad Real, *AHMCR*, Actas Municipales, Sesión Ordinaria 25 de mayo de 1939. Militarizado actuó como teniente y capitán del Cuerpo Jurídico Militar en diversos consejos de guerra contra vecinos de Ciudad Real, *AGHD*, Fondo Madrid, Sum. 180, Caja 148/11; *AGHD*, Fondo Madrid, Sum. 48.206 – 108.492 Leg. 993/7.

Fernando Pineda Pascual participó en muchos de los procesos como alférez honorífico del Cuerpo Jurídico Militar, *AGHD*, Fondo Madrid, Sum. 6.066, Leg. 5.680; *AGHD*, Fondo Madrid, Sum. 5.307, Caja 3.006/5; *AGHD*, Fondo Madrid, Sum. 3.802, Caja 3.528/2; *AGHD*, Fondo Madrid, Sum. 5.368, Leg. 7.584; *AGHD*, Fondo Madrid, Sum. 2.741, Leg. 2.205/2; *AGHD*, Fondo Madrid, Sum. 3.266, Leg. 2.236. Probablemente aún no había terminado la carrera de abogado, pues juró como letrado en la Audiencia de la capital, apadrinado por Emilio Bernabéu Novalbos, el 24 de enero de 1946, *Lanza*, nº 835, 24 de enero de 1946 y *Lanza*, nº 8.567, 24 de enero de 1971.

Miguel Prado González, miembro de la familia Prado a la que ya nos hemos referido en otras ocasiones, fue en su primera juventud militante tradicionalista (*El Pueblo Manchego*, nº 7.278, 30 de julio de 1932) y miembro de los estudiantes católicos (*Vida Manchega*, nº 3.601, 8 de marzo de 1932; *El Pueblo Manchego*, nº 7.387, 9 de enero de 1933). Poco a poco derivo hacia las Juventudes de Acción Popular formando parte de su comité local poco antes de la sublevación, *El Pueblo Manchego*, nº 8.200, 13 de enero de 1936. No sabemos en qué fecha concluyó sus estudios de derecho, era abogado con certeza en 1944, pero actuó como vocal en distintos consejos de guerra contra ciudadrealeños siendo alférez provisional honorífico del Cuerpo Jurídico Militar, *AGHD*, Fondo Madrid, Sum. 5.368, Leg. 7.584; Sum. 415, Legajo 2.878/8; *AGHD*, Fondo Madrid, Sum. Sum. 415, Legajo 2.878/8.

porque, desde su constitución, los parientes de los "caídos" de la capital desfilaron metódica y sistemáticamente ante el tribunal culpando, sin pruebas, a aquellos a los que consideraban responsables de la suerte que habían corrido sus seres queridos. Miembros de la familia Prado González, por ejemplo, dos días después de entrar las tropas franquistas en la ciudad, el 1 de abril, "inauguraron" el tribunal militar, acusando a todos los que sospechaban que habían participado, de una u otra forma, en la muerte de Manuel Prado. Igual ocurrió con Cristeta, Esther y María José, hermanas de los cuatro varones asesinados de la familia Mayor Macías (Isidoro, José María, Mateo y Amadeo) que, también muy pronto, testificaron implicando a todos aquellos que, a su criterio, habían tenido relación con los asesinatos de sus hermanos.

El temprano y razonable anhelo de justicia y conocimiento de la verdad por parte de los familiares directos de las víctimas contribuyó a que el instructor fuera hilando cabos,[80] deteniendo e interrogando a los sospechosos y a que, inspirado siempre en la premura por "castigar al rojo", elaborara a un ritmo frenético los procesos sumarísimos, de manera que, el 4 de abril, cuando no había pasado ni una semana de la caída de la ciudad, ya había elevado sus primeras conclusiones al tribunal castrense que, ese día, celebró el primer consejo de guerra en Ciudad Real.

Aunque en esas vistas iniciales algunos actuaron espontáneamente como testigos de cargo para vengar jurídicamente la memoria de sus familiares, otros, incorporándose a la maquinaria judicial, se pusieron desde entonces,al servicio del régimen para ratificar las tesis del fiscal, corroborando con su testimonio "de calidad" las deficiencias de que pudieran adolecer las declaraciones de los parientes de los "caídos" y, por supuesto, la falta de pruebas. A finales de 1939, además, comenzaron a considerarse también en los juicios los avales y los testigos propuestos por la defensa incluyendo así, en la aglomeración cotidiana del tribunal,

---

80 Uno de los primeros jueces instructores, que actuaría además en numerosísimas ocasiones como tal en Ciudad Real, fue el capitán jurídico, Eduardo Aizpún Andueza. Este individuo, muy ligado a Pamplona, su ciudad natal, ha sido siempre considerado el primer presidente del Club Atlético Osasuna obviando, sistemáticamente, su implicación directa con la dictadura. En breve Víctor Moreno Bayona publicará de él una biografía detallada.

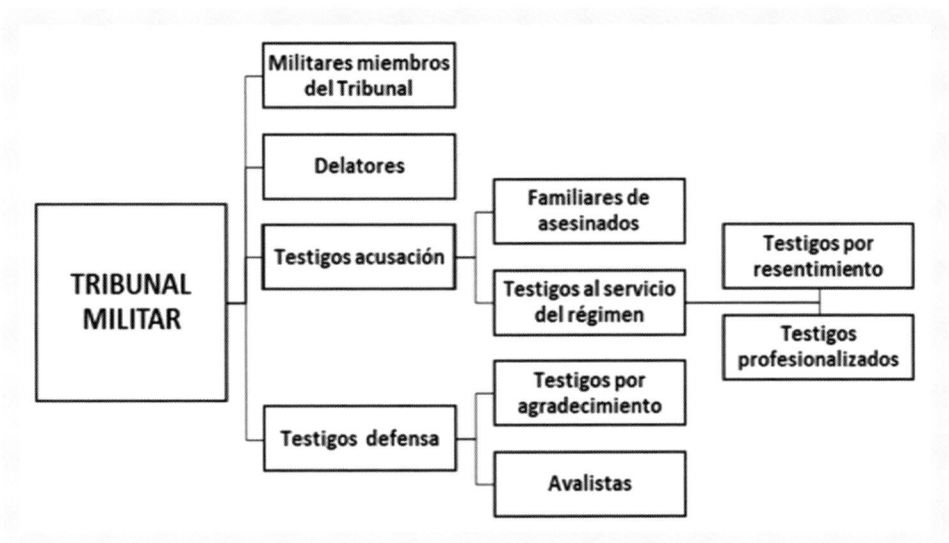

Gráfico 1. Implicación de la sociedad de la capital en la justicia militar franquista.

a individuos de indiscutible adscripción derechista que, con sus aseveraciones, intentaban devolver, fraternalmente, el apoyo que en el pasado habían recibido de los que, en ese momento, estaban procesados[81].

En la capital, durante los primeros meses tras la "Victoria", como la elaboración de los sumarísimos estuvo siempre subordinada a la urgencia por ajustar las cuentas con los "verdugos marxistas", la mayoría de los consejos de guerra que se celebraron fueron colectivos. Era justo al inicio de la vista cuando, al llegar su turno, el reo, víctima de una estrategia puramente inquisitorial, se enteraba por fin, mediante lectura pública, de los cargos concretos que se le imputaban. Luego se procedía a llamar a los testigos que, normalmente, basándose en "lo que se decía en la calle", confirmaban las acusaciones y justificaban que el fiscal, en su exposición final, solicitara al tribunal una determinada pena que era, habitualmente, durísima. El acusado, al que en ocasiones ni siquiera

---

81 A pesar de que quien ofrecía un aval, en cierta forma, se enfrentaba a la maquinaria jurídica oficial del régimen y arriesgaba su propia credibilidad, su seguridad y su estatus se documentan con bastante frecuencia, porque, a pesar de lo que se pueda pensar, la solidaridad con el otro, y más en una ciudad tan pequeña como Ciudad Real, fue algo habitual (ALÍA, 2017).

se dirigían de forma directa, sumido en la más absoluta indefensión, sin poder recurrir a ningún testigo que recusase las informaciones del fiscal, pues su defensor, casi no sabía nada del sumario y se limitaba a solicitar la clemencia de los jueces, veía impotente como se retiraban los miembros del consejo a deliberar la sentencia y volvía junto a sus compañeros a la miseria de su encierro y a la angustia de un futuro cada vez más tenebroso, que se concretaba, normalmente al día siguiente, en forma de un veredicto condenatorio.

Conforme fue pasando el tiempo el afán por la impostergable venganza fue cediendo y, como comentamos, desde las últimas semanas de 1939, cuando cuantitativamente el "trabajo sucio" de la limpieza estaba hecho y los que quedaban abarrotados en las cárceles eran ya, en su mayoría, los actores secundarios del "terror rojo", los encausados tuvieron más posibilidades de defenderse. Para poder hacerlo, en cuanto el tribunal dictaba su resolución, el reo intentaba hacer llegar a sus familiares, de manera atropellada durante las breves comunicaciones o camuflando pequeñas notas de papel, algunas indicaciones concretas que le permitieran desmontar las acusaciones más graves que pesaban sobre él, dándoles los nombres de aquellos que podían aportar avales o testificar a su favor. Se iniciaba así una auténtica "cronoescalada" para sus esposas, padres o hermanos, que, sumidos en el terror personal y en la angustia de ver depender el futuro de sus seres queridos del éxito de sus gestiones, recorrían las calles y llamaban a las puertas de aquellos que pensaban que podían o querrían ayudarlos.

La influencia de todos estos personajes en el desarrollo de la justicia fue tan manifiesta durante esos años porque, en el contexto jurídico militar de aquellos momentos, con la carga de la prueba invertida, su colaboración se convirtió en imprescindible para simular una legalidad procesal que nunca existió. Como casi todas las acusaciones se basaban en lo que "se sabía de rumor público", que era, además, lo que recogían como prueba concluyente los informes que emitían, copiándose literalmente unas a otras, instituciones como la Falange, la Guardia Civil, la Policía o el Ayuntamiento, era necesario que las murmuraciones fueran refrendadas a través de las afirmaciones de familiares o de "falsos"

154

testigos y desacreditadas mediante la presentación de escritos o testimonios avalados por reconocidos derechistas.

Nosotros, en esta ocasión, queremos enfocar el teleobjetivo que nos proporciona la documentación de manera que nos permita analizar la labor de algunas personas que, siendo reconocibles en la fotografía panorámica de la cotidianidad de los juzgados de la ciudad, constituyen lo que podríamos denominar la nómina de "testigos al servicio del régimen". En realidad, no pretendemos fijarnos en todos ellos[82], sino, especialmente, en los individuos que, con muy pocos escrúpulos y llevando al paroxismo sus convicciones, buscaron, al participar sistemáticamente como auténticos "profesionales de la delación" y como esbirros de la acusación, demostrar de forma creíble su absoluta comunión con el nuevo orden para así, con la fe del converso, beneficiarse de los privilegios y del prestigio social que otorgaba ser un incuestionable "falangista" de toda la vida.

Aunque no fueron los únicos (VILLALTA, 2015) se significaron, en esta siniestra labor, sobre todo, dos personajes de la ciudad que administraron su influencia en los juzgados con una absoluta y poco rigurosa crueldad: Evelio Coronado Palop y Manuel Baeza Romero, (a) *Calolo.*

Evelio Coronado era natural de Tomelloso, aunque residía en Ciudad Real por exigencias de su actividad como agente comercial. Tenía 38 años en el momento en que se produjo la sublevación y, a pesar de haber militado en la UGT, siempre había empatizado con los partidos monárquicos y, en esas fechas, coqueteaba con el falangismo (MARCOS, 2004a). El 21 de agosto, estando en Campo de Criptana, alguien del pueblo le señaló como derechista y fue detenido engrosando la expedición de 28 presos que, al día siguiente, salió de esa localidad con destino a la capital. De ese grupo solo conseguirían sobrevivir dos prisioneros. Uno de ellos fue Coronado que, si volvió a nacer aquel día, fue gracias a que tras sufrir

---

82 No podemos incluir en este grupo a determinados personajes, como los miembros de la familia Mayor, de la Messía de la Cerda o de la Prado, porque, a pesar de que también participaron activamente en los tribunales al servicio del régimen, no lo hicieron para erradicar dudas sobre su adscripción política o para disfrutar de los beneficios otorgados por el nuevo orden. Fueron, en realidad, lo que podríamos calificar como testigos por resentimiento.

una gran paliza, le reconoció su amigo y compañero de profesión, el socialista Ángel García Simón. Junto con la ayuda de Angelita Rodríguez Preciado, miembro destacado de las Juventudes Socialistas Unificadas, intercedió por él librándole de una muerte segura a pesar de que tuviera que ser operado y permaneciera hospitalizado durante bastantes días.

Cuando se recuperó, haciendo valer su filiación ugetista y sus contactos, se resituó en las organizaciones *frentepopulistas* encargándose, durante un tiempo, de la realización de las listas de presos que entraban y salían de la checa del Seminario lo que le convirtió tras la *Liberación* en un testigo clave y de "calidad" para acusar a cualquiera que hubiera hecho acto de presencia en el antiguo colegio sacerdotal. Evelio no desaprovechó la ocasión que se le presentaba y, reconvertido en un falangista "camisa vieja", algo que probablemente nunca fue, sin mostrar ningún reparo, participó activamente en la depuración de la mayor parte de los dirigentes y de muchos de los milicianos que actuaron durante aquellos meses de 1936[83].

A este respecto resulta muy reveladora la imagen que de él ofrece, en sus memorias, Angelita Rodríguez. Tras haber contribuido personalmente a la salvación de Coronado, estando ella en la prisión de Segovia, en 1953, con la posibilidad inminente de salir:

> (…) *desde Ciudad Real llegaban informes negativos para mi libertad condicional. Quien los hacía llegar era Evelio Coronado, un antiguo compañero de la UGT que fue detenido, en guerra, por colaborar con la Falange. Éste, sin ningún pudor, y estando yo ya libre, se atrevió a comentarle a mi madre, en mi presencia, que no entendía cómo se había demorado tanto mi liberación si él había dado informes favorables… No me pude contener: usted ha mentido a mi madre y miente ahora. Yo estaba en oficinas y veía todos sus informes negativos* (MARCOS, 2004ª:145)

---

83 Solo por citar algunos de sus testimonios más determinantes pueden verse AGHD, Fondo Madrid, Sum. 24, Leg. 2.990/5; *AGHD*, Fondo Madrid, Sum. 27, Leg. 3.613/14; *AGHD*, Fondo Madrid, Sum. 2.741 Leg. 2.205/2; *AGHD*, Fondo Madrid, Sum. 5.307, Caja 3.006/5; *AGHD*, Fondo Madrid, Sum. 2.206, Leg. 4045; *AGHD*, Fondo Madrid, Sum. 415, Leg. 2.878/8; *AGHD*, Fondo Madrid, Sum. 20, Exp. 2.781; *AGHD*, Fondo Madrid, Sum. 120.292 Exp. 3.169/7.

A pesar de que, según consta en su propia ficha de Falange, sus superiores le consideraban un tipo simpático incapaz de desempeñar cualquier cargo que exigiera "...cultura, competencia o iniciativas de importancia..."[84] su contribución a la maquinaria jurídica del franquismo le reportó el reconocimiento necesario para convertirse, en una ciudad pequeña como era Ciudad Real, en un hombre temido y poderoso. Totalmente identificado con el régimen, pudo abandonar su antigua profesión para vivir algunos años de la política, al conseguir ser gestor municipal del Ayuntamiento de la capital y jefe de los servicios provinciales de la Central Nacional Sindicalista, y, luego, de un puesto público tras ser nombrado funcionario de la Diputación Provincial[85].

Un caso aún más sobrecogedor, por la propia trayectoria del personaje, es el de Manuel Baeza Romero, (a) *Calolo*. Nacido en Valdepeñas en 1884, se trasladó muy joven a la capital donde empezó a trabajar como albañil hasta convertirse en maestro de obras y en modesto constructor. Llegó, incluso, a ser presidente de la Sociedad Obrero Benéfica en 1930[86] e, interesado por la política, participó como concejal en la candidatura liberal monárquica constitucionalista que se presentó a las elecciones de abril de 1931 resultando elegido concejal por el distrito de Diputación[87]. Tras aceptar la proclamación de la República y comprometerse a trabajar por su desarrollo asumió, poco después, la responsabilidad de la policía municipal dentro del consistorio y participó en los Jurados Mixtos de la construcción como vocal patrono[88]. Aunque colaboró estrechamente

---

84 Informes de Falange obtenidos en *Archivo General Administración (AGA)*, Sección Gobernación, Renovación Comisiones Gestoras, Ayuntamiento de Ciudad Real, caja 2.534.

85 CDMH, Causa General, 1031, Exp. 5. AHMCR, Actas Municipales, Libro 1940, Sesión Ordinaria de 14 de marzo de 1940. Ingresó en la Diputación en 1942. *Boletín Oficial de la Provincia de Ciudad Real,* nº 48, 20 de abril de 1960. Gracias a su influencia también ser convertiría en funcionario de la misma institución su hijo, Evelio Coronado Rubio, que comenzó a desarrollar allí su labor antes de agosto de 1950, *Boletín Oficial de la Provincia de Ciudad Real,* nº 95, 7 de agosto de 1950.

86 *Boletín Oficial Extraordinario de la Provincia de Ciudad Real*, nº 38, 27 de marzo de 1930

87 *Vida Manchega,* nº 1.328, 1 de abril de 1931; Vida Manchega, nº 1.336, 13 de abril de 1931.

88 AHMCR, Actas Municipales, Libro 1931a, Sesión Extraordinaria de 15 de abril de 1931; Vida Manchega, nº 3.841, 5 de noviembre de 1932.

con el Ayuntamiento socialista, tras la caída de José Maestro, no dudó en desvincularse abiertamente de él para continuar participando en los gobiernos municipales presididos por el lerrouxista Gaspar Sánchez y por el progresista Dimas García del Moral[89], de manera que fue uno de los pocos concejales que se mantuvieron en el puesto desde el 14 de abril de 1931 hasta el 18 de julio de 1936.

Su oportunismo político y su carencia absoluta de firmes ideales quedaron de manifiesto a lo largo de estos años en innumerables ocasiones. Por citar solo un ejemplo: en diciembre de 1932 fue el concejal que propuso al pleno cambiar el nombre de la calle Alarcos por el de José Maestro en homenaje al alcalde y, menos de tres años después, en octubre de 1935, se retractaba de su apoyo y le acusaba abiertamente de "no haber terminado el programa de su labor municipal, que fue, por cierto, bastante catastrófica"[90].

Siempre del lado del poder, cuando estalló la sublevación, se le consideró como un derechista peligroso y fue detenido brevemente en tres ocasiones entre el 22 de julio y el 12 de septiembre[91], aunque esto no le impidió seguir haciendo una vida relativamente "normal" pues sabemos que, el 25 de noviembre y el 3 de diciembre, presentó personalmente recursos contra la expropiación de varias propiedades suyas ubicadas en la calle Estrella[92]. Entre ese día y el 13 del mismo mes, fecha en que, efectivamente, fueron a buscarlo, le llegó el rumor de que podían asesinarlo y, temiendo por su seguridad personal, decidió esconderse en el hueco del tejado de una de sus casas. Cuando registraron su vivienda

---

89 AHMCR, Actas Municipales, Libro 1934b, Sesión Extraordinaria de 22 de septiembre de 1934. AHMCR, Actas Municipales, Libro 1935a, Sesión Extraordinaria de 28 de marzo de 1935. *AHMCR*, Actas Municipales, Libro 1936a, Sesión Extraordinaria de 8 de enero de 1936.

90 *Vida Manchega*, nº 3.862, 1 de diciembre de 1932. *El Pueblo Manchego*, nº 8.138, 29 de octubre 1935.

91 Baeza afirmó en la *Causa General* que para salir pagó cada una de las veces 10.000 pesetas. Parecen cifras muy elevadas, pero es posible que abonara alguna cantidad por conseguir los salvoconductos del Comité de Defensa firmados el 4 y 21 de agosto de 1936 y el 1 de octubre 1936. *CDMH*, Causa General, 1.031, Exp. 4. AHPCR, Sección Justicia, J 16 C.

92 92 CDMH, Causa General, 1.031, Exp. 4. AHPCR, Sección Hacienda, H 3.249.

sin encontrarlo, Julián Pavón Herrera, (a) *Farraguas*, arrestó a su hijo Nicanor que se salvó de un trágico destino gracias a la intervención de Isidro Buitrago Rincón, el presidente de la Sociedad de Albañiles, que intercedió por él[93].

Tras pasar más de cuarenta días escondido allí, con un salvoconducto que le facilitó Buitrago, a primeros de febrero de 1937, llegó hasta Valdepeñas, donde pensó que pasaría desapercibido, ocultándose en casa de un hermano suyo que era maestro[94]. Cuando llevaba allí prácticamente un año, una de las veces en que fue a visitarle su esposa, Juana Sánchez Raéz, los dirigentes valdepeñeros lo localizaron y lo detuvieron trasladándole a la Prisión Provincial de Ciudad Real, en la que ingresó el 24 de febrero de 1938. A pesar de que no había terminado su calvario era evidente que había conseguido sobrevivir, pues los tiempos, por suerte, ya eran otros y, aunque encarcelado, "tan solo" se vio inmerso en un juicio por desafección tras el que resultaría absuelto de todos los cargos, el 3 de noviembre, recobrando la libertad, definitivamente, el día 24 de ese mes[95].

Unas semanas después de la llegada de las tropas franquistas a la ciudad, Manuel Baeza dirigía al pleno municipal una instancia en la que suplicaba que "encontrándose vacante una plaza de inspector jefe de Policía Urbana y considerándose con condiciones suficientes para desempeñarla" se le nombrara interinamente para el cargo hasta que este fuera asignado de manera definitiva[96]. Así lo autorizó el consistorio y, desde ese momento, se convirtió en un inquebrantable testigo "profesional" de la acusación en los sumarísimos contra republicanos ciudadrealeños. Sus servicios se le pagaron muy pronto, pues, antes de finalizar 1940, consiguió que su nombramiento fuera en propiedad y que se le

---

93 AGHD, Fondo Madrid, Sum. 415, Leg. 2.878/8. Isidro había formado parte de los Jurados Mixtos de la construcción en representación de los trabajadores por lo que tenía bastante relación con Manuel Baeza Romero y sus hijos Manuel, Nicanor y Demetrio, AGHD, Fondo Madrid, Sum. 3.266, Leg. 2.236 y *Archivo Familia Buitrago*.

94 AHPCR, Sección Justicia, J 16 C.

95 AHPCR, Sección Cárcel, Caja 406.522, Exp. 9.219.

96 AHMCR, Actas Municipales, Libro 1939, Sesión Ordinaria de 11 de mayo de 1939.

asignara un salario consolidado de 4.500 pesetas anuales[97]; que su hijo Manuel Baeza Sánchez, al que ya había colocado antes de la guerra en el Ayuntamiento como maestro albañil, fuera readmitido en su puesto tras su depuración y que a su otro hijo, Nicanor, que actuaba a sus órdenes como guardia municipal de manera interina, se le adjudicara la plaza definitivamente en febrero de 1941[98]. Su testimonio, casi siempre demoledor, no era como el de cualquiera, puesto que lo realizaba el jefe de la policía municipal de la ciudad, aunque este cargo nunca lo hubiera desempeñado en el momento en que se produjeron los hechos y solo conociera lo ocurrido, como casi todo el mundo, del "rumor público" que con tanta facilidad se expandía entonces sin que nadie se detuviera realmente a evaluar su fiabilidad.

Calolo se convirtió junto a su hombre de confianza, el guardia municipal Cayetano Mena Delgado[99], en el garante de la mayoría de los informes que emitían Falange, la Guardia Civil o el Ayuntamiento. Cuando su testimonio era refutable por cualquier razón, enviaba al juzgado a uno de sus hijos, o a Cayetano, que, cumpliendo sus órdenes, repetían los argumentos que él les dictaba para hacer pagar las culpas a aquellos que considerara dignos de venganza.

En varias ocasiones su falta de empatía con los acusados y su frialdad en el cumplimiento de un papel que le permitía formar parte del régimen

---

97 97 AHMCR, Actas Municipales, Libro 1940, Sesión Extraordinaria de 31 de diciembre de 1940.

98 AHMCR, Actas Municipales, Libro 1939, Sesión Ordinaria de 24 de agosto de 1939 y AHMCR, Actas Municipales, Libro 1941, Sesión Ordinaria de 12 de febrero de 1941, respectivamente.

99 La participación de Cayetano Mena Delgado como testigo de la acusación queda acreditada en numerosos procesos, entre ellos: AGHD, Fondo Madrid, Sum. 4.274 Leg. 3.067/10; AGHD, Fondo Madrid, Sum. 3.294. Leg. 5.524; AGHD, Fondo Madrid, Sum. 3.266, Leg. 2.236; AGHD, Fondo Madrid, Sum. 2.741, Leg. 2.205/2; AGHD, Fondo Madrid, Sumario 3.042, Exp. 1.078/7; AGHD, Fondo Madrid, Sum. 5.368, Leg. 7.584; AGHD, Fondo Madrid, Sum. 3.802; AGHD, Fondo Madrid, Caja 3.528-2; AGHD, Fondo Madrid, Sum. 6.093, Leg. 5,759; AGHD, Fondo Madrid, Sum. 2.600, Caja 3.409-2; AGHD, Fondo Madrid, Sum. 180, Caja 148/11; AGHD, Fondo Madrid, Sum. 415, Leg. 2.878/8.
También colaboró con Manuel Baeza Romero para cuestiones de este tipo el guardia municipal Agustín Montarroso Cabrera. Ver por ejemplo AGHD, Fondo Madrid, Sum. 3.042, Exp. 1.078/7; AGHD, Fondo Madrid, Sum. 5.307, Caja 3.006-5.

y demostrar su comunión con los vencedores le impidieron ejercitar la más mínima nobleza y saldar las "deudas de honor" que había contraído con aquellos que, a él y a su familia, les habían ayudado en el pasado. Por ejemplo, durante el proceso de Calixto Pintor, alcalde socialista de Ciudad Real durante la guerra, reconoció que fue Calixto quien sacó a su hijo Demetrio de la cárcel cuando fue acusado, sin haber sido nunca falangista, de militar en Falange, o que fue Pintor, en agosto de 1936, el que se opuso a que se quemara la iglesia de Santiago pistola en mano. También, que fue él uno de los que evitó que se produjera una segunda vuelta de asesinatos. pero añadió una coletilla que, viniendo de Manuel Baeza, y en manos de un fiscal, constituía una auténtica losa "dada su gran influencia entre los obreros igual que evitó muchos asesinatos en 1938 los podía haber evitado en 1936"[100].

Al juicio de Isidro Buitrago ni siquiera asistió. No es que el antiguo presidente de la Sociedad de Albañiles esperara un testimonio favorable de Baeza, pero si le había pedido a su mujer que recogiera "todos los documentos que pudieran esclarecer la verdad" y en especial uno de todos los maestros albañiles "incluyendo el del hijo y el del propio *Calolo*" pensando que estos, en ningún caso, le perjudicarían. Durante su vista, tuvo que escuchar, sin embargo, cómo Manuel Baeza Sánchez, hijo de *Calolo*, y el lugarteniente de su padre para estas cuestiones, Cayetano Mena, declaraban, obviando por completo la ayuda que en su momento prestó Buitrago a *Calolo* y a su familia, para corroborar, "de rumor público", todas las tesis del fiscal[101].

Su actividad como jefe de la policía municipal se afianzó en los años duros del franquismo y, su corpulencia y su fría mirada de ojos azules, le convirtieron en una figura temida y en un hombre de gran poder intimidatorio en la ciudad. Sus abusos en las dependencias municipales eran bastante conocidos. En 1942 llegó a Ciudad Real desde Francia, donde se había refugiado tras la guerra, Luis Cesáreo Jiménez García, un barrendero del Ayuntamiento de la capital que actuó como miliciano y que

---

100 AGHD, Fondo Madrid, Sum. 371, Leg. 3548/5; AGHD, Fondo Madrid, Sum. 3.266, Leg. 2.236.

101 Archivo Familia Buitrago y AGHD, Fondo Madrid, Sum. 3.266, Leg. 2.236.

pensaba que no tendría ya ningún problema con la justicia. Fue identificado por la Guardia Civil fue retenido y sometido a un breve interrogatorio. Pero, cuando Baeza se enteró de que estaba en la calle, pidió que lo arrestaran de nuevo y le dejaran a él hacerle algunas preguntas más, pues "estaba convencido de que tenía las manos manchadas de sangre".

La benemérita lo apresó de nuevo y esta vez lo condujo directamente a la sede de la policía municipal donde *Calolo* y su fiel colaborador, Cayetano Mena, obtuvieron de él, recurriendo a la violencia, una "confesión" pormenorizada de los implicados y de lo sucedido en el asesinato de los 37 presos de Alcázar de San Juan[102]. Con los años, su despotismo se hizo tan soez e insoportable para la moralidad de algunos de sus subordinados hasta que, el 14 de enero de 1946, un grupo de policías municipales le denunciaron ante el alcalde por obligar de manera habitual a algunas mujeres, a las que retenía en el depósito municipal por practicar la mendicidad, a mantener con él relaciones sexuales[103].

El alcalde, al que los hechos no le debieron sorprender mucho, le suspendió inmediatamente de empleo y sueldo hecho por el que Baeza, rápidamente, denunció al Ayuntamiento[104]. Cuando se celebró su proceso, el 9 de diciembre de 1947, el fiscal expuso en sus conclusiones que "en distintas fechas y a distintas mujeres Baeza, como inspector jefe de la guardia municipal, aprovechándose de su cargo, les proponía actos inmorales a las detenidas, a lo cual estas accedían en atención a la situación en que se encontraban" y solicitó una pena de 5 años de prisión menor para el acusado. Su abogado defensor, el conocido Leutfrido Barragán, recurrió inmediatamente la sentencia, que había confirmado la petición fiscal, y el proceso entró así en un maremágnum jurídico que terminó por resolverse mediante una resolución, de 22 de mayo de 1953, en la que, ratificando los hechos, se le condenó a 4 años, 2 meses y 1 día de prisión. Cuando, el 14 de diciembre de ese año, la Audiencia de Ciudad

---

102 AGHD, Fondo Madrid, Sum. 180, Leg. 148/11.

103 AHPCR, Sección Justicia, J 1.795, Sum. 42/47, Rollo 209.

104 *Boletín Oficial de la Provincia de Ciudad Real*, nº 17, 7 de febrero de 1947 y *Boletín Oficial de la Provincia de Ciudad Real*, nº 99, 13 de agosto de 1947.

Real declaró como firme la resolución *Calolo* no pudo eludir la cárcel e ingresó en la Prisión Provincial dos días después. Baeza ya sabía lo que era estar privado de libertad, pues lo había estado en 1938 y unos días en marzo de 1947, pero ahora movilizó todos sus recursos para intentar salir de allí lo antes posible y consiguió obtener tres indultos consecutivos que le rebajaron la pena 3 años, 1 mes y 18 días viéndose obligado a cumplir, solamente, 1 año y 9 días en prisión. Eso en teoría porque, 8 meses después de su ingreso, el 11 de agosto de 1954, consiguió la libertad provisional[105].

Como señala la reciente ley de Memoria Democrática, el olvido no es ya una opción en la España actual pues "la consolidación de nuestro ordenamiento constitucional nos permite hoy afrontar la verdad y la justicia sobre nuestro pasado". La nueva norma impone la revocación de todas las recompensas adquiridas durante la dictadura franquista para quien "formando parte del aparato de represión hubiera realizado actos u observado conductas manifiestamente incompatibles con los valores democráticos y los principios rectores de protección de los derechos humanos". Al mismo tiempo reconoce "el derecho de las víctimas, sus familiares y la sociedad en general, a la verificación de los hechos y la revelación pública y completa de los motivos y circunstancias" en que se cometió cualquier acción que supusiera una violación de la dignidad, la libertad o la vida de cualquier ciudadano[106].

Es desde este punto de vista desde el que adquiere todo el sentido traer a la memoria los actos cometidos por algunos personajes que, investidos de la impunidad de los vencedores en los años que siguieron a la conclusión de la guerra, sembraron el terror y la muerte, en busca de su propio beneficio personal, entre sus conciudadanos encarcelados y procesados. ▌

---

105 *Boletín Oficial del Estado,* nº 287, p. 6.927, 14 de octubre de 1954.

106 Ley 20/2022 de Memoria Democrática, *Boletín Oficial del Estado,* nº 252, 20 de octubre de 2022.

Referencias bibliográficas

- ALÍA MIRANDA, Francisco (2017): *La Guerra Civil en Ciudad Real. Conflicto y revolución en una provincia de la retaguardia republicana*, Ciudad Real, Biblioteca de Autores Manchegos.
- (2020): *La otra cara de la guerra. Solidaridad y humanitarismo en la España republicana durante la Guerra Civil (1936-1939)*, Madrid, Sílex.

- BUITRAGO OLIVER, Juan Carlos (2022): *Purgar al vecino: soberbia, codicia y venganza. La represión en una capital de provincia durante la Guerra Civil y la posguerra. Ciudad Real, 1936-1944*, Ciudad Real, Almud.

- CHAVES RODRÍGUEZ, Candela (2014): "Justicia militar y consejos de guerra en la Guerra Civil y franquismo en Badajoz: delitos, sentencias y condenas a desafectos", Universidad de Extremadura, Departamento de Historia (Tesis Doctoral).

- GONZÁLEZ MADRID, Damián Alberto (2004): La *Falange Manchega (1939-1945)*, Ciudad Real, Área de Cultura Diputación Provincial.
- (2007): *Los hombres de la dictadura. Personal político franquista en Castilla-La Mancha, 1939-1945*, Ciudad Real, Almud.

- MARCOS GONZÁLEZ, María Dolores (2004): La *Dama Roja, memorias de Angelita Rodríguez Preciado*, Alicante, Gráficas Díaz.

- ORS MONTENEGRO, Miguel (1995): *La represión de guerra y posguerra en Alicante (1936-1945)*, Alicante, Diputación Provincial, Instituto Alicantino de Cultura Juan Gil-Albert.

- PAYÁ LÓPEZ, Pedro (2017): *Violencia y responsabilidad: La represión judicial franquista en el ámbito local*, Valencia, Universitat de València, Servei de Publicacions.

- VILLALTA LUNA, Alfonso M. (2015): "Mecanismos para la supervivencia de los vencidos. Un estudio a partir de los juicios sumarísimos de posguerra en la provincia de Ciudad Real" en F. Alía Miranda (coord.) pp. 347-360.
- (2022): *Demonios de papel. Diarios desde un archivo de la represión franquista*, Granada. Comares.

3.3. La mujer: formas de convivencia y supervivencia en la posguerra de Valdepeñas (Ciudad Real)

EVA Mª JESÚS MORALES
UNED Ciudad Real

MARTA AGUILAR CASTELLANOS
Universidad de Granada

1. Introducción

Milicianas y labradoras en tierra de pan llevar: Valdepeñas, entre el activismo y la supervivencia. En este ensayo ofrecemos una aproximación histórico-filosófica a la imagen de la mujer ante el conflicto armado y su epílogo vivencial en la posguerra. Analizaremos las transformaciones experimentadas por la narrativa femenina como consecuencia de la Guerra Civil. La posguerra se nos revela como un periodo heterogéneo, en sus diversas manifestaciones, por lo que se hace preciso abordar la cuestión a modo de una secuencia de realidades vivenciales, al albur de los modelos de socialización que iban emergiendo en cada década. Para ello, tomaremos como punto de partida las concepciones del género y la experiencia de este constructo cultural y político en la sociedad de las poblaciones meridionales de La Mancha. Desde la *retaguardia roja* la imagen de la miliciana saldrá a nuestro paso, gracias a sus ecos en la prensa local y el testimonio documental de la filiación anarquista de una mujer condenada en la inmediatez del final del conflicto.

Las propuestas metodológicas diseñadas por Foucault y la perspectiva de la antropología cultural nos acompañarán a la hora de abordar las historias de represión y castigo que han podido desentrañarse a través de entrevistas orales a las mujeres de la localidad. Los diversos modelos de represión o las formas de contestación revolucionaria y tácita resistencia, como la documentada en los *Años del hambre*, son el epicentro de este análisis, que también se adentra en el retorno ideologizante a unos ancestrales roles femeninos, moldeados por las condiciones materiales y morales de la posguerra. Instituciones como las cátedras de Sección Femenina actuaron como tejedoras de una nueva realidad, reconstruida en estas líneas al hilo de la memoria[107].

2. El género en conflicto: hacia una definición filosófica para la construcción de una imagen social

Como marco teórico, acudiremos a Kate Millet y Judith Butler en su convergencia en torno al género como construcción sociocultural. En su obra *Política Sexual* Millet incide en cómo las normas de género moldean el carácter que la educación imprime en función de unos condicionantes sociales e ideológicos (MIKKOLA, 2022). En esta línea, Judith Butler en *El género en disputa* y *Deshacer el género* desvincula los roles de género de la naturaleza humana, en base a un carácter performativo que se constituye a través de la repetición continua de una serie de actos, a modo de un *ritual* prefijado por el discurso regulativo bajo la premisa de la estilización genérica del cuerpo. La influencia del poder hegemónico

---

107 Este trabajo de fuentes orales ha sido posible gracias al testimonio de una serie de personas que han colaborado en las entrevistas y a las que deseamos hacer llegar nuestro agradecimiento: Gloria Fernández Calvo, Carlos Sánchez Alcaide, Ángel Díaz-Araque Ruiz, Baldomero Merlo Quintana, Carmen Palacios Racionero, Marián Rodríguez Palacios, Mauro Martín Megía, Gloria Castellanos Gómez-Cornejo, Pilar Barba Benítez, Belén Barba Laderas, Isidora Alarcón García- Saavedra, Francisco y Conchi Castellanos Abad, María del Carmen Cámara Huertas, Héctor Huertas Camacho, Jerónima López de Lerma Cejudo, Felipa Martínez Sánchez, las hermanas Carmen y Gabriela Barba Malaguilla y Pilar Díaz Madrid.

conforma así estas "realidades socioculturales" (BUTLER, 2007). Ritual, discurso y poder confluyen en esta construcción de la imagen femenina de la posguerra.

A la luz de la prensa local de Valdepeñas es posible dibujar la semblanza de una elocuente diacronía en lo relativo al lugar de la mujer en este constructo social durante los años que precedieron y siguieron a la Guerra Civil. El año 1923 es el hito inicial de nuestro recorrido. Fue entonces cuando Eusebio Vasco publicaba "¿Deben votar las mujeres?: Estudio histórico legal"[108]. En esta declaración de intenciones el cronista de Valdepeñas se hacía eco de las posiciones antropológicas definidas por la fisiología y el higienismo británico anti-sufragista, con especial mención al doctor Monlau para justificar un pretendido determinismo femenino, a pesar de inferir unas dotes extraordinarias en los ámbitos del ingenio y el sentimiento. Los postulados del Derecho Natural, heredados de la Ilustración, resurgirán en vísperas de la Segunda República al servicio de la legitimación femenina ante la sociedad patriarcal.

La década de los *Felices años veinte* nos hace partícipes de una aparente paradoja, la coexistencia entre la reivindicación de derechos y la inmanencia de un *ritual* auto perpetuador que se retroalimenta con patrones decimonónicos. Lo constatamos en las fuentes hemerográficas de 1925, concretamente en los *Ecos de Sociedad,* que adornan con esta descripción las virtudes de una novia de distinguida familia. La gracia y simpatía de la *selecta juventud femenina* se parangonan con el ramillete que la engalana. Se trata de la hija del bodeguero López-Tello, en su enlace con un joven y culto abogado: "A la belleza de sus cualidades morales de modestia y de virtud, añade la angelical hermosura de su rostro y el tipo elegante de la aristocracia española femenina"[109].

Bella, simpática, agraciada y distinguida son adjetivos que conforman una imagen diametralmente distante de la nueva construcción conceptual que durante el conflicto civil se polarizará en la *retaguardia roja* hacia el simbolismo revolucionario. Alentado por el paradigma de "la

---

108 *El Eco de Valdepeñas*, 25 de junio de 1935.

109 *El Eco de Valdepeñas*, 9 de noviembre de 1925.

Pasionaria", en la prensa local de 1936 se publica "Gloria de heroínas". Bajo el pseudónimo de Juan del Pueblo, un enérgico panegírico aclama los valores del patriotismo exaltado en clave femenina. La imagen de una mujer entregada a la causa de la resistencia frente al fascismo subyace como *leitmotiv* en esta oda. Así se transmite el carácter de "Pasionaria" en la sección *Aires de Combate*: "Una mujer, que es todo un simbolismo, a todos da el aliento de su pecho"[110]. La asociación simbólica de la nutricia feminidad con el aliento a los ideales revolucionarios reaparecerá con especial significación en los diarios de los meses anteriores a la capitulación.

La prensa arroja luz sobre el proceso de configuración de la consideración sociopolítica femenina, evidenciando cómo en el periodo comprendido entre 1920 y 1940 acontece un significativo viraje oscilante entre los polos de la transgresión y el convencionalismo, para volver a recalar, con la instauración del régimen franquista, en la adscripción consuetudinaria al género.

Esta deriva periodística rescata en sus testimonios la profunda impronta de la ideología en cada etapa, haciéndose evidente la recuperación del modelo de feminidad del Antiguo Régimen en la posguerra, aquel que relegará a la esfera privada su espacio preferente. Todo un imaginario de sumisión que había permanecido latente, incluso en los momentos de mayor *liberalidad*: "Joven aún, y cuando la asistencia a los suyos era más precisa, ha pasado a mejor vida la respetable señora doña Juana Pérez y Muñoz de la Espada. Consagrada al hogar, fue prototipo de la mujer manchega"[111]. Socialmente sancionada, la dedicación al ámbito doméstico convivía desde la normalización con la posibilidad de proyección pública de las *Niñas Charlestón*: "Con las cejas depiladas y la falda en las rodillas, en los labios el carmín y en los ojos el carbón, con medias seda, caladas, envueltas las pantorrillas, el cuello bien afeitado y la melena a lo *garçon*, y con el nombre cambiado, pues de alegres modistillas,

---

110 *El Eco de Valdepeñas*, 28 de octubre de 1936.

111 *El Eco de Valdepeñas*, 14 de febrero de 1927.

hoy sólo se las conoce por las *Niñas Charlestón*[112]. Dos extractos de un mismo ejemplar hemerográfico de 1927 documentan esta coexistencia entre ambos modelos en los años que antecedieron a las trascendentales conquistas de Clara Campoamor.

Es curioso cómo, coincidiendo con la evolución hacia el autoritarismo en 1940, los diversos patrones serán simplificados, moldeándose al servicio de un único constructo sociocultural dominante. La prensa inmediata a la finalización del episodio armado en 1939 recuerda a las crónicas decimonónicas, "reconquistando" el perfil femenino revestido de valores religiosos de vísperas del siglo XX. El nacionalcatolicismo reproducirá la misma retórica que en 1893 ensalzaba "el honor de nuestras madres, esposas y hermanas"[113]. La mujer se ensombrecía en sus conquistas precedentes, iniciando así un camino sin retorno cuyos pasos se dirigen al presente.

3. Las milicianas o la transgresión de las formas tradicionales de convivencia

Allende las fronteras del género, las milicianas transgredieron el orden establecido en un contexto de excepcional afianzamiento de la reivindicación libertaria. La presencia femenina en las Brigadas Mixtas de Valdepeñas está documentada en la prensa, enarbolando puño y fusil. Los desfiles de las Milicias uniformadas por las calles de la localidad son uno de los testimonios más recordados por los rotativos. Eran tres los batallones originarios de esta población manchega, constituidos al final del verano de 1936. Estos eran el Batallón Valdepeñas, surgido de las filas del PCE, y el Batallón de las Juventudes Antifascistas, integrado por las Juventudes Socialistas Unificadas de Valdepeñas, así como las de Izquierda Republicana. Este último tenía su sede en el Círculo de la Confianza. Pero, sin duda, el que gozaba de mayor visibilidad era el conocido como Batallón Torres, en honor al alcalde socialista Félix Torres.

---

112 *Ibidem.*

113 *La Voz de Valdepeñas,* 23 de diciembre de 1893.

El relato periodístico de la Jura de Bandera del Batallón Torres no carece de enaltecimiento. "Organizado, instruido y equipado" en menos de quince días, este Batallón de Voluntarios desfilaba todos los días "por nuestras principales calles, a su regreso de los ejercicios de instrucción, a la una del día y a las siete de la tarde". Las fuentes orales hacen referencia a la presencia de milicianas en las puertas de las casas[114], exhortando a otras mujeres a unirse a los actos públicos en un alegato a favor del abandono de la servidumbre[115], desfilando con el puño en alto y al grito de *Salud* o pronunciando el lema "Hijos sí, maridos no"[116].

El llamamiento expreso a la figura femenina aparece en los mítines de afirmación sindical proferidos desde el Cinema Proyecciones por los líderes de la Federación, provincial y local, de Trabajadores de la Tierra y el representante de Radio Comunista de Ciudad Real. En estos actos multitudinarios del mes de noviembre de 1936 la prensa recoge una distinción genérica al destacar cómo el mitin "termina haciendo un llamamiento a las mujeres y exponiendo el deber de los hombres en la retaguardia"[117].

Una de las más explícitas alusiones a las milicianas de Valdepeñas la encontramos en otra reunión celebrada el 22 de agosto de 1936 en la plaza de toros: "un grandioso mitin antifascista, al cual concurrieron numerosas representaciones de los pueblos limítrofes, con bellos grupos de simpáticas milicianas, con su típico indumento"[118]. Su indumentaria era el característico mono azul y pañuelo rojo. La imagen femenina se empleaba como efecto-llamada en el discurso revolucionario republicano, integrándose en una meditada retórica con ecos en una producción literaria de tintes patrióticos, gracias a la labor del Comité de Organización, Agitación y Propaganda de las Juventudes Unificadas.

---

114 Testimonio oral: Carmen Barba Malaguilla.

115 Testimonio oral: María del Carmen Cámara Huertas.

116 Testimonio oral: Mauro Martín Megía, hijo del médico don Mauro Martín Andrés y doña Josefa Mejía Moreno.

117 *El Eco de Valdepeñas,* 17 de noviembre de 1936

118 *El Eco de Valdepeñas,* 27 de agosto de 1936.

En el primer año de la contienda es frecuente encontrar versos dedicados a unas virtudes que trascienden al género. Este extracto de la oda compuesta en Ciudad Real fue publicado en el *Semanario del Frente Popular de Valdepeñas* bajo el título "El miliciano joven" de Sánchez-Andújar. Libertad, un ideal con nombre de mujer: "Oh miliciano valiente que llevas en tu mirada una nostalgia callada y el ansia de un ideal, que se enciendan tus pupilas en llamaradas divinas y alumbren la Libertad"[119].

Las milicianas de los desfiles triunfales y los mítines enfervorecidos dejaron así mismo testimonio documental de su presencia en el recibimiento del tren que trasladaba a 300 expedicionarios procedentes de Extremadura y Andalucía a principios de septiembre de 1936. Tras escuchar la Internacional y ser atendidos por la Cruz Roja en la estación, fueron conducidos en coches y camiones a través de la avenida de Fermín Galán y la calle Pintor Mendoza. Desde el balcón de la Concordia el alcalde dirigió un saludo a la caravana, para luego proseguir por la calle Sebastián Bermejo. A su entrada en el Peral se formó una comitiva, presidida por la bandera de la Casa del Pueblo e integrada por "una comisión de milicianas y milicianos, con los jefes a la cabeza"[120]. Su acogimiento en las antiguas ventas de los baños salutíferos vino precedido de su conveniente aseo por los barberos. El *Socorro Rojo Internacional* había encontrado en la Suscripción Pro-Milicias Populares el apoyo de los más representativos contribuyentes de Valdepeñas[121]. En el referido episodio de El Peral la tierra manchega había hecho gala de su hospitalidad.

La labor humanitaria era coordinada desde el Comité Local de Evacuación y centralizada desde la Concordia. El Casino de los señoritos[122], conocido en los años veinte como el aristocrático Círculo donde se concitaban los más "fieles guardadores de las tradiciones de la sociedad,

---

119 *El Eco de Valdepeñas*, 7 de septiembre de 1936.

120 *Ibidem.*

121 *El Eco de Valdepeñas*, 10 de agosto de 1936.

122 Uno de sus más influyentes socios fue el bodeguero don Luis Palacios Sanchiz.

a los que se llamaba los del Gabinete Negro"[123], se había convertido en los años treinta en el Cuartel de Milicias Populares[124]. La institucionalización de la labor de las milicianas era la consecuencia lógica de un discurso que evolucionaba desde el simbolismo al pragmatismo revolucionario.

En las bases de datos de *Mapas de Memoria* aparece al menos la evidencia documental de una miliciana represaliada vecina de Valdepeñas. Nos referimos a Pilar López Valencia[125], fusilada en su villa natal el 2 de julio de 1940 por su afiliación a la CNT. La alusión expresa a su condición de anarquista no deja lugar a dudas. Tenía 57 años, estaba casada y era comerciante. El testimonio de la represión con nombre propio concluye este hilo argumental, tejido a partir de estas referencias a su presencia en Valdepeñas.

4. Hacia un castigo femenino en la posguerra: los modelos de Foucault

Varias fueron las voces emitidas en la posguerra con el fin de denostar la imagen de la mujer republicana. Los ideales por ella encarnados en los años precedentes se revestirán a partir de 1939 de las connotaciones de un viraje sin retorno. Así equiparaba el psiquiatra del régimen, Antonio Vallejo-Nájera, los rasgos del psiquismo femenino con el infantil o el animal, destacando en la mujer un instinto de crueldad derivado de la ausencia de "inhibiciones inteligentes y lógicas"[126]. Sobre estos cimientos, construiremos este discurso a propósito de la justificación punitiva de las singularidades del género en la posguerra. Michel Foucault definía el castigo como una forma de corrección de la desviación en base a los

---

123 *El Eco de Valdepeñas*, 14 de febrero de 1927.

124 *El Eco de Valdepeñas*, 27 de agosto de 1936.

125 CDMH/4//DNSD-SECRETARÍA, FICHERO,37, L0102312, Registro Civil de Valdepeñas, Libro de Defunciones 105, folio 145. La ficha con referencia al expediente de Pilar López Valencia.

126 Antonio Vallejo-Nájera es autor de obras como *Eugenesia de la Hispanidad y regeneración de la raza* (1937) o *Higienización psíquica de las grandes urbes* (1941).

límites de la normatividad establecida. Partiendo de esta idea es posible diferenciar tres modelos de castigo independientes, aunque susceptibles de activarse sincrónicamente.

4.1. El suplicio físico: el estigma de las mujeres rapadas

Este primer modelo se fundamenta en la pena corporal causante de un dolor cuantificable en base a las normas contravenidas. Mediante el suplicio se estigmatiza a la persona castigada como delincuente, remarcando la victoria de la justicia sobre el delito (ÁLVAREZ-VILLAREAL, 2010). Resulta paradigmático el escarnio público sufrido por las conocidas peyorativamente como *pelonas*. Señaladas por la sociedad triunfante y abocadas al aislamiento público, desfilaban por las calles tras consumir aceite de ricino, cuyos efectos variaban desde el vómito o la diarrea a la hemorragia letal. El tormento infligido sobre las mujeres rapadas es un tipo de violencia sexuada ya constatada durante la Segunda Guerra Mundial en los campos de concentración.

En el Antiguo Régimen también se asociaba esta práctica punitiva a las mujeres acusadas de brujería, prostitución o aquejadas de una enfermedad mental. La privación del cabello, elemento identificado con la seducción, la belleza y la fortaleza, pervivirá desde tiempos inmemoriales como un acto simbólico denigratorio de la identidad sexual femenina (QUÍLEZ ESTEVE, 2018).

4.2. Ausencia de libertad: la presencia femenina en las cárceles

Foucault contempla una transición del anterior modelo punitivo a otro fundamentado en la privación de derechos y bienes. En él desaparece el castigo en el espacio público para ser sustituido por una suerte de conciencia abstracta basada en el miedo a ser castigado, mas no fundamentado en el dolor físico, sino en la privación de libertad (ÁLVAREZ-VILLAREAL, 2010). La Jurisdicción Especial de Responsabilidades Políticas, aprobada en febrero de 1939, motivó la creación de nuevas instituciones penitenciarias. Las cárceles modelo, como Ventas, fueron uno de los mecanismos represivos del régimen. Los *presidios habilitados para mujeres*, como el constituido en Ciudad Real a principios de la década de 1940, agravaban con su hacinamiento la convivencia de las reclusas con la maternidad. Una de las formas indirectas de represión era el extrañamiento materno-filial para evitar el "contagio ideológico", realidad recreada en 2011 por Benito Zambrano en su película *La voz dormida*.

En Valdepeñas se constata el fallecimiento en los primeros años de la represión de tres niñas, de entre 17 meses hasta los tres años. Sus nombres salen a la luz en este relato: Manuela López Martínez, fallecida el 10 agosto de 1941, Tomasa Tejedo Martínez, finada siete días antes , y Carmen Tamayo García, cuyo deceso aconteció el 16 de agosto 1942 (LÓPEZ GARCÍA, 2022: 777; 180). El sistema penitenciario de Valdepeñas contaba con diversas ubicaciones en el entramado urbano. En el periodo de Félix Torres, la Sociedad de Recreo La Concordia había sido incautada por las autoridades republicanas para pasar a ser el Cuartel General de Milicias. Este casino será sede de una de las dos "checas rojas". La otra será el "retén" en la calle Pangino, donde fueron apresados el industrial Antonio Palacios Caravantes y su padre, pereciendo el primero en prisión ante los ojos de su progenitor[127]. La cárcel municipal se situaba frente a la alcoholera, bodegas, viviendas y primitivas escuelas que mandó construir Luis Palacios Sanchiz para los hijos de sus obreros. Había sido levantada en el solar que hoy ocupa el renovado colegio de la calle Cristo como recuerdan las fuentes orales, con sus altos ventanales y unas escaleras a ambos lados de un acceso ligeramente elevado sobre el adoquinado [128]. Sin embargo, entre los represaliados en la cárcel municipal no hay registro de mujeres.

Durante la posguerra el ayuntamiento disponía de unas dependencias anexas para el cuerpo de guardia de la policía municipal, conocidas como la "perrera"[129]. De carácter temporal, la proporción de reclusas debía ser baja, pues los delitos femeninos eran de naturaleza económica

---

127 Testimonio oral: Carmen Palacios Racionero, hija de Antonio Palacios Caravantes y nieta de Luis Palacios Sanchiz y Rosario Caravantes Caminero.

128 Referido en el relato de Baldomero Merlo Quintana.

129 *Ibidem*. La "perrera" se hallaba en el solar donde en la actualidad se encuentra la oficina de turismo.

Casa de la familia Cruz.
Sede de las tropas regulares
en la Calle Ancha de la
población. Foto autoras.

para la supervivencia de la unidad familiar (ALÍA MIRANDA, 2017). En ocasiones, se las sentenciaba a prisión subsidiaria por declarada insolvencia ante las multas derivadas de delitos contra la propiedad, siendo liberadas trascurridos unos días, en atención a la necesaria labor de sostenimiento familiar que desempeñaban.

4.3. Control jerárquico: milicianos, legionarios y regulares en Valdepeñas

La disciplina es el tercer modelo punitivo definido por Foucault. Su finalidad es la coerción y reconducción del individuo hacia la docilidad de la normatividad, para lo que se emplean tres herramientas: inspección, sanción y examen. La inspección jerárquica ejercida por una red de miradas que se controlan unas a otras bajo un poder múltiple, automático y anónimo (ÁLVAREZ-VILLAREAL, 2010). Tras el triunfo del bando franquista, las delaciones entre vecinos son un ejemplo de este entramado, uno de los más audaces y silenciosos de la represión posbélica. La sanción normalizadora aspira a reducir la desviación mediante el encauzamiento en base al discurso normativo. Con los cambios efectuados en el discurso por el poder hegemónico se moldea al individuo, al tiempo que se conforma la realidad (ÁLVAREZ-VILLAREAL, L. M. 2010).

La represión ejercida por la inspección jerárquica en la década de 1940 se expresaba en términos de incertidumbre ante la presencia de tropas de ocupación en varias residencias de Valdepeñas. Un regimiento de regulares se había acantonado en las cuevas del Paseo de la Estación[130], aunque la experiencia de la coexistencia con los legionarios, sin embargo, no fue siempre traumática. Alojados por orden de las autoridades militares, eran elegidas las casas propiedad de las familias de bodegueros, empresarios y terratenientes, con quienes compartían techo y vivencias[131]. Varios de estos legionarios contraerán matrimonio en la localidad para después asentarse definitivamente en ella[132].

La estancia de soldados en casas de Valdepeñas había sido ya una constante durante la Guerra Civil. Con Félix Torres al frente del consistorio, fueron acogidos militares con sus esposas en la calle Ancha, donde la familia Palacios hospedó a un teniente[133], mientras los Delgado Merlo alojaron a dos aviadores republicanos que huyeron a Argel tras el final de la guerra[134]. En ambos casos proveían de alimentos a las depauperadas familias con quienes convivían.

La referencia a la presencia en Valdepeñas de *El Mizzian,* general de las regulares africanistas[135], aflora en la memoria de los entrevistados, que

---

130 Testimonio oral: Mauro Martín Megía.

131 En la Casa Principal del bodeguero Luis Palacios se alojaron ocho legionarios, entre los que se hallaban el capitán Fort, Fayanás, Conradi y el teniente Herreros de Tejada. En este caso, la experiencia trasladada por las fuentes arroja datos de convivencia cordial basada en la ayuda mutua en momentos de escasez. La nieta de Luis Palacios refiere, asimismo, el alojamiento de tropas de la Legión en la vivienda, hoy desaparecida, que habitaba Jesús Urbán en la Calle Ancha.

132 El capitán Fort se casó con Lola López-Tello, mientras el coronel de Caballería, procedente de Miajadas, Juan Chamorro Cabezas contrajo matrimonio con Paz Fillol López-Tello, hija del corredor de vinos Eduardo Fillol y de Cristina López-Tello. Tanto Fort como Chamorro llegaron a Valdepeñas con las tropas de ocupación, según refieren Carmen Palacios para el caso de Fort y Héctor Huertas para el de Chamorro.

133 Carmen Palacios lo recuerda como el teniente Pepe, casado con Mª Teresa Uribarri Garvéiz. En su residencia convivían así mismo con un sacerdote de Calzada de Calatrava, don Pedro Carmona, que vestía un atuendo de miliciano.

134 Testimonio oral: familia de Carlos Delgado Maroto y Dolores Merlo Sánchez, cuya vivienda aún permanece en la calle Ancha.

135 Mohamed Ben Mizzian era amigo personal del general Franco. Hijo del jerife Mohamed Ameziane, caudillo de harka y líder cohesionador de las kabilas del Rif, muerto en combate el 15 de mayo de 1912. Ben Mizzian llegó a alcanzar el rango de teniente coronel del tercer grupo de regulares de Ceuta en 1937, siendo después ascendido a capitán general en La Coruña y Canarias por los servicios prestados al bando Nacional.

reviven su historia al albur del acantonamiento bajo su supervisión en la Casa Banca privada de la familia Cruz[136]. Las fuentes orales refieren cómo el simbólico líder encabezaba los desfiles de su tropa por las calles de la localidad, ataviado con su capa y bonete rojos. Reverenciado por sus subordinados, las jóvenes valdepeñeras observaban desde su portada de la calle Ancha las famosas cenas de *El Mizzian*, amenizadas con música en el zaguán. Esta sería una estancia transitoria, entre los meses de marzo y abril de 1939, en su camino desde Ciudad Real hacia Madrid, pues en mayo Ben Mizzian participó en el Desfile de la Victoria.

El último mecanismo de control propuesto por Foucault es el examen. Éste combinaba las técnicas de la inspección jerárquica con las de la sanción normalizadora. Es la mirada que sanciona, clasifica y califica. Su inflexibilidad ritualizada iba aparejada al despliegue de poder que reafirma el control, con el fin de modelar a individuos dóciles y proclives al sometimiento. Es en este punto donde se revela fundamental la teoría del Panóptico por inducir a un estado consciente y permanente de vigilancia, de la que es esencial que el individuo tenga conciencia. Este mecanismo genera un poder inverificable, al ser el reo incapaz de conocer con certeza si está siendo o no observado, pues en cualquier momento puede serlo. Al ser el propio individuo el que genera una sujeción a sí mismo, no se hace precisa la coerción para garantizar una buena conducta (ÁLVAREZ-VILLAREAL, 2010).

Este es el marco para el análisis del tránsito de la dominación a la deconstrucción de la imagen femenina llevada a efecto por la labor propagandística de Falange. Uno de sus más señeros artífices, José Vicente Puente, escribía en junio de 1939 una crónica en el diario Arriba, capaz de imprimir un estigma, implícito en su título "El rencor de las mujeres feas". En ella se desterraba a la mujer de la esfera pública, la más cruel forma de castigo, la ejercida por el discurso normativo. En este paradigmático texto se concentran todos los mecanismos punitivos descritos por Foucault. Para el ideólogo, a los defectos físicos de la mujer se unían la carencia de vida interior y un deseo de venganza o envidia que la

---

136 Testimonio oral: Carmen Palacios Racionero, cuyos recuerdos a sus 92 años nos ayudan a reconstruir este periodo.

había privado de su propia feminidad. Retomamos en este punto las reflexiones de Vallejo-Nájera acerca de la propensión femenina a la crueldad. Aderezos todos de un discurso normativo que parece retrotraerse a los fisiólogos e higienistas decimonónicos.

El concepto de *dominación* de Foucault subyace a esta retórica recurrente, de ancestrales raíces, instrumentalizada por el franquismo al servicio de la sumisión de género. Dado que en su teoría filosófica el poder por sí solo es insuficiente y depende para ser realizado del dominio, éste "es el paradigma por el cual las relaciones de poder se articulan y entrelazan en la interacción social" (RETAMAL, 2008). Es el dominio el que modifica y determina las formas de relación social, escenificándose en las vejaciones específicas operadas por el régimen sobre las mujeres republicanas. El cuerpo como objeto de purga, seguido de la humillación ante la multitud, ahonda así mismo en el castigo como espectáculo social. Es esta suerte de exhibición colectiva vergonzante, inmortalizada en ocasiones por la fotografía, donde se institucionalizaba el temor como método punitivo de largo alcance. La renuncia a la identidad política cobraba el más claro matiz disciplinario al margen de las instituciones penitenciarias, a las que reforzaba en sus prácticas traumáticas. El miedo a contravenir al nuevo régimen acallaba así a las víctimas, reconduciéndolas hacia un nuevo paradigma guiado por valores como la abnegación y la devoción (QUÍLEZ ESTEVE, 2018), al tiempo que soterraba la voluntad autoafirmación inherente al "sinsombrerismo" y los valores del Lyceum Club Femenino o la Asociación Universitaria Feminista (CAPEL MARTÍNEZ, 2022). Bajo la égida del nacionalcatolicismo, el control sobre el propio cuerpo se tornaba en sumisión al requerimiento del vínculo matrimonial, mientras su libertad se velaba tras la mantilla en las ceremonias religiosas.

4.4. Un destino compartido: el ajusticiamiento

Junto a estos medios específicos de represión, la mujer también compartirá los rigores de la justicia con sus "salvajes compañeros". Así se evidencia en los casos de las tres vecinas represaliadas entre 1939 y 1940. Entre ellas, es significativa la adscripción ideológica de Pilar López Valencia, integrante de la CNT, en tiempos en los que la mujer solía sufrir la pena capital por coadyuvar en la empresa sediciosa del varón o simplemente por su carácter proclive al mal intrínseco. Las otras dos vecinas de Valdepeñas se adscribían a *sus labores*, la primera de ellas casada. Nos referimos a Teresa del Fresno Díaz, ajusticiada el 1 de mayo de 1939, con 37 años[137]. El otro caso es el de Carmen López Molero (LÓPEZ GARCÍA, 2018: 777), viuda represaliada el 20 de julio de 1940 con 35 años y, como Teresa, sin identidad política declarada. Muerte, física o social, varios serán los mecanismos expiatorios de la mujer en la posguerra. El constructo ideológico operado por la dictadura en torno a su imagen llegó a alcanzar tal proyección, que pervive entre líneas en el discurso cultural actual.

5. El perfil profesional femenino en la posguerra

De acuerdo con la noción de "conciencia femenina" acuñada por Temma Kaplan, el escenario de nuestro estudio emerge con trascendencia en el ámbito de la historia social, desde la base de la asociación del género a la manutención de la unidad familiar:

> *Quienes tienen conciencia femenina aceptan el sistema de géneros de su sociedad; realmente esa conciencia emana de la división del trabajo por sexos, que asigna a las mujeres la responsabilidad de conservar la vida. Pero al aceptar esta tarea, las mujeres con conciencia femenina exigen los derechos que sus obligaciones llevan consigo. El impulso colectivo para asegurar aquellos derechos que resultan de la división del trabajo tiene a veces consecuencias revolucionarias hasta el punto de que politiza las redes de relaciones de la vida cotidiana* (KAPLAN, 1990: 267).

Mientras Manuel Villalba Martín controlaba la radiodifusión local desde el goniómetro de comunicación de la Casa Tello, que medía el ángulo y dirección de las señales emitidas por el Ejército del aire republicano[138], la voz femenina resonaba en el ámbito doméstico con más fuerza que nunca.

---

137 Registro Civil de Valdepeñas, Libro de Defunciones 102, folio 190.

138 El aeródromo de Valdepeñas pertenecía a la 5ª región aérea.

En los años inmediatamente posteriores a la finalización de la Guerra Civil el trabajo de la mujer se focalizará en el ámbito de la agricultura. La brecha salarial por razones de género era una de las manifestaciones de la ausencia de equidad laboral, algo especialmente gravoso en una época en la que de ella dependía el sostenimiento de la unidad familiar (CAPEL MARTÍNEZ, 2023: 79). El sueldo diario de la mujer vendimiadora oscilaba en torno a las cuatro pesetas, frente a las siete que cobraba el varón por idéntico desempeño, máxime cuando había más mujeres que hombres en la recolección de la uva. Del mismo modo, en la época de la trilla en agosto, las mujeres casadas acudían con sacos a recoger bálago para la población de sus colchones, compuestos también de hojas de mazorcas. Todo se reaprovechaba en una economía de subsistencia con vocación agropecuaria. La labor de las hortelanas de la veguilla se revelará esencial para la supervivencia de la comunidad.

La viudedad y la ausencia de prestación por jubilación convirtieron a la mendicidad femenina en una alarmante realidad social posbélica. Los entrevistados recuerdan cómo para sacar adelante a sus hijos, era práctica habitual entre las viudas *poner tienda* o las socorridas *taleguillas* con las que las ancianas llamaban a las puertas de las casas pidiendo para comer.

El servicio doméstico era otra ocupación preferente del género femenino. En las casas palacio de la burguesía trabajaban varias *mocicas* por cuatro pesetas diarias. Se alojaban en las habitaciones de servicio, junto a las cocinas y los patios, desvinculadas estructuralmente de las zonas privativas de los *señores*.

Numerosas fueron también las telefonistas, aunque otros espacios reservados a las trabajadoras eran: los puestos corridos de madera en el mercado de abastos de la plaza, las buñolerías, las peluquerías o las corseterías. Son estos negocios recordados curiosamente por un nombre de mujer, como la buñolería de la Josefa en la calle Bataneros o la corsetería de las Ambrosias en la calle Escuelas.

Mención aparte en esta divergencia genérica del mercado laboral de la posguerra merecen las modistas. Algunas de ellas, como Vicenta Ruiz

Carrazón, llegaron a regentar casas taller donde daban empleo a diez mujeres, que cumplían los requerimientos del jerarquizado sistema gremial. Aprendían progresivamente todo el proceso, desde el hilvanado de las aprendices al patronaje de las oficiales. Estas modistas, todo un símbolo del emprendimiento femenino en tiempos de autosuficiencia. Muchas de ellas tuvieron que abandonar la enseñanza reglada a los nueve años para incorporarse al mercado laboral. En la misma calle Castellanos, donde Vicenta tenía su casa taller, la prensa de 1935 recupera la existencia de la sastrería masculina de Emilio Caminero, consagrado al corte y confección de trajes a medida[139]. En la misma calle convivían, como en el edificio de Falange, diferentes espacios vinculados a una pretendida divergencia genérica definida por los patrones sociales imperantes.

La imagen de una casa taller que se reproduce al final de este artículo nos ofrece una extraordinaria información gráfica sobre las tareas en ella desarrolladas. La toma de las medidas con la cinta métrica, el doblado de la tela, la trasposición a ella de los patrones, el corte, el hilvanado, las pruebas y rectificaciones, el cosido a máquina, el diseño de ojales con sus botones y finalmente el planchado. La maestra en este caso es otra mujer, Carmela Simarro, que posa de pie en la fase final del proceso, el momento en el que la prenda se prueba en un maniquí[140], una evocadora metáfora de la realidad femenina de la posguerra.

6. *Los años del hambre:* mujer y supervivencia

Fruto de las políticas punitivas, la visibilización pública de la desviación del patrón sancionado por el régimen había contribuido irremisiblemente al silenciamiento y la despolitización. Las próximas reflexiones acuden el testimonio femenino en primera persona, ante la necesidad de resignificar sus voces acalladas.

La identificación femenina con la subsistencia fue sin duda uno de los componentes de las relaciones sociológicas de los años de posguerra. En

---

139 *El Eco de Valdepeñas*, 13 de mayo de 1935.

140 Testimonio oral: Belén Barba Laderas.

el entramado de relaciones de la sociedad rural, este deber había sido consagrado por la comunidad al ama y administradora de los recursos domésticos. Comprometida con las "labores de su sexo", su cometido gozaba de un carácter esencial en la economía campesina de la posguerra. Su versatilidad en los momentos en los que la situación más lo precisaba se identificaba con una función asistencial sancionada socialmente. En su pugna por la supervivencia, el cuidado femenino de la comunidad alternaba esa atención del hogar con el auxilio de los hospitales, como el que se estableció en la casa de los Izarra durante la Guerra Civil, dotado de camas en sus dependencias inferiores[141].

En la Autarquía, el ama de casa debía hacer gala de una creatividad inusitada con los escasos recursos disponibles, pues la importación sólo era accesible a través de la práctica del estraperlo. La alimentación en la inmediata posguerra se fundaba en la autosuficiencia, siendo comunes los guisos de nabo, la algarroba picada o las gachas con harina de cebada[142]. Este alimento de las mulas producía alta mortandad al ser ingerido en exceso por el ser humano. La carne de ternera, cerdo o caza sólo estaba al alcance de unos pocos. Las familias con escasos recursos sólo podían aspirar a sacrificar un borrico en situaciones de extrema carestía o recibir una cría de las camadas nacidas del cerdo que se alimentaba con esmero durante el año. Esa misma humildad acostumbraba a consumir las peladuras de patata cocidas o fritas con una panilla de aceite semanal[143].

Las jóvenes hortelanas pernoctaban en chozos, cobijadas bajo *el ropón de las borricas*, cerca de su huerta, donde comenzaban a ayudar a los diez años, ataviadas con sus albarcas y un único babero que le lavaban sus madres mientras dormían. Con la venta de judías y huevos se autoabastecían para adquirir un pan y un cuarto de sardinas en el mercado.

141 Testimonio oral: Carmen Palacios Racionero.

142 Testimonio oral: Baldomero Merlo Quintana.

143 Testimonio oral: Carmen Palacios Racionero.

Durante el otoño recibían un *currusco de pan* de las familias acomodadas a cambio de encontrar para ellos espárragos y setas[144].

El hato de vendimia se componía de dos sardinas de Cuba en salazón con pan. En los años del *pan negro* una hogaza de pan maquilero de cruz era inalcanzable para los más necesitados, siendo su precio equivalente a casi un mes de salario de jornalero[145]. Existían en Valdepeñas dos empresas panificadoras, Santa Teresa y la conocida tradicionalmente como la *Pani*. En la actualidad sólo queda de ellas el solar que las albergaba junto a las chimeneas de las alcoholeras.

La pertinaz sequía que asoló a la población dos años consecutivos, 1944 y 1945, coincidió con el cénit de la hambruna. Los guisos sin aceite o las gachas sin pan fueron constantes culinarias de 1945, *el año del hambre*. En esos años la cebada pasó a ser de consumo humano, mientras la algarroba picada y las zanahorias amarillas pasarían a alimentar a las mulas. En cambio, 1946 fue *el año grande*, cuyas prolijas lluvias llenaron de abundancia los graneros[146].

En las postrimerías de la contienda la plaza adquirió un intenso simbolismo como punto de encuentro de la población y sus necesidades. En ella se podían adquirir chufas, altramuces y guijas tostadas[147], mientras las bellotas y algarrobas se adquirían en Aldea del Rey. El mercado de comienzos del siglo XX era conocido popularmente como "el paraguas". Su estructura reunía a hortelanos en su nivel inferior, mientras en el superior, en torno a una fuente central, se situaban carnicerías, ultramarinos y pescaderías. Los almacenes de fruta más renombrados eran los que regentaba la familia Brotons en la Cuesta de Palacio. Durante la Guerra Civil sólo era posible adquirir naranjas de Valencia, que, junto a las castañas, eran transportadas en capachos en los vagones del *trenillo* de carbón. Desde la estación eran trasladados en carros hacia los puestos

---

144 Testimonio oral: Carmen Barba Malaguilla.

145 Testimonio oral: Baldomero Merlo Quintana.

146 *Ibidem.*

147 Testimonio oral: Carmen Palacios Racionero.

del mercado. La cáscara de las naranjas era un preciado manjar para los que no podían acceder a ellas en aquel *año del hambre*[148].

La mujer, agente histórico de la resistencia ante el hambre, desempeñó un papel esencial en el sostenimiento de las economías familiares de la Valdepeñas de la posguerra. Eran tiempos en que con un vale de la *Pani* se pagaban honorarios profesionales. Muchas fueron las mujeres que a cambio de comida ofrecían su esforzado afán en aras del mantenimiento familiar[149]. Mujeres solas (ALÍA MIRANDA, 2017), viudas o esposas de represaliados políticos se vieron impelidas en su desesperación a reinventarse en las estrategias de supervivencia, al tiempo que coadyuvaban a una forma de resistencia económica silenciosa al margen de la legalidad.

7. El prisma femenino: servicio y oficio social

7.1. Acción Católica, Auxilio Social y Sección Femenina

Acción Católica y Social desempeñará un papel clave en la adhesión comunitaria a los valores religiosos. Como institución en la órbita del nacionalcatolicismo, asumirá una misión esencial en la adecuación de las formas de socialización canalizadas por el régimen. Durante la contienda civil se había iniciado una labor legislativa que garantizaba los vínculos entre el catolicismo y el organigrama político de los sublevados. Finalizado el conflicto, el entramado eclesiástico adaptó a las necesidades del régimen las bases de lo que posteriormente será la doctrina social de la Iglesia, cuyos presupuestos hundían sus raíces en las encíclicas sociales de 1891. La integridad de la nación se hallaba así plenamente identificada con la confesionalidad en sus diversas manifestaciones sociales. El concepto de familia se vería reconfigurado a partir de 1939, con la anulación de la Ley del Divorcio y la imposición del matrimonio canónico, así como la prohibición de todos los métodos contraceptivos que habían conferido autonomía sobre su cuerpo a la mujer republicana.

---

148 Testimonio oral: Felipa Martínez Sánchez.

149 Testimonio oral: Carmen Palacios Racionero.

Imagen 1. Ejercicios espirituales. La agrupación por género era una de las características de Acción Católica. Imagen cedida por Pilar Barba Benitez.

Imagen 2. Escuela estival en el patio de una vivienda particular. Imagen cedida por Mª del Carmen Cámara Huertas.

Con el retorno al autoritario patriarcado y la moral sexual, la familia se convirtió en garante de los valores de la nación cristiana.

Acción Católica abastecerá de la base social necesaria al régimen, cuyo eco en el ámbito rural dará origen a las Juntas Diocesanas de Acción Católica en las provincias, bajo la forma de instituciones benéficas locales, como Cáritas diocesana. Es en ellas donde la labor femenina se revelará esencial. Adoctrinamiento y labor pastoral se entretejían en una red impregnada de cultura religiosa. En sus reuniones se instruía a las niñas en la oración y el bordado, nutriendo de catequesis las tardes de las jóvenes del franquismo.

Cada parroquia tenía adscrita una sede de Acción Católica. La del Santo Cristo de la Misericordia se localizaba en la vía homónima y la de la Asunción estaba emplazada en la Casa de la familia Vasco. Situada en la calle Real, fue, junto a la sede de Falange, el lugar desde donde se dispensaban alimentos a los niños en épocas de carestía. Los jóvenes también acudían a otra vivienda que la misma familia poseía en la calle Buen Suceso, en cuyo oratorio privado se llevaban a cabo retiros espirituales coincidiendo con la Cuaresma. Esta simbólica sede de la calle Real también fue el lugar de reunión de la Cofradía de Jesús orando en el huerto y María Santísima de la Amargura refundada en la posguerra.

Otra de las localizaciones de Acción Católica en Valdepeñas fueron las dependencias de la antigua Escuela de Trabajo en la calle Torrecilla, esquina con Castellanos. Actualmente éstas siguen vinculadas al obispado como Casa del Apostolado Seglar, que a partir de 1967 dispensó el servicio de guardería para los niños de edad inferior a la primera escolarización, que eran atendidos por las jóvenes que cumplían el Servicio Social. Era la época de las llamadas "escuelas de cagones", que en la década de 1970 atendían a los menores en el periodo estival. Muchas de ellas surgieron por iniciativa privada en los domicilios de las vecinas, alentando el espíritu de asistencia a la comunidad de la mujer de la dictadura. Otra sede de Acción Católica se hallaba en el tramo de Pintor Mendoza situado entre las calles Unión y Pangino.

Por otro lado, la Iglesia ejercía un férreo control sobre la enseñanza y la labor asistencial, imprimiendo una acendrada vocación de servicio al imaginario colectivo del franquismo. Tras el paso de las tropas regulares por la localidad, se establecerán en Valdepeñas los mecanismos de Falange y, en concreto, Sección Femenina (SF), de la que dependerán Auxilio y Servicio Social. Las jóvenes de la SF proveían de alimento a las familias en los comedores sociales situados en dos localizaciones cercanas. Primeramente, Auxilio Social se instaló en el nivel inferior de la Sociedad Recreativa La Concordia para después trasladarse a la sede de Falange, entre las calles Castellanos y Pangino, por la que tenía su acceso. En estas dependencias se dispensaba la leche en polvo del cupo de la ayuda americana recibida durante la presidencia de Eisenhower[150]. Auxilio Social cumplía su cometido, al tiempo que articulaba0 las bases de una vocación femenina de servicio ante las necesidades básicas de los más desfavorecidos.

7.2. Hacia un itinerario formativo femenino

La enseñanza reglada contemplaba una correlación entre las labores académicas del Frente de Juventudes masculino y la Sección Femenina, como veremos. Los órganos superiores de esta jerarquía formativa los integraban la Academia Nacional de Mandos *José Antonio*, que coordinaba la titulación de los nuevos oficiales instructores, y la Jefatura Central de Enseñanza del Frente de Juventudes, que centralizaba la formación de los maestros de Educación Física en su rama masculina[151].

En el número ochenta de la revista *Mandos*, publicado en el mes de agosto de 1948, se enfatizaba la importancia otorgada por el Frente de Juventudes a la Educación Física. En el siguiente extracto se recoge uno de los eventos nacionales organizados por esta institución formativa, los

---

150 Testimonio oral: Carlos Sánchez Alcaide, el que fuera director de la Escuela del Trabajo, dependiente del Patronato de Formación Profesional en Valdepeñas.

151 Era el centro de oficiales instructores en Madrid, cuyo promotor para Valdepeñas fue Ángel García del Vello, según testimonio de don Ángel Díaz-Araque Ruiz. En ella se formaron profesores como Servando Carrillo, que será profesor en la década de 1940 en la Escuela de Maestría de Valdepeñas, según testimonio de don Carlos Sánchez Alcaide. Con el advenimiento de la democracia, esta escuela fue reemplazada por los estudios universitarios del INEF.

IV Juegos Nacionales. La exaltación patriótica, asociada a los valores deportivos de la Juventud, se reviste de identidad en un entramado que recorre las esferas nacional, provincial y municipal al amparo de un ideario identitario. El estrecho vínculo entre Educación Física y Formación Política se hacía evidente en los cursos para maestros organizados por la Jefatura Central de Enseñanza del Frente de Juventudes, en virtud de una legislación específica:

> *La Asesoría Nacional de Educación Física, en colaboración con la Sección Central de Centros de enseñanza, va a celebrar durante el mes de agosto y en la ciudad de Burgos un curso de Educación Física para Maestros, al que han de concurrir aproximadamente unos cien camaradas de las distintas provincias, seleccionado por la Jefatura Central de Enseñanza de entre aquellos que ya han estado en contacto con las actividades del Frente de Juventudes y han asistido a alguna de ellas a través de Cursos de Campamento, Instructores Elementales, etc... Se pretende con este curso de divulgación que este núcleo de camaradas maestros que se interesan por las enseñanzas que están encomendadas a nuestra Organización, conozca más ampliamente todo lo relacionado con la Educación Física, que es precisamente una de las que por Ley de 6 de diciembre nos están conferidas, sin olvidar al mismo tiempo la enseñanza de Formación Política, indispensable en todo curso* (Mandos, núm. 80, agosto 1948).

¿Cuál era la plasmación de este organigrama formativo en la educación de la mujer de la posguerra? En las décadas de 1960 y 1970 el itinerario reglado comprendía desde los diez a los dieciocho años. Esta etapa educativa estaba impregnada del valor de servicio auspiciado por el régimen. En consonancia con lo descrito en la Revista *Mandos*, tanto en el Bachillerato Elemental, como en el Superior, de cuatro y dos cursos respectivamente, se impartían las asignaturas de Enseñanzas del Hogar y Formación del Espíritu Nacional. Tras finalizar los estudios de Bachillerato Superior, en el curso terminal de preparación para la Universidad, existía la posibilidad de elegir entre los Seminarios de Formación Cívico-Social, Formación Religiosa u Orientación Profesional.

La materia de Enseñanzas del Hogar desarrollaba las destrezas femeninas en costura y cocina, impartidas en Valdepeñas respectivamente por

Imagen 3: Patio de una casa taller de modistas en el año 1945 situada en la calle Buen Suceso 61.
Imagen cedida por Belén Barba Laderas.

doña Fernanda Santa María Merlo[152] y doña María Pacheco. En cambio, Formación del Espíritu Nacional abordaba las cuestiones políticas del ideario de Falange, enseñadas en el Instituto Bernardo de Balbuena por doña Elena de la Hoz[153] y en Las Salesianas por doña Cristina Fernández Sáez[154,] que era la responsable de Sección Femenina a nivel local. Destacó así mismo en la jerarquía de la organización Elisa Lasala, como secretaria. En la rama masculina, Alfredo Sánchez Gómez fue el jefe de Falange local. Han salido a nuestro paso los primeros nombres propios de Sección Femenina y Falange en Valdepeñas.

7.3. Las Cátedras Provinciales

Dependientes de la estructura formativa suprarregional, las que habían sido llamadas a convertirse en instructoras físicas en los centros de enseñanza reglada acudían al castillo de La Mota de Medina del Campo,

---

152 Fue hermana de Guillermo Santamaría Merlo, segundo alcalde de Valdepeñas durante el franquismo.

153 Elena de la Hoz fue destinada a Valdepeñas por Sección Femenina desde León.

154 El padre de Cristina Fernández Sáez era el director de la Enológica de Valdepeñas.

Valladolid, donde se desarrollaban de forma centralizada las actividades formativas a nivel nacional. Este era el caso de Fernanda Santa María, directora de cátedras en Valdepeñas[155]. Así mismo, cabe destacar la labor en el ámbito comarcal de este municipio de doña María Jesús Leal Amador[156], doña Pilar Barba Benítez[157] y doña Juana Moreno Ruiz, profesoras de Educación Física en estas instituciones formativas provinciales.

Las Cátedras Provinciales de Sección Femenina se definían por su carácter itinerante. Las profesoras tenían a su disposición un Land Rover con chófer. Se alojaban en dos roulottes para acondicionar los dormitorios y baños en una y el salón y la cocina en la otra. Podían disfrutar de tres meses de vacaciones, distribuidos entre verano, navidades y semana santa. Se desplazaban por el medio rural, con una estancia de tres meses en cada pueblo, donde las recibían con entusiasmo. Las cátedras se clausuraban con una celebración a la que acudían las autoridades, como el gobernador provincial y el presidente de la diputación. En estas fiestas de clausura se exponían todas las actividades realizadas, aderezadas por representaciones gimnásticas y la interpretación de las canciones y bailes. Las profesoras de las cátedras actuaban en muchas ocasiones como instructoras en las técnicas agrícolas, así como en Escuelas de Hogar, Educación Física y Lectura[158].

---

155 Testimonio oral: María Jesús Leal Amador.

156 María Jesús Leal Amador ingresó en Falange con 16 años. Se formó en una Escuela de Educación Física en Galicia, participando igualmente, junto a su hermana Juana, en la labor formativa de las cátedras provinciales, siendo destinada a la zona de los montes en el parque de Cabañeros. Posteriormente se incorporaría al claustro de la Escuela de Maestría Industrial, conocida en la actualidad como instituto Gregorio Prieto de Valdepeñas.

157 Pilar Barba Benítez realizó su formación en Madrid. Inició su andadura en 1861 con un curso impartido por las instructoras de Juventudes en la Residencia Fernández Caro y posteriormente, en 1968, ingresaría durante tres años en la Escuela de Educación Física conocida como el colegio de La Almudena, hoy dependiente de la Facultad de Magisterio. Posteriormente se incorporó a la Cátedra de Sección Femenina de la provincia de Ciudad Real, donde prestó sus servicios itinerantes antes de enseñar Educación Física en el instituto Bernardo de Balbuena y los colegios de Las Agustinas y Las Salesianas de Valdepeñas. Son gratos sus recuerdos organizando los Festivales de Gimnasia Rítmica.

158 Testimonio oral: Pilar Barba Benítez.

Imagen 4. Canto coral en un acto del Frente de Juventudes en el Alamillo.
Imagen cedida por Pilar Barba Benítez.

7.4. Servicio Social

Se integraba en el itinerario formativo femenino como un complemento a la enseñanza reglada. Paralelo a sus estudios oficiales, a partir de los quince años las jóvenes que deseaban tener opción a un puesto de trabajo o al carné de conducir, entre otros motivos, realizaban seis meses de Servicio Social. Era la prestación comunitaria juvenil por excelencia de SF que tenía su zona específica en el ala derecha de la planta baja de la sede de Falange, situada entre las calles Castellanos y Pangino. En estas dependencias desarrollaban sus labores de costura o los ensayos del coro y en el patio los bailes regionales[159]. A las lecciones de zarzuela acudían los más prestigiosos barítonos del panorama lírico nacional, como Marcos Redondo Valencia o el tenor Juan José Márquez[160].

En el mismo edificio, separados por el género, se encontraba la rama juvenil masculina de Falange, articulada en torno a la Organización de

---

159 Una de las profesoras de bailes regionales en la década de 1950 fue Rosario Arellano Ruiz. Destaca la enseñanza de manchegas o la isa canaria.

160 Testimonio oral: Carmen Palacios Racionero.

191

Imagen 5. Exhibición de bailes regionales en un acto del Frente de Juventudes en el Alamillo.
Imagen cedida por Pilar Barba Benítez.

Imagen 6. Exhibición de Educación Física para niños en un acto del Frente de Juventudes en el Alamillo. Imagen cedida por Pilar Barba Benítez.

192

Juventudes Españolas (OJE)[161]. Mientras en la primera planta se encontraban los billares, el ping pong y las salas de reuniones donde los jóvenes recibían las consignas sociales, en el ala izquierda del nivel inferior ensayaba la banda de música con su piano y en la segunda planta se instalaba la emisora *Radio Juventud de Valdepeñas EFJ60*, dependiente de la Secretaría General del Movimiento a través del grupo de emisoras *cadena azul,* cuyo director era Matías Sánchez-Carrasco Calabria, profesor en la Escuela de Maestría Industrial de la localidad. Conectada a los informativos nacionales, esta emisora nació en 1954 y estuvo funcionando, con dedicatorias musicales y programas para los estudiantes, hasta que en 1979 se fusionó con la Red de Emisoras del Movimiento. Las mujeres también estaban presentes en las emisiones radiofónicas de Falange, siendo dos de las locutoras más recordadas Encarnación Arellano y Pilar Castellanos[162].

Las modalidades del Servicio Social femenino eran diversas. Labores de bordado de mantelerías, preparación de canastillas o asistencia en guarderías, comedores sociales y centros sanitarios. Aquellas que prestaban el Servicio en el área de pediatría de la Casa de Socorro desempeñaban tareas administrativas en las campañas de vacunación y de rayos X promovidas por el Ayuntamiento para la población infantil. La organización de SF seguía una jerarquía de distintivos aparejados a la edad. Desde las "margaritas" a las "flechas azules". Este universo simbólico reflejaba el aparato ideológico de un régimen que aspiraba a estar presente en cada esfera de socialización desde la más tierna infancia.

8. Hacia una resignificación femenina en la posguerra: retos y realidades

Desde el enfoque de la historia social, el testimonio femenino se revela esencial a la hora de reconstruir el relato de supervivencia que emana de la narrativa cultural de la sumisión, devoción y abnegación de la

161 Las posibilidades de socialización que brindaba Falange se complementaban con las excursiones y campamentos de la OJE.

162 Testimonio oral: don Ángel Díaz-Araque Ruiz.

posguerra. Las conquistas laborales y sociales del lapso democrático de la II República se postergarán, en beneficio del ámbito doméstico a partir de 1940. Esta transformación es perceptible en el carácter forjado por la mujer en estos escenarios preferentes de su actuación social.

La transformación de la idiosincrasia femenina, en cuanto a constructo social, varía ostensiblemente en los momentos previo y posterior a la contienda. Desde el deseo emancipador que abogaba por los derechos y libertades se transitó abruptamente hacia el fiel sometimiento al cónyuge y la familia.

Previa a la Guerra Civil, la realización profesional más allá de los límites del hogar iba aparejada a una creciente libertad de género, a pesar de que determinados oficios siguieron contando con adscripción genérica. En cambio, el retorno femenino al hogar, como espacio natural de la mujer en la posguerra, la convertirá en pilar espiritual de la familia. Partiendo del concepto de cuidado, se materializaba un estridente viraje bajo la égida del nacionalcatolicismo.

En lo relativo a los derechos legales, el artículo treinta y nueve de la Constitución republicana de 1931 otorgaba a la mujer la libre participación en la política sin la tutela masculina. "Las mujeres podrán formar parte de las Asociaciones en las mismas condiciones de los varones, sin que las mayores de dieciocho años necesiten autorización paterna, material ni tuitiva" (PAÍS SANTIRSO, 2018). La posterior institucionalización, durante el primer franquismo, de su participación ciudadana en el ámbito de Sección Femenina y Acción Católica se plasmará respectivamente en el servicio social y las labores apostólicas. Un perfil de caridad, abnegación y contención estoica con el que la mujer se posicionará en el discurso sociocultural en el que había sido modelada.

La mujer contemplaba la profunda bifurcación existencial que se planteaba tras abandonar los códigos republicanos para internarse en los patrones de la posguerra. Sustrato inmanente a una sociedad, del que brotan los comportamientos modelados y transmitidos por la educación, es posible abordar el acuciante reto de la resignificación del rol encarnado, asumido y perpetuado por la mujer en tiempos de supervivencia y anónima contribución a la reconstrucción posbélica.

9. Conclusiones

La presente aproximación histórica a las teorías filosóficas favorece la integración de conceptos como género y castigo. Butler, Millet y Foucault nos han acompañado en este análisis de la situación femenina de la posguerra, desde la definición social de la imagen genérica. Las determinaciones específicas de cada género, sus esferas de valor y carácter son redefinidas socialmente en un contexto de sumisión que modela unos patrones conectados con la realidad política y económica del momento.

Del imaginario colectivo establecido por el discurso imperante derivó la realidad sociocultural de la posguerra, determinando el modo de llevar a cabo la performatividad vinculante. Ésta emergió de un discurso regulativo o normativo, capaz, según Foucault, no sólo de regular la realidad, sino también de conformarla. La sustracción a la normatividad activaba una serie de mecanismos tácitos de control, en orden a la reeducación y el retorno al orden establecido, modelando al individuo y, por ende, al género.

La conexión entre imagen social y poder hegemónico nos conduce, pues, al análisis de la vinculación del concepto de género con el discurso normativo imperante en el periodo histórico estudiado. La asunción de los valores jerárquicos se revelaba esencial en su construcción social, en el seno de un discurso normativo que modelaba las formas de relación por influjo de la normatividad establecida.

El recurso al testimonio oral, pieza clave en el desenvolvimiento de este entramado conceptual, ha guiado nuestro discurso, aflorando en su trascurso desde la fuerza que confiere a la palabra la vivencia en primera persona, mientras el recuerdo emocional brota impregnado de la autenticidad y permanencia que integra en la cultura heredada el *locus* de lo femenino. ▌

Referencias bibliográficas

- ALÍA MIRANDA, Francisco, et al. (2017): "Mujeres solas en la posguerra española (1939-1949). Estrategias frente al hambre y la represión", *Revista de historiografía,* 26, pp. 213-236.

- ÁLVAREZ-VILLAREAL, Lina Marcela (2010): "Michel Foucault, Vigilar y castigar. El nacimiento de la prisión", *Díkaion, Revista de Fundamentación jurídica,* 18, s.n.

- AMELANG, James S. y Mary NASH, (eds.) (1990): *Historia y Género. Las mujeres en la Europa moderna y contemporánea.* Valencia, Alfóns el Magnánim.

- BUTLER, Judith (2006): *Deshacer el género,* Barcelona, Paidós.
- (2007) *El género en disputa: el feminismo y la subversión de la identidad.* Paidós.

- CAMPOS ZAMORA, Francisco J. (2011): "Pensar en el castigo. Evolución de las formas penales en Michel Foucault". *Doxa. Cuadernos de Filosofía del Derecho,* 33, pp.625-638.

- CAPEL MARTÍNEZ, Rosa María (2022): *Clara Campoamor Rodríguez. Mujer y ciudadana (1888-1972). Catálogo de la exposición organizada en la Biblioteca Nacional de España por el Ministerio de la Presidencia, Relaciones con las Cortes y Memoria Democrática,* Madrid, Acción Cultural Española y Ministerio de cultura y Deporte.
- et al. (2023): *Memoria histórica [Mujeres].* Granada, Delegación de Cultura y Memoria Histórica y Democrática.

- FOUCAULT, Michael (2012): *Vigilar y castigar: nacimiento de la prisión.* Madrid. Biblioteca Nueva.

- LÓPEZ GARCÍA, Julián, GARCÍA ALONSO, María et al. (2018): *Para hacerte saber mil cosas nuevas. Ciudad Real 1939,* Madrid, UNED.

- MIKKOLA, Mary (2022): Feminist Perspectives on Sex and Gender. *Stanford Encyclopedia of Philosophy.*

- QUÍLEZ ESTEVE, Laila (2018): "Pelonas y rapadas: imágenes-trofeo e imágenes-denuncia de la represión de género ejercida durante la Guerra Civil española", *Hispanic Review, 4,* pp. 487-509.

- RETAMAL, Christian (2008): "Consideraciones sobre poder y dominación en la formación de la subjetividad moderna.", *Universum (Talca)*, 23, pp. 166-183.

3.4. "Leo, querida Leo, se acabó la pesadilla de Guadalajara". Representación de los espacios prisionales franquistas de Guadalajara en las narrativas testimoniales de Tomasa Cuevas y Juana Doña

CRISTINA SOMOLINOS MOLINA
Universidad de Alcalá / Universidade Nova de Lisboa

MARIO BUENO AGUADO
Universidad Carlos III de Madrid

1. Introducción. Escrituras testimoniales acerca de las cárceles de mujeres del franquismo

Yo siempre he pensado, y lo llevo hace mucho tiempo en la cabeza, que sería bueno escribir un libro, un libro que fuera dedicado a nuestras heroínas y citar las cosas sobresalientes de todas las mujeres que realmente han quedado en el camino; pueden ser muy interesantes los testimonios de las mujeres que han sufrido en comisarías y penales, pero hemos sido tantos miles que, ¿cuántos libros se tendrían que escribir? (CUEVAS 1985b: 187)

Con estas palabras, "Angelita", compañera de presidio de Tomasa Cuevas en la cárcel de Ventas, anticipa en su testimonio la que sería labor y empeño fundamental de Cuevas en la composición de la obra que recoge los testimonios de las mujeres en las cárceles, la represión franquista y la lucha clandestina. *Cárcel de mujeres (1939-1942)* (1985a); *Cárcel de mujeres* (1985b) y *Mujeres de la resistencia* son los tres volúmenes que Tomasa Cuevas, a pesar de costarle "muchas rabietas con los editores, mucho tiempo perdido, y por qué no decirlo, también pesetitas" (1986: 11), finalmente consiguió publicar. De igual modo, con respecto a las dificultades y escaso interés de las experiencias de las mujeres en las cárceles, Juana Doña, también represaliada de la dictadura franquista, hacía referencia en su libro *Desde la noche y la niebla*, a la desigual atención que habían recibido hasta ese momento las memorias de las mujeres en las cárceles franquistas: "Se contaban las epopeyas de las cárceles masculinas y las heroicidades de sus protagonistas, se rompía el cerco de la censura y en la más negra clandestinidad se divulgaban acciones y sufrimientos protagonizados por los luchadores-hombres. Rara vez se hablaba o escribía sobre las heroicidades de las luchadoras-mujeres" (DOÑA 1978: 16).

A partir de esta necesidad de llenar el vacío en torno a las experiencias femeninas de las prisiones, se publicaron, durante los años que siguieron al final de la dictadura franquista, relatos testimoniales que recogieron la experiencia de las mujeres en las prisiones franquistas (HERNÁNDEZ HOLGADO 2015: 297-300; RAMOS MESONERO 2012)[163]. De entre

---

163 Se trata de textos como, entre otros, *Cárcel de Ventas*, de Mercedes Núñez, publicado en París en 1967 y reeditado en 2016 en la editorial Renacimiento, bajo el título *El valor de la memoria: de la cárcel de Ventas al campo de Ravensbrück*, el libro de Juana Doña ya citado, los tres volúmenes de Tomasa Cuevas que contienen las entrevistas que ella misma realizó a las compañeras y camaradas con las que compartió presidio, el testimonio de Carlota O'Neill, *Una mujer en la guerra de España*, publicado por primera vez en España 1979 y otros textos que no suponen testimonios directos sino que cuentan con la mediación de un periodista o investigador, como es el caso del libro de Consuelo García, *Las cárceles de Soledad Real*, publicado en 1982, o *El daño y la memoria: las prisiones de María Salvo*, recopilado por Ricard Vinyes en 2004. Se publicaron asimismo otros testimonios referidos a la represión y experiencias en cárceles del tardofranquismo, como es el caso de los textos de Lidia Falcón *En el infierno: se mujer en las cárceles de Franco* (1977), de Eva Forest, *Diario y cartas desde la cárcel* (1975) o *Celda común* de Dolores Medio (1996). También en las últimas décadas ha tenido un gran desarrollo la historiografía que ha explorado la represión diferenciada a la que tuvieron que enfrentarse, así como sus vivencias en las cárceles y la complejidad de la experiencia carcelaria (VINYES 2002; HERNÁNDEZ HOLGADO 2003; MOLINERO et. al.,2003; RODRÍGUEZ TEIJEIRO 2011; EGIDO 2011; SIERRA BLAS 2016; EGIDO y MONTES 2018; entre otros).

todos ellos, los textos producidos por Juana Doña y Tomasa Cuevas, que contienen el testimonio del recorrido de sus autoras a lo largo de diversos penales, constituyen aquellos en los que podemos encontrar presencia de los espacios prisionales de Guadalajara, descritos por su brutalidad y trato inhumano. Juana Doña (1978: 241), al hablar del Penal de Castigo de Guadalajara –"la peor prisión de aquel sarpullido de prisiones"–, mencionaba que "solo su nombre hacía temblar a la mayoría de las presas de los otros penales y cárceles". Por su parte, Cecilia Abad Palomares relata a Tomasa Cuevas cómo su paso por la Prisión Central de Guadalajara fue "la peor [experiencia] de todas" (CUEVAS 1985a: 71) por las que pasó, entre las que destacaban Ventas, Durango, Burgos o Amorebieta. A pesar de la crudeza de estos testimonios, los presidios de Guadalajara han tenido un escaso seguimiento en la historiografía que estudia la represión carcelaria femenina.

Por ello, el objetivo de este trabajo consiste en analizar estas representaciones, partiendo de la base de que nos encontramos con narraciones que se desarrollan en distintos contextos (la represión inmediata de posguerra en el caso de Tomasa Cuevas, y la de larga duración en el caso de Juana Doña), así como con textos de diferente naturaleza y con características distintas, pues si *Desde la noche y la niebla. Mujeres en las cárceles franquistas (novela-testimonio)* constituye un texto mediado por la ficción, en los tres volúmenes recopilados por Tomasa Cuevas asistimos a una vasta obra testimonial recogida a través de grabaciones del discurso oral de las compañeras de presidio de la autora. Esto nos permitirá analizar diferentes modalidades de escritura, pero también detectar las continuidades represivas del franquismo.

2. Particularidades de las escrituras testimoniales de Tomasa Cuevas y Juana Doña

En este sentido, resulta especialmente interesante atender a las diferencias en los proyectos de articulación testimonial que existen entre la autodenominada "novela-testimonio" de Juana Doña *Desde la noche y la niebla. Mujeres en las cárceles franquistas (novela-testimonio)* que recoge las

201

memorias de su autora en su periplo por varias prisiones del franquismo, y la trilogía de Tomasa Cuevas, formada por *Cárcel de mujeres (1939-1945)* (1982); *Cárcel de mujeres. Ventas, Segovia, Les Corts* (1985) y *Mujeres de la resistencia* (1986).

A pesar de que se trata de textos de distinta naturaleza, pues, como ya hemos señalado, Juana Doña decide narrar su testimonio a través del molde de la novela y Tomasa Cuevas recoge testimonios orales de compañeras que después son transcritos y ordenados en los tres volúmenes que finalmente se publican, estas obras surgen de un impulso paralelo, de una necesidad similar de combatir el marco de desmemoria que estaba implantándose en España tras la Ley de Amnistía de 1977, que impidió la posibilidad de juzgar a torturadores y perpetradores de violencia durante el franquismo. Son textos que, al narrar experiencias similares, establecen diálogos entre sí. De esta forma, cumplen con la función que señala Forcinito (2012: 13) para los relatos testimoniales: la reconstrucción de sujetos olvidados y memorias excluidas, ya sea que hayan sido silenciadas por el autoritarismo estatal o por su secuela en las democracias de transición. Al mismo tiempo, recogen información relevante para reconstruir distintos aspectos de la cotidianidad en las prisiones femeninas del régimen.[164]

En el caso de Juana Doña, la motivación que ella misma señala a la hora de escoger el marco de la ficción para dar vehículo a su narración tiene que ver con su situación de militante clandestina en el momento de la escritura, el año de 1967: "entonces decidí hacerlo en forma de novela con nombres supuestos, pero quiero dejar constancia que ni uno solo de los relatos que se cuentan aquí son producto de la imaginación" (DOÑA 1978: 16). Por su parte, Tomasa Cuevas reconoce en el prólogo al primero de los volúmenes que su limitada alfabetización no le permite dejar por escrito su propio testimonio, pero, en lugar de ello, considera que puede dar cuenta de su experiencia a través del medio oral:

---

164 En este sentido, cabe destacar, por ejemplo, el análisis comparado que realiza Macsutovici Ignat (2019) en torno a las prácticas de escritura y lectura en los espacios carcelarios que contienen los relatos testimoniales de Juana Doña y Tomasa Cuevas.

Muchas veces me han dicho: "¿por qué no escribes?". Pero yo no estoy en condiciones de escribir, pues, como se suele decir, justo sé hacer la O con un canuto. Pero, a fuerza de insistir, al final he decidido hablar: cómo ha sido mi vida desde niña, por qué llegué al partido y la vida de las cárceles. Esto lo puedo hacer hablando cada vez que tengo un ratito libre y me pongo ante el magnetófono para recordar las cosas que han pasado ante mí y por mí (CUEVAS, 1985a: 13).

En el marco de los estudios en torno al testimonio en América Latina, John Beverley señaló que, "dado que en muchos casos el narrador testimonial es analfabeto funcional o, si sabe leer y escribir, no es escritor profesional, la producción de un testimonio por lo general implica que un interlocutor (un intelectual, a menudo periodista o escritor) grabe y después transcriba y edite un relato oral" (1989: 24). Sin embargo, y al contrario de lo que ocurría con otras obras testimoniales en las que el testigo y narrador presentaba una competencia lectoescritora limitada[165] y en los que un especialista o académico se encargaba de recoger, recopilar y ordenar el material testimonial –como es el caso las memorias de Soledad Real o de María Salvo, recogidas respectivamente por Consuelo García o Ricard Vinyes–, Tomasa Cuevas se encarga personalmente de organizar y articular los materiales del libro.

De manera que, si bien recibe ayuda a la hora de realizar las transcripciones de las grabaciones, como ella misma señala y agradece, y como asimismo indica Teresa Pàmies en su prólogo al primer volumen, ella misma es testigo, recopiladora y editora de los testimonios de sus compañeras y camaradas. Ello implica una diferencia fundamental en el paradigma de las escrituras testimoniales mediadas por voces especialistas, que conllevan una serie de problemáticas relacionadas con la

---

165 Si bien estos testimonios recogen cómo la cárcel fue para muchas reclusas un espacio de alfabetización y de ampliación de sus posibilidades educativas, en el caso de Tomasa Cuevas, no fue así, como tampoco lo fue para su compañera María Valés, ante la necesidad de realizar otras tareas que no le dejaban tiempo para la instrucción: "Por todas las cárceles que he pasado me tomé como un deber ayudar a las viejecitas, no pisé la escuela, no di clases, me quitaba la vista haciendo labores para tener lo necesario, limpieza en la medida que podíamos, y escribir a la familia. María y Tomasa salieron de la cárcel tan torpes como entraron, pero siguieron en la lucha" (CUEVAS 1985a: 236).

intervención de diferentes voces en la construcción del texto (BEVER-LEY 1989: 31). Su voz, aunque diferenciada en el discurso, se suma a una polifonía de voces que se recogen en el libro y, de hecho, señala en la nota inicial que no ha alterado los testimonios recogidos en cinta magnetofónica, remitiendo a las grabaciones para cualquier comprobación posterior.[166]

Ambos testimonios comparten el haber sido escritos de forma retrospectiva: es una vez que sus autoras salen en libertad cuando se plantean su escritura, organización y publicación lo que implica una dimensión afectiva contemporánea al momento de la escritura pues, como señaló Enzo Traverso (2007: 14), la memoria constituye un proceso que opera en el presente y que inevitablemente ofrece una versión del pasado teñida por las emociones presentes y afectada por todo tipo de interferencias de las experiencias y conocimientos posteriores. Además, ambos testimonios se editaron en forma de libro y circularon de forma paralela, ante los intentos de borrar y blanquear el patrimonio de la resistencia antifascista y de sus luchas. Se trata, por tanto, de un ejercicio de construcción de una memoria de vida para dar a conocer a las generaciones futuras las dimensiones de la experiencia carcelaria.

3. Los espacios prisionales de Guadalajara en las narrativas testimoniales de Tomasa Cuevas y Juana Doña

3.1. Apreciaciones generales

En relación con los testimonios de Juana Doña y Tomasa Cuevas, hay que tener en cuenta que las experiencias que recogen acerca de la represión[167] en las cárceles se enmarcan en dos contextos distintos y, por tanto, ofrecen diferente información en torno a varios momentos: por

---

166 Las grabaciones se encuentran en el Arxiu Municipal de Barcelona. Signatura: AHCB3-312/5D.87

167 Y con ello, de la resistencia. Mercedes Yusta (2005: 16), señalaba que, en estos contextos relacionados con experiencias prisionales, la represión y la resistencia eran dos cuestiones estrechamente unidas, no solamente debido al hecho de que las mujeres que resisten sufren la represión, sino también porque, a la inversa, la represión fue en muchos casos el desencadenante de la resistencia.

Vista general de los restos obtenidos
en la exhumación de la fosa de Cincovillas.
Fuente: https://revistas.ucm.es/index.php/CMPL/
article/view/CMPL0808220131A/29187

un lado, Tomasa Cuevas recoge experiencias de la inmediata posguerra, transmitiendo su testimonio y el de las compañeras con las que compartió reclusión en Guadalajara, entre el 16 de mayo y el 29 de diciembre de 1939, fecha en la que fue trasladada a la Prisión de Mujeres de Durango[168]; por otro lado, Juana Doña recoge la experiencia de su paso por la cárcel de mujeres de Guadalajara entre el 17 de enero de 1952 y el 5 de julio de 1958[169]. Este centro era uno de los cinco penales centrales de castigo femeninos donde las reclusas cumplían sentencias firmes, junto con Málaga, Alcalá de Henares, Palma y Segovia (VINYES 2002: 109).

Por ello, los testimonios de Tomasa Cuevas corresponden a la represión masiva de posguerra, que en la provincia de Guadalajara fue "ejemplar", llegando a represaliar a un 4 % de la población de la provincia, según las investigaciones del Foro por la Memoria de Guadalajara[170]. Igualmente, las mujeres de Guadalajara fueron víctimas de un ensañamiento particular, debido a la gran participación femenina en las manifestaciones espontáneas que se produjeron tras el bombardeo alemán de Guadala-

168 "Expediente penitenciario de Tomasa Cuevas Gutiérrez", Archivo Histórico Provincial de Guadalajara (AHPGu), sig.: MIR 155-68; "Expediente del Tribunal de Responsabilidades Políticas de Tomasa Cuevas Gutiérrez", AHPGu, sig.: J-885.

169 "Sumario 139871", Archivo General e Histórico de Defensa (AGHD), leg. 7051.

170 Concretamente el número de represaliados en Guadalajara es de 8.132 personas entre 1936 y 1950. De los cuales 7149 eran hombres y 983 mujeres. Por su parte, el número de la población en Guadalajara en 1940 era de 205.726 habitantes. Esto supone un 3,95% de la población de entonces. El Foro por la Memoria incluye también a represaliados de otras provincias que fueron juzgados y asesinados en Guadalajara, como a los naturales de Guadalajara que murieron en otras provincias.

jara del 6 de diciembre de 1936, que ocasionó 28 víctimas mortales y 54 heridos. Estas manifestaciones confluyeron en la Prisión Central de Guadalajara, que fue asaltada, y fueron asesinados 282 reclusos que se encontraban allí detenidos[171]. El régimen utilizó este suceso para incriminar a un gran número de republicanos alcarreños sin pruebas. Este es el caso, precisamente, de la compañera de presidio de Tomasa Cuevas, Julia García Pariente, "sencilla mujer, católica, que ni fue ni ha sido política", a la que condenaron a veinte años de cárcel por de haber participado en la citada manifestación: "dicen que habían salido a pedir la cabeza de los presos fascistas y yo no, ni la vi la manifestación y por eso me pidieron doce años y un día, y luego me hicieron firmar veinte" (CUEVAS 1985: 73).

Además de ello, las particularidades propias de cada una de las dos tipologías textuales –la escritura de ficción de Juana Doña o la recogida de testimonios orales de Tomasa Cuevas– implican una diferente relación con los contenidos factuales que conlleva el acto de testimoniar. Si, por un lado, Juana Doña declara la necesidad de inventar nombres nuevos para las compañeras y compañeros que aparecen en su novela, con intención de preservar su anonimato en un contexto de lucha clandestina y de evitar futuras represalias[172], en el caso de Tomasa Cuevas, y a pesar de la recogida exhaustiva de los testimonios orales, los nombres completos de sus protagonistas no siempre aparecen, y en ocasiones apenas se aportan datos acerca de quiénes eran estas mujeres, o estos se encuentran incompletos o, en ocasiones, distorsionados por el recuerdo. A este respecto, es preciso destacar el monumental trabajo de reconstrucción documental de los movimientos memorialistas para descubrir el pasa-

---

171 Sobre este suceso, desde el Foro por la Memoria de Guadalajara destacan cuatro factores que provocaron esta manifestación no contenida: la dimisión del gobernador civil una semana antes; la llegada de refugiados de Sigüenza, que narraron el horror sufrido y las matanzas llevadas a cabo en el norte de la provincia; la presencia de tropas militarizadas de milicianos compuesto mayoritariamente de foráneos de la provincia; y en último lugar, las sentencias del Tribunal Popular que eran percibidas como poco ejemplares. (GARCÍA BILBAO et. al., 2010: 34-35).

172 "Entonces decidí hacerlo en forma de novela con nombres supuestos, pero quiero dejar constancia, que ni uno solo de los relatos que se cuentan aquí, son producto de la imaginación" (DOÑA 1978: 17).

do oculto y poner nombre y apellidos a las víctimas de la dictadura en Guadalajara. Concretamente, el Foro por la Memoria de Guadalajara ha documentado una base de datos que en su última actualización (enero, 2022), eleva el número de represaliados a 8.132 personas. Gracias a este imprescindible trabajo podemos, por ejemplo, saber que la persona entrevistada en el segundo capítulo del primer volumen de *Cárceles de Mujeres*, citada como "Pascuala, la de mi pueblo", fue Pascuala López González, natural de Brihuega, detenida cuando tenía veinte años y condenada a veinte años de prisión. Igualmente, esta imprescindible labor nos permite contextualizar y completar todos los nombres y circunstancias que las entrevistadas exponen en sus relatos[173].

3.2. Espacios de reclusión y condiciones vitales: hacinamiento, insalubridad, hambre y sed

Dentro de los testimonios de Tomasa Cuevas y Juana Doña se recorren diferentes espacios (la Prisión Central y la prisión habilitada de Las Francesas, en el caso de Tomasa Cuevas, así como la Cárcel de Mujeres, en el caso de Juana Doña), en distintos contextos. A pesar de ello, encontramos dinámicas que se reproducen de forma constante, especialmente en la descripción de los espacios, caracterizados por su deshumanización.

En los testimonios recogidos por Tomasa Cuevas destacan las características de hacinamiento e insalubridad que se daban en la Prisión Central de Guadalajara, una circunstancia común en todo el Estado debido a la descompensación entre el ingente número de presos de los primeros meses de posguerra y la limitada capacidad prisional de España[174]. Una

---

173 De hecho, gracias a ese encomiable esfuerzo, el Foro por la Memoria de Guadalajara ha elaborado un documento que contextualiza y pone nombres y apellidos a una gran cantidad de personas que son citadas indirectamente en los testimonios recopilados por Tomasa Cuevas. Agradecemos enormemente a Xulio García Bilbao el habernos proporcionado ese documento.

174 Como recuerda Gutmaro Gómez Bravo (2009: 24-37), la capacidad de las cárceles de España estaba estimada para poder albergar a unos 15.000 o 20.000 reclusos, pero la población superaría las 300.000 personas en los primeros meses de posguerra. De igual modo, Ricard Vinyes (2002: 26-27) señala la gravedad de la saturación carcelaria en la inmediata posguerra, que fue percibida por las autoridades como un problema, porque implicaba la amenaza del colapso de la administración de Justicia, por el gasto que provocaba para el Estado y por la insubordinación creciente que la masificación humana estaba provocando.

realidad a la que se tuvo que enfrentar Tomasa Cuevas en el momento inmediato en el que fue detenida, ingresando en la llamada "habitación de la sarna", descrita del siguiente modo:

> *aquella habitación era una masa de seres humanos. Había gran canti-dad de mujeres, puestas en varias filas, lo cual no permitía moverse si no nos poníamos de acuerdo para poder cambiar de postura. El espacio de la sala podría haber sido para diez mujeres, tal vez doce con petate. Pero debíamos ser unas sesenta (CUEVAS 1985a: 53).*

En la Prisión Central de Guadalajara, compartieron reclusión varones y mujeres, pero estaban localizados en espacios diferenciados. Por ello, muchas de las mujeres fueron alojadas en el patio-escuela adaptado para albergar a la ingente cantidad de mujeres que eran detenidas. Blasa Rojo describe el lugar como "una masa de carne de las mujeres que había" (CUEVAS 1985a: 64). Se trataba de un espacio habilitado donde había sesenta mujeres "cuando no cabría más de treinta y mal alojadas" (CUE-VAS 1985a: 55). A pesar de estar en espacios separados de los varones, no existían barreras sonoras que impidieran escuchar los gritos de dolor que proferían sus compañeros encarcelados por las torturas sufridas:

> *No había día que el numeroso grupo de mujeres, en su mayoría jóvenes, que vivíamos en el patio por estar toda la cárcel habilitada, no oyéramos los terribles gritos y alaridos de nuestros compañeros que procedían de los golpes de sus verdugos. Nosotras nos encogíamos, nos tapábamos los oídos con los puños cerrados y nuestros cuerpos se contraían, también nos dolía (Cuevas 1985a: 76).*

Ante la realidad carcelaria, los relatos de las presas revelaban el espacio de la prisión como un mundo muy pequeño (VINYES 2002: 116), donde las pequeñas cosas y las escasas posesiones materiales eran inseparables de la identidad ética de las reclusas. En esa misma línea, este mundo pequeño y cerrado del espacio carcelario conllevaba asimismo una serie de experiencias sensoriales asociadas que constituían una parte importante en la dimensión emocional de la vivencia prisional.

A la agonía constante de las torturas y los gritos de dolor, se sumaba la situación de hambre y sed que sufrieron durante su reclusión. Según los testimonios, la comida se basaba en cebolla cocida con agua y sal, pan amarillento o negruzco y, en ocasiones, un guiso de lentejas acompañado de palos, bichos o piedras "tan mal hechas y tan sucias que daban náuseas mirarlas". (CUEVAS 1985a: 86).

Pero, realmente, el principal problema era la ausencia de agua, que se encontraba racionada y era administrada una vez cada tres días, recibiendo la cantidad aproximada de "un bote de leche condensada" (CUEVAS 1985a: 86). Sin embargo, la escasa ración que recibían para saciar la sed de las reclusas era transportada desde el río en "tanques que habían sido de gasolina". El recuerdo del sabor a gasolina en el agua se repite de forma constante (y exclusivamente) en los testimonios de las presas de Guadalajara como es el caso de "Domi", Cecilia Abad, Julia García Pariente, Salvadora Luque y la propia Tomasa Cuevas (1985a: 69-110).

Estas circunstancias dieron paso a otro castigo que diseñaron con crueldad las autoridades de la dictadura para las presas que residían en el patio-escuela de la Prisión Central de Guadalajara:

> En el patio había un pozo que se hallaba cerrado. Un día vinieron los falangistas y lo dejaron abierto. Los médicos presos nos dijeron que no bebiéramos ni una sola gota de agua del pozo; lo habían dejado abierto a propósito para que bebiéramos, pero que el agua procedía de todos los desagües de la cárcel y de las viviendas de los funcionarios de prisiones. Por lo tanto, si la bebíamos estábamos expuestas a un tifus. y un tifus en aquellas condiciones sería terrible en esos meses de verano. A pesar de que nos habían advertido esto, atamos varios cinturones y con una cazuela llegamos a sacar agua y beberla. La primera aún se podía beber, pero después ya salía tan sucia y tan asquerosa que tuvimos que colarla con un pañuelo; pero llegamos a secar el pozo. Afortunadamente, no nos pasó nada (CUEVAS 1985a: 87).

Pero con las humillaciones y las restricciones, surgían también mecanismos de resistencia para luchar contra la falta de agua. Entre ellos, destaca la adaptación de canciones infantiles y populares (como "Una tarde fresquita de mayo", o "yo te daré") para reclamar agua:

Teníamos una forma especial de reclamar agua: cantábamos aquello que dice:

Una mañana temprano

salí de casa y me fui a pasear;

tuve que pasar la ría

de Villagarcía, que es puerto de mar.

Yo te daré,

te daré niña hermosa,

te daré una cosa,

una cosa que yo solo sé: ¡agua! (CUEVAS 1985a: 86).

Estos cánticos, al ser pronunciados al aire libre, escapaban de los muros de la prisión y eran escuchados a muchos metros a la redonda por parte de las personas que transitaban por la calle. Esta acción provocó que la gente acudiera con botijos de agua para auxiliar a las reclusas, pero las autoridades carcelarias impidieron que entraran en el interior.

Igualmente, ante la ausencia de agua las autoridades de la prisión planificaron una trampa que consistió en accionar una cascada de agua que estaba en el patio. Al estar las reclusas sedientas se abalanzarían en masa hacia la abundante agua que caía al patio, lo que serviría para que los guardias apostados en los puestos de seguridad "barrieran" [sic] a las reclusas con ametralladoras, con la excusa de que se habían sublevado dentro de prisión. Gracias a un chivatazo, pudieron organizar y planificar una acción de resistencia para no caer en la provocación:

Aguardamos la noche con tanta ansiedad que no había nadie que durmiera. Oímos cómo abrían la puerta. Oímos también emplazar la ametralladora y al rato oímos cómo caía el agua. Nuestras gargantas estaban secas, como secos se hallaban nuestros labios. Era algo tremendo. Hubo quien lloró pensando que estaba saliendo el agua y que no podíamos ir a poner allí nuestras bocas, beber un sorbo. Los pobres niños estaban sedientos y no podíamos ir a recoger un poco para ellos. Pero nadie se movió. Fue algo tremendo (CUEVAS 1985a: 87)

Como vemos, en la Prisión Central se emplearon diversos espacios del centro con el objetivo de atormentar y desmoralizar a la población reclusa. Esta circunstancia, la de la planificación del espacio carcelario como un mecanismo configurado para el terror lo encontramos también en el texto de Juana Doña cuando denuncia que en la Cárcel de Mujeres de Guadalajara "todo había sido cuidadosamente seleccionado para atemorizar" (DOÑA 1978: 241). Se trata de algo que resultaba patente no solamente en la selección de las funcionarias, "que habían pasado por los penales dejando una estela de malos tratos y recuerdos amargos", sino en el propio emplazamiento físico:

> En esta prisión se podían ensañar, aplicar todos los métodos de sometimiento, eran "inadaptadas" y había que someterlas. Escasa reclusión y metidas en un edificio que por sí solo era ya una tortura; pequeño, sombrío, con una franja descubierta que llamaban patio, pero que no era más que una tira de tierra estrecha y sin sol. Celdas de castigo que rezumaban agua y con ratas tan grandes como conejos como única compañía. Pequeñas habitaciones, con siete literas para catorce mujeres, sin ninguna ventilación, con retretes atascados saliendo materias fecales en medio de la habitación, porque se reventaban las viejas cañerías y tardaban meses en arreglarlas, lo que hacía de aquello lugares hediondos e irrespirables. Lavaderos sin luz, enfermería sin medicamentos, y cocina con alimentos podridos.
>
> Sólo constaba de la planta baja, donde estaban los calabozos de castigo y las dos salas infectas al fondo y un primer piso rodeado de celdas. Todo era gris, sombrío y rezumante. Allí habían llevado mujeres para cumplir condenas de 30 años. Las catorce políticas ocupaban las celdas en régimen celular individual, 22 horas de celda por 2 de patio. ¡Para eso eran inadaptadas! (DOÑA 1978: 241-242).

3.3. El castigo a [través de] los hijos

Otro de los castigos específicos que el régimen destinó de forma específica a las mujeres fue el "castigo vicario", aplicado en relación con los hijos e hijas de las reclusas. A partir de marzo de 1940, las autoridades comenzaron a legislar sobre la situación infantil en los presidios, de tal forma que se establecían las separaciones y horarios de contacto con los mismos, utilizados frecuentemente como recurso de castigo (VINYES 2002: 76). Así pues, establecía una forma de chantaje emocional a las reclusas con sus hijos, haciendo sufrir los mismos padecimientos a los niños en la prisión, o dejándolas preocupadas por su futuro y readaptación social en el exterior (EGIDO 2011; VINYES 2002).

Sobre estas circunstancias vemos en los testimonios de Tomasa Cuevas, cómo las madres compartieron con sus hijos las dramáticas situaciones en las que vivían hacinadas, plagadas de enfermedades, sin comida, ni agua. Las situaciones eran especialmente dramáticas en los momentos en los que se producían partos en prisión, como el de Nieves Waldemer, quien tras el nacimiento de su hijo fue trasladada a un cuarto con cuatro enfermas pulmonares, una de ellas con hemoptisis. Su hijo se infectó de chinches, y ella apenas recibió comida al día siguiente de nacer su hijo para poder reponerse del parto –"lo que me dio una reclusa, dos tomatitos"– (CUEVAS 1985a: 78). Otras reclusas tuvieron peor suerte que Nieves, como ella misma destaca citando el caso de una presa "que no era política y, además, era del régimen" que estaba detenida por un hurto en una vivienda en la que se alojaban:

Esta señora tenía una nena pequeña y embarazada de otro. Llegó la hora del rosario y a esta mujer la dejaron chapada, cerrada la puerta con llave y cerrojo porque estaba ya alumbrando y no se la tuvo en consideración; se quedó, pues, tumbada en el petate. Cuando acabó el rosario, al volver a la celda vieron que por debajo salía sangre y es que había dado a luz una nena; la pobre estaba muerta, había muerto por falta de asistencia (CUEVAS 1985a: 80).

Otro de los peores castigos que podían recibir, en relación con su maternidad, era provocar que ni sus propios hijos pudieran reconocer a su madre, con los rostros desfigurados, víctima de las palizas, las torturas y la deshumanización de la prisión:

Un día abrieron la puerta y metieron a dos niños. Uno tendría unos cinco añitos y el otro no mucho más de dos y medio o tres. Los recogimos, preguntamos por su mamá y el mayorcito nos dijo:

–Se la han quedado unos hombres.

El pequeño lloraba desesperadamente llamando a su madre. Al final pudimos calmarlos, jugando con ellos. Al cabo de dos o tres horas abrieron la puerta y arrojaron como un saco de patatas a aquella mujer, que no se la reconocía ni sabíamos quién era. Pero el mayorcito vio que era su madre. Se agarró a ella y lloraba, le decía cosas que para ser un niño pequeño eran verdaderamente terribles:

–¡Mamá, mamá! ¿Qué te han hecho esos hombres tan malos? Yo los mataré. ¿Cómo estás, mamá? ¿Qué tienes? ¿Qué te han hecho?

El pequeño no quería acercase a su madre. Decía que no, que no era su mamá. Y lloraba y lloraba. Y el niño mayor decía:

–Sí, ven, es la mamá, es la mamá.

–No, no es mi mamá -decía el pequeño.

Se tapaba los ojitos. Yo creo que no hubo nadie en aquella celda que no llorase ante aquellos niños y aquella pobre muchacha (CUEVAS 1985a: 55).

Se trata de una estrategia que el franquismo siguió empleando en los años siguientes, cuando el régimen organizaba visitas de hijos y sobrinos a las reclusas en la festividad de Navidad, Reyes y la Merced, desplegadas por el régimen para proyectar una imagen bondadosa y generosa del sistema penitenciario de cara al exterior (HERNÁNDEZ HOLGADO 2011: 478), y que al mismo tiempo provocaba situaciones de rechazo en los propios niños, como la que describe Juana Doña, al narrar la visita de los hijos e hijas de las reclusas a la Cárcel de Mujeres de Guadalajara en la nochebuena de 1957:

Las escenas eran patéticas. Había niños que se asustaban de los "cacheos" que les hacían en la puerta; de aquellas horribles celdas y también de los abrazos ansiosos que les prodigaban seres casi extraños para ellos (DOÑA 1978: 269).

Igualmente, muchas reclusas rechazaron recibir a sus hijos, por el dolor que implicaba tener que desprenderse de ellos una vez terminaba la visita:

Leonor hacía ya muchos años que no recibía a su hijo, siempre recordaba cuando era él quien entraba, los días de ansiedad y de tristeza después de su marcha. En aquellas horas que estaba con ella, quería resarcirle de toda su separación y le tenía ávidamente, sin tregua en sus caricias, el niño también se pegaba a ella como adherido a su piel, no abandonaba su mano y la miraba embelesado con sus grandes ojos negros, repitiendo una y otra vez mamá, mamá; hasta un día, ya con doce años la propuso meterse en un bidón de agua que había en el water y esconderse para quedarse con ella para siempre (DOÑA 1978: 269).

Otro caso que destaca Blasa Rojo es el de Gregoria [Jiménez Pérez]. Ella, como muchas otras mujeres, no estaba politizada y el motivo de su detención fue el denominado "delito consorte" (ABAD BUIL 2012: 61), es decir, el hecho de estar casada con un militante destacado, en este caso de la localidad alcarreña de Auñón. La familia de Gregoria fue exterminada: asesinaron a su marido, a su hermana, a su madre y a su prima, quedando sus tres hijos totalmente desamparados. Durante los momentos previos a su fusilamiento, Gregoria tuvo que sufrir observando cómo sus hijos pedían limosna, sin que recibieran ninguna protección, ni atención. Ésta llegó tras la ejecución de Gregoria, una vez que la mendicidad de los menores ya no servía para torturar a su madre:

La pobre Gregoria tenía tres hijos pequeñitos, el mayor de once años, fíjate tú, y los pobrecitos se venían andando, cogían coches por la carretera. Y vino el mayor y trajo a los otros más pequeños a Guadalajara pidiendo limosna: así estaban y pasaban por donde las Francesas, convento habilitado para cárcel, y por la ventana llamaban ¡mamá, mamá!, y pobrecitos, iban medio descalzos, con moquitos, Gregoria lloraba que se mataba. ¡Y que no haya un ser humano que recoja a mis hijos! ¡Y que no haya una persona que los meta en la inclusa! ¡Cómo están mis hijitos! Y me van a matar sin saber qué va a ser de estos hijos... Después de matarla, el Ayuntamiento se encargó de meterlos en la inclusa (CUEVAS 1985a: 68).

3.4. En espera del fusilamiento

Mención especial merecen las peticiones de pena de muerte. Muchas de las reclusas que se enfrentaban a esa amenaza, como "Domi", vivieron varios meses con la posibilidad diaria de que finalmente llegase el momento de ser ejecutada, situación que finalmente no se produjo: "estuve con la pena de muerte, del 26 de marzo que me juzgaron hasta cinco meses después que me conmutaron, ¡cinco meses con pena de muerte! Y lo que sufres estando penada". El vivir con la amenaza de la pena de muerte generaba una sensación constante de ansiedad y tensión, como relata Blasa Rojo: "Era estar completamente en tensión cómo se vivía allí, además de pasar el hambre que se pasaba y el sufrimiento que tenías, siempre con el ¡ay, Dios mío, si me va a tocar a mí!" (CUEVAS 1985a: 66-67).

Algunas reclusas que habían sido condenadas a pena de muerte tenían la esperanza de que, finalmente, no se ejecutaran esas sentencias. María Rojo le expresaba ese sentimiento a su hermana Blasa: "Es lo primero que me decía: "no matarán a ninguna mujer" (CUEVAS, 1985a: 67). Sin embargo, no fue el caso, y trece de las prisioneras que se encontraban en las cárceles de Guadalajara fueron ejecutadas en el Cementerio Municipal entre 1940 y 1941[175]. El hecho de que a los condenados a pena de muerte les trasladaran de la Prisión Central a la Prisión Militar no permitió que las reclusas que permanecían en la Prisión Central recibieran noticias acerca de si se producían ejecuciones de mujeres. Pero en el caso de las trece reclusas que ejecutaron, no las separaron de sus compañeras y permanecieron en la Prisión habilitada de Las Francesas hasta la propia ejecución compartiendo los momentos finales con el resto de compañeras:

---

175 De acuerdo con la investigación de García Bilbao et. al. (2010), en el Cementerio Municipal se produjeron 822 fusilamientos, 809 hombres y 13 mujeres. Los nombres de estas trece mujeres son Dolores Díaz López, María Fernández Fernández, Martina García Alcalde, Elidia Guillén Celada, Gregoria Jiménez Pérez, Josefa Lázaro de Castro, Valentina Lázaro Santos, Virginia Martínez Bozada, Juliana Martínez Martínez, Heliodora Rebollo Rebollo, Antonia Sáenz Gamo, Lucía Sánchez Lorenzo y Francisca Santos Portal. De Guadalajara también fueron ejecutadas en el Cementerio del Este de Madrid en 1939 Francisca Cuerdo Cortés y Clotilde García García. Véase: Foro por la Memoria de Guadalajara: "Nuestras trece rosas", Memoria Guadalajara. Blog del Foro por la Memoria de Guadalajara, 9 de agosto de 2012, <https://memoriaguadalajara.es/2012/08/09/guadalajara-nuestras-trece-rosas/>, [Fecha de consulta: 29/11/2022].

> *Durante el tiempo que pasamos en la Central iban los penados a muerte a la Prisión Militar, incluidas las mujeres. Estos eran los rumores que en aquellos primeros meses circulaban por la prisión y por Guadalajara; quizá esa era la causa de que mientras estuvimos en la Central no vimos sacar a ninguna mujer a fusilar. Los comentarios de la gente del pueblo eran que en los piquetes de ejecución había mujeres. Yo no lo pondría en duda. Cuando bajaron a las mujeres de la Central al convento de las monjas francesas habilitado para prisión, las que llevaban petición de pena de muerte salían a juicio y volvían con la pena confirmada estaban mezcladas con el resto de la reclusión. Eso significó para las compañeras la angustia de ver a las penadas esperar su madrugada y la despedida de las que iban al piquete de ejecución (CUEVAS, 1985a: 98).*

Algunas reclusas tomaron la determinación de apuntar en un papel los nombres de sus compañeras asesinadas para tenerlas siempre en sus recuerdos, conservando ese memorial de papel en una baldosa tras la ventana:

> *¿sabes tú, en las baldosas, detrás de una ventana, la lista que dejamos cuando yo salí de allí? A las fusiladas, las íbamos apuntando. Y allí está también la señora Antonia [Saenz Gamo], la madre de la Morales, ¡pobre mujer, qué descompuesta salía!, la sacaron de allí medio muerta (CUEVAS 1985a: 67).*

3.5. Pequeños desahogos para vencer la anulación y el sometimiento de prisión

Para poder sobrevivir y no ser consumidas por la realidad brutal de las cárceles de Franco también era fundamental buscar y crear momentos de ocio y diversión. Nieves Waldemer expresa que era necesario "hacer gansadas" para soportar la vida en la prisión:

> *Hemos hecho de gigantes, de cabezudos, ¿no te acuerdas tú de eso? En la Central y con una cesta que tenía no sé quién, con un jersey de mi chico y luego un albornoz de mi hermana, que parecía un gigante, y otra que vive aquí –por cierto, es muy maja–, esa chica salía de cabezudo; era muy bajita y no sé con qué hizo una vejiga de esas ... y todo el mundo corriendo, mujeres ya mayores. La Cuvera, pobrecita, que tenía un*

carácter tan bueno, corriendo como si fueran chicos, y nosotras detrás, ¡turutú! y teníamos que hacer estas cosas porque aquella cárcel era ma-lísima de soportar (CUEVAS 1985a: 82).

Igualmente, Tomasa Cuevas explica una situación que se produjo cuando fue destinada a una celda que era de tierra, a diferencia de la mayoría, que eran de cemento[176]. Esta celda se agrietaba con facilidad, y allí aparecía un gran número de insectos, cucarachas y ratones. Los ratones sirvieron de elemento de diversión que ayudaron a las reclusas a pasar el tiempo:

> *los ratones eran de campeonato. A veces se nos enroscaban entre el pelo, por los pies, se metían entre nosotras; disfrutábamos con ellos. Lo más agradable para nosotras era la cacería de ratones los sábados por la noche. Los domingos el cura decía la misa en el centro de las galerías. En tres de ellas sacaban a los hombres y en la del rastrillo a las mujeres. A nosotras, como teníamos una galería que era mixta –las celdas de enfrente eran hombres– no nos sacaban de allí. Los sábados nos dedicá-bamos a coger los ratones; los metíamos en una cacerola, en el cacharro donde nos traían la comida, y el domingo por la mañana, cuando esta-ban en misa, por debajo de la puerta empezábamos a soltar ratones. Los hombres con los pies querían aplastarlos y no se oía nada más que plim, plam, plim, plam, con las botas; el cura se volvía y decía con mala leche:*
>
> *– Quietos, ¿quieren hacer el favor de no dar patadas?, tengan un poco más de respeto.*
>
> *Los oficiales decían:*
>
> *– Es que están matando ratones, salen sin saber de dónde.*
>
> *Creo que nunca llegaron a saber que salían por aquella puerta, pero nosotras nos divertíamos de lo lindo; los hombres ya sabían de dónde procedían y lo pasaban muy divertido* (CUEVAS 1985: 94).

---

176 Como destaca Tomasa Cuevas, esta celda era de tierra porque se emplazaba en un refugio que se construyó en la prisión durante la guerra, que posteriormente las autoridades fran-quistas taparon con tierra.

Sin embargo, esta opción no era percibida de la misma forma por todas las compañeras de reclusión. Tomasa Cuevas recuerda a aquellas presas de edad más avanzada que vivieron la guerra sin meterse en política y estaban encarceladas porque sus hijos o maridos habían estado en el frente o porque "alguna de ellas cuando pasaban los aviones alemanes descargando sus bombas habían mirado hacia arriba llamándoles asesinos y alguna vecina de derechas lo había oído". Ellas criticaban esos breves momentos de distracción y divertimento:

> *Estas mujeres no podían comprender que nosotras tuviésemos algunos momentos de distracción, cantando, contando chistes y riéndonos de nosotras mismas. Creían que nos daba igual todo lo que estaba pasando a nuestro alrededor; pero no era así, porque en nuestra propia carne lo estábamos sintiendo y sentíamos todo lo que oíamos y veíamos. Pero a veces nos decíamos: hay que olvidar un momento; si no, nos volveremos locas y no saldremos de aquí* (CUEVAS, 1985a: 94-95).

De la misma forma, refiere Juana Doña (1978: 264) cómo los largos años de prisión, el maltrato psicológico, la desposesión y la cosificación habían hecho mella en las presas de larga duración, una circunstancia que fue especialmente destacada durante su paso por el penal de castigo de Guadalajara, en la que el aislamiento y las duras condiciones habían sido anuladoras:

> *En todas las presas se había operado una especie de endurecimiento. Todas se habían hecho más calladas y retraídas y algunas apuntaban al cansancio. Cansancio que, por otra parte, trataba de disimularse, pero se percibía en las actitudes más criticonas y en alguna manera más individualistas.*

> *Cinco años en Guadalajara llevando una vida de casi absoluto aislamiento había creado en ellas una segunda naturaleza susceptible y defensiva, nunca esperaban nada bueno y ese continuo alertar se reflejaban en el rictus duro y amargo de sus caras.* (DOÑA 1978: 264)

3.6. Ecos en el presente

La experiencia represiva en reclusión no fue la misma para aquellas personas que se quedaron cerca del espacio de represión y convivieron con sus torturadores que para las que se marcharon y desarrollaron sus vidas sin sufrir miradas acusadoras y señalamientos. Se trata de algo que percibió perfectamente Tomasa Cuevas cuando recorrió con Pascuala López su Brihuega natal, visitando a unos primos de sus padres, buscando la casa de sus abuelas, o paseando por los jardines de la Real Fábrica de Paños, donde su tía Maruja había trabajado a lo largo de toda su vida. Pascuala, aunque sentía pena recordando y hablando, "se sentía feliz de poder comentar las cosas vividas con alguien que la comprendiera". El estigma social fue claro cuando acudieron a comer a un restaurante en la plaza del Coso de Brihuega:

> *Fuimos a comer a un restaurante en el Coso, donde, según Pascuala, iban las jerarquías del pueblo y, desde luego, nuestra mesa estuvo claveteada de miradas. A ella la conocían, pero ¿quién era la otra?, ¿teníamos derecho a estar en aquel restaurante?* (CUEVAS 1985a: 62).

El recuerdo de su periodo en la reclusión se revela muy presente en el testimonio de Blasa Rojo, que continuó viviendo en Guadalajara, en el barrio del Cerro del Pimiento. Blasa pasaba con frecuencia por el lugar que había marcado su vida, la Prisión Central, reviviendo todos esos momentos angustiosos una y otra vez:

> *Muchas veces pasaba por la cárcel cuando me había casado con mi marido, y le decía: "¡Cuánta pena me da esa gente metida ahí! Parece un cementerio de vivos".*
>
> *Pero cuántas maldades ocultan aquellos muros, después del tiempo que yo viví allí, ¡un año en aquella cárcel! Por nada del mundo quisiera que nadie de mi familia pasara por lo que he pasado, nada, muertos antes, porque aquello era volverte loca; dicen que estoy enferma del corazón... cuando estás condenada a muerte y ves que llegan y ¡fulana de tal!, y no sabes si detrás de las que nombran vas tú... Llegaban las seis de la tarde y ni sabías si te dolía el corazón, si te dolía la cabeza, si te dolía el estómago. Ya no podías estar ni hablar con nadie, porque las compañeras querían animarte y hablar contigo y pensabas: "Si a lo mejor nada más que unas horas me quedan de estar aquí...". ¡Madre mía! Era la locura, y así un día y otro, una noche y otra, y así seis meses. Eso es el mayor tormento y el mayor sufrimiento que puede tener el ser humano* (CUEVAS 1985a: 67).

4. Conclusiones

A lo largo de estas páginas, hemos tratado de realizar un recorrido por algunas cuestiones relevantes en lo referente a la representación de los espacios prisionales de Guadalajara en las narrativas testimoniales de Juana Doña y Tomasa Cuevas, prestando atención tanto a las características diferenciales de estos textos desde el punto de vista de su construcción textual como a las temáticas que se privilegian en las representaciones de la represión en las prisiones de Guadalajara. En relación con esta última cuestión, las condiciones vitales, falta de higiene, escasez en la alimentación y, sobre todo en el acceso al agua, el castigo a los hijos y a través de los mismos, las experiencias vividas "en capilla" –estas exclusivamente en el caso de Tomasa Cuevas–, en espera del fusilamiento, así como los mecanismos de resistencia y la continuidad de la represión a través del tiempo son algunas de las cuestiones que aparecen de forma recurrente en los testimonios recogidos y elaborados por Cuevas y Doña, a pesar de los diferentes momentos en los que se desarrollan cada una de estas experiencias.

Se trata de testimonios que recogen, por tanto, vivencias comunes en torno a una perspectiva compartida: la perspectiva recurrente en las narrativas testimoniales de que esta prisión constituía, como ya hemos señalado más arriba, una de las que se aplicaban con especial crudeza las estrategias represivas y de castigo del régimen franquista. Estas narrativas, por tanto, presentan una potencialidad que, de algún modo, cumple hoy en día con la función de seguir cubriendo huecos historiográficos, fundamentalmente por lo que respecta a la relativa escasez de estudios monográficos en torno a la prisión de Guadalajara. Asimismo, y junto a los castigos que se producen paralelamente y, a nivel general, en los penales repartidos por el espacio peninsular, estas narrativas revelan la existencia de castigos específicos y concretos que se desarrollaron en el ámbito de la Prisión Central durante la posguerra, como es el caso del transporte del agua destinada a la bebida en bidones de gasolina. Y, junto con estos castigos específicos, se revelan las formas concretas de la resistencia que estas mujeres articularon en el seno de la cárcel.

Asimismo, la relectura y análisis de estos testimonios contrasta con la invisibilización de los delitos y los crímenes que entre los muros de las prisiones citadas se cometieron, así como con la falta de reconocimiento tanto por buena parte de la sociedad, como por las instituciones democráticas en la actualidad. Blasa Rojo lamentaba con amargura en su testimonio cómo sus inmediatos descendientes trivializaban sus experiencias: "¡Madre, no sería para tanto…!", le decía su hija, mientras ella revivía los horrores sufridos en la Prisión Central cada vez que caminaba por la Calle Virgen del Amparo. Mientras tanto, en la actualidad, estos espacios forman parte de la ciudad sin que las administraciones públicas competentes identifiquen que fueron lugares de encarcelamiento, represión y tortura. Una vez más, estas voces, canalizadas a través de un magnetófono o de la escritura narrativa, se proyectan contramarea en una democracia que nació con la impunidad de los perpetradores y el olvido hacia las víctimas como señas de identidad. Nuevamente, estos textos escritos nos recuerdan que los Estados que pretenden ser llamados democráticos tienen obligaciones jurídicas, éticas y políticas con respecto a los crímenes cometidos en su nombre por manos de regímenes dictatoriales.

En definitiva, y a modo de conclusión, podemos plantear que tanto los relatos recogidos por Cuevas como las memorias noveladas de Doña cumplen con la función señalada en torno a la reconstrucción de la capacidad de las mujeres para actuar en tanto que sujetos históricos –y no meramente víctimas que sufren pasivamente las circunstancias impuestas–, así como su importancia a la hora de recuperar las memorias excluidas y silenciadas, en dos momentos –finales de los años setenta, para el caso de Doña y mediados de los ochenta, por lo que respecta a Cuevas– en los que se estaba disputando la batalla por la memoria y el relato del pasado dictatorial. ❙

Referencias bibliográficas

- ABAD BUIL, Irene (2012): *En las puertas de prisión. De la solidaridad a la concienciación política de las mujeres de los presos del franquismo*, Icaria, Barcelona.

- BEVERLEY, John (2010 [1989]): "El margen al centro: sobre el testimonio", *Testimonio: sobre la política de la verdad*, Bonilla Artigas, México.

- CUEVAS, Tomasa (1985a): *Cárcel de mujeres (1939-1945)*, Sirocco, Barcelona.
- (1985b): *Cárcel de mujeres*, Barcelona: Sirocco, Barcelona.
- (1986): *Mujeres de la resistencia*, Sirocco, Barcelona

- DOÑA, Juana (1978). *Desde la noche y la niebla (mujeres en las cárceles franquistas). Novela-testimonio*, Ediciones de la Torre, Madrid

- EGIDO LEÓN, Ángeles (2011): "Cárceles de mujeres. Las prisiones franquistas para mujeres (y para sus hijos) en la guerra y en la posguerra", Dossier monográfico, *Studia Histórica. Historia Contemporánea*, 29.
- y MONTES SALGUERO, Jorge (coords.) (2018): *Mujer, franquismo y represión. Una deuda histórica*, Sanz y Torres, Madrid.

- FORCINITO, Ana (2012): *Los umbrales del testimonio: entre las narraciones de los sobrevivientes y las señas de la dictadura*, Iberoamericana/ Vervuert, Madrid/Frankfurt am Main.

- FORO POR LA MEMORIA DE GUADALAJARA (2012): "Nuestras trece rosas", *Memoria Guadalajara. Blog del Foro por la Memoria de Guadalajara*, <https://memoriaguadalajara.es/2012/08/09/guadalajara-nuestras-trece-rosas/>, [Fecha de consulta: 29/11/2022].

- GARCÍA BILBAO, Pedro; Xulio GARCÍA BILBAO y Carlos PARAMIO ROCA (2010): *La represión franquista en Guadalajara*, Silente, Guadalajara.

- GÓMEZ BRAVO, Gutmaro (2009): *El exilio interior. Cárcel y represión en la España franquista (1939-1950)*, Taurus, Madrid.

- HERNÁNDEZ HOLGADO, Fernando (2003): *Mujeres encarceladas. La prisión de Ventas: de la República al franquismo, 1931-1941*, Marcial Pons, Madrid.
- (2011): *La prisión militante: las cárceles franquistas de mujeres de Barcelona y Madrid (1939-1945)*, Tesis Doctoral, Universidad Complutense de Madrid.
- (2015): "Juana Doña y el manantial de la memoria. Memorias de las cárceles franquistas de mujeres (1978-2007)". *Arenal. Revista de historia de las mujeres*,22 (2), pp. 283-309
- MACSUTOVICI IGNAT, Alexandra (2019): "Mujeres en las cárceles franquistas: la práctica de la escritura y lectura en la obra de Tomasa Cuevas y Juana Doña", *Vegueta*, 19, pp. 285-306.
- MOLINERO Carme; Margarida SALA y Jaume SOBREQUÉS (2003): *Una inmensa prisión. Los campos de concentración y las prisiones durante la guerra civil y el franquismo*. Crítica, Barcelona.
- RAMOS MESONERO, Alicia (2012): *Memoria de las presas de Franco*, Huerga & Fierro editores, Madrid.
- RODRÍGUEZ TEIJEIRO, Domingo. (2011): *Las cárceles de Franco. Configuración, evolución y función del sistema penitenciario franquista (1936-1945)*, La Catarata, Madrid.
- SIERRA BLAS, Verónica (2016): *Cartas presas: la correspondencia carcelaria en la Guerra Civil y el Franquismo*, Marcial Pons, Madrid.
- TRAVERSO, Enzo (2007): *El pasado. Instrucciones de uso. Historia, memoria, política*, Marcial Pons, Barcelona.
- VINYES, Ricard (2002) *Irredentas: las presas políticas y sus hijos en las cárceles de Franco*, Temas de Hoy, Madrid.
- YUSTA RODRIGO, Mercedes (2005): "Las mujeres en la resistencia antifranquista, un estado de la cuestión", *Arenal. Revista de historia de las mujeres*, 1, pp. 5-34.

4. Vestigios de memoria

4.1. Cicatrices en el paisaje. Fortificaciones de la Guerra Civil

ISABEL BAQUEDANO BELTRÁN
Jefa del Área de Protección

FRANCISCO JAVIER PASTOR MUÑOZ
Técnico arqueólogo. Dirección General de Patrimonio Cultural.
Comunidad de Madrid

1. Introducción

Durante mucho tiempo las innumerables obras de fortificación de la Guerra Civil que se encontraban repartidas por el territorio madrileño constituyeron un incómodo recuerdo del conflicto y a menudo también un obstáculo para el desarrollo de la vida cotidiana, por lo que en muchos casos fue necesario amortizarlas de diferentes formas. En un ambiente de desinterés generalizado por estas estructuras hubo, sin embargo, quién intuyó la importancia que podrían tener en el futuro estos singulares vestigios como reflejo de esa etapa de nuestra historia reciente. Es el caso, por ejemplo, del ingeniero militar Emilio Urarte Eznarriaga, que en una fecha tan temprana como el año 1948, publicó una obra sobre la guerra de minas en la que se describe la lucha en el subsuelo de la capital y se aportan detalladas planimetrías de las estructuras ejecutadas.

El cambio de percepción sobre los restos materiales de la Guerra Civil no se producirá en España hasta bien avanzada la segunda mitad del siglo XX, cuando empieza a detectarse cierto interés por los mismos, derivado en algunos casos de la observación del tratamiento dado en algunos países a los campos de batalla de la I y II Guerra Mundial, que en algunos casos se fueron convirtiendo en importantes focos de atracción turística. En nuestro caso el punto de partida de este fenómeno podría situarse a finales de los años 80, con eventos como la exposición "Madrid en guerra", celebrada en el Museo Municipal de la capital o la publicación del libro de Severiano Montero "Paisajes de la Guerra. Nueve itinerarios por los frentes de Madrid", editado en 1987 por el Gabinete de Presidencia de la Comunidad de Madrid, que despertaron gran interés por el tema, a la vez que certificaban la nueva actitud del público sobre estos testimonios de nuestra historia contemporánea.

A lo largo de las dos décadas siguientes, el interés por estos vestigios se extendió entre investigadores, aficionados, asociaciones culturales e incluso diversas instituciones públicas, lo que se tradujo en la publicación de un significativo número de estudios, monografías, guías y catálogos sobre el tema. Un hito en este proceso fue la intervención realizada en el año 2000 en el paraje Casas de Murcia (distrito municipal de Villa de Vallecas) durante la construcción de la línea ferroviaria de Alta Velocidad, donde por primera vez se investigó un enclave de la Guerra Civil con metodología arqueológica en nuestra región.

2. El patrimonio arqueológico de la Guerra Civil en la Comunidad de Madrid

La entrada en vigor de la Ley 3/2013 de Patrimonio Histórico de la Comunidad de Madrid, que en el apartado C de la Disposición transitoria primera contemplaba expresamente las Fortificaciones de la Guerra Civil española, permitió a la Dirección General de Patrimonio Cultural abordar la confección de un inventario general de las estructuras de la Guerra Civil de la región, programar intervenciones arqueológicas en enclaves seleccionados y desarrollar las acciones necesarias para hacer accesibles al público diversos lugares de especial interés.

La confección de un inventario detallado de los vestigios de la contienda de la Comunidad de Madrid constituye una labor indispensable para gestionar adecuadamente este patrimonio y protegerlo. Los trabajos se iniciaron tras la entrada en vigor de la Ley 3/2013, y se han intensificado notablemente en los últimos años, cubriendo la práctica totalidad de los términos municipales que albergan restos de este periodo. En la actualidad se está ultimando el inventario del término municipal de la capital, que por su extensión y singularidad constituye un proyecto de especial complejidad y relevancia. A día de hoy se ha superado ampliamente el millar de fichas de elementos de carácter militar vinculados al conflicto en el Inventario de Patrimonio Histórico y esta cifra probablemente se incrementará hasta un 50 % al finalizar los últimos trabajos en curso en el municipio de Madrid.

Como ya mencionábamos en 2019, la incorporación en la Ley 3/2013 de estos elementos fue trascendental para su valorización por varios motivos: el primero era que su inclusión en un texto legislativo las convertía en "un patrimonio legal", diferenciándolo de otros tipos de "patrimonios consolidados" por la investigación y/o la ciudadanía; entendidos como bienes integrantes del acervo cultural de los pueblos a los que se les reconoce un valor heredado que obligaría a su conservación pero sin una protección legal efectiva como ocurre con las fortificaciones de la Guerra Civil en la legislación madrileña. El segundo motivo, emanado del anterior, es la obligación que tenemos como Administración de incluir estos vestigios en los inventarios de la Comunidad de Madrid, otorgándoles un tipo de protección específica. El tercero, fue una decisión técnica en el planteamiento de todo el proyecto por el cual, para su estudio y puesta en valor, hemos entendido que se debía abordar desde el paisaje y la arqueología (Baquedano, I. y Pastor F. J., 2019: 38 y ss.). La reciente Ley 8/2023, de 30 de marzo, de Patrimonio Cultural de la Comunidad de Madrid ha consolidado la protección, transitoria hasta la realización de los Catálogos de los municipios de la región como Bienes de Interés Patrimonial que les otorgó la citada ley 3/2013. De tal forma que, en la Disposición Adicional Tercera, además de aumentar los bienes con este tipo de protección se incluyen los restos de la Guerra Civil de forma ya definitiva (eliminando la transitoriedad de la normativa anterior) con esta categoría protección (BIP). Aunque en su apartado 2º se señale que una vez realizados los catálogos se especificará la protección que le corresponde a cada bien. A día de hoy, el trabajo que venimos desarrollando con los municipios en la actualización de los catálogos, todas las fichas se están consolidando como yacimientos arqueológicos documentados. Independientemente de que algunas de ellas, por su relevancia cultural puedan tener después una declaración específica de BIC o BIP.

Abordar de forma sistemática la labor de inventariado ha permitido cuantificar por primera vez el patrimonio material de la Guerra Civil de la Comunidad de Madrid y obtener una visión global del mismo. Ahora sabemos, por ejemplo, que existen vestigios de carácter militar de esa época en más de un centenar de términos municipales, en los que se han contabilizado más de 2.000 fortificaciones, de las que unas 500 aproximadamente son de hormigón, además de cientos de kilómetros de trincheras de variada tipología, una docena de aeródromos de campaña e infraestructuras vinculadas al esfuerzo bélico tan singulares como el llamado "Ferrocarril de los 40 días", que tuvo un señalado papel en el abastecimiento del Madrid sitiado.

El gran volumen de estructuras de carácter militar de la Guerra Civil que alberga la Comunidad de Madrid deriva del importante protagonismo que tuvo este territorio durante el conflicto. Aquí se sucedieron desde los primeros compases del enfrentamiento en la capital y en los pasos de la sierra, al prolongado asedio de la ciudad y cruentas batallas como las del Jarama y Brunete. Tras estos acontecimientos ambos bandos se lanzaron a construir una extensa red de fortificaciones para consolidar sus posiciones y liberar efectivos humanos para destinarlos a otros frentes. El esfuerzo desarrollado por ambos bandos fue titánico. Por doquier se identifican líneas de trincheras, parapetos, puestos de tirador, fortines, nidos de ametralladora, emplazamientos artilleros, observatorios

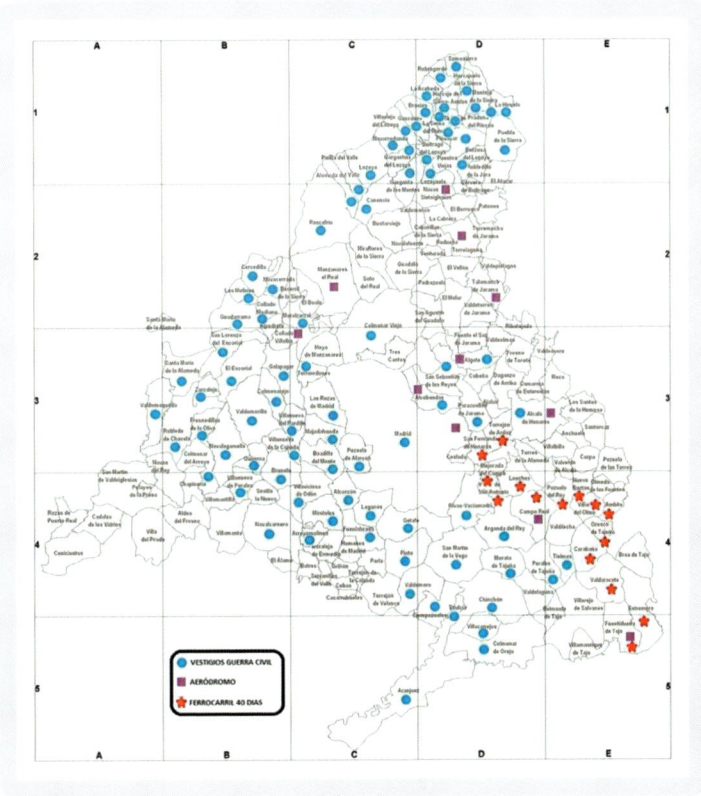

Imagen 1. Términos municipales de la Comunidad de Madrid que albergan vestigios de la Guerra Civil. Área de Protección.
Dirección General de Patrimonio Cultural.

blindados, caminos cubiertos, refugios para la tropa, puestos de mando, polvorines, almacenes, zanjas antitanque, aeródromos de campaña e infraestructuras vinculadas al esfuerzo bélico, que conforman uno de los mejores conjuntos de fortificaciones de la Guerra Civil de toda la península, tanto por su abundancia y dispersión como por su extraordinaria variedad tipológica.

Las primeras obras defensivas realizadas en la capital y su entorno corresponden sobre todo al otoño de 1936 y responden a un plan de la República para crear una serie de líneas de defensa en torno a la ciudad ante la amenaza que representaba el avance de las columnas enemigas desde el oeste y el sur de la península. Se trataba principalmente de trincheras protegidas por alambradas, nidos de ametralladora y pozos de tirador que se extendían de forma concéntrica a la capital apoyándose en los pueblos vecinos. Se tratará en gran medida de un esfuerzo inútil, ya que muchas de estas líneas serán superadas por el rápido avance de los sublevados. Tras el fallido asalto a Madrid del mes de noviembre de 1936 se intensificó la construcción de defensas, en un esfuerzo continuado que se prolongará durante toda la guerra. Las grandes batallas en zonas próximas a la ciudad (Jarama, Brunete), tuvieron asimismo como colofón la fortificación de los escenarios de los combates.

3. Características del patrimonio arqueológico de la Guerra Civil de la Comunidad de Madrid

Las obras defensivas de la Guerra Civil documentadas en la región de Madrid ofrecen una extraordinaria variedad tipológica, fruto de las características del terreno, la disponibilidad de materiales y las circunstancias del momento, lo que determinó la adopción de una extensa gama de soluciones. Se realizaron obras de fortificación en todo tipo de terrenos y ambientes, desde las cotas más elevadas de la región, situadas en las cumbres de la Sierra de Guadarrama, hasta las llanuras del sur de la Comunidad de Madrid, pasando por el medio urbano y periurbano. Encontramos obras defensivas realizadas en zonas donde predominan el granito, el neiss, el esquisto, las calizas, las arenas, los yesos y las gredas. Estas estructuras se ejecutaron empleando a veces exclusivamente los materiales de la zona. En otros casos las fortificaciones incorporan o están construidas íntegramente con cemento, ferralla y ladrillos. En unos casos las defensas se construyeron en zonas alejadas del frente, sin la presión del enemigo, mientras que otras debieron realizarse en condiciones de máxima urgencia y peligro. Unas fueron diseñadas por ingenieros militares y ejecutadas por unidades especializadas, mientras que otras fueron realizadas con gran precariedad de medios materiales y humanos.

En las áreas más elevadas de la sierra madrileña, a menudo en cotas de alta montaña, las estructuras más características son los recintos de diferentes formas y tamaño (de hasta 1.500 m² en algunos casos) levantados con piedra de la zona. En su interior suelen contar con algún barracón para la tropa construido con piedra y a veces con morteros

Imagen 2. Construcción militar de lajas de esquisto levantada en el Pico Picozo, a 1.400 metros de altitud. Berzosa de Lozoya (Madrid).
Dirección General de Patrimonio Cultural.

Imagen 3. Observatorio blindado erigido junto a un berrocal en el cerro de La Sevillana. Guadarrama (Madrid).
Dirección General de Patrimonio Cultural.

pobres. Cuentan con puestos de tirador y pequeñas garitas de vigilancia en las esquinas, así como de parapetos y trincheras en su entorno. A esta altitud no existen obras de hormigón armado, dada la imposibilidad de transportar los materiales necesarios para levantarlas.

En cotas algo más bajas y con mejores accesos se incorporan a la arquitectura militar nuevos materiales de construcción y medios auxiliares, que combinados con los que ofrece el entorno dan lugar también a enclaves de gran entidad y originalidad, a veces erigidos aprovechando los afloramientos rocosos.

Al pie de la sierra se encuentran las primeras líneas defensivas caracterizadas por un número significativo de estructuras estandarizadas de hormigón armado, como los nidos de ametralladora de planta circular del sector Guadarrama-Los Molinos (Plan 2A) o los del sector Valdemorillo-Villanueva del Pardillo (Plan 69B). La estandarización se extiende igualmente a las obras erigidas con otros materiales, dando lugar a construcciones tan características como los fortines circulares de mampostería del Quinto Regimiento, de los que encontramos numerosos ejemplares en la zona occidental de la Comunidad de Madrid. Tienen un diámetro de unos 5 o 6 metros y muros de gran espesor en los que se abren un número variable de troneras. En su día contaban con una

Imagen 6. Fortín del Plan 69B
situado en el término municipal
de Valdemorillo (Madrid).
Dirección General de Patrimonio Cultural.

Imagen 7. Fortín de mampostería del Quinto
Regimiento situado en el término municipal
de El Escorial (Madrid).
Dirección General de Patrimonio Cultural.

cubierta blindada que desapareció en la práctica totalidad de los casos durante la posguerra.

En la zona occidental de la Comunidad de Madrid encontramos otros notables ejemplos de estructuras militares entre los que cabe destacar los grandes fortines cruciformes de hormigón de la zona de Brunete, las originales obras de fortificación de Quijorna, Fresnedillas de la Oliva y Navalagamella o el llamado Blockhaus 13 de Colmenar de Arroyo, máxima expresión de la arquitectura militar desarrollada en Madrid durante la Guerra Civil. Son también características de la zona occidental de Madrid algunos elementos como los nidos de ametralladora semiesféricos de Brunete o las denominadas casamatas CGIS que se extienden hasta la periferia de la capital.

Encontramos fortificaciones blindadas originales y exclusivas en otras zonas de la región madrileña. En la comarca de Buitrago de Lozoya, por ejemplo, son muy característicos unos nidos de ametralladora de hormigón que únicamente se encuentra en esta zona. En el entorno de la capital existen igualmente modelos de estructuras cuya distribución se limita a zonas concretas. Es el caso de los nidos de ametralladora de hormigón con planta en D y acceso a través de un cuerpo trasero, de los que existen buenos ejemplos en el término de Las Rozas. Mucho más extendidos están los nidos de ametralladora republicanos de planta cuadrada

Imagen 8. Casamatas tipo CGIS de la Colonia Camarines. Aravaca (Madrid).
Dirección General de Patrimonio Cultural.

con tronera frontal y acceso en el testero que a veces presentan un bisel en la fachada delantera, de los que es posible que se construyeran más de cincuenta ejemplares. Este tipo de nido de ametralladora, que ocasionalmente aparece en parejas, se encuentra en multitud de localizaciones formando parte de las líneas de defensa de la capital.

En la zona sur de la región los elementos tipológicamente más originales que conocemos son, sin duda, los nidos de ametralladora conservados en el término de Pinto, que no tienen paralelos en otras zonas de la Comunidad de Madrid. También son típicos del sector meridional de la provincia los parapetos escalonados.

En el centro y sur de la Comunidad de Madrid buena parte de las defensas construidas durante la contienda se realizaron excavando en el terreno, constituido básicamente por arenas, arcillas, yesos y gredas, creando toda clase de estructuras, desde líneas de trincheras de gran longitud y complejidad a nidos de ametralladora, puestos de mando, refugios para la tropa, polvorines, observatorios y almacenes. Entre los enclaves de la Guerra Civil española menos estudiados hasta la fecha en el territorio de la Comunidad de Madrid se encuentran aquellos directamente vinculados con la lucha aérea, que tuvo sin embargo gran trascendencia durante toda la contienda. Los aeródromos republicanos más importantes de la región fueron los de Barajas, Alcalá de Henares,

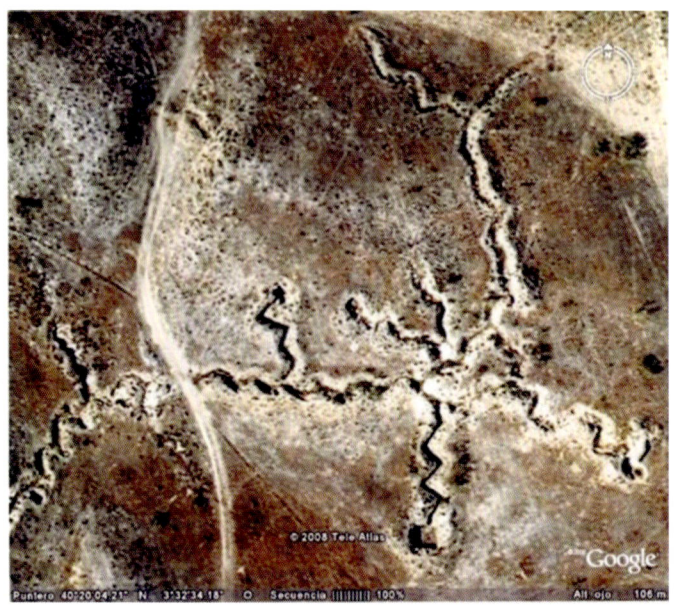

Imagen 9. Vista aérea de una línea de trincheras en el valle del Manzanares (Madrid). Programa Google.

Algete, Talamanca y Campo Real. Los dos primeros ya existían antes de la guerra y tenían uso civil y militar respectivamente, mientras que el resto se crearon durante la contienda y fueron abandonados poco después. A los campos de aviación citados habría que sumar una serie de aeródromos secundarios que tuvieron una actividad mucho menor o sirvieron únicamente de puntos de aterrizaje de emergencia. En territorio controlado por el bando nacional quedaron los campos de Cuatro Vientos y Getafe.

Una de las infraestructuras más singulares de este periodo fue el llamado "Ferrocarril de los 40 días" o "Ferrocarril de Negrín", construido para mantener el abastecimiento de la capital durante la contienda. Su construcción estuvo motivada por el corte de la línea Madrid-Alicante, que a finales del año 1936 quedó al alcance de la artillería enemiga, comprometiendo la resistencia de la ciudad por falta de suministros. Para solventar esta circunstancia se proyectó la construcción de un nuevo ramal de algo más de 90 kilómetros para conectar Madrid con la localidad de Tarancón, en la provincia de Cuenca. Las obras dieron comienzo a principios de junio de 1937 y se prolongaron a lo largo de diez meses, a pesar del nombre atribuido por la propaganda republicana a dicha obra. La línea funcionó durante un año aproximadamente y fue desmontada al concluir la contienda, pero aún subsisten numerosas huellas de la misma.

4. Intervenciones arqueológicas. Espacios visitables

Se han realizado intervenciones arqueológicas patrocinadas por la Dirección General de Patrimonio Cultural en diversos enclaves de carácter militar repartidos por toda la geografía madrileña, a fin de documentar sus características y en casos concretos proceder a su acondicionamiento y señalización para facilitar las visitas del público. También se han autorizado y supervisado varias intervenciones promovidas por distintos entes locales para dedicarlos a fines didácticos, así como las derivadas por desarrollos urbanísticos o la construcción de infraestructuras que afectaban a los lugares donde se ubicaban.

Entre las intervenciones más significativas patrocinadas por la Dirección General de Patrimonio Cultural cuyo fin era convertir esos enclaves militares de la Guerra Civil en espacios visitables cabe mencionar, entre otras, las siguientes: el Frente del Agua (comarca de Buitrago), Blockhaus 13 (Colmenar de Arroyo), Posición de los Yesares (Pinto), Fortines de la Dehesa de Navalcarbón (Las Rozas), la línea de fortines republicanos (Los Moinos) y los fortines y campamento falangista (Navalagamella).

El denominado Frente del Agua fue uno de los primeros espacios de la Guerra Civil acondicionado en la Comunidad de Madrid y probablemente el que mejores resultados está obteniendo, debido sin duda a la conjunción de diversos factores favorables. Está situado dentro del término de Paredes de Buitrago, en la Mancomunidad de Puentes Viejas (comarca de Buitrago). Se encuentra a una distancia de 65 km de Madrid capital. Se trata de un área de unos tres kilómetros cuadrados, situada en su mayor parte dentro de un espeso pinar, en la que se ha diseñado una ruta a lo largo de la cual se pueden visitar una decena de estructuras de hormigón armado, ladrillo y mampostería, así como

Imagen 10. Fortín del Frente del Agua.
Paredes de Buitrago (Madrid).
Dirección General de Patrimonio Cultural.

Imagen 11. Blockhaus 13 de Colmenar
de Arroyo.
Dirección General de Patrimonio Cultural.

varios tramos de trincheras, pertenecientes a ambos bandos. Todo ello conforma un recorrido circular de unos 8 km que cuenta con la correspondiente señalización y el apoyo de un pequeño centro de interpretación situado en el casco urbano de Paredes de Buitrago, en el que se facilita información y un folleto-guía. La intervención fue financiada y supervisada por Dirección General de Patrimonio Cultural de la Comunidad de Madrid.

El Blockhaus-13 es una imponente fortificación de hormigón armado situada a unos dos kilómetros al noreste del casco urbano de Colmenar de Arroyo, en las inmediaciones del km 33,670 de la carretera M-510, que comunica este pueblo con la localidad de Navalagamella. Dista unos 50 km de Madrid capital. Esta estructura constituye la máxima expresión de la arquitectura militar de la Guerra Civil de la Comunidad de Madrid y recientemente ha sido declarada Bien de Interés Cultural. Consta de un cuerpo principal de 10 metros de diámetro desde el que se accede a otros cuatro de menor tamaño, todos ellos con troneras que le permiten controlar la totalidad del terreno circundante. El fortín tiene unos 160 m2 de planta y una altura sobre rasante de algo más de dos metros. Los trabajos de acondicionamiento y señalización han sido financiados y supervisados por la Dirección General de Patrimonio Cultural de la Comunidad de Madrid.

La posición del paraje los Yesares se encuentra a unos 4 km al noreste del casco urbano de Pinto y a 25 km de la capital. Se trata de un paraje

Imagen 12. Fortín de la Dehesa de
Navalcarbón. Las Rozas (Madrid).
Dirección General de Patrimonio Cultural.

Imagen 13. Fortín del término
de Los Molinos (Madrid).
Dirección General de Patrimonio Cultural.

fortificado de unos 8.000 m2, próximo a la Cañada de ganados La Galiana, en el que se encuentran cuatro nidos de ametralladora de hormigón en excelente estado de conservación, así como tramos de trincheras y otras obras auxiliares excavadas en el terreno. El lugar cuenta con señalización y un espacio cubierto (antiguo puesto de mando) habilitado para instalar elementos informativos. Los trabajos de acondicionamiento han sido promovidos por la Dirección General de Patrimonio Cultural de la Comunidad de Madrid y el Ayuntamiento de Pinto.

La Dehesa de Navalcarbón es un espacio verde situado a tres kilómetros al noroeste de la población de Las Rozas en el que se conservan multitud de vestigios de la Guerra Civil (tramos de trincheras, nidos de ametralladora, puestos de tirador, un observatorio blindado, un puesto de mando y otros elementos), parte de los cuales han sido acondicionados por iniciativa de la Dirección General de Patrimonio Cultural. El ayuntamiento de la localidad, que dista 15 km de la capital, prepara actualmente una publicación monográfica sobre los restos de la contienda conservados en el municipio.

También se han llevado a cabo los trabajos necesarios para la puesta en valor de parte de las estructuras militares existentes en Los Molinos, término municipal situado a 50 km de Madrid, a los pies de la Sierra de Guadarrama, Se trata de la creación de una ruta de unos dos kilómetros y medio que se desarrolla en las proximidades del casco urbano, a lo largo de la cual se localizan un total de seis fortines que en general se encuentran en buen estado de conservación. Todos presentan una tipología similar, con un frente circular en el que se sitúan dos amplias troneras y un acceso posterior. La intervención ha sido promovida por Dirección General de Patrimonio Cultural. Comunidad de Madrid.

En el término de Navalagamella, situado a 45 km de la capital, se han realizado diversas intervenciones relacionadas con los vestigios de la Guerra Civil conservados en el municipio, incluyendo la elaboración de un exhaustivo inventario de las estructuras y el acondicionamiento de algunos enclaves singulares para facilitar las visitas: la denominada Posición Calvario y el Campamento de la Peña. El primero es un conjunto de obras defensivas situado a 400 metros del casco urbano de Navalagamella que domina la carretera a Valdemorillo. Está mimetizado con las rocas de un berrocal granítico, ocupando una superficie de 300 m2 aproximadamente. El segundo es un singular conjunto de estructuras de hormigón situado en la retaguardia de frente, en el que actualmente se realizan trabajos de documentación y limpieza y restauración. Hasta el momento se ha restaurado una capilla de campaña y otra de las construcciones del conjunto. Además, dado el interés histórico de este emplazamiento militar, en la actualidad, se está preparando un expediente de declaración de BIC. En ambos casos se trata de iniciativas promovidas y financiadas por la Dirección General de Patrimonio Cultural de la Comunidad de Madrid.

La Dirección General de Patrimonio Cultural continúa promoviendo la ejecución de intervenciones arqueológicas en enclaves de la Guerra Civil por toda la Comunidad de Madrid, en algunos casos con el objetivo de acondicionar estos sitios para facilitar las visitas del público. Últimamente se han realizado trabajos en los municipios de Guadarrama, Brunete, Santa María de la Alameda, Fresnedillas y Rivas-Vaciamadrid.

Varios municipios de la Comunidad de Madrid han desarrollado también iniciativas propias destinadas a la puesta en valor de los vestigios de contienda conservados en su territorio. Es el caso de Piñuecar-Gandullas, Morata de Tajuña, Arganda y Guadarrama, que han diseñado rutas por sus territorios para recorrer los emplazamientos de diferentes

Imagen 14. Vista de la posición Calvario. Navalagamella. (Madrid).
Dirección General de Patrimonio Cultural.

Imagen 16. Posición republicana situada en el área de La Jarosa (término municipal de Guadarrama) tras la intervención arqueológica dirigida por Schnell y Bru.

Imagen 15. Vista del campamento de la Peña (Navalagamella).
Fotografía: Miguel Ángel Bru Castro.

estructuras militares o han rehabilitado y acondicionado los diferentes elementos de algunas posiciones próximas a los cascos urbanos de las poblaciones.

5. La difusión del patrimonio de la Guerra Civil

La difusión de la información obtenida se considera de máxima prioridad dentro de las actividades abarcadas por el Plan Regional de

239

Imagen 17. Folleto de la Jornada dedicada a las Fortificaciones del siglo XX celebrada en el Museo del Traje (Madrid).

Imagen 18. Folleto de Plan Regional de Fortificaciones de la Guerra Civil (1936-1939) de la Comunidad de Madrid editado por la Dirección General de Patrimonio Cultural.

Fortificaciones de la Guerra Civil (1936-1939) de la Comunidad de Madrid. Se emplean para ello diversos medios, desde los soportes tradicionales a las nuevas tecnologías, incluyendo la instalación de cartelería informativa, el diseño de folletos explicativos, la edición de publicaciones específicas, las intervenciones presenciales o telemáticas en medios de comunicación y eventos culturales, la creación de contenidos digitales y las exposiciones itinerantes, todo ello acorde con el interés de la sociedad por estas evidencias de nuestra historia reciente.

Dado el enorme potencial turístico y cultural de este patrimonio y el creciente interés que despierta entre la ciudadanía, se ha considerado apropiado iniciar la creación de centros de interpretación en lugares concretos de la Comunidad de Madrid que permitan profundizar en el conocimiento y explicación de las múltiples facetas del conflicto. El primero de ellos fue el instalado en el ámbito del Frente del Agua, como punto de partida de la ruta que se inicia en la localidad de Paredes de Buitrago. Recientemente se ha inaugurado también en la localidad de Navalagamella un centro de interpretación dedicado al papel de las mujeres durante la Guerra Civil.

Imagen 19. Vista del centro de interpretación del Frente del Agua en la localidad de Paredes de Buitrago. Fotografía: Dirección General de Patrimonio Cultural.

Imagen 20. Ilustración de Arturo Asensio Moruno para el Centro de Interpretación de Navalagamella.

241

Referencias bibliográficas

• ALONSO HERNÁNDEZ, Pablo (2013): "La Guerra Civil en la sierra de Madrid: los fortines de Fresnedillas de la Oliva". *Actas de las VII Jornadas de Patrimonio Arqueológico en la Comunidad de Madrid.* Dirección General de Patrimonio Histórico, Madrid.

• Asociación Española de Amigos de los Castillos, Dirección General de Patrimonio. Consejería de Cultura y Deporte de la Comunidad de Madrid: *Castillos de España,* 127, 138 y 139.

• ARÉVALO MOLINA, Jacinto (2006): El *Batallón Alpino del Guadarrama*, Madrid, Ediciones La Librería.

- (2008): *Senderos de Guerra. 20 rutas históricas por la Sierra de Guadarrama*, Madrid, Ediciones La Librería.

- (2012): "Rutas por el frente sur de Madrid". Ediciones La Librería.

- y GONZÁLEZ FRAILE, Julián (2007): "Frente del Jarama". Frente de Madrid. Revista de GEFREMA, Grupo de Estudios del Frente de Madrid. Núm. 9. Madrid.

• BAQUEDANO BELTRÁN, María Isabel y PASTOR MUÑOZ, Francisco Javier (2019): "El Patrimonio de la Guerra Civil en la Comunidad de Madrid". Plan Regional de Fortificaciones de la Guerra Civil 1936-1939) de la Comunidad de Madrid. Dirección General de Patrimonio Cultural.

• CALVO GONZÁLEZ-REGUERAL, Fernando (2014): *La Guerra Civil en la Ciudad Universitaria*, Madrid, Ediciones La Librería.

• CASTELLANO RUÍZ DE LA TORRE, Ricardo (2004): *Los restos del asedio. Fortificaciones de la Guerra Civil en el Frente de Madrid. Ejército Nacional*" Almena Ediciones. Madrid.

- (2007): *Los restos del asedio. Fortificaciones de la Guerra Civil en el Frente de Madrid. Ejército Republican*, Madrid, Almena Ediciones

- y SCHNELL QUIERTANT, P. (2011): "Arquitectura militar de la Guerra Civil en Madrid. Sector de la Batalla de Brunete", Colección *Arqueología, Paleontología y Etnografía* ,12.

- ESCOLÁ MARTÍNEZ, Marta, LÓPEZ RECIO, Mario, MORÍN DE PA-BLOS, Jorge *et al.* (2004): "Recuperando el pasado: arqueología e infraestructuras lineales. Los trabajos de arqueología en la L.A.V. [Línea de Alta Velocidad] Madrid-Frontera Francesa". *Primeras Jornadas de Patrimonio Arqueológico en la Comunidad de Madrid*, Dirección General de Patrimonio Histórico, Consejería de Cultura y Deportes. Comunidad de Madrid.

- GARCÍA RAMIREZ, José Manuel (2007): *La Batalla del Jarama. Febrero 1937*, Madrid, Almena Ediciones.

- GRUPO DE ESTUDIO DEL FRENTE DE MADRID: *Frente de Madrid, Revista GEFREMA*, Núms.: 1, 2, 3, 4, 9, 11, 12, 14, 17, 18, 19, 22, 23, 24, 26, 27, 18, 29, 30, 32, 34.

- MONTERO BARRADO, Severiano (2001): "Arqueología de la Guerra Civil en Madrid". *Historia y Comunicación Social*, 6, pp. 97-122.
  - (2009): La batalla de Brunete, Madrid, Editorial Raíces.

- MONTERRUBIO SANTÍN, Héctor y JUAREZ VALERO, Eduardo (2008): La *Batalla de la Granja*, Segovia, Librería Ícaro. Segovia.

- MORÍN DE PABLOS, Mario., *et al.*, (2001), "El yacimiento de Casas de Murcia (Villa de Vallecas). Un fortín republicano en la segunda línea de defensa de Madrid capital". XXVI Congreso Nacional de Arqueología, Zaragoza.
  - ESCOLÁ MARTÍNEZ, Marta *et al.* (2002): "El yacimiento de "Casas de Murcia Villa de Vallecas). Excavaciones arqueológicas en un fortín republicano en la segunda línea de defensa de Madrid capital", *Militaria. Revista de Cultura Militar*, 16. pp. 137-162

- MORTERA PÉREZ, Artemio (2007*): Las tres Batallas de Guadalajara*, Madrid, AF Editores.

- PASTOR MUÑOZ, Francisco Javier (2001): "El campo de batalla de Somosierra". *Arqueología, Paleontología y Etnografía*, 10.

• PENEDO COBO, Eduardo, SANGUINO VÁZQUEZ, Juan, *et al.* (2008): "Arqueología de la batalla del Jarama", *Complutum*, 19, pp. 63-87

• RODRÍGUEZ FERNÁNDEZ, Javier (2008): *Fortines. Centinelas de Hormigón en el Frente de Madrid*, Madrid, Ediciones la Librería.

• SCHNELL QUIERTANT, Pablo y BALTUILLE MARTIN, José Manuel (2017): "Arqueología, inventario y catalogación de las fortificaciones de la guerra civil española". *Comunicación presentada en el Congreso de Arqueología de los campos de batalla* (27 y 28 de octubre de 2017, Real Sitio de San Ildefonso, Segovia.

- (2017): "Arqueología de la fortificación de la Guerra Civil y asociacionismo en los frentes de Madrid", *Trabajos de arqueología Navarra*, 29, pp. 169-202.

- (2019): "Manual descriptivo de las obras militares de la Guerra Civil en la Comunidad de Madrid", *Plan Regional de Fortificaciones de la Guerra Civil (1936-1939) de la Comunidad de Madrid*, Madrid, Dirección General de Patrimonio Cultural.

• URQUIAGA CELA, David, FLORES FERNÁNDEZ Raúl, *et al.* (2007): "Patrimonio Arqueológico de la Guerra Civil. Prospecciones en las Zonas afectadas por la Revisión-Adaptación del P.G.O.U. del término municipal de Las Rozas (Madrid)", *IV Jornadas de Patrimonio Arqueológico en la Comunidad de Madrid*, Madrid, Dirección General de Patrimonio Histórico Vicepresidencia, Consejería de Cultura y Deporte y Portavocía de Gobierno.

• VV.AA.: *Guerra y patrimonio en el frente extremeño. 70 Aniversario del cierre de la "Bolsa de La Serena"*, Badajoz, Centro de desarrollo rural La Serena.

4.2. Difusión y perpetuación de las cruces de los caídos a través de la tarjeta postal

ESTHER ALMARCHA NÚÑEZ-HERRADOR

RAFAEL VILLENA ESPINOSA

Centro de Estudios de Castilla-La Mancha
Universidad de Castilla-La Mancha

Con esta investigación pretendemos dar a conocer un soporte comunicativo que, a través de la fotografía, expandió el conocimiento de los monumentos a los caídos en la España franquista. Rastreamos su perpetuación visual, incluso una vez desmontados, gracias a la circulación prolongada de las tarjetas postales en el mundo del coleccionismo y en las instituciones de la memoria (imagen 1). Para llevarlo a cabo se ha hecho una recopilación de imágenes, analizadas iconográfica e históricamente a partir de una metodología combinada de las disciplinas humanísticas de los dos autores.

En 2019 publicamos en la revista *La Tadeo de Arte* (Universidad de Bogotá) un texto, dentro del dosier dedicado a "Historia y Memoria", en el que presentamos unas primeras líneas de trabajo sobre esta cuestión. Así pudimos comprobar la potencia que la tarjeta postal tenía para el

Imagen 1. Santa Cruz de Tenerife. Tarjeta postal en color, colección particular. La postal fue editada en Inglaterra y circulada en 1963, a partir de una fotografía de J. Arthur Dixon, según figura en el reverso. Aunque resignificado y parcialmente modificado en el año 2006, el monumento sigue en pie en 2022.

franquismo como herramienta de propaganda indirecta, más concretamente para la difusión de un elemento tan emblemático como fueron los memoriales a los caídos.

Cuando abordamos el tema por primera vez carecíamos de referentes historiográficos como el libro de Miguel Ángel del Arco, si bien nuestro análisis difiere en la significación del análisis representativo y en el uso de las fuentes. Es esta, justamente, una dificultad añadida, dado el volumen de tarjetas postales que se editaron con cruces de los caídos. Proponemos, pues, una investigación desde la representación visual y su pervivencia a lo largo del tiempo hasta nuestros días, no tanto por lo que se refiere a su valor escultórico y arquitectónico.

En el citado artículo y en estas páginas definimos un contexto de trabajo en el que situamos la "memoria" en singular como eje de la reflexión, al que luego añadimos adjetivos, como memoria *histórica* y *democrática*,

Imágenes 2, 3 y 4 (de izquierda a derecha): Portada de Arriba (17-noviembre-1964), colección particular; Museo del Ejército, Toledo, fotografía del coautor (2022); Tarjeta postal sin circular, Albacete, 1965. Colección particular.

memoria *urbana* o memoria *rural*. Mantenemos el mismo marco, si bien basándonos fundamentalmente en el mencionado soporte, a partir de la fototeca del Centro de Estudios de Castilla-La Mancha y de las piezas de una colección particular.

Otra acepción de memoria con la que hemos trabajado es la de "memoria incómoda", en el sentido de espacios patrimoniales heredados del franquismo sobre los que no se ha actuado por su plausible valor referencial, dejándolos simplemente "estar". No son pocos los ejemplos a los que podríamos aludir, más allá de los monumentos a los caídos y sus representaciones visuales. Si nos limitamos al territorio castellanomanchego, es necesario citar el caso del "Ángel de la Victoria" (1964), de Juan de Ávalos, cuya silueta, a pesar del daño que han generado tanto el atentado de 1976 como el abandono, sigue perfectamente visible desde la carretera de Andalucía a su paso por Valdepeñas (Ciudad Real). Es cierto, no obstante, que estamos prácticamente ante una ruina a la que, incluso, es complicado acceder, como si se hubiese querido ocultar el camino para contemplarlo de cerca. Del mismo escultor es otro ángel, el de Toledo, denominado "Gesta del Alcázar" (1961), integrado en los jardines del actual Museo Nacional del Ejército. Al despojarlo de las inscripciones, fue resignificado, pero, ciertamente, se trata más bien de un monumento hoy vaciado de proyección franquista, a tenor de la actitud con la que se enfrentan a diario los turistas al conjunto escultórico. Un tercer caso, especialmente llamativo, es el del tótem levantado en Albacete al final de la década de los cincuenta en honor a los soldados que participaron en la División Azul. Se trata de uno de los pocos casos de exaltación pública del contingente español que participó junto a los nazis en el frente ruso. La imagen de la postal lo muestra en todo su contexto desarrollista. Fue desmontado en 1994 (imágenes 2, 3 y 4). Aunque el monumento de Albacete ya no exista, estas "memorias incómodas" perviven en la fotografía sobre soportes como la tarjeta postal y circulan actualmente por Internet a través de diferentes plataformas digitales.

1. Bases para la definición de los monumentos a los caídos

Desde el desarrollo de la guerra hubo una voluntad clara de enaltecer la memoria de los caídos en el bando rebelde a través de la construcción de este tipo de monumentos. Realmente, es una tradición que se remonta a la Antigüedad y que el cristianismo retomó para perpetuar el recuerdo de los héroes, convertidos luego en mártires por la rebelión de 1936. Con el fin de articular unas pautas mínimas al respecto, se constituyó la Comisión de Estilo de las Conmemoraciones de la Patria (febrero de 1938), integrada por académicos, militares y representantes de la Falange. Debía fijar las normas y hacer un seguimiento de la construcción de edificios o "edículos", monumentos, lápidas e inscripciones, así como cualquier conmemoración de "acontecimientos, figuras, glorias y duelos de la actual lucha nacional de España".

Si consideramos que los cimientos del nuevo régimen prácticamente no se habían empezado a definir en ese momento, es clara la vocación totalitaria que impregna la iniciativa. Estos conceptos se recogieron en publicaciones falangistas de manera expresa:

¿Cómo será el monumento que señale en España nuestro triunfo, la conmemoración de nuestros muertos, la glorificación de las batallas? Un

Imagen 5. Manzanares (Ciudad Real). Postal fotográfica en blanco y negro, circulada en 1957. Colección particular.

peligro evidente había para la unción y para la estética: las tumbas al soldado desconocido, las formas paganas de las Victorias, la hechura decadente de los monumentos locales, y esas frías iniciativas protestantes de cálculo elemental que no gastan un árbol en poesía… Nuestra conmemoración no podía ser un monumento, ni siquiera un símbolo, sino una devoción, como corresponde a los pueblos que creen…La conmemoración de nuestros caídos, revestirá el tono solemne y digno que exige la perpetuación de tan grandes recuerdos.

Entre agosto de 1939 y octubre de 1940 se fue delineando la regulación apuntada anteriormente. Así, se fijó el control completo sobre los proyectos, desde su idea inicial hasta su ejecución y publicidad, prohibiendo incluso que se abrieran suscripciones populares no autorizadas previamente. Los gobiernos civiles habrían de ocuparse de canalizar las iniciativas y, por su lado, la Dirección General de Arquitectura elaboraría el informe técnico y artístico requerido. Finalmente, la Subsecretaría de Prensa y Propaganda (Ministerio de la Gobernación) tenía la última palabra. En suma, el Nuevo Estado definía una particular "ley

249

de memoria" para ensalzar a sus "mártires de la Cruzada" conforme al relato del vencedor.

Aunque no existió un modelo formal único a la hora de levantar los monumentos, sí que puede constatarse la dominante utilización de la cruz en pura coherencia con la base nacional católica de la dictadura. El control férreo puede comprobarse en el caso de Manzanares (Ciudad Real). Fue necesaria la intervención para acelerar la realización del proyecto dentro un plazo tasado. Sucedió entre junio de 1942 y mayo del siguiente año se inauguró (imagen 3). Situado en la plaza de José Antonio (plaza principal de la población) y de la que salía la calle del Generalísimo, como puede observarse a partir de la tarjeta postal, se instaló sobre una plataforma ajardinada que sirve de como basamento escalonado. El segundo nivel presenta una estructura en forma de obelisco que, finalmente, se transmuta en una cruz por cada una de las cuatro caras. El conjunto de granito gris fue completado con una mesa de altar que servía para depositar las ofrendas conmemorativas, según se intuye de la corona de laureles que aparece en la imagen. Simbólicamente, se completaban las caras del obelisco con la recurrente inscripción y los escudos de las formaciones integrantes del Movimiento. Fue desmantelado en 1984 y trasladado al cementerio de la localidad manchega donde permanece desmontado.

2. A la búsqueda de un modelo

Ya en las antiguas civilizaciones de Oriente Medio encontramos estructuras de homenaje a los héroes, con soluciones estéticas y técnicas diferentes. Algunas de ellas se convirtieron en referentes a lo largo de los siglos y estilos, como la utilización de columnas rotas y obeliscos, si bien sus resonancias paganas provocaban ciertas reticencias ideológicas entre los dirigentes de la dictadura. En este sentido, podemos rescatar la reflexión aparecida en una publicación falangista que editaba la Sección Femenina, *Y. Revista para la mujer nacionalsindicalista*, en torno a la pureza de la simbología cristiana frente a la contaminación de los monumentos paganos:

Un peligro evidente había para la unción y para la estética: las tumbas al soldado desconocido, las formas paganas de las Victorias, la hechura decadente de los monumentos locales, y esas frías iniciativas protestantes de cálculo elemental que no gastan un árbol en poesía. El vestigio más fiel de lo que han sido las Edades, está en la manera como celebraron sus hechos, la forma que ellas mismas dieron a su permanencia [...]. A España pertenece la calidad poética y la dimensión católica de los actos [...]. Nuestra conmemoración no podía ser un monumento, ni siquiera un símbolo, sino una devoción, como corresponde a los pueblos que creen. Y, Revista para la mujer nacional.sindicalista, 5, mayo de 1938, p. 5.

A pesar de ese rechazo a las "formas paganas", se levantaron, en pequeña proporción, algunos que utilizaron esos elementos. Es evidente que con el desarrollo del franquismo esta tipología impactaba visualmente menos entre la población que la cruz u otros motivos más fácilmente reconocibles e identificables con la simbología del Nuevo Estado. Puede ser el caso de la localidad de Villarrobledo (Albacete). La imagen 6 reproduce una tarjeta postal de los años sesenta en la que se ve la columna quebrada que lo preside, instalada estratégicamente en mitad de un parque con su actividad de recreo alrededor según muestra la imagen.

En esta provincia es posible encontrar también ejemplos de obeliscos, como el de Tarazona de La Mancha frente a la iglesia en perfecta alineación con la torre en los contrapicados de las postales; o el de la propia capital, ubicado en el parque "de los Mártires" que presentaba adosadas sobre cada una de sus caras la cruz. Ciertos monumentos que se encontraban en el recorrido del féretro de José Antonio Primo de Rivera tenían, además, la singularidad de incorporar un monolito conmemorativo del paso de la comitiva fúnebre. Las postales de la ciudad de Albacete permiten apreciar el protagonismo de este hito, que hoy se conserva en el cementerio municipal junto a todo el memorial.

Existen más muestras de esta tipología que fusionaba obelisco y cruz. Citemos Aldea del Rey (Ciudad Real) que es similar al caso de Albacete a pequeñísima escala. Las postales que hemos localizado la retratan a un lado de la toma horizontal, en perspectiva abierta hacia la iglesia

Imagen 6. "Parque de los Mártires", Villarrobledo (Albacete), Valencia, A. Subirats Casanovas, 1965. Tarjeta postal en color. Fototeca del CECLM. En 2018 se acometió la eliminación de las placas y símbolos falangistas laterales en medio de cierta polémica local.

que realmente concentra la atención. Es un planteamiento visual menos grandilocuente que los albaceteños, pero muy valioso documentalmente por los elementos que aparecen (personas y vehículos).

Se ha visto que la preocupación por definir un modelo de memorial público a las víctimas estaba presente, incluso, en el transcurso mismo del conflicto civil. Finalizado este, las primeras representaciones no mostraron, ni con mucho, soluciones tan acabadas como las que se recogen en las imágenes 5 y 6. Muy al contrario, fueron realizaciones sencillas, es decir, la disposición de una placa conmemorativa con los nombres de las víctimas locales que siempre encabezaba José Antonio Primo de Rivera como "mártir fundacional" y solía colocarse adosada a una pared de algún edificio religioso de la población (imagen 7).

La cruz tomó un rápido protagonismo como elemento recurrente, bien inserta dentro del mismo panel, bien añadida externamente en cualquier otro soporte: de manera exenta, en los obeliscos y pilares o coronando

Imagen 7. "Iglesia de Santa María la Mayor (antiguo templo romano)", Madrid, Heliotipia Artística Española. Tarjeta postal, 1968. Fototeca del CECLM. Se usó la piedra blanca para la lápida con el fin de resaltarla respecto a la arenisca rojiza del edificio, según puede apreciarse en la imagen por el contraste cromático, aunque sea en blanco y negro su reproducción en este texto.

todo tipo de artificios. En efecto, el símbolo de la cruz cogió un protagonismo sin competencia en el discurso monumental. No puede olvidarse el incuestionable respaldo de la iglesia católica a la dictadura, así como el propio nervio de la religión política franquista que se asentaba sobre la glorificación de José Antonio y los mártires. Es bien sabido que el régimen se autodefinió "nacional-católico".

El número de casos que podrían citarse es enorme, pero detengámonos en algunos que nos parecen relevantes por su configuración y por su representación visual en las tarjetas. Para clasificar los tipos vamos a atenernos al doble criterio de su forma y su ubicación. Empecemos por aquellas que reproducen la tradición simbólica de espacios como los cruces de caminos, la llegada a las poblaciones o las inmediaciones de los cementerios. Formalmente hablando son de pequeñas dimensiones, escasa complejidad constructiva y generalmente de granito.

En las imágenes 8 y 9 pueden contrastarse las de Villamayor de Santiago (Cuenca) y Lagartera (Toledo) en sendas postales de los años sesenta. De la primera interesa destacar la solución compositiva del fotógrafo que recoge la arquitectura vernácula y, por lo tanto, se convierte también en un documento para el análisis del patrimonio arquitectónico, muchas veces desaparecido o profundamente transformado. La cruz es de pequeñas dimensiones y de absoluta sencillez sobre un doble pedestal escalonado. La imagen de Lagartera recoge la cabecera de la parroquia del Salvador en un picado donde el monumento aparece completamente exento de las construcciones inmediatas al templo y delimitado por una pequeña verja de hierro que se une por balaustres de granito. Esta segunda es algo más compleja, recuerda a los cruceros y se articula mediante un plinto, sobre el que se apoya un pilar como base de la cruz con los cuatro brazos iguales y elementos decorativos en sus extremos.

En ambas poblaciones la aplicación de la Ley de Memoria Histórica eliminó los símbolos falangistas y el listado de nombres. Los memoriales fueron levemente desplazados, si bien en el mismo espacio, y se han mantenido las cruces como referencia cristiana a las iglesias donde se adosan. Podemos encontrarnos ante dos de las soluciones que han protegido de manera clara el valor artístico de estos conjuntos, aunque, a la vez, los hayan vaciado de su significación ideológica fascista.

Existen múltiples propuestas similares en todo el país que corresponden, lógicamente, a pequeñas entidades locales. Con gran economía de medios, se sumaron, no obstante, a la conmemoración de los "mártires".

Más complejas fueron muchas otras cruces que, sin llegar al nivel de monumentalidad que puede observarse en las grandes ciudades españolas, respondían a una cierta pretensión de mayor escala. Vamos a detenernos sobre dos casos. En Pedro Muñoz (Ciudad Real) encontramos como base del memorial una plataforma escalonada que sostiene un gran pilar coronado por la cruz. En tres de sus caras presentaba los nombres de los asesinados en la población. Además, se le adosaba una

Imagen 8. Villamayor de Santiago, Zaragoza, Edic. París, ha. 1960.
Postal en blanco y negro iluminada. Fototeca del CECLM.

Imagen 9. "Lagartera. Cruz de los Caidos = Croix des Tombes = The fallen Cross", sl, Almacenes
San Francisco (Juana Gómez), 1970. Fototeca del CECLM.

Imagen 10. Pedro Muñoz. Postal fotográfica en blanco y negro, ha. 1960. Fototeca del CECLM.

mesa de altar con inscripción. Todo el conjunto es de mármol, alrededor del cual se articuló un espacio ajardinado. Podemos verlo reproducido en la imagen 10, una figura resuelta con gran habilidad técnica por la perspectiva que redunda en dramatismo. De nuevo, debemos valorar la postal como fuente de estudio para la arquitectura vernácula como se aprecia al fondo. Se hicieron más tomas del monumento en tiradas posteriores, pero a partir de planteamientos estéticos menos acertados y que denotan cierta pérdida de protagonismo del monumento frente al contexto urbano.

El segundo ejemplo sobre el que queremos fijarnos es especialmente llamativo, no solo por las dimensiones, sino por la ubicación. Se trata de la cruz de Almodóvar del Campo, también en la provincia de Ciudad Real, situada en medio de un cruce a la entrada de la localidad. Apoyada sobre un pequeño escalonamiento, en forma de medialuna, que la separa de la calzada, nos encontramos una estructura en piedra caliza compuesta por un pilar central, al que se adosa la cruz y, finalmente, coronado todo ello por el escudo de España en grandes dimensiones, incluso desproporcionadas. El pilar central está flanqueado con tres pilares cilíndricos a ambos lados que sustentan un arquitrabe en dos niveles escalonados y en el que puede leerse el lema "Paz [.] A los caídos por Dios y por España [.] Gloria". Igualmente se aprecia la presencia de dos placas de mármol en la misma estructura. Alrededor del monumento se ordenaba el tráfico gracias a la disposición de las pertinentes señales, visibles en la imagen.

Su disposición y planteamiento estético recuerdan vagamente a ejemplos de desarrollo grandilocuente como los de Valencia y Santa Cruz de Tenerife. Quizás estamos simplemente ante una gradación de escala, relacionada con el peso demográfico del municipio ciudadrealeño. Sin embargo, hay algo distintivo: el monumento solo está concebido para contemplarse frontalmente desde la localidad hacia afuera, ya que la espalda aparece desnuda de cualquier tipo de decoración. Aun así, esa otra perspectiva, menos vistosa, fue tenida en cuenta también en los años setenta para hacer una tirada de postales.

No todos los detalles comentados pueden apreciarse en la postal que reproducimos aquí (imagen 11), pero los hemos extraído de otras imágenes consultadas para esta investigación. La toma en cuestión parece resolverse con poca pericia en cuanto al enfoque y a la distribución de los volúmenes, pero contiene elementos iconográficos interesantes, de suerte tal que convierten a la tarjeta en un pequeño repertorio del desarrollismo franquista. Así, el cartel publicitario de Coca-Cola a la izquierda con el nombre del bar, el SEAT 1500 negro circulando a cierta velocidad (de ahí el desenfoque) por la vía, las furgonetas aparcadas, apreciables parcialmente sobre la esquina derecha de la fotografía y el silo claramente visible en el horizonte antes de divisar las estribaciones montañosas. Como contraste a esa cierta "modernidad", un lugareño transita por el mismo espacio a lomos de un équido y sobre serones, pura metáfora de la España rural de aquellas décadas. Una vez desmontado el memorial, este mismo sitio sirve actualmente como soporte a otro tipo de homenajes escultóricos.

Imagen 11. "Almodóvar del Campo: Plaza de los Caídos", Madrid, Heliotipia Artística Española, 1966. Tarjeta postal en color. Fototeca del CECLM.

La propuesta de Almodóvar nos remite al necesario análisis de los espacios urbanos por los que se desplegaron los monumentos en las diferentes poblaciones. Ya nos hemos referido también a los situados en las fachadas de las parroquias y en sus plazas, de los que podrían mencionarse así mismo Talavera de la Reina (Toledo) o Daimiel (Ciudad Real), desmontados para cumplir la Ley de Memoria Histórica.

Pero no podemos eludir que estos elementos de recuerdo y exaltación se instalaron en el interior de instituciones públicas y privadas. El punto de partida fue la cripta del Alcázar de Toledo que apareció muy pronto recogida en álbumes de postales, de modo que la visibilidad dada al monumento en su configuración inicial se multiplicó desde fecha temprana. Después, el espacio sufrió modificaciones notables. La imagen 12 nos permite comprobar que la fotografía fue tomada antes de concluir el memorial; de ahí la escalera apoyada sobre un arcón. En cuanto a la configuración en sí, aunaba elementos de la tradición clásica, como los obeliscos y la urna, con una gran cruz presidiendo de la que cuelga la bandera de España a modo de sudario. La parte inferior está colmada de

Alcázar de Toledo. Sala de los caídos, en el Antiguo Museo Romero Ortiz

Imagen 12. "Alcázar de Toledo. Sala de los caídos, en el Antiguo Museo Romero Ortiz", Bilbao, Huecograbado Arte, 1939. El escaneado de la imagen, en su contexto objetual, permite comprobar que la pieza forma parte de un bloc de postales. En su reverso puede leerse, manuscrito, "Toledo, 11-mayo-1939. III A.[ño] T.[riunfal]". Fototeca del CECLM.

fotografías de los fallecidos durante la "epopeya" del Alcázar, si bien los huecos apreciables denotan que, en ese momento, no debían haberse podido recabar todos los retratos.

Nuestro recorrido por los interiores recala, a continuación, en un centro educativo de religiosos. Nos referimos a la placa conmemorativa instalada en el patio de los Marianistas en Ciudad Real capital (Colegio Nuestra Señora del Prado). Adosada al área porticada, entre dos arcos, se levanta la lápida de mármol con una cruz central. A ambos lados, los nombres de los profesores (en la parte superior) y alumnos caídos en el conflicto. Preside la relación el sacerdote Carlos Eraña que todavía hoy forma parte del callejero de la capital manchega. La lápida presenta en la parte superior un coronamiento escalonado que alberga el escudo de España, así como las leyendas habituales con los términos "héroes", "mártires" y "Cruzada", cuyo empleo tiene más sentido que nunca por la conceptualización que la iglesia católica hizo pronto del levantamiento armado de 1936. El monumento no tenía una base en sí, sino que los tres peldaños que sirven de acceso al porche cumplen esa función.

Imagen 13. Tarjeta fotografía en blanco y negro sin circular y sin datos de impresión. Manuscrito aparece el texto "Ciudad Real Colegio Marianistas".
Colección particular.

Sin duda, se trata de un caso muy singular y que plantea la interesante perspectiva de la presencia memorialística de los vencederos en espacios semi públicos, pero cuya transferencia al soporte de tarjeta multiplica su visibilidad.

3. Persistencia de la memoria visual: postal y coleccionismo

En las páginas precedentes hemos aludido al desmantelamiento de muchos de los monumentos a los caídos en el territorio de nuestro estudio, consecuencia directa de la Ley de Memoria Histórica de 2017. Con la aprobación de la nueva normativa, la Ley de Memoria Democrática de 2022, se eliminarán otros muchos, probablemente entre cierta controversia política y mediática según ha podido comprobarse en el tiempo que se gestaba este texto.[177]

Un caso muy temprano de eliminación en nuestra región y poco conocido todavía, sobre el que seguimos trabajando, es el de Alcázar de San Juan (Ciudad Real). Se remonta al período del posfranquismo, antes, desde luego, de cualquier normativa general que viniera a gestionar la reparación memorialística. La documentación procede del Archivo General de la Administración[178] y descansa sobre correspondencia cruzada entre el alcalde de la localidad (Eugenio Molina Muñoz), el arquitecto (Víctor Caballero Ungría, de quien no tenemos su respuesta) y el párroco de Santa María la Mayor (Ricardo Pinilla), los días 3 y 13 de mayo de 1978. De estas cartas se desprende la voluntad que demostró la corporación municipal por eliminar las placas con los nombres de los caídos que estaban adosadas a la citada parroquia. El alcalde se escudaba en una supuesta recomendación de la Dirección General, pero el sacerdote negaba tal informe. Sin embargo, su opinión era coincidente con el primer edil y apoyaba el desmantelamiento. Merece la pena reproducir sus palabras: "Creo que lo verán tan claro como yo lo veo y como nuestro alcalde pretende que lo vean y cuanto antes procedan a borrar esa relación que tan antiestética resulta a la fachada y tan oportuno es hoy que desaparezca".[179]

La opinión del sacerdote es tan clara como la familiaridad que manifestaba con el importante arquitecto restaurador ("Saludos a D. Victor [sic] y a todos los buenos amigos", se despedía). No menos llamativa es la fecha de la iniciativa que concluyó en el desmantelamiento de tales símbolos.

---

177 Aquí debería ir una nota al pie. En el original era la nota 11. Puede recordarse la situación de Castellón en enero de 2023. Ver <https://www.lasprovincias.es/comunitat/castellon-inicia-trabajos-20230104111434-nt.html> [Consulta: 04/01/2023]. También la controversia sobre la posible exhumación del cuerpo de Moscardó en el Alcázar de Toledo. <https://www.cmmedia.es/noticias/castilla-la-mancha/toledo/defensa-exhumara-restos-moscardo-milans-bosch-alcazar-toledo.html> [Consulta: 04/11/2022].

178 AGA, 51-12357.

179 Ibídem, carta del 13 de mayo de 1978.

Iniciativas municipales o legislación nacional no impedirán la persistencia de los registros fotográficos y su circulación por Internet. Las postales que se han insertado aquí proceden de piezas localizadas y adquiridas en plataformas de venta en línea, nacionales e internacionales. Actúan, así, a modo de repertorios documentales, pero no de manera restringida como sucede en los archivos o fototecas donde indagan los estudiosos, sino públicamente y con un espectro amplísimo de visitantes. Es decir, podemos hablar de la persistencia fotográfica de la memoria. Del mismo modo que en el siglo XX, durante la "época dorada de la tarjeta postal", este soporte, barato de fabricar y exitoso en su circulación, contribuyó a la construcción iconográfica de los espacios urbanos, durante las últimas décadas la existencia de portales para coleccionistas, abiertos a todo tipo de clientes, han contribuido a la permanencia visual de los símbolos de la dictadura. Probablemente son conocedores del contexto y significación precisa de los monumentos, mas no necesariamente.

En este orden de cosas, debemos hacer una precisión metodológica que tiene su repercusión en el mayor o menos grado de visibilidad de estos objetos. Inicialmente las descripciones "Cruz de los caídos" o "Monumento a los caídos" aparecían en los reversos y así lo hacen notar actualmente los gestores de las webs de venta. Por lo tanto, su localización es más sencilla. Ahora bien, conforme avanzó la dictadura, esa indicación fue desapareciendo y los memoriales se integraron como parte del mobiliario urbano, lo que hacía irrelevante su indicación para el editor de las tarjetas. Entonces empezaron a convertirse en tarjetas con postales puramente toponímicas ("plaza tal" o "calle cual") y solo una minuciosa búsqueda consigue rescatar los documentos visuales.

Mostramos a continuación una selección de imágenes, a modo de sondeo significativo, que recogen capturas de pantalla en cuatro portales de coleccionismo, posiblemente los más importantes en este ámbito. Se trata del sitio español *Todocolección*, donde las búsquedas "cruz de los caídos" y "monumento de los caídos" devolvían resultados en el momento de la indagación. En segundo lugar, el sitio belga *Delcampe*, con precios,

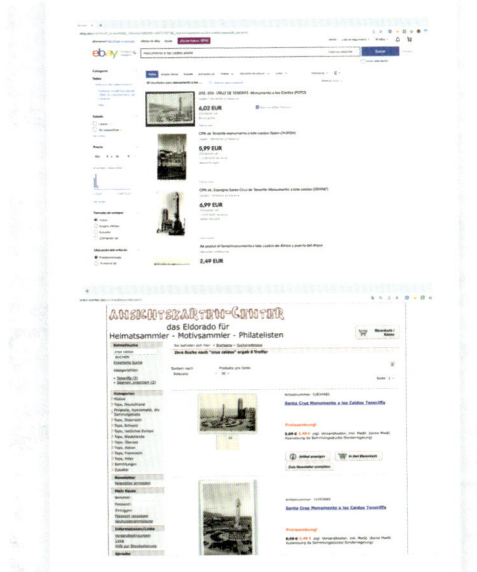

Figura 11 Coleccionismo.

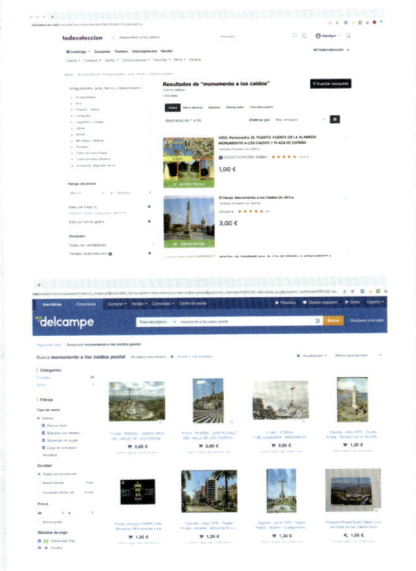

Figura 12 Coleccionismo.

en general más elevados y con un catálogo extensísimo de piezas interesantes procedentes de todo el mundo. Aquí las búsquedas devuelven sobre todo imágenes del Valle de los Caídos, pero también de otros lugares. En el portal de ventas *eBay*, propiedad de *PayPal*, los resultados han sido más pobres. No obstante, ahí están las postales con monumentos y pueden consultarse o adquirirse. Finalmente, mencionamos el sitio web alemán *AnshichtKarten*, especializado en el coleccionismo de postales y, en general, de fotografías patrimoniales, singularmente europeas.

4. Fragmentos vivos del pasado, a modo de conclusión

En esta aportación hemos realizado un recorrido por las cruces a los caídos en la España rural, a partir de su huella documental fotográfica en las tarjetas postales de Castilla-La Mancha. Estos registros, que circulan libremente por multitud de sitios de Internet, nos confrontan con la permanencia de huellas simbólicas de exaltación franquista. No se trata de documentos custodiados por las instituciones de la memoria, solo consultados por el investigador experto –que también–, sino de fotografías fácilmente accesibles para todo tipo de público. Debemos reflexionar sobre la persistencia de un patrimonio incómodo, su conservación, gestión y difusión. Es una cuestión que se ha escapado a los legisladores en torno a la memoria, pero sobre la que hemos trabajado expresamente.

Una vez más creemos haber demostrado empíricamente que las postales constituyen una fuente de primer orden para el estudio de nuestro pasado. Ignoradas desde la perspectiva heurística durante mucho tiempo por su carácter efímero y supuestamente secundario respecto a otras fuentes iconográficas o textuales, aportan información significativa en la metodología histórica, a la vez que sugieren debates tanto para la ciencia como para la ciudadanía. El lema propagandístico "Caídos por Dios y por España", tan afín con el marcado carácter católico de la dictadura, sigue circulando visualmente por la Red en el siglo XXI y desconocemos si el navegante se enfrenta a ello o no con información suficiente para poder contextualizar estos objetos fotográficos. ▌

Referencias bibliográficas

- ALMARCHA, Esther et al. (2007): "Evocación, historia y tarjetas postales entre repúblicas (1869-1939)", en *Fotografía y patrimonio. II Encuentro en Castilla-La Mancha*, Ciudad Real, Centro de Estudios de Castilla-La Mancha, pp. 22-45.
- y VILLENA, Rafael (2019): "Las tarjetas postales como registro de la memoria histórica", *La Tadeo De Arte*, 5, pp. 178-203.

- ARCO, Miguel Ángel del (2022): *Cruces de memoria y olvido. Los monumentos a los caídos de la Guerra civil española (1936-2021)*, Barcelona, Crítica.

- BOX, Zira (2005): "Pasión, muerte y glorificación de José Antonio Primo de Rivera", *Historia del presente*, 6, pp. 192-216.
- 2007): "La construcció de la memòria oficial. La legislació franquista sobre símbols", *Afers: fulls de recerca i pensament*, 56, pp. 41-59.

- LLORENTE, Ángel (1995): *Arte e ideología en el franquismo, 1936-1951*, Madrid, Visor.

- RIEGO, Bernardo (2012): *España, ayer y hoy*, Barcelona, Lunwerg.

- SÁNCHEZ, Isidro y VILLENA, Rafael (2010): "La tarjeta postal en la historia de España", en RIEGO Bernardo (ed.), *España en la tarjeta postal: un siglo de imágenes,* Madrid, Lunwerg, pp. 10-29.

- SICURI, Fiorenzo (2015): *Frammenti del passato. Il culto dei caduti. Monumenti parmensi ai caduti della Grande Guerra nelle cartoline d'epoca*, Fidenza, Mattioli.

4.3. ¿Ángel de la paz o de la guerra? Análisis histórico e iconográfico del monumento de Juan de Ávalos en Valdepeñas (Ciudad Real)

SILVIA GARCÍA ALCÁZAR

FRANCISCO JOSÉ CERCEDA CAÑIZARES
Universidad de Castilla-La Mancha

1. Introducción[180]

El "Monumento de Valdepeñas", más conocido como "Ángel de la Paz", "Ángel de la Victoria" o, simplemente, como "El Ángel", se erigió desde su creación en un importante hito paisajístico en la ciudad vinatera. La silueta de la población y su entorno están indisolublemente unidos al Cerro de las Aguzaderas y la figura que lo corona, actualmente maltrecha. Esta nos da la bienvenida a la localidad en su entrada norte, siendo igualmente visible desde otros muchos puntos de la ciudad. Tras el atentado sufrido en 1976, el monumento quedó en un estado lamentable, que se ha ido acrecentando con los años ante la desidia de las

---

180 Queremos dejar constancia de que, para la elaboración de este trabajo, además de la bibliografía, los documentos de archivo, hemerográficos y digitales consultadas que veremos después, también hemos contado con la colaboración y aportaciones de Juan Ávalos Carballo, Domingo Fernández Maroto, Tonka Ivanova, Marina Zamora Hernández y Ramón Vicente Díaz del Campo. Deseamos expresar nuestro agradecimiento a todos ellos.

autoridades que parecían no tener muy claro a qué organismo competía su conservación. Aunque con el tiempo "El Ángel" fue perdiendo mucha de la carga simbólica que tenía, las connotaciones políticas siempre han estado presentes en él, lo que lo ha condenado en buena parte a su progresiva desaparición.

En las líneas que siguen pretendemos reivindicar su valor artístico, sin olvidar la profunda vinculación que siempre ha tenido con la gente de Valdepeñas y su imaginario colectivo. Comenzaremos con un recorrido por la cronología de su proceso de creación, de la que se encargó el conocido escultor Juan de Ávalos, hasta llegar a su inauguración y posterior destrucción. Igualmente, analizaremos iconográficamente la figura del ángel aportando documentación inédita que nos ayudará a abrir un debate en torno a su significado. No olvidaremos, asimismo, aludir a los intentos de resignificación del monumento planteados tras su voladura. Todo ello, irá encaminado a sacar del olvido una obra de arte del escultor más destacado de la España de entonces y nos dará pie a reflexionar sobre cuál será su futuro tras la aprobación de la nueva Ley de Memoria Democrática.

2. El "Monumento de Valdepeñas": del proyecto a la materialización

La historia de la construcción de este enclave se inició el día 31 de julio de 1961, momento en el que la Diputación de Ciudad Real acordó por unanimidad, y a propuesta de la Presidencia, patrocinar la creación de un monumento en el punto más estratégico de la entonces carretera general de Madrid a Andalucía (actual autovía A4) para conmemorar "el Glorioso Movimiento Nacional en su 25 aniversario"[181]. Sin embargo, no comenzó a tomar forma hasta 1962 cuando la obra se encarga al artista emeritense Juan de Ávalos, conocido autor de algunas de las esculturas de lugares tan emblemáticos para el franquismo como el Valle de los Caídos o el Alcázar de Toledo. El monumento de Valdepeñas, como hi-

---

[181] Archivo General de la Diputación de Ciudad Real (AGDCR), Libro 725, Acta de la sesión ordinaria celebrada por el Pleno de Excelentísima Diputación, 31 de julio de 1961.

Imagen 1. Portada de *Lanza. Diario de Ciudad Real*, en su número del 9 de mayo. En el centro de la misma apareció la noticia de la aportación del Ayuntamiento de Valdepeñas.

ciera en otras muchas ocasiones, lo realizó en colaboración con su hijo el arquitecto Juan Ávalos Carballo. Este se encargó de la parte construida sobre la que se asentaría todo, incluyendo los cálculos y mediciones de la estructura interior así como de los pilares traseros de los que hablaremos más tarde[182].

En el mes de junio la Diputación de Ciudad Real informaba de que ya se había iniciado una suscripción popular para costear la creación del monumento, en la que habrían de colaborar todos los pueblos de la provincia[183]; sabemos que Valdepeñas la encabezó aportando 25.000 pesetas, tal y como se recogió en la prensa del momento. Así pues, *Lanza*.

---

182 Esta información ha sido proporcionada por el propio Juan Ávalos Carballo. Igualmente, se recoge en parte en la web de la Fundación Juan de Ávalos: http://www.fundacion-juandeavalos.es/biografia.htm#1960 .

183 AGDCR, Libro 726, Acta de la sesión ordinaria celebrada por el Pleno de Excelentísima Diputación, 30 de junio de 1962. Véase igualmente AGDCR, Libro 726, Acta de la sesión celebrada por el Pleno de Excelentísima Diputación, 28 de julio de 1962.

Diario de Ciudad Real en su número del 9 de mayo mostraba en su portada la noticia de la significativa aportación realizada por el consistorio valdepeñero y recordaba que eran las alcaldías y jefaturas locales las que debían encargarse de recabar los fondos.

La misma noticia también apareció en otros periódicos como *Imperio. Diario de F.E.T. y de las J.O.N.S.* que se publicaba en Zamora y que aludió a la futura construcción del monumento así como a la contribución económica de Valdepeñas[184]. Al parecer, la suscripción también estuvo abierta para que los propios trabajadores de la Diputación pudieran participar.

El lugar definitivo escogido para situar el monumento fue el Cerro de las Aguzaderas de Valdepeñas, situado a dos kilómetros al norte de la población, justo al lado de la carretera. Se trataba de una pequeña elevación con la altura suficiente como para que el monumento fuera visto desde una distancia considerable y para que pudiera ser admirado por los numerosos viajeros que pasaran por la carretera anexa. Además, su cercanía a tan importante vía de comunicación permitiría que fuera visitado al ser un emplazamiento de fácil acceso. Según se refleja en las actas de la Diputación, fue el propio Juan de Ávalos quien, después de recorrer diversos parajes de la provincia, decidió que aquel era el lugar idóneo[185]. Sin embargo, pensamos que aquella elección pudo estar también en buena parte dirigida por la institución promotora del monumento ya que recordemos que en esos momentos el Presidente de la Diputación era Alfonso Izarra Rodríguez, Alcalde de Valdepeñas y Jefe local del Movimiento. Su presidencia abarcó desde 1959 hasta 1964 coincidiendo, por tanto, con el arco temporal en el que se gestó la construcción de este monumento.

---

184 "El ayuntamiento de Valdepeñas entrega 25.000 para el monumento provincial al Caudillo", *Lanza. Diario de Ciudad Real*, 6 de mayo 1962; "Un monumento conmemorativo del Alzamiento será erigido en Valdepeñas", *Imperio. Diario de F.E.T. y de las J.O.N.S.*, 10 de mayo 1962.

185 AGDCR, Libro 726, Acta de la sesión ordinaria celebrada por el Pleno de Excelentísima Diputación, 30 de junio de 1962.

En origen el proyecto se planteó con las siguientes características: tendría una base circular de 15 m de diámetro y sobre ella una plataforma triangular a modo de proa de barco. Encima se colocaría una estatua de un ángel de 15 m de altura que portaría una espada de 10 m, a modo de gran cruz, cuyo pomo llegaría más o menos a la altura del tórax. Detrás se colocarían dos pilares de sección triangular hechos de sillería rústica de granito que alcanzarían los 25 m de altura y sobre ellos habrían de descansar las alas de la imagen. Esos hitos eran estructuras huecas en cuyo interior discurrían sendas escaleras de subida a la parte superior. La altura total de todo sería de 28 m. Los materiales que se utilizaron para la creación de la escultura protagonista del monumento fueron chapa de cobre repujada colocada sobre una armadura interior de hierro. Cabe apuntar que, aunque durante mucho tiempo en la población de Valdepeñas se dijo que el rostro del ángel sería un retrato de Francisco Franco, en ningún caso se indica esto ni en la documentación ni en la bibliografía consultadas hasta el momento. Parece, pues, que se trataría más de un rumor que de una realidad. El proyecto se completaba con una cuidada iluminación para dar "espectacularidad" al monumento por la noche y hacer visible el cerro en la oscuridad[186].

El presupuesto total de ejecución fue de 4.247.000 pesetas, sin incluir aquellos gastos ocasionados por la necesaria urbanización del entorno, zonas verdes y carretera de acceso al lugar. En el acta del 30 de junio de 1962 del pleno de la Diputación se indica que el comienzo de las obras estaba previsto para el día 18 de julio de ese año y se pretendía que estuviera acabado para el mes de octubre, momento en el que se haría una gran inauguración para la que se contaría con la asistencia de las más altas autoridades a nivel nacional. Nuevamente, a través de las noticias de la prensa de la época podemos corroborar que el inicio de la construcción del monumento se llevó a cabo efectivamente en el día previsto. En la portada del número del 19 de julio publicado en el *Diario Imperio* se describía cómo la noche anterior, a las 21 horas y en presencia del Gobernador Civil, el Gobernador Militar, el Presidente de la Diputación, el Presidente de la Hermandad de Alféreces Provisionales, y otras

---

186 Ídem.

Imagen 2. Noticia del estallido de los barrenos para la zanja de cimentación. Publicada el 19 de julio de 1962 en el *Diario Imperio*.

autoridades y jerarquías provinciales y locales, se habían hecho estallar 20 barrenos en el cerro, suponemos que para abrir las zanjas de cimentación[187]. Sin embargo, su finalización e inauguración no se realizaron en las fechas inicialmente previstas, tal y como veremos a continuación.

La mejora y acondicionamiento de la zona, como ya hemos comentado, incluía la construcción de una carretera de acceso, adjudicada en el mes de septiembre a Víctor Santos Garrido[188] por una cantidad de 1.999.999 pesetas. Asimismo, constan varias certificaciones de obra con cargo a los fondos propios de la Diputación emitidas en octubre del 62

---

187 "Monumento al Alzamiento nacional y de exaltación a Franco", *Imperio. Diario de F.E.T. y de las J.O.N.S.*, 19 de julio 1962.

188 Este nombre se recoge en varias actas de la Diputación en las que se hace referencia de alguna manera al monumento de Valdepeñas, pero a menudo se le cambia el primer apellido apareciendo escrito de varias formas diferentes: Santos, Cantos o, incluso, Sánchez.

y en febrero de 1963, mes en el que además se hizo la certificación final y de lo que podemos deducir que la carretera habría sido acabada entonces[189]. Igualmente, sabemos que en abril del 63 la Diputación aprobó un presupuesto de 135.824,86 pesetas para la construcción de una vivienda para un guarda que se encargaría de vigilar el monumento. Su ejecución se sacó a subasta con cargo al Paro Obrero, sin embargo, ya en noviembre quedaría desierta siendo necesario sacarla de nuevo más adelante. Sería adjudicada finalmente a Miguel Rodrigo Calleja, único licitante, en enero de 1964. En la documentación queda igualmente reflejada la intención de convocar una plaza para contratar de forma fija a un "guarda-jardinero" y cómo hasta entonces ese puesto estuvo ocupado por alguien en régimen de personal laboral[190].

En el mes de junio se aprobó por fin el abono de las indemnizaciones a todos aquellos a los que se les realizó una expropiación forzosa de los terrenos que tenían en el Cerro de las Aguzaderas y por los que estaba previsto que pasara la carretera de acceso al monumento. Los afectados fueron un total de diez ciudadanos y, a través del perito de la Diputación, llegaron a un acuerdo por el que la institución les abonaría un total de 71.897,95 pesetas distribuidas del modo que sigue[191]: Pedro Cano Castillo (21.624,00 ptas.), Abel García Madrid (4.233,60 y 4.044,60 ptas. por cada parcela de su propiedad), Juana Cruz Martín-Peñasco (7.103,25 ptas.), Victorio Moya Segundo (15.120,00 ptas.), Valentín Márquez Jiménez (2.016, ptas.), Jesús Delgado Maroto (840,00 ptas.), Joaquín Sánchez Verdejo (7.391,00 ptas.), Alfonsa Donado Rosillo (3.528,00 ptas.), Francisco García López (4.626,70 ptas.) y Antonio del Fresno Fresno (1.370,80 ptas.).

---

189 AGDCR, Libro 726, Acta de la sesión ordinaria celebrada por el Pleno de Excelentísima Diputación, 15 de septiembre de 1962; Id., Acta de la sesión ordinaria celebrada por el Pleno de Excelentísima Diputación, 19 de octubre de 1962; Libro 727, Acta de la sesión ordinaria celebrada por el Pleno de Excelentísima Diputación, 23 de febrero de 1963.

190 AGDCR, Libro 727 (2), Acta de la sesión ordinaria celebrada por el Pleno de Excelentísima Diputación, 29 de abril de 1963; Id., Acta de la sesión ordinaria celebrada por el Pleno de Excelentísima Diputación, 21 de noviembre de 1963; Libro 728, Acta de la sesión ordinaria celebrada por el Pleno de Excelentísima Diputación, 25 de enero de 1964.

191 AGDCR, Libro 727, Acta de la sesión ordinaria celebrada por el Pleno de Excelentísima Diputación, 28 de junio de 1963.

La tramitación de la propuesta del crédito destinado a pagar estas expropiaciones no se realizó hasta enero de 1964[192], lo que demuestra que los trámites se fueron alargando notablemente repercutiendo en que el plazo inicialmente marcado para la finalización del monumento no llegara nunca a cumplirse.

Mientras tanto, Juan de Ávalos daba forma en el estudio que tenía en Madrid a la escultura del ángel que iba a ser la gran protagonista de este hito conmemorativo. Esta fue trabajada allí tal y como quedó recogido en una serie de instantáneas realizadas por el destacado fotógrafo madrileño Martín Santos Yubero (1903-1994), conocido por inmortalizar a lo largo de su dilatadísima carrera profesional la vida social, política y cultural de Madrid entre los años 20 y 70 del pasado siglo. Se trata de imágenes que actualmente forman parte de los fondos del Archivo Regional de la Comunidad de Madrid y que se encuentran digitalizadas y accesibles a través de su web. En la catalogación de las mismas no consta ninguna fecha, pero podemos afirmar sin duda que se realizaron en 1962 ya que, además, la mayoría de las fotografías se hicieron durante la presentación del proyecto del monumento dedicado al matrimonio de hispanistas Archer y Anna Huntington, encargado a Juan de Ávalos ese mismo año. En algunas de las imágenes, la maqueta aparece en primer término mostrando una estructura compuesta por una base escalonada de planta triangular y encima un gran pilar que recuerda notablemente a los que se colocaron en el monumento de Valdepeñas y en cuyas caras se incluyeron varios relieves[193].

Precisamente, detrás de la gente que acudió a ese acto de presentación, podemos observar la mitad superior de la figura del ángel del monumento valdepeñero, así como la espada de grandes dimensiones que ya estaba completa y que se encontraba apoyada en una de las paredes del taller. La figura del ángel que aparece en las fotografías no es la definitiva que habría de ser montada en el Cerro de las Aguzaderas sino una

---

192 AGDCR, Libro 728, Acta de la sesión ordinaria celebrada por el Pleno de Excelentísima Diputación, 25 de enero de 1964.

193 Pueden verse más detalles de esta maqueta en Fundación Juan de Ávalos: http://www.fundacionjuandeavalos.es/biografia.htm#1960

Imágenes 3 y 4. Fotografías tomadas por Martín Santos Yubero en el taller del artista. A la izquierda imagen de la presentación de la maqueta del monumento a los Huntington. A la derecha, detalle del modelado en barro de la parte superior del ángel del monumento de Valdepeñas.
Archivo Regional de la Comunidad de Madrid.[190]

a tamaño real modelada en barro sobre una estructura de madera. De hecho, se conservan otras imágenes donde se ve el armazón que iba destinado a dar forma a las alas (BAZÁN 1996, 123).

Una imagen similar en la que vemos el ángel del monumento de Valdepeñas aun en el taller se usó para publicitar una exposición de Juan de Ávalos que tendría lugar en el Loeb Student Center de Nueva York del 1 al 8 de noviembre de 1962. Había sido invitado por la Universidad de esta ciudad, por mediación del escultor Paul Manship, para exponer algunas de sus obras, dibujos y fotografías murales[195].

Por otra parte, hemos podido recopilar algunas imágenes del montaje de la escultura final en su lugar definitivo, en el cual colaboraron miembros del taller del autor[196] y su propio hijo. Desconocemos el origen y

194 Archivo Regional de la Comunidad de Madrid (ARCM), Fondo Martín Santos Yubero, códigos de referencia: 22430.16 (imagen de la izquierda) y 22430.2 (imagen de la derecha). Nos gustaría destacar que la Comunidad de Madrid ha cedido gratuitamente los derechos de uso de estas imágenes para que fueran incluidas en esta publicación.

195 Véase: Fundación Junta de Ávalos: http://www.fundacionjuandeavalos.es/biografia.htm#1960

196 Ídem.

Imagen 5. Armazón de madera para las alas del ángel de Valdepeñas sobre el que luego iría la arcilla modelada. Imagen incluida en el libro de Moisés Bazán de Huerta titulado *Juan de Ávalos* (1996).

Imágenes 6 y 7. Proceso de montaje de la escultura de Ávalos en el emplazamiento del Cerro de las Aguzaderas.

año concreto de muchas de las fotos ya que son imágenes que han ido circulando durante años por Valdepeñas. Se trataría de instantáneas tomadas en 1962 o a inicios de 1963, si tenemos en cuenta el marco temporal que abarcó el proceso creativo del monumento.

Recordemos que cuando comenzó a gestarse la creación de este lugar, la intención era que quedara acabado en octubre de 1961. Sin embargo,

Imagen 8. Monumento recién acabado en una postal editada en 1963 por Librería La Galana de Valdepeñas.
Colección particular.

como hemos podido constatar, su construcción se demoró bastante en el tiempo. No será hasta marzo de 1963 cuando se anuncie en la prensa que el monumento está prácticamente acabado. Ejemplo de ello es la noticia aparecida en la portada del *Diario Imperio* del día 2 del citado mes, donde un escueto texto hacía referencia a la importancia del lugar, a qué se conmemoraba allí y a sus espectaculares medidas, todo acompañado de la imagen del monumento ya finalizado[197]. En abril se realizaron pruebas de iluminación igualmente recogidas en noticias de la prensa escrita como en *Hoja del lunes*, editado por la Asociación de la prensa. En julio de 1963, ahora sí, se anunció públicamente que estaba completa-

---

197 "Monumento conmemorativo", *Imperio. Diario de F.E.T. y de las J.O.N.S.*, 2 de marzo de 1963.

mente terminado y en el *Diario de Burgos* se apuntaba que se esperaba la pronta inauguración oficial del mismo, la cual se quería haber realizado ya en primavera, pero no fue posible[198].

Sin embargo, la realidad resultó muy distinta, ya que fue necesario esperar más de un año para que tuviera lugar la inauguración oficial. Detrás de esa demora se encontraba la intención de hacer coincidir este acto con la celebración de los "25 años de Paz". Así pues, la mañana del día 16 de noviembre de 1964 tuvo lugar en el Cerro de las Aguzaderas un acto al que asistieron algunos de los representantes de las más altas jerarquías políticas, militares y civiles entre las que se encontraban José Pérez Bustamante, entonces gobernador civil de Ciudad Real y el Ministro de la Gobernación y Teniente General Alonso Vega, en representación del Caudillo. Se trató de un acto muy concurrido donde además se ofició una misa y se bendijo el monumento, tal y como aparece reflejado en la noticia recogida por el NO-DO. También la prensa escrita nos resulta nuevamente de gran interés para ver cómo se presentó la noticia que fue incluida tanto en cabeceras nacionales como provinciales. En el diario *Lanza* del 17 de noviembre se le dedicaron dos páginas, además de una referencia en la portada, y la crónica fue acompañada por los textos íntegros de los discursos que diferentes autoridades pronunciaron ese día[199].

3. Evolución iconográfica del monumento

El monumento bendecido en noviembre de 1964 difiere en algunos detalles de un documento al que hemos tenido acceso recientemente, inédito hasta ahora. Se trata de un plano en escala 1:200, que se conserva en el Museo Municipal de Valdepeñas, procedente de la Concejalía de obras y urbanismo del Ayuntamiento. Con unas dimensiones de 223 x 98 cm,

---

198 "Pruebas de iluminación. Valdepeñas", Hoja del lunes, 29 de abril de 1963; "Monumento. Valdepeñas (Ciudad Real)", *Diario de Burgos*, 23 de julio de 1963.

199 Véase: NO-DO del día 24 de noviembre de 1964: https://www.rtve.es/filmoteca/no-do/not-1142/1475164 e "Inauguración del monumento de Valdepeñas", *Lanza. Diario de Ciudad Real,* 17 de noviembre 1964.

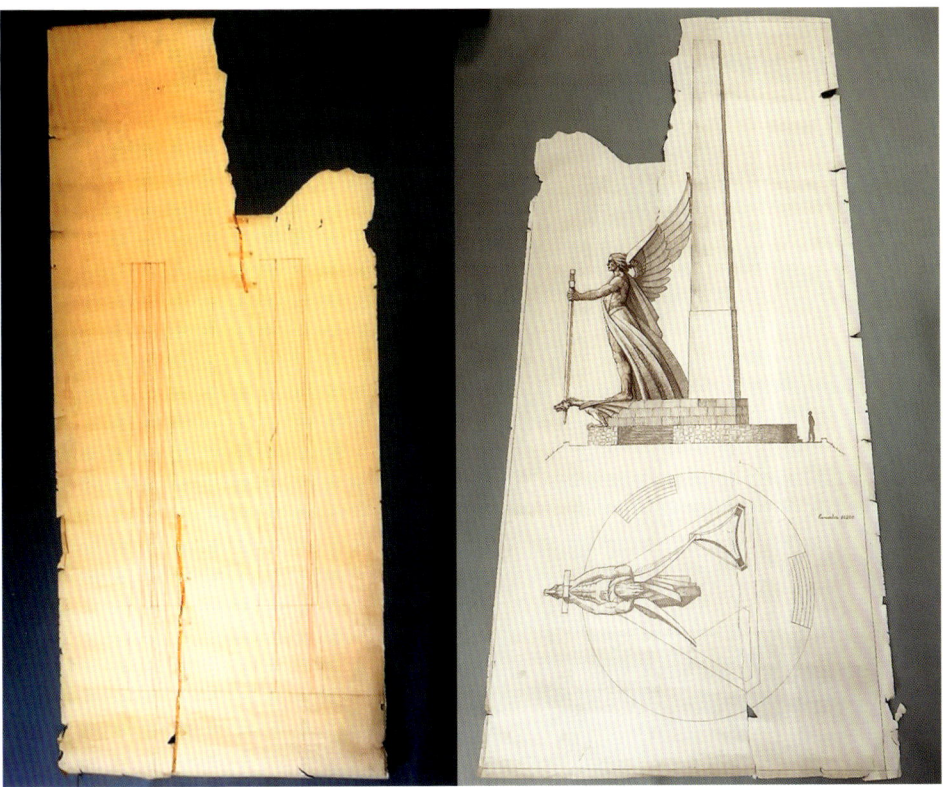

Imágenes 9 y 10. Reverso y anverso del plano conservado en el Museo Municipal de Valdepeñas.
Ayuntamiento de Valdepeñas.

presenta graves deficiencias en su estado de conservación. Tiene una raja de 78 cm en el extremo inferior, reparado con cinta adhesiva, y un desgarro en el ángulo superior izquierdo que no afecta a la imagen, pero que resta resistencia al papel que ha empezado a rajarse en ese extremo, reparado también con cinta. Igualmente, ha perdido fragmentos de papel en los lados largos, concretamente en una zona que contiene el sello de aprobación de la Comisión de Obras de un organismo ilegible.

El reverso muestra el alzado de los dos hitos o pilares de sección triangular laterales, que sirven de apoyo a la escultura y acentúan la verticalidad del monumento. El anverso consta de dos vistas, una planta y un alzado lateral de la escultura alada con sendos pilares y la silueta de un hombre en la base a modo de escala. La figura viste una túnica cruzada al pecho que deja ver la musculatura de parte del torso, brazo y pierna

Imágenes 11, 12 y 13. De izquierda a derecha: Detalle del plano del Museo Municipal de Valdepeñas; Primer proyecto del Monumento de Valdepeñas, 1962 (imagen incluida en el libro de Moisés Bazán de Huerta titulado *Juan de Ávalos*); Monumento a la Victoria terminado, 1964 (imagen incluida en el libro de Moisés Bazán de Huerta titulado *Juan de Ávalos*).

izquierdos. Extiende los brazos hacia el frente y sujeta la espada por debajo de la empuñadura. La punta de la misma se clava en la cabeza de un dragón, dispuesto con las alas extendidas a modo de mascarón de proa en el vértice del plinto triangular[200]. El dibujo, en negro y sepia, no aparece firmado por Juan de Ávalos, pero el trazo y el estilo del autor son reconocibles si los comparamos con otros proyectos suyos, como los realizados para las esculturas del Valle de los Caídos.

La hipótesis que planteamos es que este documento sería una propuesta realizada por Ávalos en 1962 para el monumento y que, por motivos aún desconocidos, acabó en el Ayuntamiento de Valdepeñas por ser el lugar donde se decidió erigirlo. Teniendo en cuenta los detalles de la figura, consideramos que el dibujo representaría a San Miguel como metáfora del triunfo del bien sobre el mal, en una identificación del bando sublevado con la figura del arcángel. Se trata de un modelo iconográfico fácilmente identificable y comprensible para la sociedad, que, en

---

200 Los modelos de la Antigüedad serán una constante en la obra de Juan de Ávalos, y, en este caso, las referencias compositivas e iconográficas a la Victoria de Samotracia son evidentes. Podríamos pensar incluso que, en el monumento de Valdepeñas, Ávalos conjuga la iconografía de una Victoria alada con la del arcángel San Miguel, con lo que obtiene un resultado más efectista desde el punto de vista estético y semántico.

Imagen 14. Maqueta del monumento presente en el taller de Ávalos.
Fotografía de Martín Santos Yubero. Archivo Regional de la Comunidad de Madrid.

cierto modo, vendría a reforzar el cariz religioso del Alzamiento como una *Cruzada*. No obstante, según Juan Avalos Carballo, su padre podría haber recurrido a la iconografía religiosa de San Miguel o San Jorge para matizar el carácter belicista de un ángel justiciero y victorioso, tal y como reclamaba el Régimen para este tipo de monumentos.

Hasta el momento, la primera versión del monumento de la que teníamos constancia está fechada en 1962 y fue incluida como "Ángel de la paz en Valdepeñas" en la monografía que Moisés Bazán de Huerta dedica al escultor en 1996[201]. Salvo pequeños matices, como la distancia entre las piernas, el vuelo de la túnica, la flexión de los brazos o la forma de sostener la espada, el dibujo conservado en Valdepeñas nos muestra una imagen mucho más parecida a la maqueta presente en el taller de Ávalos y que también aparece en las fotografías de Santos Yubero[202]. De esta versión ha desaparecido el dragón; desconocemos que llevó a Juan de Ávalos a eliminar ese detalle y a transformar el San Miguel en

---

201 (BAZÁN 1996, 284).

202 ARCM, Fondo Martín Santos Yubero, código de referencia: 22430.1.

Imagen 15. De izquierda a derecha: Monumento a la Gesta del Alcázar de Toledo, 1961.
(Web Fundación Juan de Ávalos);

Monumento a la Paz, Sta. Cruz de Tenerife, 1965.
(Fotografía: Marina Zamora Hernández);

Monumento a los extremeños universales, Badajoz, 1981.
(Imagen incluida en el libro de Moisés Bazán de Huerta titulado *Juan de Ávalos*).

un simple ángel, ya que en ninguna de las fuentes consultadas se hace mención a ello.

Desde el punto de vista formal y retórico, el precedente inmediato lo encontramos en el "Monumento a la Gesta del Alcázar" de Toledo, obra del mismo autor, e inaugurado en 1961 en el solar del antiguo picadero. Sobre un plinto de piedra, se elevaron dos pilares de granito de 9 m. y una victoria femenina en bronce, con túnica y pelo movido por el viento, que ofrece al cielo una espada. El mismo modelo lo encontramos en el "Monumento a la paz" de Santa Cruz de Tenerife, inaugurado en 1965. En este caso, un ángel con las alas desplegadas se convierte en la proa sobre la que se alza una figura masculina. El conjunto reitera otros elementos compositivos, como el fondo arquitectónico a base de pilares, la posición de la figura que avanza hacia el vértice de una base triangular o la espada sostenida con ambos brazos. También comparte rasgos estilísticos con el de Valdepeñas, como la geometrización de las alas, la túnica y el pelo, que conecta la escultura monumental de Juan de Ávalos en esta etapa con la estatuaria italiana y alemana de principios de los años 40. En 1981 el escultor vuelve a utilizar los mismos recursos retóricos en el

"Monumento a los extremeños universales" de Badajoz. En esta ocasión es una figura femenina la que sostiene una espada desde una especie de proa de barco con un pilar de fondo.

Más allá de las cuestiones estilísticas y formales, existe cierta controversia a la hora de referirse a este monumento, derivada del cambio de adscripción que ha sufrido en las últimas décadas. Monumento a los Caídos, al Alzamiento, al Caudillo, al Movimiento Nacional, a la Victoria, a la Paz, etcétera. Distintas formas de nombrar un mismo elemento, que condiciona la lectura simbólica del mismo. En las actas de la Diputación Provincial se refieren de manera genérica al "Monumento de Valdepeñas", salvo en la del 30 de junio de 1962 en la que especifica "Monumento a la cruzada". El desarrollo del punto describe el proyecto de construcción de un conjunto escultórico que represente una victoria alada con espada cruciforme, y que "conmemore el Glorioso Movimiento Nacional en su XXV aniversario, y exalte al Generalísimo Franco que condujo a la victoria"[203]. Como ya hemos visto, la fecha elegida para el comienzo de las obras acentúa el simbolismo del monumento, su vinculación con el Alzamiento y, por lo tanto, con el inicio de la Cruzada. La victoria alada dejó paso a un arcángel de rotunda fisonomía masculina con una espada que, aunque no esté en posición de ataque sino en tierra, no deja de ser un icono belicista.

En nuestra opinión, la doble denominación "Ángel de la victoria y/o de la paz" podría derivar de su inauguración con motivo de los XXV años de Paz, aunque la primera intención no fuera esa. Así queda de manifiesto en la crónica de la inauguración publicada en *Lanza* el 17 de noviembre de 1964. El artículo reproduce el discurso pronunciado por el gobernador civil, Pérez Bustamante, que concluyó su intervención con la frase "Y aquí queda este Monumento en piedra y bronce, que evoca a nuestros Caídos, que simboliza nuestra Victoria, que consagra nuestra Paz y abre horizontes de orden, trabajo, justicia social, fe en Dios y en

---

203 AGDCR, Libro 726, Acta de la sesión ordinaria celebrada por el Pleno de la Excelentísima Diputación, 30 de junio de 1962.

nuestro destino"[204]. También se alude al "monumento a la victoria y a la paz" y al discurso de Pérez Bustamante en el *Boletín de información municipal* de Ciudad Real de diciembre del mismo año[205]. De la Victoria o de la Paz, lo que es incuestionable es su adscripción ideológica al régimen franquista, que durante unos años lo convirtió en escenario de la celebración de varios actos de Falange.

4. Memoria colectiva y resignificación

Al margen de estas cuestiones nominativas, no podemos dejar de mencionar los valores simbólicos y paisajísticos del enclave elegido para su construcción, como un elemento propagandístico en una arteria de comunicación fundamental. Su proximidad a la carretera de Andalucía lo convertía en un atractivo para aquellos viajeros que decidían hacer una parada en el camino, y no solo por la propia escultura sino también por las vistas que proporcionaba el Cerro de las Aguzaderas de la llanura manchega. La iluminación nocturna mantenía su presencia en el horizonte como una especie de faro o de vigía[206]. Del valor icónico del monumento da testimonio la edición de postales con la imagen del "Ángel de la Victoria" en 1963 (La Galana), 1965 (La Galana), 1966 (S/E) y 1969 (FITER), que se incorpora a los recursos de los que disponía Valdepeñas como imagen de la localidad, junto a la Plaza de España, la Iglesia de la Asunción, el Molino de Gregorio Prieto o las bodegas de la población. Por ello, no es de extrañar que en 1971 se utilizara el Ángel como reclamo turístico y se inaugurara en el acceso desde la Nacional IV la primera oficina de turismo-bodega de Valdepeñas que, además de vino, ofrecía la oportunidad de subir al monumento, contemplar las

---

204 "Inauguración del monumento de Valdepeñas", *Lanza. Diario de Ciudad Real*, 17 de noviembre de 1964.

205 "Monumento a la victoria y a la paz", *Boletín de información municipal* nº 16, diciembre de 1964.

206 En una entrevista concedida por el escritor Antonio Gala a Marisa García para *La Tribuna de Ciudad Real*, reconoció los valores paisajísticos del monumento que él mismo bautizó como el Ángel de la Guarda de La Mancha. La Tribuna de Ciudad Real, 07 de mayo 2000.

vistas y redirigir a los visitantes al centro del municipio[207]. Se convirtió, por tanto, en un elemento más del paisaje para los habitantes de Valdepeñas y de las poblaciones limítrofes, que eligieron la explanada a sus pies para almuerzos, meriendas en familia y "carantoñas" durante varias generaciones. El Ángel fue testigo de todos esos momentos cotidianos y se incorporó a la memoria colectiva trascendiendo de la simbología con la que fue creado.

A pesar de esa pérdida de significado paulatino, en 1976 aún mantenía la carga simbólica suficiente como para ser objetivo de un atentado terrorista, de corte antifranquista, en los inicios de la Transición. La madrugada del 18 de julio, un artefacto explosivo colocado en el interior del ángel hizo saltar por los aires parte del monumento. La explosión destruyó la cabeza y el recubrimiento de placas de cobre de la parte inferior del cuerpo. Resistieron los dos hitos, la parte superior de las alas, los brazos y la espada. Esta acción terrorista formó parte de una cadena de atentados en distintos puntos del país que tuvo como objetivos las sedes de organismos oficiales (Ministerio de Justicia, sedes territoriales del Movimiento y organizaciones sindicales) y monumentos de simbología franquista (Cruz de los Caídos de Ferrol)[208]. Los hechos fueron reivindicados por el GRAPO, aunque según otros autores fue el FRAP (BROTONS 1998, 177). La destrucción del monumento hizo que se reactivara su componente simbólico y sus vínculos con el franquismo. Diez días después, el partido Fuerza Nueva organizaba un acto de desagravio presidido por el líder nacional Blas Piñar que incluyó un homenaje al ejército español y a los caídos[209].

En los días posteriores, se abrió una suscripción popular gestionada por la Diputación provincial para sufragar los gastos de reconstrucción del monumento. Se pidieron dos presupuestos; uno de ellos al propio autor, Juan de Ávalos (18.000.000 ptas.), y otro al escultor ciudadrealeño

---

207 GARCÍA DE MORA: "Turismo orientador y vino inspirador", *Lanza, Diario de Ciudad Real*, 1 de abril 1971; "Vino gratis en la oficina de turismo de Valdepeñas", *Lanza, Diario de Ciudad Real*, 22 de mayo 1971.

208 "Atentados terroristas en diversas poblaciones", *Diario de Burgos*, 20 de julio de 1976.

209 "Explosiones en siete provincias", *Mediterráneo*, 29 de julio de 1976.

Imagen 16. De izquierda a derecha: Imagen del ángel tras el atentado (Foto Valdepeñas); Gregorio Prieto, *Ángel postista* (óleo sobre tabla. Museo Municipal de Valdepeñas); Estado actual del monumento (Fotografía de los autores).

Joaquín García Donaire (7.500.000 ptas.)[210]. Se recaudaron algo más de 500.000 pesetas entre distintos municipios de la provincia, cantidad insuficiente para ejecutar las obras. La propia Diputación desestimó la idea de su restauración en 1986 por considerarla motivo de futuros enfrentamientos ideológicos. Lo que sí se hizo, a sugerencia del Alcalde de Valdepeñas y diputado provincial, Esteban López Vega, fue emplear ese dinero en el adecentamiento de la cima del Cerro de las Aguzaderas, aludiendo a los valores paisajísticos del enclave[211].

En 1979, Gregorio Prieto se lamentaba del daño ocasionado a la escultura, pero alababa el valor estético de los restos de la estructura que había resistido la explosión como "la escultura más vanguardista y ultramoderna que soñara Valdepeñas"[212]. A este artista debemos uno de los proyectos más singulares de reconstrucción y resignificación del monumento. Para eliminar la carga belicista, propuso plantar hiedra trepadora

---

210 PINTADO, Pedro: "El dinero recaudado para la reconstrucción del ángel se encuentra retenido en la diputación provincial", *Canfali*, 27 de febrero de 1986.

211 BROTONS, Antonio: "Apuntes históricos del Ángel de la Aguzadera", *Canfali*, 31 de mayo de 1996.

212 CASTELO, S.: "No debe ser desmontado, sino ser llamado en adelante el arcángel postista", *ABC*, 17 de julio de 1979.

en la base para que esta dotara de vida al conjunto al enredarse en el armazón de hierro. Este ángel de apariencia *postista* podría cambiar su nombre a "Ángel de la Paz". La propuesta no se llegó a ejecutar, pero quedó plasmada en un óleo que se conserva en el Museo Municipal de Valdepeñas.

5. Conclusiones

El monumento del Cerro de las Aguzaderas fue un importante emblema de la propaganda franquista que se hizo más accesible que nunca al estar en un lugar público y al aire libre. Con él la Diputación provincial hizo constar de manera grandilocuente su completa adhesión al Régimen haciendo participe de ello a la población de Valdepeñas y, por añadidura, a la de toda la provincia. La elección del mismo escultor que se había encargado de las imágenes más representativas del Valle de los Caídos, para hacer la figura protagonista del conjunto, muestra la repercusión que se perseguía con la creación de este hito.

Teniendo en cuenta las diferentes fuentes consultadas, parece que el mismo monumento reunía múltiples significados recogiendo conceptos, a veces contradictorios, pero que solían ser muy utilizados por el Nuevo Estado: la Victoria, la Cruzada, el Alzamiento, la Paz. Esto nos ha permitido, a su vez, hacer diferentes lecturas de su carga iconográfica y simbólica. Era, por tanto, un ángel que quería vincularse a la idea de la Paz, conseguida, según el Régimen, tras la victoria en la contienda, pero sin perder su carácter beligerante como se desprende del lugar preeminente que ocupaba la espada en el conjunto.

A pesar de la destrucción, la escultura ha continuado siendo escenario de concursos deportivos, excursiones de escolares, incluso manifestaciones a favor de la insumisión o de la Paz. Hoy en día constituye un referente paisajístico clave de Valdepeñas; un hito que sigue anunciando la llegada al pueblo cuando se regresa de un viaje. Desgraciadamente, la desidia, el abandono institucional y el pillaje han terminado por degradar un monumento cuyos valores artísticos no primaron sobre los ideológicos. En 1976 perdimos una obra de Juan de Ávalos; el olvido al que actualmente se le ha relegado acentúa su riesgo de desaparición y, con él, toda su historia y parte de nuestra memoria.

Recientemente, en el mes de octubre de 2022 quedó aprobada la Ley de Memoria Democrática que hace plantearnos dudas sobre el futuro del monumento. Según se desprende del artículo 35 dedicado a "Símbolos y elementos contrarios a la memoria democrática", determinados elementos podrán mantenerse siempre que concurran razones artísticas o arquitectónicas, innegables en el caso que nos ocupa. Pero ello solo será posible si se les incorpora una mención orientada a la reinterpretación conforme a la memoria democrática. Así pues, vemos que hoy podríamos recuperar esa propuesta que el artista valdepeñero Gregorio Prieto hizo para resignificar el monumento permitiendo su reinterpretación para vincularlo, de verdad y para siempre, con la Paz. ▐

Referencias bibliográficas

• ALMARCHA NÚÑEZ-HERRADOR, Esther y Rafael VILLENA ESPINOSA (2017): "La impresión de lo moderno: los volúmenes provinciales de los XXV años de paz", en CASTRO DÍEZ, María Asunción y Julián DÍAZ SÁNCHEZ (coords.), *XXV años de paz franquista. Sociedad y cultura en España hacia 1964*, Sílex, Madrid, pp. 271-307.

- (2019): "Las tarjetas postales como registro de la memoria histórica", *La Tadeo DeArte*, 5, pp. 178-203.

• BAZÁN DE HUERTA, Moisés (1996): *Juan de Ávalos*, Universitas Editorial.

• BROTONS SÁNCHEZ, Antonio (1998): *Apuntes históricos de Valdepeñas,* Ciudad Real.

- (1964) *Ciudad Real. España en paz,* Publicaciones Españolas, Madrid.

4.4. Arqueología forense de "La Tahona" de Uclés, el cementerio de un hospital militar y un campo de concentración de la posguerra

ÁNGEL MORA URDA

Universidad Francisco de Vitoria

1. Introducción histórica

La provincia de Cuenca no fue un escenario de grandes batallas durante el desarrollo de la Guerra Civil, como los episodios bélicos de Brunete, del Ebro, la ciudad de Madrid, el asedio del Alcázar de Toledo o la batalla de Guadalajara (BEEVOR 2005), haciendo que este territorio haya pasado más bien desapercibido dentro de la historiografía clásica relativa a este periodo de la historia de España. La provincia de Cuenca siempre estuvo controlada por el bando republicano hasta el final de la contienda, no siendo esta una cuestión baladí, ya que se trata de uno de los aspectos más destacados a tener en cuenta debido a la situación que ocupa, tanto la provincia en general como la localidad de Uclés. Dicha población está muy cercana a la carretera Madrid-Valencia y junto a Tarancón, nudo ferroviario de comunicaciones y movimiento de tropas y material, tanto civil como bélico (ALÍA MIRANDA, F. y DEL VALLE CALZADO, A. R. 2008) (PRESTON, 2006). Por lo tanto, Uclés se encuentra en un eje muy importante para el bando gubernamental, el eje que une la capital del Estado con el levante español, siendo en los momentos finales de la guerra la carretera Madrid-Valencia la única comunicación con mar que tenía Madrid (LÓPEZ 1994).

Tras el estallido de la Guerra Civil el gobierno republicano decidió la creación de un corpus sanitario formado por una red de hospitales (existentes o de nueva creación) establecidos en diferentes ubicaciones estratégicas, pero siempre dentro de zonas controladas de retaguardia, red a la que se decide incorporar el Monasterio de Uclés. Otro ejemplo destacado de zona de retaguardia alejada de los principales frentes y donde se decidió establecer un buen número de hospitales fue la actual Comunidad Valenciana (GARCÍA FERRANDIS 2011).

El conflicto bélico eclipsa todo y la sanidad no es ajena, sino más bien vital dentro de lo que se ha venido a llamar como esfuerzo bélico. Por lo tanto, los hospitales pasan a tener prioridad militar y se crean centros nuevos, conocidos como Hospitales de Sangre (ALBIR Y MEZQUIDA 2014), caso del creado en Uclés. Un hospital de sangre es un hospital de campaña o militar, con un carácter en principio provisional, y que suele situarse en la retaguardia en la parte más próxima posible a la zona en la que se estén desarrollando acciones bélicas, de ahí que la afluencia de heridos sea muy elevada. Durante la Guerra Civil se rehabilitaron o reutilizaron muchos locales cuyas características los hacían adecuados para tratar heridos de guerra, especialmente edificios particulares, monasterios y conventos, como los casos de Torrebaja (Valencia) ocupando un edificio particular o los Monasterio de la Virgen de la Tejada en Garaballa y el Monasterio de Uclés, ambos en la provincia de Cuenca (ALBIR Y MEZQUIDA 2014).

Las condiciones que ofrecía el Monasterio de Uclés (Imagen 1) eran inmejorables, tanto desde el punto de vista de la ubicación del pueblo y del propio edificio, así como las posibilidades funcionales que ofrece la propia arquitectura del monasterio, siendo un edificio sobradamente amplio con multitud de estancias en tres plantas, vertebradas a través de un patio central. Además, al tratarse de un edificio pensado para albergar un elevado número de personas contaba con espacios que fueron susceptibles de albergar los aseos, así como estancias sobradamente amplias, como la sacristía, donde se instaló uno de los grandes comedores.

Por lo tanto, una vez tomada la decisión de instalar en el monasterio un hospital, solamente fue necesario llevar a cabo una serie de transformaciones en el inmueble, así como dotarlo del material médico necesario para su funcionamiento. A pesar de esto, sí que fue necesaria la realización de una obra para dotar al Monasterio de Uclés de un elemento de vital importancia para todo centro sanitario, el agua corriente. En este caso, el edifico no contaba con una red de agua que abasteciera al mismo, por lo cual hubo de realizarse antes de abrir el mismo con su nueva función de hospital de sangre.

Una vez terminadas las reformas pertinentes en el Monasterio de Uclés, así como la incorporación de personal y material médicos, tanto españoles y de la Cruz Roja, como voluntarios internacionales (principalmente británicos, aunque de otras nacionalidades) quedó constituido el hospital del Monasterio de Uclés, el cual quedo inmediatamente adscrito al IV cuerpo del ejército del Ejército del Centro republicano (imagen 3 e imagen 4).

Un aspecto de vital importancia es la gestión de los fallecimientos dentro del hospital. Situado en la cima del cerro, al lado oeste del pueblo, en las cercanías del Monasterio, a su lado norte, se encuentra el cementerio municipal de Santa Catalina el cual quedó reservado para un reducido número de civiles locales que, aun falleciendo en el hospital, fueron ahí enterrados. Desde un primer momento se vio que la gran mortandad, tanto dentro del centro como de heridos que fallecían en el traslado al mismo, iba a colapsar el pequeño cementerio de Santa Catalina por lo que se decidió habilitar otro lugar. Al lado oeste del monasterio y en una cota inferior al mismo, se encontraban la zona conocida como "La Tahona" por haber albergado una antigua fábrica de pan, que ya incluso en la época que nos ocupa no se conservaba. Es en esta zona, adosada a la muralla califal que circunda el cerro es donde se decide que van a ser inhumados los restos humanos de los fallecidos en el hospital ya que se trata de una zona tranquila que ofrece la intimidad necesaria y una nula visión desde el pueblo. Además de ofrecer esta intimidad para los enterramientos, también el hecho de alejar los mismos de la visión de la localidad atiende a razones más humanas a fin de evitar la desmoralización y el pánico entre la población civil (imagen 2).

El parte de guerra del 1 de abril de 1939, emitido desde el cuartel general de Francisco Franco, daba por terminada la Guerra Civil. Tres días antes, el 29 de marzo, se producía la rendición de Cuenca. La guerra había acabado para los conquenses, para todos los españoles, pero la ansiada paz tendría que esperar, ya que el plan de los vencedores pasaba por instaurar, construir y asegurar el nuevo régimen con unos pilares cimentados en el miedo, el odio y la represión. En ese sistema jugó un nuevo papel el Monasterio de Uclés, en este caso como cárcel de partido.

A la hora de abordar el estudio de la prisión del Monasterio de Uclés, junto a las fuentes archivísticas, contamos con el testimonio directo de D. Andrés Iniesta López (2006). El caso de su libro resulta especialmente revelador para el conocimiento de la historia del Monasterio de Uclés en su fase de cárcel al servicio de la represión franquista ya que relata con precisa minuciosidad las vicisitudes personales y del resto de presos durante el día a día de su encarcelamiento en Uclés.

D. Andrés Iniesta López no participó en la Guerra Civil, ya que al estallar el conflicto contaba solamente con 15 años, por lo tanto, se pasó los tres años que duraron los combates en su localidad natal. El 5 de abril de 1939 fue detenido en Uclés a la edad de 17 años, comenzando así un calvario que duraría hasta la obtención el 19 de junio de 1958 del certificado de liberación definitiva y que le haría recorres varios penales, comenzado por el Monasterio de Uclés (INIESTA 2006).

Uno de los acontecimientos más destacados es el relativo al momento en que el Monasterio de Uclés deja de ser un hospital para pasar a convertirse en una cárcel, protagonizando un cambio de uso drástico. Para este momento, la documentación conservada es exigua y poco esclarecedora, siendo D. Andrés Iniesta una de las pocas fuentes. Gracias a una encomiable memoria, nos narra cómo el 28 de marzo de 1939 a las "10 de la mañana en casi todos los balcones del hospital empiezan a aparecer sábanas blancas" (INIESTA 2006: 22). En estos momentos el rumor acerca del final de la guerra se extiende rápidamente por el pueblo, hasta que a las "doce de la mañana: las banderas blancas son reemplazadas por la bandera roja y gualda, y la bandera de la República es retirada. La guerra ha terminado a favor de los sublevados" (INIESTA 2006: 22). Días después, tanto el pueblo como el propio monasterio fueron tomados por las fuerzas de ocupación, más concretamente por la 16ª Bandera del Tercio de la Legión.

El 28 marzo de 1940 tuvo lugar el primer fusilamiento en Uclés. Se trata de la ejecución mediante pelotón de fusilamiento de 5 presos, los cinco enterrados en el cementerio municipal de Santa Catalina. En cuanto al procedimiento, una vez confirmada la sentencia de muerte, el preso de Uclés tenía la posibilidad de confesarse la noche antes, confesión que en su mayoría iba encaminada en reconocer los delitos que se le achacaban y por lo que había sido condenado. El realizar esta confesión en ocasiones derivaba en varias ventajas para el preso, de ahí que con el paso del tiempo dentro de la cárcel las confesiones fueran aumentando. Estos privilegios que se le ofrecían al recluso confeso no eran otros sino la posibilidad de un entierro algo más digno, en ataúd de madera en el mejor de los casos o reutilizando cajas de conservas, leche, etc. en su mayoría. El segundo privilegio ofrecido por confesión era la posibilidad de pasar esas últimas horas de vida junto con un familiar. Esta posibilidad llevo a un elevado número de presos a confesar, ya que eran muchos los casos de familiares directos presos juntos, como el ejemplo de Andrés Iniesta, con cuyo padre compartió presidio. Estos privilegios, además de ser conocidos por las fuentes orales, como el caso de la obra de Iniesta (2006) fueron constatados arqueológicamente.

En adelante se decidió que el cementerio de Santa Catalina era insuficiente y no cumplía con las características deseadas. Por lo tanto, nuevamente se vuelve la mirada hacia el recinto de "La Tahona" ya que los propios carceleros conocían el uso que se le dio durante el conflicto bélico y, al igual que durante el hospital, valoraban la condición de intimidad relativa frente al pueblo que ofrecía dicho recinto. En consecuencia, se decide que esta zona junto a la muralla califal va a ser nuevamente utilizada como cementerio, pero se decide cerrar el recinto con una pequeña tapia. Una diferencia entre el muro actual y el original es la puerta de entrada al recinto, ya que la original no se encontraba en el muro este, si no en el pequeño muro de cierre del lado sur, más útil al llegar desde la zona elegida para los fusilamientos y que implicaría caminar sobre los restos de militares inhumados (imagen 5).

En último lugar dentro del análisis de la obra de D. Andrés Iniesta, que tan bien nos ha servido para entender el funcionamiento y las vivencias en la prisión de Uclés, nos encontramos con los hechos cercanos al momento en que se puso fin a dicho destacamento penal. El 1 de junio de 1942 perdió la vida Maximiano Elvira Coso, el último de los presos que fue fusilado en Uclés (información nuevamente corroborada por los datos obtenidos por ARMHC). En este caso no se trataría de una ejecución más, sino que tuvo un carácter simbólico ya que el preso era natural de Tribaldos, una localidad solamente separada por 3 kilómetros de Uclés y que en el momento del fusilamiento celebraba sus fiestas patronales en honor a Santa Ana.

En enero de 1943 quedarían confirmados los rumores que se venían propagando desde unos meses antes y los presos del Monasterio de Uclés iban a ser trasladados ante el inminente cierra de la prisión. Según el testimonio de Andrés Iniesta, el 8 de enero salió el primer grupo de presos trasladados, que, tras hacer escala para pernoctar en Tarancón, fueron llevados al penal de Ocaña.

2. Exhumación arqueológica de "La Tahona" de Uclés

La exhumación de la totalidad de los restos enterrados en el cementerio de "La Tahona" de Uclés se desarrolló en el marco de un proyecto con múltiples protagonistas y distintas fases bien diferenciadas.

Para la primera de las fases, la de búsqueda, recopilación y procesamiento de información acerca de los hechos acaecidos en el periodo y sitio que nos ocupa, se firmó un convenio que vinculaba a la Asociación para la Recuperación de la Memoria Histórica de Cuenca (ARMHC) con la Universidad Autónoma de Madrid (UAM) y ambas con el Ministerio de Defensa. Mediante este acuerdo se estableció una colaboración entre las diferentes partes para el acceso y estudio de fondos de dicha provincia en el Archivo del Tribunal Militar Territorial 1º, depositados en el Archivo Histórico de Defensa. Este convenio será de vital importancia ya que permitió que personal designado por la ARMHC y la UAM pudiera acceder a los documentos relativos a las Causas Judiciales de la Guerra Civil y la Posguerra conservados en dicho archivo, realizando una recogida de información que permitió cotejar los expedientes familiares, creando así unos listados volcados en una base de datos con toda la información existente sobre los hechos y las personas que ocuparon el Monasterio de Uclés durante los años en cuestión.

Una vez completada la labor previa de búsqueda de información y confección de la base de datos resultante, se pasó a la segunda fase, es decir, el proyecto de exhumación arqueológica. Para la puesta en marcha de un proyecto de este calibre, se hace de nuevo necesaria toda una red de convenios, autorizaciones y acuerdos con las autoridades competentes afectadas, siendo para el caso de la exhumación la Junta de Comunidades de Castilla-La Mancha (Consejería de Cultura y Dirección general de Patrimonio), la Diputación Provincial de Cuenca, el Obispado de Cuenca y el Ayuntamiento de Uclés. A cada una de las entidades anteriormente citadas se le solicitó y comunicó según sus posibilidades y sus atribuciones.

2.1. Objetivos

El proyecto arqueológico de la exhumación de los restos óseos contenidos dentro del recinto de "La Tahona" tiene un objetivo claro y principal: Llegar al mayor número posible de identificaciones positivas para poder devolver los restos a los familiares que los reclaman. Este fin, claro y bien definido, es el denominador común de cualquier proyecto de la conocida como Memoria Histórica o Democrática y basado en la restitución del agravio cometido hace ya más de setenta años, devolviendo así los restos óseos a unos familiares en un acto de reconciliación, desagravio y normalización social que ha resultado imprescindible en la España actual, así como restituyendo un derecho fundamental de dignificación de los fallecidos.

Debido a la entidad y a las propias características del proyecto que nos ocupa, tenemos varios objetivos secundarios que llevar a cabo. Se trata de parámetros más importantes desde el punto de vista histórico y arqueológico. A diferencia de otros proyectos de exhumación de fosas de la Guerra Civil y de la represión franquista basados en fosas aisladas, el caso de Uclés es diferente al tratarse de una fosa no solamente de fusilados o muertos en el presidio, además de los soldados y milicianos republicanos, sino que es un lugar específico de internamiento, castigo, represión, etc. Por lo tanto, nos permite acceder una información de origen histórico que trasciende lo puramente testimonial o lo llamado memoria histórica. El objetivo es analizar la documentación de la excavación arqueológica de "La Tahona" como un documento arqueológico.

2.2. Metodología

En principio una exhumación de estas características se rige por modelos similares a los que se llevan a cabo en excavaciones arqueológicas convencionales y que están perfectamente descritos en los protocolos arqueológicos al uso en Arqueología Funeraria. Esencialmente la Arqueología Forense no es sino una especialidad de la Arqueología convencional con necesidades especiales y con objetivos, eso sí, netamente diferenciados.

No obstante, se ha hecho un hincapié muy fundamentado en adquirir un protocolo de intervención internacional en este campo, de manera que se llegue a un estándar común aceptable por todos los equipos que trabajen en este campo de los Derechos Humanos.

En Uclés hemos tratado de ceñirnos a las especificaciones técnicas de los principales de estos protocolos internacionales, el de la Cruz Roja Internacional, el protocolo denominado 'The Missing', Naciones Unidas o los equipos internacionales más activos, como el argentino, el peruano o los Protocolos de Minnessota, o el Protocolo de Estambul (ICRC 2002; Equipo Peruano de Antropología Forense 2004; UN 1991; Oficina del

Alto Comisionado de las Naciones Unidas para los Derechos Humanos, Serie de capacitación Profresional N. 8 2001).

3. Resultados

La exhumación de "La Tahona" se ha desarrollado, por tanto, en tres campañas sucesivas. La campaña de 2005 comenzó el 11 de julio durando dos meses y medio, participando en ella voluntarios de ARMHC en primera fase y estudiantes de medicina y arqueología de la UAM. En esta campaña se exhumaron 42 fosas recuperando 52 individuos. La campaña de 2006 fue bastante más corta, pues hubo de suspenderse por falta de recursos económicos a mediados del mes de agosto. Tras la finalización de la misma se habían excavado 51 fosas con un total de 66 individuos. En última instancia, la campaña de 2007 fue la más prolongada y fructífera, gracias en parte a contar con un mayor número de personal voluntario y profesional, gracias a los convenios de Presidencia, al Convenio con el SEPECAM y, en lo referido a los voluntarios, al Convenio UAM-ARMHC. Esta campaña comenzó a mediados de mayo y se prolongó ininterrumpidamente hasta la mitad de noviembre.

En lo referido a datos cuantitativos, una vez finalizada la última de las campañas, se habían excavado un total de 265 fosas dentro de un recinto de unos 1900 m^2, de las que fueron exhumados 429 individuos (imagen 6).

En cuanto a la presencia de ataúd, fue documentada en 245 individuos mientras que los restantes 184 fueron inhumados directamente sobre el sedimento. En segundo lugar, en cuanto al número de individuos por fosa son mayoritarias las fosas individuales (168 fosas) mientras que 62 fosas contenían dos individuos y 35 eran fosas múltiples con tres o más individuos.

Una vez finalizada la exhumación, así como diversos sondeos más en diferentes puntos y con distintas profundidades para comprobar que no había más zonas con enterramientos en el perímetro interno de "La Tahona", se consideró que no quedan individuos por exhumar antes de das por terminado el trabajo arqueológico. Una vez finalizado la fase de campo se volvió a introducir la tierra sacada al exterior durante las tres campañas de trabajos para tapar el conjunto, devolver el estado original del lugar y proteger también los restos arqueológicos medievales los cuales se tiene constancia de su evidencia en niveles inferiores.

Por lo tanto, desde el punto de vista técnico, no quedan restos humanos en el interior de "La Tahona", quedando el recinto únicamente como zona de reserva arqueológica. La Arqueología Forense termina cuando acaban los restos humanos y su material asociado, no deja monumentos como la arqueología tradicional.

Finalmente, desde una perspectiva puramente cuantitativa, tras la excavación y exhumación arqueológica de "La Tahona", se ha constatado la existencia de tres sectores bien diferenciados: Sector I (Hospital), Sector II y Sector III, ambos adscritos a la cárcel. Del total de tres sectores se han excavado 265 fosas repartidas de la siguiente manera: Sector I, 108 fosas; Sector II, 20 fosas y Sector III 137. En cuanto al número de individuos exhumados es 429, repartidos de la siguiente manera entre los tres distintos sectores, Sector I, 188 individuos; Sector II, 73 individuos y Sector III 168 (imagen 7).

3.1. Distintos ritos y procedimientos de inhumación y trato a los restos humanos según su condición

Ha quedado claro tras la exhumación que tenemos hasta tres tipos de enterramientos diferentes en "La Tahona", correspondientes a tres tipos de personas inhumadas en su interior. En primer lugar, los soldados republicanos y los civiles fallecidos en el hospital del Monasterio de Uclés entre 1936-1939 y, en segundo lugar, los presos muertos durante su cautiverio en la cárcel entre 1940-1943 y que a su vez se dividen entre confesos y laicos.

3.1.1. Fase de hospital (1936-1939)

El primero de los tres sectores de "La Tahona" está formado por grandes fosas longitudinales en donde los cadáveres se introducían generalmente en ataúdes de madera. Entre estos cadáveres iban restos de amputaciones procedentes de los quirófanos, siempre asociadas a individuos.

El procedimiento que fue llevado a cabo, una vez decidido el lugar que iba a recibir los restos de los difuntos, es el de abrir grandes zanjas comenzado desde la muralla califal para discurrir en dirección Este mirando hacia el monasterio. Se trata de al menos 8 grandes zanjas alargadas, dentro de las cuales se iban enterrando los soldados fallecidos. Las zanjas a su vez eran subdivias por pequeños montículos o amontonamientos de piedras de pequeño/mediano tamaño que conforman ahora si fosas de tamaño medio, unipersonales, en las cuales para albergar más de un cuerpo se recurría a la superposición, aunque predominan en este sector las fosas individuales. Por lo tanto, visto en planta este sector presenta esas 8 zanjas bien diferenciadas subdivididas en pequeñas fosas individuales que rellenan el espacio. Las fosas de esta zona en su mayoría eran individuales, es decir, se realizaban por y para albergar los restos de una sola persona, sin embargo, también han sido constatada fosas que contuvieron más de un individuo. Las cifras son de 188 individuos en total, inhumados en 108 fosas, de las cuales casi un centenar contenían los restos óseos de una persona o a lo sumo dos.

En cuanta a la presencia o no de ataúd, en el Sector I ha sido documentada arqueológicamente la presencia de féretro de madera en 162 individuos del total de 188, es decir, un 86% de las personas fallecidas en el hospital militar fueron enterradas en ataúdes.

Otras dos características que presentan las inhumaciones del Sector I son la orientación de las fosas y la disposición de los restos en las mismas. En primer lugar, las grandes zanjas que albergaron en su interior las fosas tienen un eje Este-Oeste, orientación que además mantienen las demás fosas abiertas individualmente. La última de las características que aúna a los individuos del hospital es la disposición de los restos dentro de las fosas, ya que, en su totalidad, los fallecidos inhumados en el Sector I fueron enterrados en posición decúbito supino. Dentro de la tradición católico-cristiana, la inhumación de los difuntos debe hacerse decúbito supino (comúnmente conocida como boca arriba) y siguiendo ese eje Oeste-Este o en el caso de que presencia de un templo, la persona fallecida deber ser enterrada mirando hacia el mismo. En el caso de "La Tahona" de Uclés en su fase de hospital, cumple con los tres requisitos citados, decúbito supino, Oeste-Este y, a su vez, hacia la iglesia del propio monasterio.

3.1.1.1. Estudio de algunos casos sanitarios a través de los restos óseos y material arqueológico

A. "Método español"

El Dr. Bastos, junto con el Dr. D. Josep Trueta i Raspall, fueron los padres del método oclusivo de curas, base y fundamento de las actuales curas en ambiente húmedo. Gracias al "método español" se consiguió evitar infinidad de amputaciones y muertes debidas a las septicemias producidas por heridas de guerra. Este sistema de curas nació como la suma de diferentes técnicas y tratamientos de diversos cirujanos que se fueron acumulando y depurando a lo largo del tiempo (MORALES 1986). El "método español" consistía en una limpieza exhaustiva de la herida y posterior exéresis de todo el tejido desvitalizado, aplicando después un apósito de escayola que se debía mantener sin cambiar el máximo tiempo posible siempre y cuando el paciente no presentara complicaciones (MOLTÓ 2013:34). Acabada la Guerra Civil española, y ya durante la Segunda Guerra Mundial, fue el Dr. Trueta quien depuró, sistematizó y divulgó el método entre el bando aliado, siendo aún hoy en día el método de elección de tratamiento de las heridas y fracturas abiertas de guerra.

Esta técnica fue utilizada sin duda alguna en el hospital de Uclés. No es posible saber el número exacto de pacientes a los que fue necesario aplicar el "método español" y acabaron sobreviviendo ya que en las fuentes que han llegado a nosotros está registrado en algunos casos la causa de la hospitalización, pero no el tratamiento seguido. Tras las tareas arqueológicas y de laboratorio, se ha podido documentar un caso en "La Tahona" en que un individuo (el 005) falleció tras varias heridas en el pecho, las cuales fueron tratadas con el "método español", sin obtener éxito y siendo inhumado aún con el enyesado cubriendo su tórax (imagen 8).

B. Amputaciones

Tras la exhumación de los restos de "La Tahona" se han documentado un elevado número de miembros amputados, tanto de extremidades superiores como inferiores. Tanto por empatía hacia los restos como por cuestiones puramente higiénicas, las amputaciones eran enterradas en el mismo recinto habilitado como cementerio. Han sido documentados tres casuísticas distintas, en primer lugar, aparecen individuos que no superaron la operación de la amputación apareciendo inhumados junto con su miembro ya seccionado. La segunda casuística hace referencia a individuos que sí superaron la operación, pero acabaron falleciendo al poco tiempo, apareciendo inhumados, pero sin los restos amputados. En último lugar, aparecen inhumaciones asociadas a individuos fallecidos por cualquier otra causa, aprovechando su fallecimiento para enterrar la amputación de otro paciente distinto.

3.1.2. Fase de Cárcel 1940-1943

La gran novedad que presenta esta fase es el cerramiento de la zona cementerial mediante una tapia creando al actual polígono rectangular con entrada en su muro sur. En base a la nueva legislación que devolvía la autoridad y propiedad de los cementerios a la Iglesia, además de la propia ideología del nuevo régimen, "La Tahona" queda divida en dos mitades prácticamente simétricas, confeccionando dos sectores, civil y católico. Este muro no se conservaba en la actualidad, aunque sí que fue hallado por el equipo arqueológico de este proyecto, en primer lugar, mediante la fotografía del conocido Vuelo Americano de 1945 (https://fototeca.cnig.es/fototeca/), seguido de la prospección mediante imagen y finalmente mediante los vestigios arqueológicos hallados durante la excavación.

A. Sector II

Primero de los sectores que conforman la parte civil o laica del cementerio de la cárcel de "La Tahona". Su nombre deriva del carácter de los presos inhumados en esta zona, presos que en su último momento antes de fallecer no realizaron la confesión ante el capellán del presidio, sacramento que cuya obtención derivaba en posibles privilegios o tratos en el último momento. Este sector es el menor en tamaño dentro de los tres que conforman la evolución histórica de "La Tahona". Situado en la parte central del recinto en una zona de difícil excavación por la dureza del sedimento junto con la poca potencia de sedimento estéril antes de llegar a niveles medievales. Estas características sedimentológicas hacen que las fosas se vayan adoptando al terreno, sin orden aparente ninguno. En esta parte civil del cementerio han sido localizadas un total de 20 fosas comunes, de las cuales fueron exhumados los restos mortales de 73 personas. En este punto sí que cabe hablar de fosas comunes al uso, grandes fosas cavadas en sedimento que albergan más de un individuo los cuales presentan evidencias irrefutables de muerte violenta y signos de haber sido arrojados dentro de la fosa sin tratamiento alguno. En este contexto, solamente dos de las 20 fosas del sector son individuales, tres de ellas contienen dos individuos y la gran mayoría, 15 fosas, contenían los restos óseos de al menos tres o más presos represaliados.

De nuevo dentro del estudio del sector, dos elementos clave que arrojan información relevante del rito y trato hacia los presos es la presencia o no de ataúd y la orientación y disposición de los restos. La disposición es arbitraria y sin orden aparente, adaptándose al terreno y, al igual que ocurrió con los soldados republicanos, estas fosas también eran pisadas en el camino hacia la zona católica del cementerio. De la veintena de fosas, dos presentan orientación Se-No, 7 conservan la orientación O-E y la mayoría, 11, fueron excavadas en dirección N-S.

Los 73 individuos exhumados en este sector fueron fusilados, presentando fracturas por bala en diversos restos óseos, así como el llamado tiro de gracia en la cabeza. La disposición de los cuerpos, todos en posiciones que evidencia el haber sido arrojados desde la parte superior de la fosa, es completamente arbitraria, decúbito prono, lateral, flexionados en posiciones nada naturales, etc.

En cuanto a la presencia de ataúd, en este sector no fue documentada la presencia de féretro de madera, o de cualquier otro material improvisado.

Sector III
Último de los sectores detectados en la excavación del cementerio de "La Tahona". Enmarcado entre el muro de división interna del recinto y la tapia norte del mismo, al lado norte del Sector II. A diferencia del

Sector I que presenta una mayoría los restos de soldados republicanos y del Sector II que en su totalidad son presos fusilados, en el Sector III fueron inhumados dos categorías de presos, los fusilados que habían confesado antes de su ejecución y los presos que morían de las llamadas causas naturales que aglutinan un elevado número de presos cuyo denominador común es que no llegaron a ser fusilados, falleciendo de un compendio de enfermedades y daños producidas y derivadas de las condiciones de vida y trato que tenían dentro de la prisión del Monasterio de Uclés.

En este sector, el más amplio en tamaño, fueron excavadas 137 fosas de las cuales se exhumaron los restos óseos de 168 personas superando en 29 fosas al Sector I, aunque con 20 individuos menos que en la fase de hospital. De la cercanía de cifras entre fosas e individuos se puede imaginar que predominan los enterramientos individuales en este sector, siendo 122 fosas individuales, 8 con dos individuos y 7 fosas comunes con tres o más personas inhumadas.

Siguiendo el hilo conductor, la presencia de ataúd documentada en este sector es del 50%, estando presente en 84 de los casos de individuos exhumados.

4. Estudio de la población reclusa

4.1. Procedencia de los reclusos

La inmensa mayoría de la población que pasó por la prisión del Monasterio de Uclés procedía de la provincia de Cuenca, con escasas excepciones de individuos aislados de otras provincias cercanas como Ciudad Real, Madrid, Toledo o algo más alejadas como Soria, Ávila, Murcia y Vizcaya, así como un caso de un preso natural de la provincia marroquí de Arcila. A su vez, dentro de la propia provincia de Cuenca los presos procedían de localidades en un radio cercano a Uclés, pueblos como Tarancón, Sisante, Huete, Tribaldos, Zarza de Tajo, etc. es decir, pueblos cuya competencia judicial quedaba bajo autoridad del partido de Uclés, ya que cabe puntualizar que otros pueblos más alejados entrarían en jurisdicción de Cuenca capital que contaba con más presidios.

4.1.1. Edad de los presos

Dentro de la población reclusa se encuentra un amplio sector de edad, con representación de todos los segmentos desde adolescentes hasta adultos seniles. Aquí se exponen los datos relativos a la población falleci-da, agrupados tanto fusilados como fallecidos por causas sanitarias. Los datos de los fallecidos en la prisión nos muestran una amplia mayoría de presos cuya edad está comprendida entre los 40-49 años de edad, y más ampliamente entre los 30 y 50 años, se trata de un segmento de edad característico teniendo en cuenta la población española que fue afectada por la Causa General y los procedimientos penales de la Posguerra, es decir, una mayoría de españoles que estarían entorno a la veintena y treintena de edad en el momento de empezar la Guerra Civil. En la pi-rámide de la población del Monasterio como cárcel, faltarían por incluir los datos de 30 de los reclusos que, desafortunadamente, se desconoce su edad.

4.1.2. Profesiones

En lo referente a las profesiones que aparecen representadas dentro de la población reclusa de Uclés la lista es amplia con un total de 38 traba-jos distintos.

Dentro de este amplio abanico de profesiones destacan en números absolutos los jornaleros con 162 personas, seguido de los labradores con 52. Uno de los problemas que hemos tenido a la hora de abordar esta cuestión es la imposibilidad para determinar la profesión ejercida an-tes de entrar en la cárcel de muchos de los presos que fallecieron en Uclés, de ahí que la cifra de desconocidos ocupe el segundo puesto con 153 personas. En su mayoría se trata de pequeños artesanos, obreros y empleados de oficios esencialmente relacionados con el mundo rural como labradores (31 presos), campesinos (4), pastor, hortelano, herreno, mecánico, peón caminero, etc. aunque también aparecen otros oficios como profesiones liberales con tres maestros, dos alcaldes, dos emplea-dos municipales y un secretario de ayuntamiento; fuerzas del orden con la presencia de un sargento y un carabinero y, en cuanto a la población femenina, que por no ser demasiadas las inhumaciones en "La Tahona de estas reclusas su presencia es menor en las listas, aparecen representadas mediante dos amas de casa.

4.1.3. Condiciones Sanitarias y enfermedades

La prisión del Monasterio de Uclés, al igual que el resto de centros penitenciarios y campos de concentración españoles y posteriormente nazis, contaba con una estancia dedicada a enfermería. El funcionamiento de esta enfermería estaba basado en gran parte en la utilización de personal recluso para llevar a cabo las tareas sanitarias necesarias.

Para el estudio de las enfermedades que causaron la muerte de los presos no fusilados se ha utilizado la clasificación internacional de enfermedades de la OMS (WHO 2008) utilizado con buenos resultados en casos de estudios similares como el llevado a cabo por Ríos et al (2008). Así pues, quedan establecidos cuatro principales grupos: Nutricionales y sistema digestivo; Tuberculosis; Sistema circulatorio; Sistema respiratorio; Causas Externas y Otras causas.

Tras analizar los datos, las enfermedades nutricionales y del sistema digestivo son mayoritarias con un 49% del total. La segunda causa de mortalidad entre la población reclusa no fusilada es la tuberculosis en sus diferentes afecciones, destacando la pulmonar. Entre estos dos grupos de enfermedades suponen el 63% del total. Estas cifran coinciden a la perfección con los datos de otros campos de concentración similares como el caso del citado de Valdenoceda (Burgos) el cual guarda muchas similitudes con Uclés, donde la tuberculosis y el sistema digestivo y nutricional suman el 61,6% de los presos muertos por enfermedad (RÍOS ET AL., 2008: 149). En cuanto a la tuberculosis, como indica Molero (1994) fue un grave problema incluso antes de la Guerra Civil, pero será después de esta, en la dura Posguerra cuando sus niveles se incrementen, según otros autores pasando en el caso de tuberculosis asociada al sistema respiratorio (pulmonar, mayoritaria en Uclés) del 5,5% en 1934 al 6,8% en 1941. Un estudio realizado en 1950 en el cual se agruparon todos los tipos de tuberculosis presentes establecía que entre 1939 y 1948 el porcentaje estaba entre el 7,10% y el 10,4% (DIEZ NICOLÁS 1985 y BENÍTEZ 1950 en RÍOS ET AL 2008: 149). Las cifras arrojadas del estudio de la prisión del Monasterio de Uclés son incluso algo superiores a estos datos, alcanzo los fallecidos por tuberculosis el 14%.

5. Estudio del material asociado

5.1. Fase de Hospital (1936-1939)

5.1.1. Objetos personales

El primero de ello se trata de un anillo perteneciente al Individuo 339, inhumación en la que tenía asociados los restos de la amputación número 12 (extremidad inferior) situados dentro del ataúd y entre las piernas del individuo.

La presencia de los restos de vendas, sondas a la altura de la cabeza del fémur derecho del individuo y, sobre todo, la amputación no perteneciente, aunque si asociada, al individuo en cuestión evidencian, sin ningún tipo de duda posible, su adscripción con la fase de hospital militar del Monasterio de Uclés. La simbología del anillo, con una inscripción con las siglas CNT (Confederación Nacional del Trabajo) nos arroja información relevante y susceptible de ser utilizada para complementar los estudios antropológicos y de AND a la hora de abordar una posible identificación de este individuo. Por los listados de individuos sabemos que algunos anarquistas acabaron falleciendo el hospital de Uclés, aunque no tantos, como el caso de un miliciano perteneciente a las milicias que conformaban la columna del anarquista leonés José Buenaventura Durruti, el cual encajaría perfectamente en el perfil del dueño de este anillo.

Por último, nos encontramos nuevamente con otro anillo. Se trata del Individuo 269, inhumado en ataúd en una fosa rectangular de orientación Oeste-Este. Se trata de un varón adulto, de entre 45 y 50 años de edad y unos 162-166 cm de estatura y no presenta evidencias a nivel óseo de posibles traumatismos o heridas que le llevaran a acabar siendo ingresado en Uclés e inhumado en "La Tahona". En cuanto al material asociado destaca por la presencia de un anillo encontrado entre las falanges de la mano izquierda. Se trata de un caso especial ya que el anillo está formado por dos óvalos que presentan en su interior dos fotografías, mejor conservada la izquierda donde se puede observar perfectamente la cara de una mujer que bien podría estar emparentada o tener algún tipo de relación con el difunto.

5.1.2. Material médico

El objeto médico que más frecuentemente ha sido hallado son las sondas para drenaje en las heridas. Se trata de pequeños tubos, generalmente de plástico o silicona, que suelen aparecer asociados a individuos que han sufrido lesiones traumáticas en sus miembros, además de aparecer en algunos casos juntos a restos de miembros amputados. Por su carácter son un elemento de muy difícil reutilización de ahí que aparezcan en un elevado número. Desde un punto de vista puramente arqueológico, este elemento nos sirvió para fechar cronológicamente algunas de las fosas que por sus características o su localización no estaba aún demasiado claro su pertenencia a la fase de hospital o cárcel.

Un segundo elemento relacionado con los cuidados de los enfermos del hospital que ha sido documentado son unos pequeños frascos de vidrio, identificados con ampollas de medicamentos que les eran administrados a los pacientes.

5.1.3. Elementos militares

Nos referimos concretamente al individuo 407. Asociado a este individuo fue encontrada una insignia metálica que, tras analizarla detalladamente y consultar con varios expertos en historia militar e incluso algún militar de carrera, se llegó a la conclusión de que se trata de una insignia del carro de combate Renault FT-17, tanque que fueron utilizados en la Primera Guerra Mundial, Guerra Civil española y Segunda Guerra Mundial (imagen 9).

El 23 de junio de 1919 España adquiere del gobierno francés el primer Renault FT. Posteriormente, en agosto de 1921 se compraron diez Renault FT armados con ametralladoras Hotchkiss de 7 mm, que fueron a prestar servicio en la Sección de Infantería de la Escuela Central de Tiro. (GARCÍA 2004).

La insignia que utilizaban estos carros de combate como distintivo era a su vez la que solían portar los encargados de su conducción. Esta insignia, lucida generalmente en gorras o solapas de las chaquetas, está formada por un tanque dentro de un circulo.

5.2. Fase de Cárcel (1940-1943)

5.2.1. Vestimenta

De la vestimenta de los presos el elemento más representativo hallado asociado a los individuos exhumados son los botones, ya que en su mayoría solían vestir camisas cuya tela no se ha conservado. En cuanto a tipología, se trata normalmente de botones de plástico circulares en varios colores predominando los tonos claros. Son botones generalmente con cuatro perforaciones para la unión mediante hilo a la camisa.

Otro elemento de la vestimenta susceptible de ser conservado y que a veces suele aparecer son los cinturones. Sin embargo, no toda la población reclusa estaría en disposición de poseer uno, y en el caso de tenerlo el material afecta a su conservación, ya que casi exclusivamente aquellos cinturones confeccionados con cuero han conseguido llegar hasta nuestros días en mejor o peor estado. En algunos casos estos cinturones pueden estar asociados a piezas metálicas correspondientes con las hebillas.

El último elemento característico dentro de la vestimenta documentado en la excavación arqueológica de "La Tahona" es el calzado. Al contrario de lo ocurrido en la zona de hospital, en los dos sectores adscritos cronológicamente a la fase de cárcel (Sectores II y III) el calzado es el elemento de vestimento mejor conservado estando casi presente en la totalidad de los individuos exhumados. La tipología de calzados presente atiende principalmente a tres tipos de zapatos: botas, con suela de goma o abarcas con suela de esparto. Se trata del tipo de calzado característico de la población representada dentro del espectro de reclusos de la prisión de Uclés, donde la gran mayoría de jornaleros y campesinos conquenses del entorno llevarían esta tipología de calzado, relacionado con dicha clase social y semejante actividad económica.

5.2.3. Objetos personales

A. Lapiceros

Se trata de un elemento más presente de lo que cabría esperar en el imaginario común, ya que, dentro de la ideología del preso, su vida fuera de los muros del campo de concentración siempre está presente, y dentro de esos pensamientos nostálgicos emergen sobre todo sus familiares, padres, esposas, hijos, etc., de ahí que un pequeño esfuerzo casi diario sea el de escribir cartas a dichos familiares o redactar unas pequeñas memorias o dibujos.

Para llevar a cabo este propósito, los presos guardaban los lapiceros como un bien preciado, generalmente escondidos entre sus ropas, para acabar siendo inhumados con los mismos. En "La Tahona" han sido documentados varios casos de presencia de lápices junto a los restos óseos, generalmente en zonas cercanas a la pelvis, es decir, donde habrían ido los bolsillos de los pantalones.

B. Objetos asociados al individuo 087

Dentro del material asociado al individuo 087 destaca un pequeño bote metálico circular, de entorno a 4cm de diámetro identificado como un pastillero personal, es decir, un bote donde el preso guardaría la medicación que debiera tomar. Además de este pastillero también aparecieron un pequeño fragmento de un lápiz y tres botones.

C. Objetos asociados al individuo 102

Como material propiamente personal de este individuo, en primer lugar, destacan unas gafas encontradas junto al cráneo. Estas gafas se encuentran dentro de una funda confeccionada con tela que las protege. Es decir, pertenecen a este individuo ya que están inhumadas con él, pero no las tenía puestas cuando fue enterrado. Esta pertenencia de unas gafas es una característica que puede resultar clave o al menos discriminatoria a la hora de establecer una posible identificación de los restos al cotejar los datos arqueológicos y antropológicos con la documentación de archivos y la aportada por familiares.

En último lugar dentro de los objetos personales que conforman el material asociado del Individuo 102 nos encontramos con un elemento sumamente interesante. Se trata de dos pequeñas láminas cuadradas de cuero con dos óvalos centrales que albergan sendos elementos metálicos circulares adaptados a la forma del óvalo. Este objeto se ha identificado como un portamedallas, ya que los círculos metálicos son medallas con iconografía cristiana (imagen 11).

D. Objetos asociados al Individuo 120

En cuanto al material asociado, este individuo destaca por la presencia de varios objetos personales de relevancia. En primer lugar, junto al costado derecho del individuo se halló una cartera de cuero que seguramente portaría dentro un bolsillo de la camisa.

En segundo lugar, en la mano derecha del individuo, ubicada sobre la pelvis, fue encontrado un anillo tipo alianza, que por su oxidación evidencia no ser de oro puro, si no seguramente llevaría un baño exterior dorado para el acabado. Por último, destaca el hallazgo de tres monedas y una insignia circular metálica, todas ellas encontradas asociadas al pie derecho del individuo (imagen 10). Las tres monedas son de una peseta del año 1937, es decir, se trata de monedas republicanas que con total seguridad el preso escondía dentro de su calcetín. Este hecho es sumamente significativo, nos habla de las convicciones políticas y personales de un individuo que acabo en un verdadero campo de concentración debido a unos ideales, ideales que decidió mantener hasta el final de sus días guardando simbólicamente como un tesoro dentro de su calcetín estas monedas del régimen que había defendido y representado hasta el final de sus días frente al pelotón de fusilamiento En cuanto al cuarto elemento, la insignia metálica que aparece con algo de tela aún adherida, se trata de una ficha de latón en cuyo anverso posee una inscripción que recorre la circunferencia y dice: "Trabajadores de la Distribución. Valencia" y en el centro: "2 pesetas. UGT-CNT". Se trataría de una ficha utilizada por los trabajadores de dicho sector a la hora de fichar. Este elemento, nuevamente puede ser de vital importancia para determinar la identificación del individuo en cuanto a su posible procedencia.

E. Último objeto exhumado en "La Tahona"

En la campaña de excavación arqueológica del año 2007, cuando la misma se hallaba próxima a su fin, fue hallado en la esquina noreste del recinto de "La Tahona" una estatuilla enterrada a nivel superficial y en una zona en la que no se encontraban ya fosas. El hallazgo no fue casual, ya que el equipo se encontraba sondeando esa zona para certificar que no había más fosas aun por excavar además del testimonio de algunos testigos directos al director de la excavación el Dr. Ángel Fuentes.

La estatuilla en cuestión (imagen 12) es una figura de 30 centímetros que representa un Jesucristo en la crucifixión. La estatuilla se encontraba exenta de la cruz y había sido deformada, presentando el brazo derecho seccionado y el izquierdo doblado a la altura del codo hasta confrontar el puño con la frente en una clara intención de representar en la figura de Jesucristo el saludo socialista.

6. Conclusiones

La excavación arqueológica del cementerio de "La Tahona" de Uclés es, sin duda, uno de los mayores proyectos de Memoria Histórica llevados a cabo en España. Si bien es cierto, no se trata del único, ni mucho menos, ya que estos proyectos han aflorado con fuerza en las primeras décadas del siglo XXI con numerosas intervenciones (Ferrándiz, 2014) y en algunos casos en centros penitenciarios semejantes al instalado en el Monasterio de Uclés como es el caso de Valdenoceda, en Burgos (Ríos et al., 2008).

Sin embargo, con un total de 429 individuos exhumados de un recinto de unos 1900 m² cuantitativamente sí que estamos hablando de una de las mayores intervenciones en cuanto a total de restos recuperados. Otra de las características que hacen especial e inédito este proyecto es el haber documentado 188 individuos de la fase de hospital, complementando de esta forma los estudios que se tenían hasta ahora sobre la sanidad militar y, particularmente, dentro del bando gubernamental.

A. Fase de Hospital (1936-1939)

Centrándonos primeramente en la fase de hospital, esta exhumación ha arrojado luz, no ya sobre las cuestiones sanitarias, que también, sino sobre la gestión de los fallecidos en un contexto de elevada mortandad.

Gracias a la exhumación arqueológica de dicha área ahora conocemos el procedimiento llevado a cabo durante la fase de hospital para gestionar la inhumación de los fallecidos. Han sido documentadas una serie de características que nos hablan del nivel de respeto vertido por los responsables del hospital, o los encargados de las inhumaciones, hacia los fallecidos. La orientación de las fosas según la tradición católico-cristiana, la presencia de ataúd de madera en la práctica totalidad de los individuos, así como la disposición de los mismo en el interior del ataúd, siempre decúbito supino, nos indican un alto grado de respeto, atención y cuidado para con los combatientes y civiles fallecidos en el hospital del Monasterio de Uclés.

Las técnicas sanitarias utilizadas durante la Guerra Civil es un tema bastante bien conocido y documentado, tanto por investigaciones actuales como por testimonios de los propios médicos que participaron directamente en los hospitales militares. La exhumación de "La Tahona" tiene información que aportar a esta cuestión, al documentarse material médico (sobre todo sondas de drenaje) y, principalmente, pruebas de alguna de esas técnicas sanitarias conocidas por la bibliografía como amputaciones (34 en total), agujas de Kirschner y, especialmente, un caso documentado del "método español" (Individuo 005).

En cuanto al material asociado, la presencia de elementos de vestimenta es baja, quedando reducida a algunos ejemplos de botones. Como conclusión, la excavación arqueológica y exhumación de 188 individuos adscritos cronológicamente al Hospital de Sangre del Monasterio de Uclés ha aportado una serie de información vital para complementar los datos que se tenían acerca de la Sanidad Militar en el bando gubernamental durante la Guerra Civil española.

B. Fase de Cárcel (1940-1943)

Una vez finalizada la contienda, comienza una política de represión sistemática y de enjuiciamientos enmarcados en una Causa General que llevaría a abarrotar las cárceles hasta casi el colapso. Ante esto fueron creadas nuevas prisiones y campos de concentración para albergar este creciente número de presos. Dentro de este fenómeno se enmarca el Monasterio de Uclés, ya que su monumentalidad jugó, nuevamente, un papel determinante, proporcionando las características necesarias para su nuevo uso. La prisión instalada en el antiguo hospital republicano estuvo en funcionamiento entre 1940 y 1943, llegando a pasar en torno a 5.000 presos, en su mayoría conquenses (INIESTA 2006: 32).

Si las características del monasterio fueron cruciales para instalar en él un verdadero campo de concentración, no menos determinantes fueron las condiciones ofrecidas por la zona de "La Tahona" para seguir siendo utilizada como improvisado cementerio. Con esto nos referimos principalmente a la invisibilidad del recinto desde el pueblo al estar en la ladera opuesta. Los presos condenados a fusilamiento eran sacados del monasterio antes del amanecer por una puerta lateral y conducidos por un pequeño camino que descendía del cerro hasta llegar a un recodo donde se procedía a la ejecución. De este lugar los cuerpos eran transportados durante los escasos metros que distan de "La Tahona".

Una vez decidido que el área de enterramiento utilizado por el hospital se va a seguir amortizando como improvisado cementerio, se decide acometer una pequeña obra. En primer lugar, se cierra toda la zona entrono a la muralla califal mediante un pequeño muro de tapial, creándose así el actual recinto de alrededor de 1900 m². El acceso a dicho cementerio se situó originalmente en el muro sur, por lo que era necesario caminar sobre las tumbas republicanas para acceder al mismo, en lo que viene a ser una total falta de consideración y respeto hacia los ahí enterrados. Tras delimitar el área de "La Tahona" se debe acometer una pequeña obra más, ya que, según la legislación nueva, basada en principios anteriores al periodo republicano, los cementerios deben separar mediante una tapia las zonas católicas de las civiles. Pues bien, dicho muro se levanta en el interior de nuestro recinto, muro visible en las fotografías realizadas en 1945 por el Vuelo Americano y, además, constatado arqueológicamente en las excavaciones llevadas a cabo en el marco de este proyecto.

Esta división interna nos crea dos universos funerarios completamente distintos. El primero de ellos, el cementerio civil, engloba además a las fosas de los combatientes republicanos y los reclusos que acabaran inhumados en este cementerio civil o laico (Sector II) son todos fusilados y enterrados sin recibir ningún trato de favor, en fosas comunes y sin ataúdes.

En cuanto al área católica o confesa (Sector III) está reservada para los presos que se han ganado la condición de ser inhumado en esta zona. Los presos que eran condenados a muerte tenían la posibilidad la noche antes de la ejecución de presentar confesión ante el capellán del Monasterio. Por el número total de individuos exhumados en este sector (168) en comparación con el Sector II se puede extraer la conclusión de que la opción de confesar fue mayoritaria. Esto se explica, sobre todo, por el supuesto trato de favor o mejora de las condiciones que se le ofrecía al condenado si realizaba la confesión. Sin embargo, la presencia de ataúd debe matizarse, ya que este elemento está reservado para los reclusos fallecidos por a causa de las condiciones de vida dentro de la cárcel (hambre, frio, hacinamiento, falta de higiene, etc.) y que hayan confesado, ya que la si el preso ha sido condenado al pelotón de fusilamiento, la confesión ante el capellán la garantiza pasar la noche con sus familiares y el ser enterrado dentro del área católica de "La Tahona" pero siempre sin ataúd, de ahí que los individuos exhumados del Sector III que han sido fusilados (84) no presenten ataúd, con la única excepción del Individuo 170.

En cuanto al material asociado, es de especial interés su estudio dentro de la zona de cárcel del cementerio ya que nos puede arrojar información acerca del estilo y condiciones de vida de los presos en el interior del Monasterio, así como información potencial para posibles identificaciones. En este caso sí que contamos con más información sobre la vestimenta en contraposición con el hospital, ya que, además de los botones, en la zona de cárcel se conserva el calzado, presentando tres tipologías principales: suelas de gomas, suelas de esparto o botas. En lo referido a objetos personales, el abanico es más amplio destacando elementos como lápices, necesarios para un ejercicio tan disuasorio de la realidad como la escritura, además de para la confección de memoria o cartas a familiares. En último lugar, las monedas republicanas del Individuo 120 a nivel personal, o el caso del "Cristo Socialista" son elementos con una fuerte carga sentimental, material tangible de un sentimiento y simbolismo de unos presos convencidos de sus ideales y principios. ∎

Anexo

Imagen 1.

Monasterio de Uclés
década de 1950.
Fuente: ARMH, Cuenca.

Imagen 2.

Monasterio de Uclés y
recinto de "La Tahona"

Imagen 6.

Planimetría general de la
excavación de "La Tahona"

316

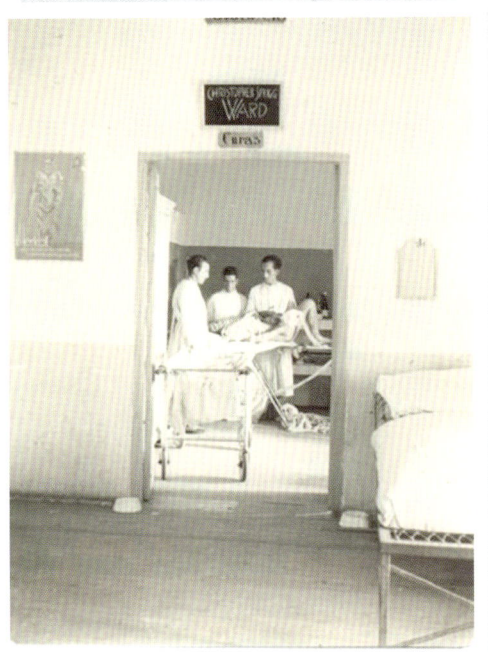

Imagen 3.

Cura de una pierna amputada
en el Hospital de Sangre de Uclés.
Fuente: ARMH, Cuenca

Imagen 4.

Comedor del Hospital de Sangre de Uclés.
Fuente: ARMH, Cuenca

Imagen 5.

Fotografía vuelo americano de 1945. Fuente: Fototeca digital.

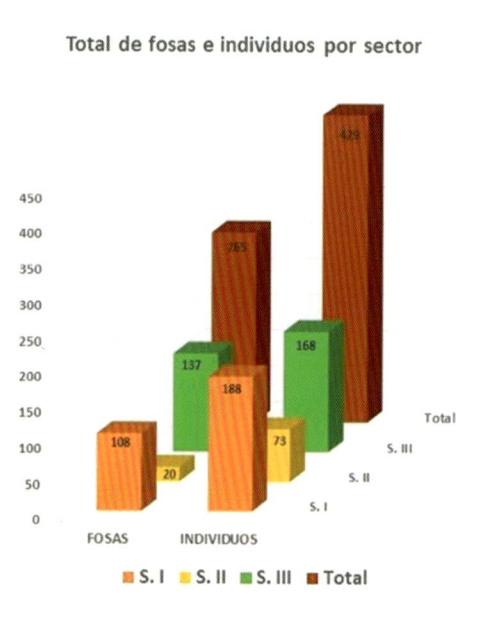

Imagen 7.
Total, de fosas e individuos por sector.

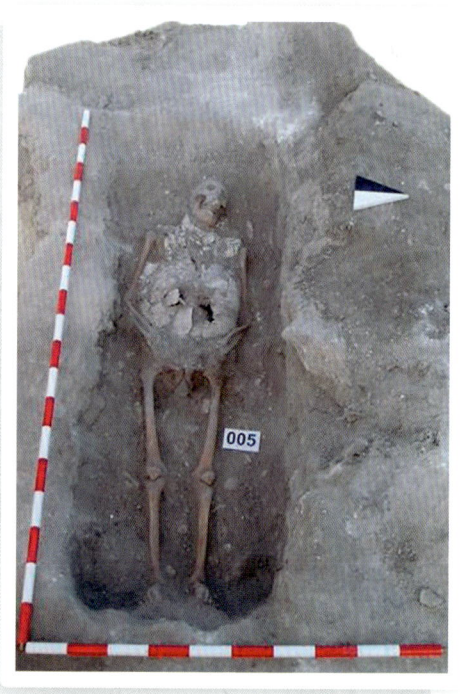

Imagen 8.
Individuo 005, inhumado tras ser atendido mediante el "método español".

Imagen 9.
Insignia del individuo 407 identificada como tanquista Renault.

Imagen 10.
Monedas de una peseta y ficha de la CNT asociadas al individuo 120.

Imagen 12.
Figura de cristo modificada
escenificando el saludo
socialista hallada en
"la Tahona".

Imagen 11.
Portamedallas asociado
al individuo 102.

Referencias bibliográficas

- ALBIR HERRERO, Cristina y Miguel MEZQUIDA FERNÁNDEZ (2014): "El hospital de sangre de los Corrales de los Garcías. El Collado (Alpuente)" *La Linde. Revista digital de arqueología profesional*, 2.

- ALÍA MIRANDA, Francisco y Ángel Ramón DEL VALLE CALZADO (Coord.), (2008): *La Guerra Civil en Castilla-La Mancha, 70 años después*, Ediciones de la Universidad de Castilla-La Mancha, Cuenca.

- BEEVOR, Antony (2005): *La Guerra Civil española*. Barcelona, Crítica S.L.

- GARCÍA FERRANDIS, Xavier. (2010): "La asistencia sanitaria en el frente de Teruel durante la primera campaña republicana (agosto de 1936-febrero de 1937)", *Sanidad Militar*, 66 (4), pp. 245-249.

- FERRANDIZ, Francisco José. (2014): *El pasado bajo tierra. Exhumaciones contemporáneas de la Guerra Civil*, Anthropos Editorial, Barcelona.

- GARCÍA, Dionisio (2004): "Renault FT 17 en España (2): La Guerra Civil", *Serga,* 31, Edic. Almena.

- GARCÍA FERRANDIS, Xavier (2011): "La asistencia sanitaria en la provincia de valencia durante la guerra civil española (1936-1939)", *Llull: Revista De La Sociedad Española De Historia De Las Ciencias y De Las Técnicas*, 34(73), pp. 13-38.

- INTERNACIONAL COMMITTEE OF THE RED CROSS (2002): The *Missing: Action to resolve the problem of people unaccounted for as a result of armed conflict or internal violence and to assist their families.* Human remains & forensic sciences Electronic Workshop, Geneva, Switzerland.

- INIESTA, Andrés (2006): *El niño de la prisión,* Siddharth Mehta Ediciones, Madrid.

- LÓPEZ VILLAVERDE, Ángel Luis (1994): *La II República en Cuenca.* Tesis Doctoral, Departamento de Historia Contemporánea, Universidad de Castilla-La Mancha.

- MOLERO, Jorge (1994): "Enfermedad y previsión social en España durante el primer franquismo (1936-1951)", *Dynamis: Acta hispanica ad medicinae scientiarumque historiam illustrandam*, ISSN 0211-9536, 14, pp. 199-226.

- MOLTÓ ABAD, Francisco Enrique (2013): "Antecedente de las curas en ambiente húmedo (CAH). El método español de tratamiento de heridas de guerra y el hospital sueco-noruego de Alcoy", *Gerokomos*, 24 (I), pp. 32-35.

- MORALES TORRES, Juan (1986): "El "Método español" en el tratamiento de las heridas de guerra (Técnica de Orr-Bastos-Trueta)", en VV.AA. (1986): *Los médicos y la medicina en la guerra civil española*, Monografías Beecham, Madrid.

- OFICINA DEL ALTO COMISIONADO DE LA NACIONES UNIDAS PARA LOS DERECHOS HUMANOS, (2001): "Protocolo de Estambul Manual para la investigación y documentación eficaces de la tortura y otros tratos o penas crueles, inhumanos o degradantes", *Serie de Captación Profesional* nº8 Ginebra.

- PRESTON, Paul (2006): *La Guerra Civil española. Reacción, revolución y venganza*, Penguin Random House Grupo Editorial, Barcelona.

- RÍOS FRUTOS, Luis; MARTÍ, Berta; GARCÍA-RUBIO RUIZ, Almudena y Jimi JIMÉNEZ (2008): "Muertes en cautiverio en el primer franquismo: Exhumación del cementerio del penal de Valdenoceda", *Complutum*, nº 139.

- UNITED NATIONS (1991): "Minnesota Protocol II. Model Protocol for Disinterment and Analysis of Skeletal Remains", *Manual on the Effective Prevention and Investigation of Extra-Legal, Arbitrary and Summary Executions*, United Nations, Nueva York.

- WORLD HEALTH ORGANIZATION (2008): International Statistical Classification of Diseases and Related Health Problems, http://www.who.int/classifications/apps/icd/icd10online/

5. Recuperar la memoria

5.1. La represión franquista y la Asociación de Memoria Histórica en La Roda de Albacete y comarca

CARMEN MARÍA PARREÑO TÉBAR

Historiadora y secretaria de la Asociación Memoria histórica
La Roda y comarca

1. Introducción

El municipio de La Roda, siendo uno de los enclaves más importantes en la provincia de Albacete, ha evolucionado a espaldas del conocimiento de su pasado más reciente en comparación con otras poblaciones de la provincia como la capital, por supuesto, o Almansa, Hellín, Yeste o Villa-rrobledo. En estas localidades existen investigaciones y monografías que han puesto de relieve algunos aspectos de la guerra civil y de la represión franquista[213]. Igualmente, gracias a la labor de los diversos colectivos y asociaciones memorialistas que han ido apareciendo, la memoria histó-

---

[213] De carácter genérico consúltese toda la bibliografía sobre la temática en la provincia de Albacete publicada por Manuel Requena Gallego, Manuel Ortiz Heras o J.D. Carrión Iñiguez, entre otros. Destacar las monografías locales de Moreno Nava (2003), Sánchez Moreno (2007), Gil Hernández (2013), Ibáñez González (2021), Peña (2021) o Bascary (2021). En webgrafía destacar a Gil López (2006) y Hernández Piqueras con "La guerra civil en Almansa".

rica y democrática han comenzado a abrirse paso, lento pero decidido, en la provincia de Albacete. Además, aparte de los casos paradigmáticos de la capital o de Villarrobledo, en Almansa o Alcaraz las víctimas del franquismo han sido rescatadas de las fosas comunes en que yacían y su memoria y dignidad, honradas.

A pesar de la existencia de la Ley 52/2007 de memoria histórica, en el municipio de La Roda, durante los años de gobierno del Partido Popular, se bloqueó constantemente la aplicación de dicha ley sobre todo frente a las mociones planteadas por otros grupos políticos. Y digo sobre todo porque en La Roda la memoria histórica ha dependido de las voluntades políticas (o de las no-voluntades), ya que jamás ha existido en el municipio un tejido social, colectivo o asociación que demandara los cambios que la ley 52/2007 y las diversas recomendaciones de la ONU, exigen al Estado español.

Hasta diciembre de 2020 en La Roda ni hemos sabido qué sucedió durante la guerra civil y el primer franquismo y ni mucho menos se han emprendido acciones en materia de memoria histórica. Podemos afirmar que en La Roda el concepto de *franquismo sociológico* (JUSTEL 1992, p.69)[214], el de la cultura política local de identificación con el régimen, ha enraizado y germinado como agua de mayo. El periodo ha sido tratado desde la manipulación y el olvido. Una sarta de verdades a medias ha distorsionado nuestro pasado compartido; los franquistas y sus acólitos se hicieron demócratas, pero con poco escarbar, se puede detectar ese rancio tufillo de admiración por el régimen, pues con Franco "se vivía mejor" o con Franco, esto o lo otro, simplemente no pasaba. Sí, se trata de un rancio regocijo, pues junto a las perennes autoridades municipales del Partido Popular, buena parte de la sociedad rodense siempre se ha postulado orgullosa de su pasado franquista, más o menos abiertamente, e incluso con poco disimulo han llevado sus nobilísimas convicciones a las escuelas.

Recuerdo algunas de las excursiones que hicimos allá por 1989 y 1990 desde un colegio que se ha llamado José Antonio hasta la lamentable

---

214 Algunas fuentes lo atribuyen a Amando de Miguel, que en los años 70 era responsable de los informes sociológicos de la Fundación Foessa.

fecha de 2020 (aunque más vale tarde que nunca). Una de estas salidas fue al Alcázar de Toledo. Allí evidentemente nos explicaron las miserias de la guerra y, por supuesto, las bondades de la resistencia numantina del general Moscardó y de sus valientes guerreros. Nos pusieron las grabaciones que emitió a su hijo pensando que se acercaba el fin de sus días. Pobre militar díscolo: la guerra le pilló por sorpresa. Pero nosotros, los escolares, niños y niñas de 11 añitos, pensando: "pobrecitos unos y qué malos los otros". En otra de las excursiones nos llevaron a visitar un monumento espectacular ubicado en el valle de Cuelgamuros. Todavía recuerdo mi fascinación al entrar por la gran nave de la cripta flanqueada toda ella por estatuas colosales de ángeles, arcángeles, vírgenes y mártires tallados con un estilo y una simbología tan peculiar, que más que gozo y alegría provocaban miedo y estupor.

En La Roda, durante los años de democracia, no sólo no hemos aprendido qué sucedió durante la II República, la Guerra Civil y el Franquismo, sino que como es obvio, tampoco nos enseñaron a diferenciar qué es fascismo y qué es democracia, y lo que es más grave, intentaron hacernos copartícipes de sus convicciones, generando en nuestras pequeñas cabecitas un batiburrillo difícil de disolver en la edad adulta. Y es que como muy sabiamente nos dice el refranero español: "de aquellos barros, estos lodos".

2. La memoria histórica en La Roda: políticas, investigaciones y asociación

Desde que en 2019 ganara las elecciones locales el PSOE, después de 32 años de gobierno del Partido Popular, la ley de memoria histórica ha comenzado a abrirse paso en nuestra localidad. Como decía, en enero de 2020 el CEIP José Antonio cambiaba su nombre por el de Purificación Escribano. Finalmente, por acuerdo plenario de diciembre de 2020, a pesar de la unánime oposición del grupo Popular, se acordaba quitar el monolito a José Antonio ubicado en el centro del pueblo, la medalla de oro concedida a Franco por el Ayuntamiento, el cambio de nombre de las calles franquistas y la retirada de la placa de los caídos.

Placa de los Caídos,
antes y después.

En La Roda hemos tenido nuestro espacio público repleto de toda esta simbología fascista hasta bien entrado 2021 y 2022. La placa a los caídos, dedicada a los que lucharon en defensa del fascismo, fue retirada de la fachada principal de la Iglesia del Salvador recientemente, en agosto de 2022. Por otro lado, los nombres de calles que más hacían rechinar los dientes a cualquier ciudadano con cierto grado de conocimiento y sensatez eran los de la calle Mártires, General Moscardó o General Mola. Estos, y otros cuantos nombres que ensalzaban las virtudes de la victoria y del régimen, los hemos tenido con nosotros más de 80 años; por ello mismo se ha vanagloriado la ultraderecha rodense en las redes sociales en su último intento por defender la simbología del fascismo franquista.

Hasta marzo de 2021, fecha en la publiqué mi trabajo prologado por Ángel Viñas y titulado *II Repúbica y la Guerra Civil en La Roda (1931-1939)*, en este municipio, el conocimiento sobre esta tragedia y sobre lo que verdaderamente sucedió durante el franquismo en términos de represión, era prácticamente nulo. En 2015 comencé a estudiar el periodo, accediendo a buena parte de la extensa bibliografía existente sobre el mismo. A la vez, emprendí la ingente tarea de recopilación de datos recurriendo a todo tipo de fuentes que me ofrecían los distintos archivos públicos que visité. El objetivo de mi investigación no fue el de sustituir un relato por otro, el de los vencedores por el de los vencidos, sino el de esclarecer esa otra parte de la historia que nos obligaron a olvidar, tras 40 años de dictadura y, sobre todo, tras la Ley de Amnistía de 1977, contribuyendo también a desmitificar determinados hechos construidos por los ideólogos e historiadores del franquismo, a la vez que abordando los diferentes tipos de violencia desatada en la retaguardia republicana, sin complejos ni tabúes. Traté de ser lo más objetiva e imparcial posible a pesar de las dificultades que esto entraña porque, en primer lugar, se trata de una guerra civil y, en segundo, porque la escritura del pasado siempre está determinada por las circunstancias del presente.

De manera simultánea me puse en contacto con muchas personas del ámbito de la docencia y de la investigación, con historiadores y eruditos locales expertos en esta materia, con algunas asociaciones de memoria histórica, con determinados políticos de la transición y, por supuesto, con muchas familias descendientes de represaliados de La Roda. Los encuentros, entrevistas y contactos que mantuve con todas y cada una de las personas que aparecieron en mi camino fueron decisivos para abordar convenientemente este periodo de la historia rodense. Todas ellas me inyectaron buenas dosis de ánimo, perspectiva y sugerencias, aparte de haberme ayudado a enriquecer enormemente mi visión y comprensión sobre la tragedia de la guerra y de la represión en La Roda. Posteriormente, fruto de todo este trabajo y de las personas que conocí, surgió la iniciativa de crear un colectivo para el estudio de la represión femenina en la localidad. En septiembre de 2021 este colectivo finalmente se convirtió en la primera asociación de memoria histórica en La Roda y comarca.

En los artículos 3 y 4 de nuestros Estatutos establecemos algunos de nuestros fines, entre ellos: defender la verdad de la memoria histórica en Castilla-La Mancha desde la proclamación de la Segunda República, la sublevación militar del 18 de julio de 1936, las represalias y bombardeos, la lucha antifascista y la represión durante la dictadura hasta la transición democrática. Desde nuestra creación, otro de nuestros objetivos fundamentales ha sido la localización de personas desaparecidas, asesinadas y ejecutadas en juicios sin garantías y consejos de guerra para poner fin al anonimato de las víctimas y para rotular, llegado el caso, sus lugares de enterramiento.

Y es que la dignificación de las personas asesinadas al término de la guerra civil española en pro de la defensa de los principios democráticos plantea la primera necesidad de recuperar y entregar sus restos a petición de los familiares. Sin embargo, esta realidad no descansa tan solo en el ámbito de lo privado, ya que se trata también de una necesidad de tipo colectivo e histórico. Más allá de la labor que vienen desarrollando las asociaciones memorialistas de familiares, el Estado español, como ha manifestado reiteradamente el Comité de Naciones Unidas, debe ser el responsable directo en las tareas de localización e identificación de las víctimas del franquismo pues "la búsqueda de las personas que han sido sometidas a desaparición forzada y el esclarecimiento de su suerte son obligaciones del Estado".[215]

El presidente de la asociación, Gabriel Sánchez Arenas, es nieto de un ejecutado por el franquismo en 1939. Mi bisabuelo, Santos Roldán Grao, falleció en la cárcel de Albacete en 1941. Como no podía ser de otra manera, la asociación está integrada por los familiares descendientes de 20 de las personas fusiladas en La Roda al finalizar la guerra y por familiares de represaliados en general. Igualmente, en ella participan activistas de diversos perfiles interesados en la necesidad de la recuperación de la memoria y dignidad de las víctimas y de la memoria histórica en general.

Antes y sobre todo después de nuestra constitución, hemos realizado multitud de reuniones con colectivos y asociaciones similares, con distintas autoridades políticas y académicas del ámbito regional, provincial

---

215 Preámbulo de la Convención Internacional para la protección de todas las personas contra las desapariciones forzadas, Resolución de la Asamblea General de la ONU, Nueva York, 2006. Ratificada y publicada en el BOE por la Jefatura del Estado español el 18 de febrero de 2011.

y local, entrevistas para prensa, radio y televisión, reuniones periódicas asamblearias, etc. Además, hemos acelerado el proceso de localización de familiares y de búsqueda de información de las víctimas. Hemos visitado casi todos los registros civiles de los pueblos de la comarca y de La Roda, solicitado los expedientes de los tribunales franquistas, consultado los libros del cementerio y multitud de publicaciones de tipo científico-histórico, aparte de los encuentros con familiares. Con todo ello hemos obtenido datos suficientes que nos han permitido establecer: cantidad de ejecutados y muertos en cárceles, circunstancias de las muertes, biografías, árboles genealógicos, fotografías y características físico-anatómicas particulares a efectos de identificación.

Todavía por desgracia hay que luchar contra viento y marea para dejar constancia de lo que sucedió en esta población. Hay que ir a los archivos y a las fuentes orales, escribir, hablar, conversar y hacer pedagogía sobre este oscuro pasado a través de diversas acciones, bien sea investigando y divulgando, bien sea a través de la aplicación de políticas concretas de memoria. En este último caso, es fundamental promover una sana colaboración con diversas instituciones del ámbito académico, pero sobre todo, político. Desde la asociación de La Roda hemos trabajado incansablemente para proceder a la apertura de las fosas comunes, pero finalmente, debido a la negativa del Ayuntamiento de La Roda, tuvimos que renunciar a la subvención de la Secretaría de Estado de Memoria Histórica para proceder a la apertura de las fosas en 2022. No obstante, hemos promovido la instalación de la exposición *Memoria desenterrada* sobre las fosas comunes de Paterna en colaboración con la "Plataforma de suport a la querella argentina País Valencià y Acció ciutadana contra la impunitat del franquisme". Uno de los objetivos fundamentales de esta exposición ha sido el de llevar el conocimiento del periodo y la existencia de las fosas comunes a la población en general, pero sobre todo a los estudiantes de secundaria. También estamos realizando las gestiones oportunas para traer los ladrillos de la memoria o *Stolpersteine* a la localidad para recordar y homenajear a las seis personas de La Roda que pasaron por los campos de exterminio nazis.

3. Datos históricos: guerra civil y represión en La Roda[216]

Como explicaba, se hace necesario conocer y mostrar el pasado de La Roda, tanto por su importancia geográfica y demográfica como por su tradición política conservadora que sin duda ha provocado un claro impacto en las mentalidades de su población. La Roda según el padrón municipal, en 2021 contaba con 15.400 habitantes, siendo el quinto municipio más poblado de la provincia detrás de Albacete capital, Hellín, Villarrobledo y Almansa. Este municipio también es el Partido Judicial n.º 6 de la provincia de Albacete. Se trata de una dinámica población, todavía de tradición agrícola, aunque su actividad económica ha pasado en pocos años a centrarse en el sector industrial y de servicios.

Según el censo de población, en 1931 La Roda contaba con más de 10.000 habitantes. Se trataba ya de un importante núcleo urbano, aunque eminentemente agrario, con predominio del latifundio y políticamente conservador controlado, junto a toda la comarca de la Mancha del noroeste, por las redes caciquiles de los Jiménez de Córdoba y de Pedro Acacio Sandoval. La tradición excesivamente conservadora del pueblo de La Roda explica en gran parte el desconocimiento y manipulación que ha sufrido nuestra historia y el bloqueo constante a la aplicación de la ley de memoria histórica en esta localidad por parte de la población y de algunos de sus representantes políticos.

El tránsito hacia la II República en esta localidad se produjo de manera pacífica, como en la gran mayoría de poblaciones del país. De inmediato se hicieron evidentes las esperanzas en la mejoría de las condiciones de vida del grueso de la población. Las ansias de libertad y democracia se plasmaron en una novedosa legislación y en toda una batería de reformas que desde bien temprano comenzaron a generar toda clase de conflictos entre los distintos partidos, sindicatos y asociaciones políticas, y entre los diferentes grupos sociales. Como ya todos sabemos, estos conflictos desembocaron en un golpe de Estado organizado por los sectores monárquicos apoyados por Falange Española y ejecutado por

---

216 Algunos de los datos han sido extraídos de PARREÑO (2021).

una pequeña parte del Ejército español, incluyendo aquí obviamente a la Guardia Civil.

Dado el vacío de poderes que genera el fallido golpe de Estado, se da inicio a una cruenta guerra civil que durará casi 3 años. Para hacer frente a los sublevados, en La Roda, como en el resto del territorio republicano, se crea un Comité revolucionario que aparte de sustituir al Ayuntamiento, gestiona las necesidades bélicas y, además, persigue, detiene e incluso ejecuta, a los que organizaron o participaron en la insurrección militar, incluidos miembros del clero, incautando y en muchos casos colectivizando, sus propiedades, fincas y negocios. Debido a la ausencia de frentes y la condición de retaguardia del pueblo de La Roda, hasta el final de la guerra no podemos hablar de represión franquista *sensu strictu* ya que este territorio, excepto durante la primera semana, fue fiel al gobierno de la República durante todo el periodo.

Por lo que respecta al número de víctimas que perdieron la vida durante la contienda, de momento es imposible aproximarnos ni tan siquiera a una cifra de combatientes voluntarios y forzosos; menos aún todavía, al número de fallecidos. Se trata de una tarea harto complicada debido fundamentalmente a dos razones: a la pérdida y dispersión de las escasas fuentes documentales (no hemos localizado expedientes ni de quintas ni de reclutamiento para estas fechas) y, sobre todo, a que muchas de estas muertes no fueron registradas en ningún lugar. En cualquier caso, cientos de rodenses marcharon al frente y un alto porcentaje de ellos perdieron en él la vida. Lo más triste es que muchos de ellos no sentían como suya ninguna de las causas de aquella lucha. Sin embargo, las consecuencias de la guerra no terminaron ahí: las cárceles y campos de concentración franquistas, el exilio, una represión feroz y una larga dictadura llenaron de pánico, terror y silencio a varias generaciones.

Con respecto a la represión aplicada por el bando vencedor, esta ya había comenzado en los territorios donde los sublevados habían tenido éxito. Se trataba de una represión sistemática, en extremo violenta y estructural, fruto de la dinámica ofensiva de los militares golpistas. La limpieza social y política en la retaguardia franquista comenzó desde el primer día del levantamiento incluso en poblaciones donde no encontraron siquiera resistencia alguna como en Córdoba. La represión llevada a cabo en Andalucía, Extremadura, Castilla la Vieja o La Rioja alcanzó tales niveles que podemos hablar de crímenes de guerra sin ningún género de duda.[217]

Acabada la guerra, el Ejército franquista, compuesto en su mayor parte por efectivos italianos, también acampó en La Roda. Estas unidades fueron llamadas "Ejército de ocupación" como si se tratara de la conquista de un territorio extranjero. No en vano la Guerra Civil española, organizada por un grupo de militares africanistas (junto a sus apoyos civiles), no fue sino la reproducción de la guerra colonial en Marruecos, pero en suelo español (SILVA 2017 y BALFOUR 2002). Las unidades militares aquí instaladas se dedicaron, desde el primer día de su llegada, a la creación provisional y caótica de un campo de concentración donde retuvieron a todos los que habían luchado en el bando republicano y a posibles sospechosos de simpatizar con el derrotado régimen (que no habían muerto o no habían podido partir hacia el exilio). Prácticamente sin comida, sin bebida, sin aseo personal y expuestos a las inclemencias del tiempo primaveral de la llanura manchega, los retenidos en el campo de concentración esperaban ansiosamente que sus nombres fueran pronunciados por los captores, más que nada para acabar cuanto antes con la incertidumbre que acechaba sus vidas. La mayoría de ellos albergaban vanas esperanzas en que los vencedores fuesen clementes y perdonasen, como habían prometido, a todo aquel *cuyas manos no estuvieran manchadas de sangre*.

En medio del caos que llegó con el fin de la guerra, los mandos militares, junto a buena parte del personal político y civil liberado, se pusieron manos a la obra de inmediato. Lo primero y más principal fue la

217 Muchos autores como Juan Miguel Baquero incluso el mismo Paul Preston catalogan los crímenes del franquismo como de un auténtico genocidio y/o holocausto. Dejando aparte consideraciones de tipo jurídico (las cuales escapan a mi comprensión), desde un punto de vista histórico, muchos otros investigadores como Julián Casanova afirman que, aun tratándose de graves crímenes de guerra, en la España de Franco no se llegó a planificar y ejecutar un exterminio total del enemigo como sucedió en Armenia o en la Alemania nazi. Sin embargo, los crímenes del franquismo "no pierden peso aunque no se incluyan en la categoría de genocidio" (CASANOVA 2020, pag. 10).

búsqueda insaciable de los líderes republicanos y socialistas que controlaron el municipio durante la guerra, sobre todo, de los miembros del Comité de Enlace del Frente Popular. Al mismo tiempo, comenzaron a funcionar los tribunales militares que, ayudados por los prohombres del nuevo Estado, iniciaron toda clase de pesquisas sobre la trayectoria política de los retenidos en el campo de concentración y espacios habilitados como cárceles, tanto de La Roda como de los pueblos y ciudades con presos republicanos.

Los tribunales franquistas de la inmediata postguerra actuaron en Albacete capital y en todos los municipios que eran cabeza de partido judicial en la provincia. Conocidos también como consejos de guerra, fueron los encargados de impartir justicia en base al Código de Justicia Militar. En la Roda se pusieron en funcionamiento a principios del mes de abril de 1939, emitiendo sus primeras sentencias de muerte el 17 de mayo. En el territorio sublevado lo harían a partir del 28 de julio 1936, momento a partir del cual, la Junta de Defensa Nacional acordaba extender a toda su área de influencia el bando de guerra. La posibilidad de consultar los fondos sobre estos expedientes judiciales ha sido fundamental a la hora de abordar no sólo la represión judicial franquista, ya que también nos han aportado información muy valiosa que, aunque haya que cogerla *con pinzas*, ha enriquecido enormemente el objetivo de nuestra asociación.

En muchos de los juicios realizados en La Roda, celebrados en el salón de plenos del Ayuntamiento, figuró como juez instructor Herminio Picazo Bermejo, uno de los fundadores de Falange en La Roda y destacado dirigente del levantamiento de julio de 1936. Sobrevivió a la saca de Quintanar y posteriormente fue condenado por los Tribunales Populares, permaneciendo en prisión hasta el final de la guerra. Herminio Picazo fue premiado por la justicia franquista siendo nombrado juez, aparte de ostentar otros cargos en la administración del nuevo régimen: en 1949 llegó a ser presidente de la Diputación Provincial de Albacete.

Junto a la falta de garantías y celeridad con que se celebraron estos juicios, una de las características más aberrantes de los tribunales franquistas fue la aplicación de la *justicia al revés* imputando por *delito de rebelión militar* a quienes fueron leales al régimen legalmente constituido.

La gran mayoría de los condenados a muerte fueron acusados de haber participado en prácticamente los mismos delitos. En líneas generales, a casi todos los ejecutados se les relacionó con la saca de Quintanar; razón suficiente para acusarlos de *rebelión* y sentenciarlos a la pena máxima, incluido el alcalde Abel Amar, que no tuvo ninguna implicación ni en estas ni en otras muertes. Sin embargo, los responsables directos de la saca fueron cuatro miembros del Comité, mientras que los demás milicianos se limitaron a cumplir órdenes. El asunto sobre el posible indulto a las dos personas condenadas a muerte por los Tribunales Populares también fue un tema recurrente en los consejos de guerra franquistas de La Roda.

Los primeros fusilamientos que se produjeron se realizaron el 17 de mayo; tan sólo un mes y medio después de acabada la guerra. Siete personas fueron fusiladas frente a una pared del Cementerio municipal. Hasta noviembre de 1939, fecha de las últimas ejecuciones, un total de 54 personas fueron ejecutadas en La Roda. A partir de entonces los consejos de guerra continuaron funcionando únicamente en Albacete. Esta es la razón por la que otras 32 personas de La Roda fueron ejecutadas en Albacete capital. Junto a los seis fusilados en Madrid, Cuenca y Guadalajara, tenemos un resultado de 93 condenados a muerte por los tribunales franquistas. Todos eran hombres excepto una mujer, Victoria Rodríguez Rodríguez, de 25 años. Procedente de Madrid y evacuada en Villarrobledo, Victoria fue acusada de tomar las armas voluntariamente enrolándose en la 68 Brigada Mixta llegando a ser teniente de ametralladoras. Perteneció al servicio de información militar (SIM) de dicha brigada y agregada al Estado Mayor. Fue la única mujer fusilada en La Roda, el 7 de julio de 1939.

La gran mayoría de los ejecutados oscilaban entre los 25 y 50 años y nacieron o eran vecinos de La Roda. Casi todos habían sido milicianos y/o responsables políticos directos del Frente Popular. Sin embargo, las ansias de venganza, junto a la rapidez y arbitrariedad con que se celebraron estos juicios, hizo que algunos de los condenados a muerte lo fueran únicamente por haber pertenecido a partidos de izquierdas. El análisis de las profesiones de los condenados a muerte nos ilustra sin lugar a duda sobre

Lápida con 11 nombres sobre fosa común.

el carácter clasista de la represión y, al fin y al cabo, del conflicto civil. En los expedientes personales se especifica la profesión de estos: jornalero, bracero, labrador, cabrero, esquilador, albañil, mecánico, hortelano, etc. De entre las profesiones de los asesinados y ejecutados por la represión republicana destacaron las de propietario, comerciante, industrial, y por supuesto, la de religioso. El estudio de las dedicaciones de los ejecutados y/o asesinados en uno u otro bando, son el claro reflejo de que la guerra civil española fue, en términos generales y aparte de muchas otras consideraciones, una guerra de clases, de ricos contra pobres, y viceversa. Los sublevados que no eran tan pudientes, al término de la guerra, acabaron siéndolo gracias al expolio realizado.

Casi todos los fusilados en el Cementerio municipal de La Roda fueron enterrados en tres fosas comunes en el espacio reservado para inhumaciones civiles. Hoy día podemos ver una lápida encargada por los familiares de 11 ellos, con sus respectivos nombres, situada sobre las fosas comunes. Por otra parte, los cuerpos de 8 de los ejecutados fueron sepultados en otra fosa común en el patio de Santiago, en la parte sagrada del Cementerio. Parece ser que el derecho a ser enterrados aquí les fue otorgado por haber confesado frente a un sacerdote. La confesión

335

implicaba arrepentimiento y declaración de culpabilidad en el último momento. Algunos de estos cuerpos fueron recogidos por sus familiares y sepultados en fosas individuales, como el de Abel Amar Pardo o el de José Fraile Rubio. Los restos de este último fueron trasladados al Cementerio de Valencia en 1986.

También hemos rastreado los destinos que corrieron algunas de las familias que apoyaron la causa republicana con posterioridad a la guerra. La casuística es amplia y más compleja de lo que parece a simple vista, ya que también se dio el caso generalizado de familias divididas por haber apoyado sus miembros a los bandos enfrentados en la guerra, como sucedió con la familia Talaya Palop. Uno de los hermanos, José María, fue víctima de la saca de Quintanar de la Orden mientras que otros tres, Antonio, Honorato y Gonzalo, fueron fusilados por el Ejército de ocupación franquista. Con respecto a la unidad familiar de los Sevilla Argudo, por poner otro ejemplo, todos los miembros de la familia fueron represaliados con posterioridad a la guerra, incluidas dos de las mujeres, Natividad y Primitiva. Avelino y José Antonio fueron condenados a muerte por los tribunales franquistas mientras que Gabriel consiguió huir de España en el *Stanbrook*.

Las muertes violentas detectadas durante la inmediata postguerra sin reflejo en los juicios sumarísimos también hemos de tenerlas en cuenta. Algunas de estas muertes quedaron registradas en los libros de defunciones del Registro civil por orden del juez civil o militar con una descripción del tipo: *muerte por asfixia, por traumatismo o por heridas de armas de fuego.* Aunque no estuvieran directamente relacionadas con la represión legal, creemos que algunas de estas muertes responden a la violencia ejercida al margen de la ley y aplicada sobre todo en cárceles, hospitales y en domicilios y ambientes privados. Por poner un ejemplo, de entre la treintena de casos existentes de esta tipología, albergamos serias dudas sobre la muerte por impacto de bala de María Rodríguez González el 8 de abril de 1939. María tenía 20 años y era hermana del represaliado Julián Rodríguez González. Por otra parte, según algunos testimonios orales, tenemos la certeza de que entre este tipo de muertes se produjeron varios suicidios fruto de la desesperación provocada por la extorsión socioeconómica; también sexual en el caso de las mujeres. No en vano en estas fechas se produjo un aumento significativo de la tasa de suicidios en toda España sobre todo en los centros carcelarios.

De todas formas, conservamos 11 registros de 11 personas anotadas en los libros de defunción del Registro con la descripción *muerto en la cárcel*. Obviamente estas muertes sí que estuvieron en abierta relación con la violencia arbitraria e indirecta de postguerra. Las condiciones de hacinamiento, hambre y sed, junto a las consiguientes enfermedades, aparte de las palizas, humillaciones y torturas, típicas de las cárceles franquistas, hicieron que muchos de los encarcelados murieran entre rejas sin llegar a ser sometidos a consejos de guerra. En definitiva, las cárceles fueron uno de esos "oscuros lugares que tendrán una importancia crucial para la vida heredada de la guerra en todas las localidades durante el franquismo" (CASANOVA 2002, pp. 74-84). Por otro lado, a estas muertes también deberíamos sumar las que se produjeron en los frentes de guerra y las relativas a los evacuados que fallecieron en la localidad. Como decía anteriormente, no tenemos cifras concretas sobre muertos en combate o heridos que fallecieron en hospitales o en sus domicilios. Sobre evacuados fallecidos en La Roda, tenemos registradas a 30 personas, pero probablemente fueron muchas más.

Más allá de las sentencias a muerte o de la violencia arbitraria que hemos descrito, un elevado número de personas relacionadas con La Roda (nacidas aquí la mayoría) pasaron por los tribunales franquistas siendo condenadas a diferentes penas de privación de libertad y económicas, incluido el destierro. Junto a las personas ejecutadas, el resultado final arroja una cifra de 446 represaliados por la justicia franquista. Esta cifra, aun no siendo definitiva, creemos que es lo más ajustada posible. De los 446 represaliados, 59 fueron mujeres, con rangos de edades que iban de los 20 a los 60 años, estando la media en los 40 años de edad. En cuanto a las profesiones ejercidas por estas mujeres, la mayoría estaba encuadrada en el grupo *sus labores*, habiendo en menor medida *campesinas y modistas*.

En tiempos de guerra, la mujer rodense tuvo una importante función social, no solo en el mantenimiento de las familias una vez el hombre se marchaba al frente, sino también en la esfera pública de la que siempre estuvo relegada. Trabajaron duramente en las diferentes fincas colectivizadas del pueblo, incluido un taller de costura colectivizada, aparte de actuar muchas de ellas como milicianas, siendo las máximas responsables de las requisas en las casas incautadas. Algunas de ellas aparecen afiliadas a diferentes partidos, sobre todo al PCE, además de ser integrantes de la Asociación de Mujeres Antifascistas de La Roda, cuya presidenta fue Matilde Molina Carretero, y del Socorro Rojo Internacional. La mayoría fueron acusadas de delatar a personas de derechas, de proceder al registro y/o saqueo de domicilios privados y fincas rústicas o de aparecer como afiliadas o dirigentes de partidos de izquierdas (siendo esta una realidad ineludible al tratarse de un territorio de la retaguardia republicana).

Sabemos que las mujeres presas en La Roda fueron confinadas en la cárcel-escuela que había en frente del Ayuntamiento. Sufrieron las mismas penalidades que los hombres recluidos, incluida una venganza muy particular que atacaba directamente a la feminidad y sexualidad propias de este género. La gran mayoría fueron rapadas y obligadas a tomar aceite de ricino. Esto les provocaba fuertes diarreas, siendo el *hazmerreír* de la gente mientras eran paseadas en carros por el pueblo. Muchas otras fueron violadas en grupo y nos consta que, aunque no aportaremos nombres, al menos una de ellas quedó embarazada llegando a dar a luz a una niña.

Todas fueron doblemente humilladas por su condición sexual y, las que no tuvieron vinculación con la política, lo fueron por ser esposas, hermanas, madres o hijas de *rojos,* como Mariana Martínez Moreno, madre de Deusdedio del Campo o Robustiana Ávalos García, mujer de Abel Amar Pardo. Robustiana fue condenada por los tribunales franquistas a 6 años y un día por el delito de *excitación a la rebelión*, más concretamente por tratarse de la esposa del alcalde Abel Amar. En agosto de 1940 se le concedió la libertad atenuada. La familia de Robustiana, que no tuvo hijos con Abel Amar, sufrió una grave represión económica en el pueblo por parte de los vencedores. Un sobrino de ambos, José León Ávalos, como veremos, consiguió huir a Francia y salvar así su vida. La hermana de Robustiana, Cirila (madre de José María) también fue represaliada por los tribunales franquistas. En definitiva, la mayor libertad con que la mujer vivió durante el periodo de la Segunda República contrasta mucho con el modelo de mujer impuesto por el bando ganador. La pérdida de derechos y conquistas sociales y políticas que se produjo con el franquismo afectó, sobre todo y de manera radical, al papel de la mujer tanto en la intimidad del hogar como en la propia vida pública (GONZÁLEZ 2019 y CENARRO 2006).

Una de las piezas clave de la represión económica, complementaria de los consejos de guerra, estuvo representada por la Ley de Responsabilidades Políticas de 9 de febrero de 1939. Esta ley tuvo efectos retroactivos castigando delitos que no eran considerados como tales en el momento en que se produjeron, remontándose a octubre de 1934 en muchos casos. Como apunta ORTIZ HERAS (1996, pp. 23-40), nacida con la idea de reprimir y eliminar toda posible actitud de disidencia u oposición: "la ley pronto puso de manifiesto hasta qué punto no se buscó jamás la reconciliación, sino todo lo contrario. Afectó a un elevado número de personas y organismos a través de la confección de informes, delaciones y declaraciones forzadas". Las acusaciones se basaron, más que en datos objetivos, en juicios morales, rumores públicos y en el afán revanchista. De esta manera, en su objetivo represor, esta ley tuvo un claro impacto en el grueso de la población: la sospecha acechaba a casi todo el mundo. Además, "la mera amenaza de una sanción monetaria, en unas economías tan precarias, suponía la pérdida de todos los bienes y el paso a la indigencia más absoluta". Se trataba en definitiva de condenar a la pobreza a las personas que defendieron la Segunda República, contribuyendo así, no a unir, sino a perpetuar en la sociedad española la división entre vencedores y vencidos.

En el Archivo Histórico Provincial de Albacete hemos encontrado un listado con 41 personas de La Roda, propietarias de pequeños inmuebles o negocios, a las que se aplicó la Ley de Responsabilidades Políticas, como a la familia política de Abel Amar Pardo. Es evidente que, dado el alto número de represaliados totales por la justicia franquista, los afectados por la represión económica debieron ser muchos más, no habiéndose conservado, sin embargo, sus expedientes.[218]

Con respecto a la censura colectiva, cualquier persona podría estar en el punto de mira y, para garantizar la propia supervivencia, muchos de dedicaban a delatar a sus convecinos. Es evidente que las venganzas personales estuvieron a la orden del día. Previamente a la detención de una persona, había habido todo un complot realizado por los propios vecinos. La marginación y el rechazo pronto hacían mella en el supuesto sospechoso y en su entorno antes incluso de ingresar en la cárcel. La represión era la médula espinal del nuevo sistema de control y a ella, nadie podía escapar. No se aplicaba solo a instancias del nuevo Estado, ya que todas las instituciones y la sociedad en su conjunto estaban implicadas en esta tarea de *limpieza*: Ayuntamiento, Falange, la Guardia Civil, la Iglesia y la ciudadanía en general. Se trató de una triste realidad, más visible aún en el ámbito local, que condicionó fuertemente la vida de la comunidad, quedando marcada por el miedo, el odio y la desconfianza.[219]

La purga social y política no podía culminarse sin abordar la depuración del personal docente. Se hacía necesario renovar la instrucción pública y acabar con la ideología basada en la democracia, libertad, justicia, igualdad y laicismo típica del periodo republicano. Para los franquistas la depuración era un elemento clave en la reordenación educativa. Según el profesor BALDÓ (2011, pp. 31-51), la depuración formaba parte de una estrategia general de persecución del *enemigo*, que alcanzaba también al puesto de trabajo y afectaba a todos los funcionarios y empleados públicos, así como a los trabajadores de las empresas privadas. Veían en el personal docente "una de las causas principales que habían *corrompido*

---

218 El funcionamiento y los graves problemas que generó la represión económica a la burocracia franquista a través de la Ley de Responsabilidades Políticas puede seguirse a través del caso valenciano, que fue muy parecido al del resto del territorio republicano, donde no actuó previamente la Incautación de Bienes (IBÁÑEZ, 2016).

219 Recomendamos la lectura de *El pan de los vencidos*, de Manuel Moral. El autor describe cómo siendo niño, en 1946 su familia ubicó el destino de su segundo destierro en La Roda, o *Villa del Conde*. Desde una óptica infantil, Manuel Moral evoca, junto a un breve atisbo histórico y geográfico del municipio, muchas de las adversidades que la familia sobrellevó durante los años del hambre en La Roda.

a la juventud y *envenenado* el alma española". Igualmente se produjo una intensa depuración de contenidos en los libros de texto. A través de las Juntas depuradoras, el sector educativo fue dividido en niveles y se establecieron Comisiones que se encargaron de juzgar a los miembros de cada uno de esos niveles. En el caso del magisterio primario, las Comisiones D. Esta otra versión de la *caza de brujas* emprendida afectó a todo el personal docente de La Roda, aunque por sus antecedentes *izquierdistas*, fueron retirados de sus puestos 6 de ellos.[220] Los maestros nacionales apartados del magisterio fueron: Eduardo Laliga Giménez, Juan Antonio Játiva Torres, Pío Pérez Ponce, Luisa Nieva Domingo, Victoria Gotor Perier y Manuela Domínguez Carbajosa.

Pero no todos los que habían estado implicados directamente con el Comité de Enlace del Frente Popular fueron apresados, juzgados y condenados. Tras sufrir innumerables penalidades, muchos consiguieron salir del país y, con ello, escapar de una muerte segura. El exilio más importante se produjo a partir de la ofensiva a Cataluña y la caída de Barcelona el 26 de enero de 1939. Las vías de escape fueron la terrestre, atravesando Pirineos hasta llegar a Francia, y la marítima, a través de los diferentes buques que partieron hacia el exilio desde las costas del sureste español. Las nuevas autoridades franquistas iniciaron toda una serie de pesquisas para dar caza a *los fugitivos* de La Roda, a la vez que confeccionaron un listado con 34 nombres de *hombres en paradero desconocido* que conservamos. Rastreando en archivos y hablando con los descendientes de algunos de estos exiliados, hemos podido reconstruir la odisea que varios de ellos vivieron en su huida rumbo al exilio.

Los refugiados que llegaron a Francia fueron inmediatamente asentados en campos de concentración o de internamiento como el de *Argelès-sur-Mer*, donde estuvieron internados casi todos los españoles. Algunos de ellos consiguieron escapar de estos lugares donde se vivía en condiciones extremas e inhumanas. Con el inicio de la II Guerra

---

220 Según las fuentes disponibles, aparecen 18 docentes de La Roda que fueron sometidos a procesos de depuración, aunque pensamos que probablemente fueran más. Los expedientes de depuración de los maestros nacionales se encuentran en el AGA y en el portal PARES sobre *Víctimas de la Guerra Civil y Represaliados del Franquismo*.

Mundial, la gran mayoría se incorporó a la Resistencia Francesa tras la ocupación nazi, organizados como cuerpos militares de las Fuerzas Francesas Libres. Estos españoles lucharon con la esperanza de que, tras vencer a las potencias del Eje, España también sería liberada, lo cual no fue posible dada la negativa de los Aliados. El caso fue que muchos de estos combatientes, al no poder huir a la zona libre, fueron hechos prisioneros y deportados a Alemania, especialmente al complejo de *Mauthausen*. Allí murieron 3 milicianos de La Roda: Miguel Carrizo Díaz, Juan Marchante López y Herminio Martínez Vinuesa. Por su parte, Salustiano Checa Ayuso, preso también en *Mauthausen*, tuvo la fortuna de ser liberado el 5 de mayo de 1945. Francisco Talavera (no disponemos del segundo apellido), deportado al campo de exterminio de *Buchenwald*, igualmente fue liberado al término de la II Guerra Mundial (BERMEJO y CHECA 2006 y ESTEBAN 2006). El sobrino de Abel Amar Pardo, José León Ávalos, tras actuar en varios organismos de resistencia, en junio de 1944 fue detenido en *Lyon* por la policía francesa y la Gestapo e internado en un campo de concentración alemán (desconocemos cuál). En 1945 fue liberado y posteriormente condecorado por su papel en la Resistencia Francesa.[221]

Francisco Cortijo Fernández también acabó exiliándose en Francia. Militante de UGT y del PSOE de La Roda, fue miembro destacado del Comité de Enlace del Frente Popular y de otras instituciones locales en tiempos de guerra. A finales de marzo de 1939 quedó atrapado en Madrid, donde milagrosamente pudo sobrevivir durante 10 años. En 1949, tras el reconocimiento del Estado franquista a nivel internacional, huyó a Francia atravesando a pie los Pirineos.

Muchos otros, esperanzados con la supuesta evacuación organizada por las derrotadas autoridades republicanas, se encaminaron hacia los muelles del puerto de Alicante para salir del país. Sin embargo, tras la

---

221 Por diferentes motivos de orden político e ideológico, el papel de los republicanos españoles en la liberación de París tradicionalmente ha sido ocultado y olvidado tanto en Francia como en España. Hoy existen multitud de investigaciones historiográficas (Evelyn Mesquida, Miguel Ángel Sanz, Secundino Serrano, Muñoz de Lara, Pons Prades, etc.) que ponen de relieve la actuación de los combatientes españoles en la II Guerra Mundial y muy especialmente de "La Nueve" en la liberación de París.

ocupación militar de Alicante por el cuerpo expedicionario italiano, los refugiados fueron hechos prisioneros, comenzando para ellos un terrible calvario. Los momentos de miedo y pánico, así como el hacinamiento que se produjo, siendo recluidos en espacios provisionales y en el campo de concentración de Albatera, han sido magistralmente narrados en primera persona por el anarquista Eduardo de Guzmán en la obra que lleva por título *El año de la victoria*. Al final del libro, el autor hace referencia a los presos que, habiendo sobrevivido al holocausto de la reclusión en Albatera o en la plaza de toros de Alicante, eran trasladados a Madrid para ser *ajusticiados*. Los convoyes de presos que se dirigieron a la capital de España, durante el trayecto paraban en los grandes núcleos de población que se encontraban en su camino, siendo objeto de burla y escarnio.[222] El objetivo era presentar a los presos a las "comisiones pueblerinas de busca y captura", ansiosas de venganza, por si pudieran encontrar a los desaparecidos de sus localidades (GUZMÁN 1974 y LEIVA 1978).

El fundador del PSOE y UGT de La Roda, Deusdedio del Campo Martínez, fue capturado y recluido en el campo de concentración de Albatera. Deusdedio había nacido en Villalgordo del Júcar, pero casi toda su vida transcurrió en el pueblo de La Roda. Apodado *el manquillo* por la parálisis que sufría en una de sus manos, se dedicó a la profesión de procurador. Organizó junto a otros compañeros como Antonio Gómez Irimia o Arturo Silva Castro, el tránsito de la Monarquía a la República en La Roda creando el Círculo Republicano y fundando, como decíamos, el PSOE y UGT locales. Fue presidente de la Comisión Gestora que se configuró tras la proclamación de la Segunda República. Detenido y procesado por los sucesos de octubre de 1934, tuvo un papel destacado en casi todas las instituciones republicanas que aparecieron antes y después de la sublevación militar de julio de 1936. Fue miembro del primer Comité de Salud Pública, vocal y delegado de Justicia, miembro del Socorro Rojo Internacional y presidente del Comité de Incautaciones, entre otros cargos. En mayo de 1937 era nombrado delegado por la provincia

---

222 Eduardo de Guzmán relata en su libro la parada de varios de estos convoys en La Roda. Aparte de este testimonio, existen muchos otros que reflejan el drama de la funesta y fallida evacuación a partir del 27 de marzo en la ratonera en que se convirtió el puerto de Alicante, como el de Leiva.

de Albacete de la Caja de Reparaciones. Con el fin de la guerra, intentó huir de España desde Alicante, pero fue apresado y llevado al campo de concentración de Albatera. Pronto fue puesto en libertad parece ser que por un aval que tenía y porque, dado el caos del momento, todavía no había sido identificado. A continuación, huyó a Madrid en tren, aunque luego cambió la versión, diciendo que escapó en un coche que tenía a su servicio conducido por el carabinero Basilio Castillo. Al poco de estar en la capital fue reconocido, denunciado y detenido. Trasladado a la cárcel de La Roda, aquí será sometido a interminables palizas y torturas. Tuve la fortuna de entrevistarme con un testigo que lo conoció en persona y que lo vio en la cárcel antes de ser ejecutado. Su testimonio acerca del irreconocible y lamentable estado físico de Deusdedio fue sobrecogedor. Condenado a garrote vil en consejo de guerra, finalmente fue fusilado[223] el 11 de noviembre de 1939 a la edad de 32 años.

Sin embargo, no todos los que quedaron atrapados en el puerto de Alicante corrieron la misma suerte que Deusdedio del Campo. El que fuera presidente del Consejo local de La Roda, Antonio Gómez Irimia, pudo escapar de la represión franquista junto a otros 6 rodenses: Juan José Medrano Giménez, Guillermo Talavera Sáez, Regino Alarcón Salvador, Gabriel Sevilla Argudo, Dulcidio Sotoca Belmonte y Pedro Sevilla Escribano. El 28 de marzo de 1939 embarcaron en el carguero inglés *Stanbrook* rumbo a Orán (Argelia), (ESCUDERO 2002 y MARTÍNEZ 2005).[224] Por cuestiones de espacio, no me voy a extender en las biografías de todos los exiliados, aunque realizaré una breve reseña sobre el destino de Antonio Gómez Irimia *el mecánico*.

---

223 Según consta en su expediente, la pena de muerte aplicada contra Deusdedio del Campo debería ser ejecutada con garrote vil. No fue común que estos tribunales emitieran condenas a través del garrote, ya que la mayoría de las sentencias a muerte se aplicaron por fusilamiento. Desconocemos la razón por la que Deusdedio fue sentenciado a garrote vil. El caso es que, como el resto de los condenados a muerte, acabó siendo fusilado.

224 Las autoridades republicanas y algunos dirigentes socialistas como Rodolfo Llopis tomaron por su cuenta la iniciativa de preparar como se pudiera la evacuación, que finalmente acabó siendo un auténtico desastre.

Nacido el 23 de diciembre de 1899 en Madrid, Antonio Gómez se había establecido en La Roda antes de 1926 como mecánico de automóviles en la especialidad Ford. Su taller estaba situado en la calle Grande 2ª, a la altura de los semáforos principales de la antigua carretera nacional. Fue el fundador en 1931 junto con otros compañeros (que ya hemos citado) de UGT y del PSOE locales. Durante los sucesos de octubre de 1934 pudo escapar a Madrid y permanecer oculto, librándose de ser detenido e ingresar en la cárcel. En 1936 intervino activamente en las elecciones de febrero a favor del Frente Popular. El 19 de julio era detenido junto con otros trabajadores cuando estaban reunidos en la Casa del Pueblo, con motivo de la huelga general convocada por UGT. Estuvo encarcelado durante la semana que permaneció el pueblo en manos de los sublevados. Tras la liberación del pueblo el 25 de julio por fuerzas republicanas, junto a otros dirigentes se hizo cargo del caos que provocó la insurrección militar. Fue presidente del Comité de Enlace del Frente Popular durante los primeros meses de la guerra, presidente del PSOE de La Roda, secretario de la Cooperativa Obrera Agrícola y presidente del Consejo Municipal (alcalde), desde el 24 de marzo de 1937 al 28 de octubre de 1938. Siguió de consejero hasta el 27 de marzo de 1939. El 28 de marzo embarcó en el *Stanbrook* rumbo a Orán junto a los otros seis compañeros. Una vez allí, fue destinado al campo de concentración de *Relizane*, a 200 km de Oran, donde 800 refugiados españoles fueron retenidos en condiciones infrahumanas. A finales de marzo de 1940, Antonio Gómez salió del campo de concentración para ser internado en el Centro de alojamiento nº1 de Orán, la antigua prisión civil. Posteriormente marchó a vivir a *Bou-Tlelis*, a 30 km al sudoeste de Orán, donde se cultivaba la viña y el azafrán. Aquí estuvo trabajando en faenas agrícolas en una finca llamada García. Falleció el 6 de marzo de 1953 en el Hospital civil de Orán.

4. Las fosas comunes de La Roda

A lo largo de 1939 en la Roda de Albacete se produjeron distintas ejecuciones dando cumplimiento a las sentencias de los consejos de guerra franquistas. Fueron un total de 9 ejecuciones cuyas fechas fueron las siguientes (4 fusilamientos masivos subrayados): 17 mayo, 18 y 23 junio, 7 y 29 julio, 11 noviembre, 13, 16 y 27 noviembre de 1939. Junto a ello, 11 personas fallecían en la cárcel.

La primera ejecución fue el 17 de mayo de 1939. Fueron enterradas en el cementerio de La Roda 5 personas:

1. **Sebastián Atienza Núñez,** de Madrigueras.
2. **Juan José Valero Garrido,** de Madrigueras.
3. **Sebastián Fuente Martínez,** de Madrigueras.
4. **Máximo Berlanga Cubas,** de Villanueva de la Jara.
5. **Justiniano García García,** de Madrigueras (fosa civil).

*El 31 de mayo fallece José Carrilero Castillo en la prisión del partido judicial de La Roda (en tumba individual).

La segunda ejecución fue el 18 de junio de 1939. Fue enterrada una persona:

6. **León Talavera Martínez,** de Madrigueras.

La tercera ejecución fue el 23 de junio de 1939. Fueron enterradas 2 personas:

7. **Crescencio Ramos García,** de Munera.
8. **José Rubio Blázquez,** de Munera.

La cuarta ejecución fue el 7 de julio de 1939. Fue enterrada en el cementerio de La Roda:

9. **Victoria Rodríguez Rodríguez,** de Madrid. La única mujer.

La quinta ejecución fue el 29 de julio de 1939. Fueron enterradas 7 personas:

10. **Andrés Córdoba Escribano** de Tarazona de la Mancha.
11. **Diego Vera Zaragoza** de Monforte.
12. **Vicente Ortega González** de Lezuza (fosa civil).
13. **Manuel Córdoba Escribano** de Tarazona de la Mancha.
14. **Antonio Talaya Palop** de La Roda
15. **Gabriel Sánchez Lozano** de La Roda (fosa católica).
16. **Mariano Carrilero Sevilla** de La Roda.

* En agosto de 1939 Telmo Martínez Martínez fallece en la cárcel (en tumba individual).

* En septiembre de 1939 Pedro Tébar Pozuelo fallece en la cárcel (en tumba individual).

La sexta ejecución fue el 11 de noviembre de 1939. Fueron enterradas en el cementerio de La Roda 17 personas:

17. **Florentino Moreno López,** alcalde de Fuensanta (fosa civil).

18. **Abel Amar Pardo,** alcalde de La Roda (tumba individual).

19. **Deusdelino del Campo Martínez,**
de Villalgordo del Júcar (fosa civil).

20. **Marcelino Alfaro Rodríguez** de Lezuza.

21. **Juan Salvador Marchante** de La Roda (fosa civil).

22. **Ángel Huerta García** de La Roda (tumba individual).

23. **Modesto Moreno Marqués** de La Roda.

24. **Bernardo Toboso Donate** de La Roda (fosa civil).

25. **Juan Antonio García Rueda** de Fuensanta (fosa civil).

26. **Eduardo Rueda Rueda** de Fuensanta.

27. **Pedro Gaitano Olivares** de La Roda (tumba individual).

28. **Eusebio García Moreno** de Fuensanta (fosa civil).

29. **Julián González Moreno** de La Roda (fosa civil).

30. **Fernando Martínez Andújar** de Casas de Benítez.

31. **Miguel Saiz Picazo** de Tarazona de la Mancha.

32. **Serapio Fraile Griñón** de La Roda (fosa civil).

33. **José Martínez Simarro** de La Roda (fosa civil).

* El 14 de noviembre José Aroca Picazo de Tarazona fallece en la cárcel de La Roda.

La séptima ejecución fue el 16 de noviembre de 1939. Fue enterrado en el cementerio municipal de La Roda:

34. **Felicio Ruiz Martín** de Alcaudete de la Jara, Cuenca
(tumba individual).

La octava ejecución fue el 27 de noviembre de 1939. Fueron enterrados en el cementerio de La Roda 20 personas:

35. **Pedro Talavera García** de Madrigueras (tumba individual).

36. **Manuel Galindo Collado** de La Roda (tumba individual).

37. **Herminio Sevilla Carreterro** de La Roda.

38. **Julián Escudero López** de La Roda.

39. **Atanasio Sotos Atienza** de La Roda (tumba individual).

40. **Juan José Lozano Simarro** de La Roda (tumba individual).

41. **José Fraile Rubio** de La Roda (trasladado a Valencia).

42. **Prudencio Castillo Zalve** de La Roda (tumba individual).

43. **Antonio Martínez Ruiz** de Munera.

44. **Eutropio Martínez Jiménez** de Fuensanta (tumba individual).

45. **Vicente Martínez Castillo** de La Roda.

46. **Pedro Calleja Miñano** de Munera.

47. **José Igualada Valverde** de Tarazona.

48. **Pedro Carrasco Picazo** de Tarazona.

49. **Miguel Talavera Sáez** de Fuensanta (tumba individual).

50. **Luis Tendero Jiménez** de Tarazona.

51. **León Lozano Moreno** de Fuensanta.

52. **Bartolomé Urrea Tébar** de Tarazona.

53. **Edmundo Carretero Carrillo** de La Roda.

54. **Julio Romero Mendieta** de La Roda (tumba individual).

A partir de 1940 fallecen en la prisión del partido judicial de La Roda, 12 personas más (aparte de las otras 4 personas que hemos citado anteriormente):

- **Francisco Cuenca Olivares** (12-2-40), Minaya.
- **José Picazo Picazo** (27-2-40), Tarazona de la Mancha.
- **Juan Antonio Picazo López**, de Tarazona de la Mancha (17-6-40).
- **Jose Antonio Talavera Vázquez**, de La Roda (29-6-40).
- **Aniano Ballesteros Ramírez**, de Fuensanta (28-7-40).
- **Jose Fernández del Hoyo**, (19-11-40), La Roda (en nicho familiar).
- **Gerardo Monreal Picazo** (4-1-41), Socuéllamos

- **Pedro Antonio González Córdoba**,
  de Tarazona de la Mancha (17-1-41)
- **Pedro Antonio Carrión Belmonte** (25-1-41), Alborea.
- **Daniel Escobar Saiz** (13-2-41), Villalgordo del Júcar.
- **Alfonso García García** (25-4-41), Valencia.
- **Isabel Ramos Morcillo**, de Munera (21-9-47)

Son un total de 54 ejecutados y 16 fallecidos en la prisión del partido. Es decir, un total de 70 personas. Según testimonios orales, en el cementerio de La Roda se abrieron dos fosas comunes: una en la parte civil, perfectamente delimitada, y otra en la católica, cuya ubicación no es del todo precisa. Del total citado, en la parte católica, 16 están en tumba individual (12 fusilados y 4 de la cárcel) porque tienen una cruz o un túmulo-lápida, pero algunos familiares dicen que las cruces se pusieron de manera aleatoria, con lo que puede ser que de estos 16 muchos de ellos estén en la fosa y no en tumba individual. En definitiva, sin contar estos 16, hay un total de 54 cuerpos entre la fosa civil y la católica. Calculamos que la mayoría de ellos están en la fosa civil estableciendo un cálculo promedio de 10 restos en la parte católica y 44 en la civil, repito, sin contar los 16 que supuestamente están en tumbas individuales en la parte católica. El cuerpo del ejecutado José Fraile Rubio fue trasladado a Valencia, por tanto, hasta la fecha, 53 cuerpos es la cifra total definitiva.

Por otro lado, de los 54 ejecutados, sabemos con seguridad que:

- el cuerpo de José Fraile Rubio, que se encontraba en una tumba individual, fue trasladado a Valencia por su hermana, por tanto, hablamos de 53 restos.

- de los 16 que están en la antigua parte católica del cementerio, 12 de ellos están en sepulturas individuales. Solo tenemos la seguridad de que uno de ellos, Gabriel Sánchez Lozano, está en la fosa común de la parte católica. Según testigos de la época, en esta fosa común hay muchos más cuerpos. Tenemos identificados dos espacios en los que probablemente esté la fosa común.

- tenemos a 11 de ellos identificados en la fosa civil, debido a que a principios de 1950 algunos familiares pagaron para poner una lápida con sus nombres. El lugar en que se encuentra la fosa de la parte civil está totalmente identificado (ver imagen 2). Suponemos que dicha fosa se fue ampliando conforme avanzaban las ejecuciones.

En resumen, de los 54 ejecutados, 25 de ellos están localizados en una u otra fosa, (incluyendo restos de José Fraile Rubio, trasladado a Valencia y los restos de Gabriel Sánchez, que deben estar en la fosa católica). Los 29 restantes deben estar repartidos entre las fosas de la parte católica y la civil. Por testimonios orales, la mayor parte de ellos estarán en la parte civil, calculando aquí un promedio de 39 cuerpos. A esta cantidad hemos de sumar los 16 muertos en cárcel (registro civil), 4 de ellos están en tumba individual (libros cementerio), por tanto, son 12 en paradero desconocido, en una u otra fosa.

En 2022 estas fosas comunes siguen a la espera de ser abiertas, estudiadas, investigadas. Se trata de una herida mal cerrada, un daño y una deuda irreparables no solo con las víctimas y sus familias sino también, con la sociedad española y con nuestra democracia. ▮

Referencias bibliográficas

- BALDÓ LACOMBA, Marc (2011): "Represión franquista del profesorado universitario" *Cuadernos del Instituto Antonio de Nebrija*, 14, pp.31-51.

- BALFOUR, Sebastián (2002): *Abrazo mortal: de la guerra colonial a la Guerra Civil de España y Marruecos (1909-1939)*. Península, Barcelona.

- BASCARY PEÑA, Ana María (2021): *Aquí estamos nosotras, represión y resistencias femeninas en Villarrobledo (1939-1949)*. Deculturas ediciones, Sevilla.

- BERMEJO, Benito y CHECA, Sandra (2006): *Libro memorial: españoles deportados a los campos nazis 1940-1945*. Ministerio de Cultura, Madrid.

- CASANOVA NUEZ, Ester (2002): "La conformación política en los espacios públicos durante la inmediata postguerra" en C. FORCADELL, C. FRÍAS, I. PEIRÓ, P.V. RÚJULA (Coords.) *Los usos públicos de la historia*. VI Congreso de la Asociación de Historia Contemporánea, Instituto Fernando el Católico, Zaragoza, pp. 74-84.

- CASANOVA RUIZ, Julián (2020): *Una violencia indómita. El siglo XX europeo*, Crítica, Barcelona.

- CENARRO, Ángela (2006): "Movilización femenina para la guerra total (1936-1939). Un ejercicio comparativo", *Historia y Política*, 16, pp. 159-182.

- ESCUDERO GALANTE, Francisco (2002): *Pasajero 2058, La odisea del Stanbrook y del exilio republicano que partió desde el puerto de Alicante*, Editorial Club Universitario, Alicante.

- ESTEBAN GARBÍ, Antonio (2006): *Lucha por la libertad. Memorias de un luchador albacetense contra el franquismo*, Instituto de Estudios Albacetenses "Don Juan Manuel", Albacete.

- GIL HERNÁNDEZ, Enrique (2013): "Entre búnkeres, trincheras y refugios antiaéreos: el patrimonio arqueológico de la guerra civil en Almansa" *Jornadas de Estudios Locales*, 7, Almansa siglo XX.

- GIL LÓPEZ, Joaquín (2006). *La sublevación militar en 1936 en la ciudad de Hellín*. [15/09/23] <https://drive.google.com/file/d/0B6HHhKmat31ManJTSk50c2FBZVk/view?usp=sharing>

- GONZÁLEZ MARTÍNEZ, Miriam (2019): "Mujer, violencia, politización y mundo rural", *Al-Basit: Revista de estudios albacetenses*, 64, pp. 217-268.

- GUZMÁN, Eduardo de Guzmán (1974): *El año de la victoria*, G. del Toro Editor, Madrid.

- HERNÁNDEZ PIQUERAS, Juan Luis (2013): *La guerra civil en Almansa*. [15/09/23] <https://torregrandealmansa.files.wordpress.com/2013/10/3-la-guerra-civil-en-almansa.pdf>

- IBÁÑEZ DOMINGO, Melanie (2016): "La montaña acumulada. La jurisdicción de responsabilidades políticas en Valencia hasta la reforma de 1942", *Historia y Política*, 36, pp. 289-312.

- IBÁÑEZ GONZÁLEZ, José (2021): "Guerra civil en Almansa (1936-1939): los grafitis del convento de las monjas agustinas", *Instituto de Estudios Albacetenses "Don Juan Manuel"*, Albacete.

- JUSTEL, Manuel (1992): "Edad y Cultura Política", *Reis*, 58.

- LEIVA, José (1978): *Memorias de un condenado a muerte*. Dopesa, Barcelona.

- MARTÍNEZ LEAL, Juan (2005): "El Stanbrook: un barco mítico en la memoria de los exiliados republicanos", *Pasado y memoria*, 4, pp. 65-81.

- MORAL, Manuel (1991): *El pan de los vencidos. Barcarola*, Editora municipal del Ayuntamiento de Albacete, Albacete.

- MORENO NAVA, Lorenzo (2003): *Crónica de una barbarie: Villarrobledo, julio 1936-abril 1939*, Villarrobledo.

- ORTIZ HERAS, Manuel (1996): "La justicia republicana en guerra: el Tribunal Popular Especial de Albacete", *Al-Basit: Revista de estudios albacetenses*, 1, 23-40.

- PARREÑO TÉBAR, Carmen María (2021): *II República y guerra civil en La Roda, Albacete (1931-1939)*, Instituto de Estudios Albacetenses "Don Juan Manuel", Albacete.

- PEÑA RODRÍGUEZ, Francisco José (2021): "Los sucesos de Yeste: violencia social en vísperas de la guerra civil", *Cuadernos republicanos*, 105.

- SÁNCHEZ MORENO, Antonio (2007): *Violencia y primer franquismo en Villarrobledo (1930-1948)*. Albacete, [s.n], D.L, Albacete.

- SILVA, Lorenzo (2017): *Recordarán tu nombre*, Destino, Barcelona.

5.2. El Memorial de las Brigadas Internacionales de Madrigueras (Albacete)

ANTONIO SELVA INIESTA

Instituto de Estudios Albacetenses "Don Juan Manuel" Centro de Estudios
Documentación de las Brigadas Internacionales

El Memorial de la Brigadas Internacionales inaugurado el pasado 18 de febrero de 2022 con la presencia del Secretario de Estado de Memoria Democrática, alberga de manera permanente la exposición cedida por el Centro de Estudios y Documentación de las Brigadas Internacionales (CEDOBI), centro mixto gestionado por la Universidad de Castilla-La Mancha y el Instituto de Estudios Albacetenses "Don Juan Manuel" organismo autónomo de la Diputación de Albacete que forma parte de la Confederación Española de Centros de Estudios Locales (CSIC), siendo el CEDOBI el organismo propietario de los fondos que se exponen, y el encargado de gestionar la renovación periódica de los materiales expositivos para conseguir que sea un centro dinámico.

El Memorial se ubica en Madrigueras, un pequeño municipio de la provincia de Albacete con larga tradición en la conservación del legado de las Brigadas Internacionales, por haber sido uno de los emplazamientos más importantes durante su estancia en Albacete entre octubre de

1936 y abril de 1938, cuando vinieron a España procedentes de treinta y cinco nacionalidades a luchar contra los totalitarismos que azotaban Europa, siendo la Guerra de España la primera batalla contra ellos, tras la sublevación de parte del ejército español contra el gobierno legítimo de la II República.

El Memorial se encuentra situado en una sencilla edificación municipal en las afueras del pueblo, un antiguo matadero acondicionado para adaptarse a las especificidades que requería este tipo de exposición. Las instalaciones se articulan en cuatro salas, un distribuidor y un pasillo utilizado también como espacio expositivo que conseguir integrar y unificar todo el Memorial.

En la puerta de entrada hay un cartel anunciador con la imagen de una mujer sentada en el extremo inferior de una luna menguante leyendo un libro, y una estrella de cinco puntas que recrea uno de los grafitos reproducidos en la exposición, pero modificado con respecto al original, incorporándole los colores de la bandera republicana.

Logotipo del Memorial de las BB. II. en Madrigueras y primera sala.

Ya en el interior escuchamos una grabación con el poema de Rafael Alberti dedicado a las BBII:

Venís desde muy lejos... Mas esta lejanía
¿qué es para vuestra sangre que canta sin fronteras?
La necesaria muerte os nombra cada día,
no importa en qué ciudades, campos o carreteras.

De este país, del otro, del grande, del pequeño,
del que apenas si al mapa da un color desvaído,
con las mismas raíces que tiene un mismo sueño,
sencillamente anónimos y hablando habéis venido.

No conocéis siquiera ni el color de los muros
que vuestro infranqueable compromiso amuralla.
La tierra que os entierra la defendéis seguros,
a tiros con la muerte vestida de batalla.

Quedad, que así lo quieren los árboles, los llanos,
las mínimas partículas de la luz que reanima
un solo sentimiento que el mar sacude: ¡Hermanos!
Madrid con vuestro nombre se agranda y se ilumina.

En el distribuidor, el visitante encontrará un cartel compuesto con dos imágenes, una de cuatro milicianas, imagen muy conocida y entre las que se encuentra María Vergara, natural de Casas Ibáñez, y junto a ella, Rosario la dinamitera, y una segunda imagen de gran formato con una fotografía icónica de un grupo de mujeres despidiendo a las Brigadas en Barcelona, imágenes éstas que ilustran el texto introductorio.

La primera sala está dedicada a la llegada de las Brigadas a España, con imágenes de la época y en algunos casos con fotografías actuales. Una pequeña pantalla proyecta en bucle vídeos que complementan la información aportada en el material expositivo.

La segunda sala es sin duda la más llamativa puesto que reproduce casi de forma mimética, uno de los espacios dedicados a los calabozos que se encontraban en la iglesia de Madrigueras y que desaparecieron durante unas obras de reforma en el año 2005, pero que afortunadamente habían sido documentados y fotografiados antes de ser destruidos (SELVA 2005, 17-18), lo que ha posibilitado reproducirlos en esta sala del Memorial de forma fidedigna y en tamaño real. Estos calabozos eran el lugar de arresto de brigadistas por delitos menores y en sus paredes, los allí recluidos, escribieron textos, poemas, dibujos, retratos de personajes, etc. Durante la visita a esta sala una voz en off narra estos acontecimientos y se escucha un poema escrito en alemán y publicado en el artículo en SELVA 2005, 17-18.

La tercera sala, de mayores dimensiones que las demás, estuvo destinada en tiempos a sala de despiece cuando este edificio se utilizaba como matadero municipal. Es la sala central del Memorial y en ella se ubica una gran pantalla en la que se proyectan documentales principalmente, una línea del tiempo de 4,50 metros de longitud, vitrinas que guardan objetos (cascos, cubiertos…) encontrados en lugares en los que se desarrollaron batallas con participación de las Brigadas, cedidos por particulares para ser expuestos. Entre estos objetos destaca una bandera de la República que perteneció a la Agrupación Local de Madrigueras de Izquierda Republicana, que un vecino de pueblo conservó durante los años de la Dictadura asumiendo el grave riesgo que esto suponía, y que ahora su familia ha cedido para ser expuesta en este Memorial.

Una cuarta sala nos acerca con fotografías y objetos a los momentos de la salida de las BBII de España. Al igual que en las otras estancias, un pequeño monitor muestra imágenes de aquellos momentos y se escucharán de su propia voz, las famosas palabras de agradecimiento a los brigadistas, pronunciadas por Dolores Ibárruri, Pasionaria.

Es muy difícil pronunciar unas palabras de despedida dirigidas a los héroes de las Brigadas Internacionales, por lo que son y por lo que representan.

Un sentimiento de angustia, de dolor infinito, sube a nuestras gargantas atenazándolas. Angustia por los que se van, soldados del más alto ideal de redención humana, desterrados de su patria, perseguidos por la tiranía de todos los pueblos.

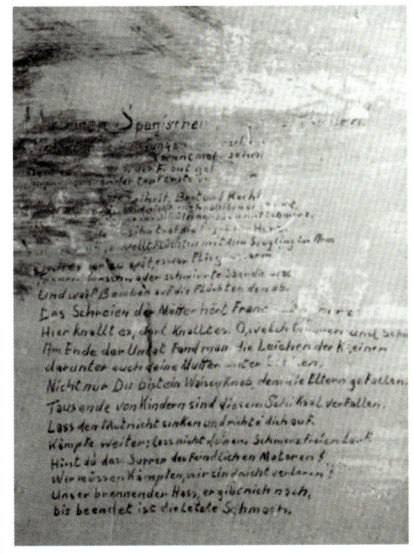

- Un español ---- ----
--- ---- -- joven ----
---- ----- no ver más
--- --- --- el frente
--- el más valiente --
--- libertad (?), pan y derecho
---- ---- y no -----
---- en la trinchera (?) con color,
---- ---- la bala le alcanzó en el corazón.
--- --- --- quiso huir con el bebé en los brazos
pero era demasiado tarde, había alarma aérea.
--- la escuadrilla zumbaba sobre la -----
y tiraba bombas sobre los que huían.
Los gritos de la madre los oye Franco (?) ----
Estallidos por aquí, estallidos por allá. ¡Cuánto horror y dolor!
Terminado el crimen, se encontraron los cádaveres de los pequeños
entre ellos también tu madre ------
no sólo tú eres un huérfano cuyos padres han caído,
miles de niños han sufrido el mismo destino[3].
No pierdas el ánimo y levántate.
Sigue luchando: no dejes rienda suelta a tu dolor.
¿Oyes el zumbido de los motores enemigos?
¡Hay que luchar, no hay nada perdido!
Nuestro ardiente odio no cesará
hasta acabada la última ignominia.
(Anónimo)

Detalle del poema y transcripción del poema.

Segunda sala,

Tercera y cuarta sala.

Dolor por los que se quedan aquí para siempre, fundiéndose con nuestra tierra y viviendo en lo más hondo de nuestro corazón aureolados por el sentimiento de nuestra eterna gratitud.

De todos los pueblos y todas las razas, vinisteis a nosotros como hermanos nuestros, como hijos de la España inmortal, y en los días más duros de nuestra guerra, cuando la capital de la República española se hallaba amenazada, fuisteis vosotros, bravos camaradas de las Brigadas Internacionales, quienes contribuisteis a salvarla con vuestro entusiasmo combativo y vuestro heroísmo y espíritu de sacrificio.

Y Jarama y Guadalajara, y Brunete y Belchite, y Levante y el Ebro cantan con estrofas inmortales el valor, la abnegación, la bravura, la disciplina de los hombres de las Brigadas Internacionales.

Por primera vez en la historia de las luchas de los pueblos se ha dado el espectáculo, asombroso por su grandeza, de la formación de las Brigadas Internacionales para ayudar a salvar la libertad y la independencia de un país amenazado, de nuestra España.

Comunistas, socialistas, anarquistas, republicanos, hombres de distinto color, de ideología diferente, de religiones antagónicas, pero amando todos ellos profundamente la libertad y la justicia, vinieron a ofrecerse a nosotros incondicionalmente.

Nos lo daban todo; su juventud o su madurez o su experiencia; su sangre y su vida, sus esperanzas y sus anhelos… Y nada nos pedían. Es decir, sí: querían un puesto en la lucha, anhelaban el honor de morir por nosotros.

¡Banderas de España! ¡Saludad a tantos héroes, inclinaos ante tantos mártires!

¡Madres! ¡Mujeres! Cuando los años pasen y las heridas de la guerra se vayan restañando; cuando el recuerdo de los días dolorosos y sangrientos se esfume en un presente de libertad, de paz y de bienestar; cuando los rencores se vayan atenuando y el orgullo de la patria libre sea igualmente sentido por todos los españoles, hablad a vuestros hijos; habladles de estos hombres de las Brigadas Internacionales.

Contadles cómo, atravesando mares y montañas, salvando fronteras erizadas de bayonetas, vigiladas por perros rabiosos deseosos de clavar en ellos sus dientes, llegaron a nuestra patria como cruzados de la libertad, a luchar y a morir por la libertad y la independencia de España, amenazadas por el fascismo alemán e italiano. Lo abandonaron todo: cariños, patria, hogar, fortuna, madre, mujer, hermanos, hijos y vinieron a nosotros a decirnos: ¡Aquí estamos!, vuestra causa, la causa de España es nuestra misma causa, es la causa de toda la humanidad avanzada y progresiva.

Hoy se van; muchos, millares, se quedan teniendo como sudario la tierra de España, el recuerdo saturado de honda emoción de todos los españoles.

¡Camaradas de las Brigadas Internacionales! Razones políticas, razones de Estado, la salud de esa misma causa por la cual vosotros ofrecisteis vuestra sangre con generosidad sin límites os hacen volver a vuestras patrias a unos, a la forzada emigración a otros. Podéis marcharos orgullosos. Sois la historia, sois la leyenda, sois el ejemplo heroico de la solidaridad y de la universalidad de la democracia, frente al espíritu vil y acomodaticios de los que interpretan los principios democráticos mirando hacia las cajas de caudales o hacia las acciones industriales que quieren salvar de todo riesgo.

No os olvidaremos, y, cuando el olivo de la paz florezca, entrelazado con los laureles de la victoria de la República española, ¡volved!

Volved a nuestro lado, que aquí encontraréis patria los que no tenéis patria, amigos, los que tenéis que vivir privados de amistad, y todos, todos, el cariño y el agradecimiento de todo el pueblo español, que hoy y mañana gritará con entusiasmo:

¡Vivan los héroes de las Brigadas Internacionales!

Finalmente, al fondo del pasillo, a través de imágenes y textos acompañados de otro monitor, se centra la atención de los visitantes en la presencia de los brigadistas en Madrigueras. Con todo ello, al salir del Memorial tendremos, a través de un edificio de reducidas dimensiones,

Placa memorial en recuerdo a los brigadistas internacionales enterrados en la fosa del cementerio municipal de Albacete.

una visión global de la importancia histórica de la presencia en España y más concretamente en Albacete de las Brigadas Internacionales.

A lo largo de las diferentes estancias se encuentran figuras en vinilo que representan a personajes como Norman Bethune, médico canadiense que introdujo por primera vez en el frente de batalla la realización de transfusiones de sangre, gracias a las cuales se salvaron tantas vidas y marcaron un precedente para sucesivos conflictos bélicos, como fue la II Guerra Mundial. Entre estas figuras en vinilo también se encuentran las imágenes de dos Internacionales afroameriacanos, la enfermera Salaria Kea O'Reilly y un brigadista de la Brigada Lincoln, y sirva la presencia de las figuras de ambos en este Memorial para recordar que en tiempos de discrimación racial, que todavía se prolongaría largos años en su país de origen, en España se sintieron libres por primera vez, según sus propias palabras.

A lo largo del recorrido del Memorial también encontramos diversos códigos QR que enlazan con rutas, calles, monumentos etc. y con la placa colocada en el cementerio de Albacete con los nombres de los brigadistas allí fallecidos, cuyo código localiza el lugar donde descansan los restos,enlazando con la información que se dispone de cada uno de ellos.

Los materiales expuestos en el Memorial se irán renovando periódicamente en virtud del convenio suscrito entre el CEDOBI y el Ayuntamiento de Madrigueras, ampliando contenidos y exponiendo distintos materiales que promuevan la difusión sobre las Brigadas Internacionales y consigan que el Memorial no sea lugar para visitar una sola vez, si no convertirlo en un espacio dinámico en el que cada vez que se visite se encuentre nueva información sobre este tema.

Conclusiones

El Memorial de las Brigadas Internacionales de Madrigueras es un buen ejemplo de reconocimiento a todos los Internacionales que vinieron a España a defender al legítimo Gobierno de la República y el proceso democrático que lo constituyó.

A pesar de los años transcurridos se sigue manteniendo la memoria de la presencia de los Internacionales en Albacete y provincia, transmitiéndose de padres a hijos, siendo Madrigueras es buen un ejemplo de ello.

La recientemene aprobada ley 20/2022 de 19 de octubre, de Memoria Democrática concede la nacionalidad española a los voluntarios integrantes de las BBII, pero lamentablemente todos ellos han fallecidos sin haberse podido sentir plenamente reconocidos. En su nueva formulación la ley recoge y amplia los derechos extendiéndolos a sus descendientes.

Artº 33 Concesión de la nacionalidad española a los voluntarios integrantes de las Brigadas Internacionales. A los efectos del artículo 21.1 del Código Civil se entiende que concurren 1. circunstancias excepcionales en los voluntarios integrantes de las Brigadas Internacionales que participaron en la Guerra de 1936 a 1939 para la adquisición de la nacionalidad española por carta de naturaleza, no siéndoles de aplicación la exigencia de renuncia a su anterior nacionalidad requerida en el artículo 23.b) del Código Civil. Asimismo se entenderá que concurren las mismas circunstancias en los descendientes de los brigadistas que acrediten una labor continuada de difusión de la memoria de sus ascendientes y la defensa de la democracia en España.

El Memorial de las Brigadas Internacionales de Madrigueras es un espacio expositivo de carácter público, visitable mediante cita previa, que se ha podido realizar gracias al convenio antes citado entre el Ayuntamiento de Madrigueras y el Centro de Estudios y Documentación de las Brigadas Internacionales (CEDOBI). ▌

Referencias bibliográficas

• SELVA INIESTA, Antonio (2005): "Los graffiti de la iglesia de Madrigueras (Albacete): Poemas del calabozo." *Cultural Albacete* nº 4, pp.17-18.

5.3. Recuperación de la memoria histórica en Alcaraz y comarca

MANUEL RAMÍREZ GIMENO
Presidente de la Asociación fosa de Alcaraz

1. Introducción

Poco o casi nada se ha hecho en la provincia de Albacete en materia de exhumaciones. La primera apertura de fosas comunes con represaliados por el franquismo se realizó en Almansa en 2004 a propuesta de la asociación cultural Pablo Iglesias de Almansa. En Villarrobledo, a iniciativa de la ARMH de Cuenca, se llevaron a cabo varias prospecciones en 2009 sin poder realizar ninguna exhumación en los distintos barreros y en los lugares donde se ubicaban las fosas. En el resto de las cabeceras judiciales de la provincia donde se llevaron a cabo el resto de ejecuciones como Casas Ibáñez, Chinchilla, Hellín, Yeste y La Roda no se ha realizado ninguna exhumación. Sin embargo, como punto de partida para una futura exhumación, en La Roda sí que existe un importante estudio de investigación sobre la II República, Guerra Civil y represión franquista realizado por Carmen María Parreño (2021).

Capítulo aparte merece Albacete capital. En los años cincuenta las autoridades decidieron exhumar a una gran parte de los 750 ejecutados. Sin ningún control científico y sin contar con los familiares, se localizó a las familias y se les entregó los restos, sin más. Respecto a las familias que no fueron localizadas o no quisieron hacerse cargo de los restos en tales circunstancias, las autoridades decidieron que tales restos "*sobrantes de tamaño despropósito*", fueran depositaron en el osario general. En los pocos lugares que dejaron sin exhumar, hasta la fecha, nada se ha hecho. Debido al método que se utilizó para exhumar en Albacete, poco se puede hacer en esta dirección más allá de los tres pequeños espacios que quedan señalados como fosas comunes.

La segunda y última exhumación que se ha realizado en la provincia ha sido en Alcaraz. En este trabajo iremos contando nuestro periplo desde el momento en el que se fundó la asociación: localización de familiares, dificultades para realizar el proyecto de exhumación e investigación, represión franquista en Alcaraz y su comarca, identificación de los ejecutados, muertos en prisión y asesinados, actuaciones familiares para conservar el espacio de la fosa durante la dictadura, exhumación y resultados, estudio de antropología y trabajos realizados por la asociación después de la exhumación.

2. Fundación de la asociación y localización de familiares

La memoria histórica no comienza el veintisiete de diciembre de 2007 cuando se aprueba la ley, comienza el día que desaparece la primera víctima o persona. En el municipio de Alcaraz, que era y sigue siendo cabecera judicial de la comarca, fueron juzgados, torturados y asesinados parte de los que allí fueron condenados por tribunales franquistas recientemente declarados ilegales. Para por fin poder recuperar sus restos, la asociación Fosa de Alcaraz fue constituida el 25 de febrero de 2007. Un año antes habíamos comenzado la labor de localización de las familias de los diecisiete asesinados y represaliados. Tiempo después localizamos a tres víctimas más. En adelante ampliaré la información y la investigación de la represión franquista en Alcaraz y su comarca.

La localización de los familiares duró un año y medio. La razón de dicha demora fue la dispersión a la que muchas familias se vieron obligadas por la necesidad de subsistir en lo que siempre he llamado el "exilio interior". El estigma de "rojo" en un pueblo pequeño de la España profunda convertía la vida del vencido y de su familia en un continuo calvario. Este fue sometido a la voluntad de los caprichos del cacique o falangista de turno, al expolio de bienes y dinero, a la imposibilidad de acceder a un trabajo o al impago de este de sol a sol; las mujeres de los presos y ejecutados y las que habían osado ser libres durante la II República trasgrediendo las reglas de la vieja moral, también sufrieron abusos continuos. Todo esto fue una constante a la que se enfrentaron los que defendieron la legalidad vigente y la democracia, viéndose en muchos casos en la necesidad de abandonar su pueblo. Este hecho hizo que la búsqueda de los familiares fuese compleja. Tuve que localizar a varias familias en Valencia, Castellón, Barcelona, Bilbao, Jaén, Madrid, Albacete y en varios pueblos de la comarca.

Como decía, los primeros pasos de la asociación fueron encaminados a la localización de las familias. Partía con el testimonio que había dejado mi tía Adelina, la viuda de mi tío Manuel Avilés Muñoz, alcalde de Ossa de Montiel. Cuando fue trasladado a la prisión de Alcaraz, debido a las paupérrimas condiciones de vida dentro de las cárceles franquistas, su mujer se trasladó (como tantas otras) a Alcaraz para atenderlo. Todos los días le llevaba la comida y los productos de higiene que iba necesitando. El destino hizo que algunas mujeres, hijas, hermanas o esposas de algunos presos coincidiesen en la pensión donde estaba Adelina. Como si los familiares intuyesen en aquellas angustiosas circunstancias que algún día tendrían la necesidad de volver a verse, algunas mujeres dejaban la pensión porque su familiar había sido trasladado de prisión o había sido ejecutado y ya no tenía sentido permanecer allí. Entre ellas, como recuerdo y como nexo de unión, se intercambiaban objetos personales. Todavía recuerdo cómo mi tía se intercambiaba recuerdos a través de un representante de comercial que venía a Ossa de Montiel con la mujer de un compañero de prisión de mi tío Manuel. Con 8, 9 ó 10 años, cada vez que pasábamos por la antigua circunvalación de Albacete, a la altura de Parque Sur, mi madre me indicaba y me recordaba: "¡Manuel!, ahí en el tercer piso vive la hija de Ramón Nieto, uno de los compañeros que mataron junto al tío".

Con esta información empecé los primeros pasos para localizar a las familias. La primera que localicé fue la de Ramón Nieto Marín. Resultó que su nieta y yo éramos vecinos; la familia de Marcelino Lozano Melero, el otro compañero de ejecución de mi tío, fue la última en ser localizada. A pesar de que era de Alcaraz no me fue fácil su localización; el silencio en este pueblo era infranqueable. Poco o casi nada visitaba Manuela, nieta de Marcelino, el pueblo de su abuelo. Manuela me confirmó que estaba desencantada con el trato que el pueblo había dado a su familia. El día de la entrega de los restos, ella me comentó que empezaba a reconciliarse con el pueblo de sus abuelos y de su padre. Las heridas y el duelo se heredan. A este duelo sin fin, siempre le he llamado "el duelo permanente", el que como una nebulosa ahí está, ni se muere ni te mata, pero siempre está. Para eso sirve la memoria democrática.

No tendría sentido un proyecto de este calado sin en componente humano y afectivo, como parte enriquecedora y esencial del mismo. De entre las muchas experiencias vividas durante el tiempo que duró la localización de las familias, hay algunas que por su calidad humana creo necesario resaltar. Una de ellas ocurrió cuando llamé por primera vez a la familia de José López Chillerón, natural de El Bonillo, que falleció en la cárcel de Alcaraz. Me contestó la hija, una mujer de cierta edad:

"Hola, ¿vive ahí la familia de José López Chillerón?", pregunté. "Sí; ¿usted quién es?", contestó una voz temblorosa. "Me llamo Manuel, estamos localizando a los familiares de las personas que asesinaron y represaliaron en Alcaraz después de la Guerra Civil. Su padre está ahí enterrado, tengo conmigo su partida de defunción", le contesté. La mujer, sin mediar palabra, soltó el teléfono y la oigo decir con aflicción: "¡Alfonso, Alfonso, hay un hombre al teléfono que trae noticias de padre!". El hombre se pone al teléfono y con voz inquieta me pregunta: "¿Usted sabe dónde está mi padre?". "Sí le contesto con un nudo en la garganta. "Creo saber dónde está enterrado vuestro padre". Debido a la emoción no pudimos seguir con la conversación. Le dije que el próximo domingo iría a El

Bonillo para entregarle la partida de defunción de su padre y hablar sobre el asunto.

El domingo llegué a su casa sobre las 13:00 horas. Llamé a la puerta y me abrió una mujer de negro y de aspecto humilde: Me presenté: "Hola, soy Manuel, el otro día estuvimos hablando sobre tu padre". La mujer llamó a su hermano: "¡Alfonso!, está aquí el hombre que sabe dónde está padre". Ambos me invitaron a entrar. Me agradecieron lo que estaba haciendo por la memoria de su padre. A su vez, les hice entrega de la partida de defunción de su padre.

"No sabíamos nada de él", me comentó la mujer. El hombre me contó que se acordaba de la tarde que vino la Guardia Civil a detenerlo: "Mi padre no estaba en la casa, estaba trabajando en el campo. La Guardia Civil me dijo que fuese a buscarlo. Al llegar a casa se lo llevaron". Recordaba, como si hubiese sido esa misma mañana, cuando su padre le dijo: "Hijo, no te preocupes, volveré pronto". Casi sin poder hablar por la emoción del momento, me dijo: "No lo he vuelto a ver nunca más, nadie nos ha dicho nunca nada sobre él, sólo que se lo llevaron a Alcaraz y que murió en la cárcel".

Otro momento emotivo fue cuando llamé a Manuela, la hija de José Martínez Fernández, de noventa años. Su padre tenía sesenta y cuatro cuando fue asesinado por el cumplimiento de una sentencia ilegal. Ella tenía veinte. Me presenté diciéndole que estaba localizando a las familias de los que habían sido asesinados en Alcaraz y que me habían informado de que ella era la hija de José Martínez. La mujer, nerviosa y temblorosa, no sabía qué decir, sólo me respondió: "llama más tarde, cuando esté mi hija". Por la emoción la conversación se hizo imposible. Sin tener claro si lo podía apuntar, le dije a Manuela que anotase mi número de teléfono. A los cinco minutos recibí la llamada de su hija Dolores. Se presentó y me dijo que su madre le había comentado: "ha llamado un hombre preguntando por el abuelo diciendo que sabe dónde está enterrado, creyendo que se trataba de una broma".

Hablamos del proyecto que estábamos poniendo en marcha. Le pareció correcto e informó a su madre, despertando en ella la esperanza de recuperar los restos de su padre. Las circunstancias que más adelante comentaré hicieron que Manuela no pudiera recuperar los restos de su padre. En las múltiples conversaciones que Dolores y yo tuvimos, siempre me resaltaba las ganas que su madre tenía de recuperarlo. Siempre le mantuvimos la esperanza de que pronto se terminaría con los trabajos de exhumación. Como si se tratase de una premonición del destino, Manuela falleció a los pocos días después de la entrega de los restos de su padre, nunca supo que no se pudieron identificar.

3. Dificultades para realizar el proyecto de exhumación e investigación en Alcaraz

Con respecto a todas las fosas comunes que he conocido, con el fin de preservar el lugar y poder recuperar los restos o dignificarlo algún día, los familiares siempre han intentado que se mantenga identificado el espacio de alguna manera. Los familiares de la fosa de Alcaraz, viendo el deterioro que sufría por la invasión de las fosas vecinas y su reutilización, sobre el año 1955 aproximadamente, delimitaron el lugar colocando una cruz. No consiguiendo frenar dicha invasión y reutilización, en 1965 varias familias decidieron colocar una valla para delimitar el espacio.

En este intenso viaje, como era de esperar, hemos necesitado abrir puertas, entrañables algunas y hostiles otras, pero también nos hemos encontrado con alguna muy particular. Sirva esta aclaración para describir lo que la razón no alcanza a comprender, me explico: el procedimiento que se llevaba a cabo con los enterramientos era una costumbre que se había perpetuado desde no se sabe cuánto tiempo. Esta consistía en pagar una pequeña tasa que daba derecho a enterrar a los muertos en cualquier lugar del cementerio en donde hubiera un hueco y no estuviera ocupado por una sepultura de obra, sin considerar nada más y sin regla y orden alguno. De tal manera que un enterramiento se podía hacer sobre otro anterior, como ha ocurrido en nuestro caso y en tantos otros.

Unos meses antes de la exhumación, cuando a nosotros ya nos habían denegado el permiso para exhumar por tratarse de una zona BIC (bien de interés cultural), se le permitió a una familia colindante que construyera un nicho, ampliando la zona y dañando parte del espacio de la fosa común. Cuando exhumamos nos encontramos con un fémur atrapado en la pared de ladrillo. Como acabo de explicar, desde el origen del cementerio se venía permitiendo el enterramiento con un simple pago de una cuota que no indicaba espacio alguno donde hacer el enterramiento (siendo un espacio protegido por la Ley 9/2020 de patrimonio cultura de Castilla- La Mancha), dejando al libre albedrío de las familias la elección del espacio de enterramiento y dando lugar al levantamiento de los restos que en el citado espacio elegido hubiese.

Esta es la razón por la que en la excavación de la fosa aparecieron restos de individuos que no se correspondían con los asesinados por la dictadura franquista. Estos restos eran procedentes de enterramientos posteriores, es decir, se habían inhumado cadáveres en la ubicación de la fosa sin ninguna reseña, suponemos que de personas sin recursos y, como he comentado, en años posteriores. Por tanto, el cementerio de Alcaraz es eso, singular, o mejor debería decir era, porque afortunadamente después de nuestra actuación ha dejado, para bien, de serlo.

Como acabo de citar, el cementerio era una zona BIC y, aun así, el Ayuntamiento de Alcaraz nunca denegó un permiso sabiendo que incumplía la Ley 4/2013 de Patrimonio Cultural de Castilla-La Mancha. Sin embargo, se opuso a concedernos los permisos pertinentes cuando la *memoria histórica* llamó a su puerta. El Ayuntamiento y la Junta hicieron piña para denegamos el permiso con la doble excusa de que no estaba aprobado el "protocolo de actuación por el gobierno de España". En tiempo real se estaba exhumando en Ciudad Real y en múltiples lugares de España sin exigir el citado protocolo. Este hecho nos acarreó más de un calentamiento de cabeza con ambas administraciones y un retraso de varios años en la exhumación.

Como acabo de explicar, el calvario comenzó nada más pedir el permiso de exhumación al Ayuntamiento de Alcaraz, estando este presidido por una alcaldesa socialista. Dicha alcaldesa incluso se negó a recibirnos; tan solo nos comunicamos por teléfono y en raras ocasiones. Cuando comenzaba la conversación y se nombraba la *memoria histórica*, de forma súbita, le entraba el pánico. Nunca ofreció una alternativa más que el "no" de forma mecánica y repetitiva, sin escuchar y sin ofrecer la más mínima posibilidad de avanzar.

Con este panorama en ambas administraciones, local y regional, las dos gobernadas por el PSOE, (años 2007-11), me pongo a trabajar y trazo un plan a seguir. El objetivo es que se apruebe el citado protocolo de actuación. En primer lugar, me pongo en contacto con el entonces exalcalde y diputado socialista por Albacete, Manuel Pérez Castell, y con coordinador general de IU, Cayo Lara. Les comento la situación y les pido que medien entre el Ministerio de la Presidencia y la asociación. Manuel, con su reconocida generosidad y buen hacer como servidor público, no sólo accede, sino que se brinda, se preocupa y lo mueve y, lo que es más importante, ¡lo consigue!

Días antes de recibir la noticia de la aprobación del protocolo, recibí una llamada y un e-mail con la carta que remitió Gaspar Llamazares, portavoz de IU, al ministro Ramón Jáuregúi. El Gobierno presidido por José Luis Rodríguez Zapatero aprobó el citado protocolo en uno de sus últimos Consejo de Ministros. Este fue publicado en el BOE el día 27 se septiembre de 2011. Durante estos nueve agotadores meses de batallas con las administraciones, tuve que contactar con el Ministerio de la Presidencia, siendo siempre atendido por Carlos García de Andoin, director adjunto del gabinete de la Presidencia, a cargo del ministro Ramón Jáuregui. Nada más hablar Manuel Pérez Castell con el ministro, Carlos me comunica que el ministro llevaba el asunto en cartera para ser aprobado en el próximo Consejo de Ministros. Mientras tanto, el PSOE pierde las elecciones en Alcaraz y la Junta de Comunidades de Castilla-La Mancha. Comienza a gobernar el PP y es con este nuevo equipo de gobierno con el que tengo que lidiar para conseguir el permiso denegado por los gobiernos socialistas.

Aprobado el protocolo, iniciamos una segunda fase, la jurídica. Ambas administraciones, ahora gobernadas por el PP y con el protocolo aprobado, seguían negándonos el permiso. Me pongo en contacto con el ex alcalde de Albacete, Salvador Jiménez, miembro del Consejo Consultivo de Castilla-La Mancha. Salvador, haciendo gala de su reconocida sencillez y generosidad, nos ayuda y nos orienta. Su primer consejo es que presentemos un nuevo proyecto y una nueva solicitud a la JCCM y al Ayuntamiento de Alcaraz. Y así lo hacemos. Pasado el tiempo legal, y no habiendo obtenido contestación por parte de ninguna administración, le comento a Salvador Jiménez la situación y nos dice que el permiso nos lo tendrán que dar de un modo u otro. Él no ve razón alguna para esta situación, Nos aconseja jurídicamente y da forma al recurso que damos entrada el 24/02/2012, donde recuerda a la Junta que falta un mes para que ésta conteste, advirtiendo de que el plazo para devolver la subvención que nos habían concedido, coincidía con esos días. La asociación ya sabía que el nuevo Gobierno de la Nación, del PP, no nos iba a ampliar el plazo para la devolución de la subvención. Dicho y hecho, la Junta concede el permiso el 29 de febrero de 2012. No lo concede por generosidad, sino porque la broma le podía costar unos miles de euros y alguna responsabilidad más.

El acto que nos sorprendió a todos fue que el 9 de marzo la Junta comunica la *suspensión temporal* del permiso concedido, alegando que el Ayuntamiento de Alcaraz tenía constancia de que había familias afectadas en desacuerdo con la exhumación. Este disponía por triplicado de las autorizaciones de dichas familias, pero en un intento desesperado para que no se lleve a cabo la exhumación, cuelga un edicto en el tablón de anuncios y se dedica a hostigar a las familias de los afectados amedrentándolas y advirtiéndoles falsamente de que tenían que pagar parte de la exhumación. Pero las familias estaban al corriente de todas las gestiones de la asociación. Cumplido el plazo de 15 días de exponer el edicto, no hubo oposición, como era de esperar.

El 3 de abril de 2012, siguiendo los consejos de Salvador Jiménez, presentamos un recurso que dejaba a la Junta sin argumentos jurídicos para continuar con la sinrazón a la que el Ayuntamiento de Alcaraz seguía arrastrándola. Viendo que la Junta se veía responsable de la indemnización, esta levanta la suspensión temporal el 12 de abril. La subvención tenía que ser devuelta el 30 del mismo. Sin embargo, el Ayuntamiento continuó con su tozudez. Faltaban cinco días para finalizar el plazo de comenzar la exhumación o tener que devolver la subvención.

Hacía un mes que el concejal de Cultura ni nos cogía el teléfono. Por ello nos personamos Salvador, el arqueólogo, varios familiares y yo en el consistorio de Alcaraz. En ese momento supieron quien estaba detrás jurídicamente. Todavía recuerdo la cara del concejal y del responsable jurídico del Ayuntamiento. A raíz de aquella reunión forzada, el Ayuntamiento concedió el pertinente permiso. Dos días después comenzó la exhumación.

Sin embargo, la lucha con el Ayuntamiento no terminó aquí. En la primera semana de la exhumación el arqueólogo solicitó la ampliación de lo que había sido la delimitación de la fosa común, ya que conforme avanzaba esta, el equipo se dio cuenta de que era mucho más amplia. El Ayuntamiento verbalmente concedió el permiso. Una vez comenzada la ampliación, el Ayuntamiento llamó a la Junta para que paralizase la obra con la excusa de que nos estábamos metiendo en tumbas vecinas. Lo que se aprecia en esta decisión es que el Ayuntamiento se vio sin argumentos y sin el coraje suficiente para detener él mismo la exhumación y por ello informó indebidamente a la Junta. Esta le comunicó al arqueólogo la nueva situación, quien, sorprendido, le dijo que eso no era cierto, por lo que la Junta le solicitó un informe. El arqueólogo envió un informe de la situación en la que se encontraba la fosa. Parte del informe del equipo técnico decía así:

El día 10 de mayo de 2012 el Ayuntamiento de Alcaraz ha comunicado a la Dirección General de Cultura que estábamos afectando a tumbas vecinas, distintas de la Fosa de Alcaraz. El Ayuntamiento sostiene esta afirmación porque el pasado martes a iniciativa de nuestro equipo, dentro de la buena comunicación existente hasta el momento con las Autoridades locales, comunicamos al encargado municipal de obras que dejábamos de excavar esos restos humanos que se introducen en el perfil en dirección a las tumbas de los fallecidos en la vía como medida preventiva, hasta avanzar y concretar nuestra investigación. Es decir, en este momento no se está trabajando sobre esos restos humanos que, en caso de corresponder a los fallecidos en la vía, no se encuentran bajo las tumbas y se introducen en el espacio en el que supuestamente debía hallarse la Fosa Común de Alcaraz.

En todo caso conviene señalar que nuestro trabajo está siendo escrupulosamente respetuoso con el cementerio en general y, en particular, con la limpieza y conservación de las tumbas próximas a la Fosa, que en ningún momento se han visto afectadas. En este punto es conveniente recordar que, por lo que hemos podido saber, en el cementerio de Alcaraz, salvando el caso de los modernos nichos, no existe una propiedad del terreno. Todo parece ser en realidad una gran fosa, con un relleno suelto y rico en materia orgánica dispuesto sobre la roca madre del cerro. Por lo que hemos podido averiguar el sistema para enterrarse en Alcaraz parece ser el siguiente: o se compra un nicho o se paga una tasa para ser enterrado en el suelo en donde haya un hueco, sin comprar el terreno; simplemente ocupándolo. Ello ha producido que algunas tumbas resulten inaccesibles sin saltar por encima de otras, que se han instalado en los pasillos de acceso y han llegado a rodear por completo a otras tumbas. En general existen, más que fosas excavadas en el suelo construidas con ladrillo correspondiente a las tumbas, simples hoyos excavados en la tierra. Detectar fosas individuales se torna complejo, dado que ya no existe en este lugar sedimento original del cerro inalterado, sino una matriz homogénea de sustrato suelto con alto contenido en materia orgánica y huesos. Al excavar una nueva tumba puede suceder el hallazgo de huesos humanos procedentes de algún enterramiento anterior, que son retirados sin más.

El sustrato descrito está siendo excavado por nuestro equipo mayoritariamente a mano; en ocasiones usamos varillas de madera. Cuando decimos "a mano" no nos referimos con herramienta de mano, sino con los dedos de las manos y pinceles, pues el terreno es sumamente blando y suelto.[225]

La exhumación continuó. Cuando el equipo técnico amplia los límites de lo que estaba marcado inicialmente como la fosa común, observan que tres posibles medios cuerpos están atrapados debajo de un túmulo vecino, lo que implicaba tener que invadirlo. La asociación y el director

---

[225] Estudio arqueológico-antropológico para la recuperación de la memoria histórica de los enterrados en la fosa de Alcaraz (Albacete). Informe de resultados. Anthropos S.L, 2012.

de proyecto Luis Benítez, contactamos con la familia propietaria del citado túmulo. Llegamos a un principio de acuerdo para invadir el espacio. Nos citamos en el Ayuntamiento a las 10:00 de la mañana para que este mediase y fuese una garantía ante las familias implicadas y los técnicos; nuestra sospecha se hizo realidad al llegar al Ayuntamiento y comprobar que el Concejal de Cultura, que tantos quebraderos de cabeza nos había dado, no estaba. Con el servidor público habíamos quedado todas las partes y no apareció; ni tan siquiera le dejó el recado a nadie. Un familiar me dejó entrever que la noche anterior el concejal estuvo intentando impedir la firma. Razón esta por la que los familiares y la asociación no llegamos a un acuerdo. Al final iniciamos los trámites para acometer la ocupación temporal de los terrenos que la ley nos permitía. Finalmente, cuando estaba a punto de iniciarse la ocupación temporal, las familias desistimos.

Tiempo después, año 2015, cuando todas las vicisitudes estaban olvidadas, la asociación recibió la propuesta, más o menos formal, de colaborar en el libro que se quería publicar sobre la historia de Alcaraz, titulado: *Alcaraz y su alfoz, el testimonio del tiempo*. La asociación aportaría el estudio realizado sobre la represión franquista en Alcaraz y los resultados de la exhumación, como parte esencial de un periodo de su historia. Dicha colaboración nunca llegó a buen puerto porque el concejal citado anteriormente, uno de los promotores de la publicación, se negó a que la asociación formase parte de dicho proyecto. Por lo que tengo entendido, el libro se llegó a imprimir, pero no sé por qué razón la publicación se paralizó.

4. Represión franquista en Alcaraz y comarca

La brutal represión ejercida en Alcaraz y su comarca, junto a Villarrobledo, significa que estas dos cabeceras judiciales fueron de las que más sufrieron la violencia franquista en la provincia. En Villarrobledo, la represión abarcó a un alto porcentaje de la población. Ciento cincuenta y ocho entre ejecutados, asesinados, fallecidos en prisión y lanzados a los barreros, fueron las que perdieron su vida por la represión franquista.

Es la cabecera judicial de la provincia con el mayor número de represaliados (BASCARY 2021, 21). En ambas poblaciones sembró el terror el teniente de la Guardia Civil, César Casado.

Desde muy joven mi padre, de Ossa de Montiel, pueblo situado entre Villarrobledo y Alcaraz y perteneciente a la cabecera judicial de Alcaraz, me contó que conoció a César Casado y los métodos de tortura que empleaba. Tiempo después pude contrastar que toda la información era real, incluso que se había quedado corto. Temido este en toda la comarca, incluso por los propios adeptos al régimen, disponía de carta blanca para acceder a todos los recursos, coches, casas de campo, etc. Los métodos que empleaba iban desde rapar a las mujeres, a obligar a ingerir aceite de ricino para ser purgadas, sufriendo terribles diarreas e incluyendo torturas diseñadas por este fascista sin escrúpulos, voluntario en la División Azul y laureado por méritos de guerra. También era conocido por su procedimiento salvaje e inhumano en la persecución de los maquis. Rafael Arenas, preso en la cárcel de Alcaraz, sufrió sus métodos. Cuenta cómo a Soledad Gómez, después de torturarla "le incendiaron el pubis"; a otras "les reventaron un pezón". Hombres y mujeres fueron colgados y suspendidos en una cuerda con las manos atadas a la espalda; a esto se le conocía como "hacer el avión".

Los métodos de interrogatorio los escuché de mi padre y de Rafael Arenas, pero los citaré tal y como lo cuenta Pretel:

> He podido escuchar de los supervivientes -que han fallecido ya en su gran mayoría- y de sus allegados, tales barbaridades, que produce vergüenza hasta escribirlas: ahogamientos, palizas con vergajos que dejaban la piel pegada a la camisa, vuelos en "el avión" (colgamientos del techo por los brazos atados a la espalda), chispazos, quemaduras, pellizcos con tenazas, pinchazos en los pechos de algunas detenidas, amenazas constantes -no se si consumadas- de violación a otras. (PRETEL y FERNÁNDEZ DE SEVILLA 2014, 19)

Florentino Pretel, preso y testigo directo de las torturas que en Alcaraz se cometieron, con estos versos deja testimonio de lo que allí presenció:

¿Quién te lavará el baldón de tanta infamia y afrenta? ¿Quién borrará la visión de destrenzadas melenas…, mujeres con pechos rotos por las pinzas y las cuerdas, hombres con carnes quemadas y hombres con carnes deshechas…? (PETREL y FERNÁNDEZ DE SEVILLA 2014, 136)

Durante los meses que van desde julio de 1939, cuando se llevó a cabo la primera ejecución en Alcaraz, hasta la última que fue el 16 de noviembre de 1939, asesinaron a doce personas. Rafael Arenas, último preso superviviente de la cárcel de Alcaraz me contó que el hecho de que se ejecutase de forma tan masiva en la cárcel de Alcaraz creó malestar dentro y fuera de la cárcel. Muchos de los ejecutados eran del mismo pueblo y de los pueblos vecinos, donde se conocía todo el mundo. Después del ruido provocado por la primera ejecución, donde asesinaron a siete, dejaron que pasaran unos meses.

La siguiente ejecución fue el 12 de octubre de 1939: ejecutaron a uno solo. La siguiente fue el 12 de noviembre de 1939: también ejecutaron a uno solo. La última ejecución fue el 16 de noviembre: ejecutaron a tres. A partir de esta última ejecución de noviembre, a todos los asesinados procedentes de la cárcel de Alcaraz los trasladaron a Albacete. Cotejados los datos, coincide la información de Rafael, tanto en Alcaraz como en el resto de las cabeceras judiciales de la provincia.

Las ejecuciones masivas se realizaron durante los meses de abril a noviembre de 1939. De repente decayeron las ejecuciones en todas las cabeceras judiciales. Solo hubo ejecutado en Yeste después de noviembre de 1939, el 26 de enero de 1940. Otro en Chinchilla el 16 de febrero de 1940 y cinco en Almansa: tres el 30 de octubre 1942 y dos el 23 de enero de 1943. Siete en total. Se trata de un porcentaje ínfimo si tenemos en cuenta que durante los meses de abril a noviembre se ejecutaron en las cabeceras de la provincia a 293 personas. Según Ortiz Heras (1996, 259):

El mes de noviembre fue el último en el que se fusiló fuera de la capital. No obstante, hemos recogido dos casos que representen la excepción. En Chinchilla Antonio Beleña Garrido aparece registrado con ejecutado el día 16 de febrero de 1940. Es el único fusilamiento anotado en este partido judicial aunque la fecha tan tardía en comparación a los demás par-

tidos, nos hace mantener la duda de si efectivamente se cometió allí. El otro caso corresponde a Alcaraz. Maximino Cano Alarcón fue registrado el nueve de marzo de 1947. También es el único caso de este partido.

5. Lista de los asesinados y muertos en prisión en Alcaraz (Albacete)[226]

La primera víctima de franquismo en Alcaraz fue Enriqueta González Esteban, una niña de catorce meses que vivía en la cárcel con su madre presa. Nacida en El Robledo, falleció el dieciséis de mayo 1939. En su partida de defunción pone que murió de "bronquitis aguda". Dentro de las cárceles franquistas fallecieron un gran número de niños y niñas.

Con respecto a las sentencias de muerte, la primera ejecución fue el 14 de julio de 1939. Los asesinados fueron siete: Gregorio Lozano López, natural de Alcaraz (Albacete), de cuarenta años, casado y con seis hijos, causa de su muerte "hemorragia cerebral"; Manuel Rosa Valero, natural de Alcaraz (Albacete), de treinta y cinco años, casado y con cuatro hijos, causa de su muerte "colapso y hemorragia cerebral"; Pedro Camacho Aguilar, natural de Alcaraz (Albacete), de treinta y cinco años, casado y con cuatro hijos, causa de su muerte "hemorragia cerebral"; Antonio del Amo Maldonado, natural de Alcaraz (Albacete), de treinta y cinco años, casado y con tres hijos, causa de su muerte "hemorragia cerebral y pulmonar"; Casimiro Martínez Lorenzo, natural de Alcaraz (Albacete), de treinta y un años, casado y con tres hijos, causa de su muerte "hemorragia cerebral"; Miguel Yáñez Soriano, natural de Montealegre (Albacete), de cuarenta y cinco años, viudo, en la partida de defunción no dice nada de si tuvo hijos, no pude localizar a su familia, causa de su muerte "colapso y hemorragia" y Bienvenido Pedregal Henares, natural y alcalde de Viveros (Albacete), casado y con cinco hijos, de ellos, la menor nació días después de ser ejecutado su padre. La vileza y crueldad del régimen no tuvo parangón. Otra vez las ansias de venganza se cebaban sobre la vida de hombres inocentes. En este último caso, Bienvenido fue

---

226 Toda la información extraída del Registro Civil de Alcaraz.

condenado a morir a garrote vil. Tras la exhumación no se ha podido aclarar la causa de su muerte. En su partida de defunción pone que fue por "colapso y hemorragia cerebral".

El 5 de septiembre de 1939, dentro de la prisión asesinaron de un disparo a Justo Romero Ibáñez, natural de Bienservida (Albacete), de cuarenta y nueve años, casado y con cinco hijos, causa de su muerte "hemorragia por roturas de las venas". Más abajo explico la causa por la que verdaderamente falleció Justo.

La segunda ejecución fue el 12 de octubre de 1939, asesinaron a José Martínez González, natural y concejal de Viveros (Albacete), de sesenta y cuatro años, casado y con cinco hijos, causa de su muerte "hemorragia cerebral". Entre esta y la tercera ejecución murió en la prisión el 17 de octubre de 1939 José Mª Cabezuelo Torres, natural de El Ballestero (Albacete), de cincuenta y tres años, casado y con tres hijos, causa de su muerte "septicemia consecutiva a un foco purulento de naturaleza tuberculosa". El 8 de noviembre de 1939, dentro de la prisión asesinaron de un disparo a Rafael Pérez Marquina, natural de El Bonillo (Albacete), de treinta y ocho años, casado y sin hijos, causa de su muerte "hemorragia cerebral". Más abajo explicaré también la causa por la que falleció Rafael. La tercera ejecución fue el 12 de noviembre de 1939, asesinaron a Ceferino Moreno Bermúdez, natural de Salobre (Albacete), de cincuenta años, casado y con cuatro hijos, causa de su muerte "hemorragia cerebral".[227] La cuarta y última ejecución fue el 16 de noviembre de 1939, asesinaron Manuel Avilés Muñoz (mi tío), natural y alcalde de Ossa de Montiel (Albacete), de cuarenta y tres años, casado y sin hijos, causa de su muerte "hemorragia cerebral". Junto a él también asesinan a Marcelino Lozano Melero, natural de Alcaraz (Albacete), de treinta y cinco años, casado y con don hijos, causa de su muerte "hemorragia cerebral y pulmonar" y a Ramón Nieto Marín, natural de Peñascosa (Albacete), de treinta y ocho años, casado y con tres hijos, causa de su muerte "hemorragia cerebral".

227 Aurelio Pretel, en la revista Cultural Albacete, número 14, menciona las horribles torturas a la que Ceferino fue sometido en Alcaraz.

En el siguiente año, dentro de la prisión murieron dos personas: José López Chillerón, el 30 de enero de 1940, natural de El Bonillo (Albacete), de sesenta años, casado y con tres hijos, causa de su muerte "broncopneumonía aguda". Murió en la enfermería de la prisión (la prisión era un convento). El 27 de febrero de 1940 falleció Braulio Fernández Garrido, natural de El Bonillo (Albacete), de cuarenta y seis años, casado y sin hijos, causa de su muerte "asistolia". También murió en la enfermería de la prisión.

Por el testimonio de Rafael Arenas, testigo directo, podemos deducir que las autoridades del nuevo régimen jugaban al despiste escribiendo en las partidas de defunción de los asesinados unas causas alejadas de la realidad. Sobre estos burdos amaños, citemos unos ejemplos: en las partidas de defunción de los doce fusilados las causas de la muerte variaban entre colapso, hemorragia cerebral y pulmonar. Algunos orificios producidos por las balas demuestran que los asesinatos fueron realizadas por la espalda. En los casos de Justo Romero Ibáñez y Rafael Pérez Marquina, la información sobre que murieron dentro de la prisión a causa de un disparo realizado por los soldados que hacían la guardia, nos viene a través de la entrevista realizada a Rafael. En el caso de Justo Romero Ibáñez, el disparo se lo dieron en el patio cuando estaba atándose un zapato; en el caso de Rafael Pérez Marquina, el disparo se produjo en la cabeza cuando este se asomó a la ventana. También se pudo cotejar esta información con los familiares. En la partida de defunción de Justo Romero Ibáñez pone que "fallece en la prisión de esta ciudad por hemorragia por roturas de las venas ilíacas", en el caso de Rafael Pérez Marquina figura que fallece "en la prisión de esta ciudad por hemorragia cerebral".

Dos más fueron asesinados cuando estaban siendo interrogados (tortura): Maximino Cano Alarcón fue asesinado el 9 de marzo de 1947 (más adelante explicaré las causas de su muerte); Eleazar de la Rosa Agudo, barbero de Alcaraz, fue asesinado el 19 de septiembre de 1947. La causa de su muerte fue la brutal paliza que le dieron en el Ayuntamiento de Alcaraz, para simular que era un suicidio. Los torturadores lo lanzaron por la ventana a la calle Mayor. En su partida de defunción figura que falleció en "la calle mayor de esta ciudad". Pero hubo un testigo que lo vio y lo recogió en un poema: "Calle Mayor de Alcaraz/ quién lavará la vergüenza/ del hombre matado a palos/ que estrellaron en tus piedras..." (PRETEL y FERNÁNDEZ SEVILLA 2014, 136). Dos días antes, nada más terminar el interrogatorio, para evitar más torturas saltó por la ventana Anastasio, de Vianos, aunque sobrevivió.

En el cortijo Los Marines (El Salobre), el día 8 de marzo de 1947 se vivió otro episodio que no dio lugar a detenciones. El aniquilamiento fue brutal. Ese día perdieron la vida en la emboscada los maquis Antonio Hidalgo López (a) Atila, Ramón Palacios Benegas, Ángel Flores Martínez y Silverio León Palacios, además del casero Atanasio Rodríguez (PETREL y FERNÁNDEZ DE SEVILLA 2020, p. 70). También falleció el brigada de la Guardia Civil Froilán Briz (no contabilizado en este estudio como víctima del franquismo). El día después, el 9 de marzo de 1947 falleció Maximino Cano Alarcón (citado anteriormente), barbero de El Salobre. En su partida de defunción y en el informe pone que falleció en Alcaraz a consecuencia de un "colapso cardíaco". Lo cierto es que murió en El Salobre por la brutal paliza que recibió con el mango de un pico (PETREL y FERNÁNDEZ DE SEVILLA 2020, 124). Cuatro días después, el 13 de marzo localizaron y mataron a Emiliano López Torres (a) Poto (PETREL y FERNÁNDEZ DE SEVILLA 2014, 96). La mañana del 8 de septiembre de 1947 fueron abatidos por la Guardia Civil al mando del brigadista Ismael Cuenca, en la Casa del Corazón en Tiriez, término de Lezuza, los maquis Abelardo Alarcón (a) Andrés y Manuel Pastor Navas (a) Jacinto o Maroto (PETREL y FERNÁNDEZ DE SEVILLA 2020, 97-98).

Antonio González Galletero, natural de Alcaraz, falleció el 26 de septiembre de 1941. Según la partida de defunción, Antonio falleció en su domicilio. No tengo constancia de su condena, pero sí de que tuvo causa abierta: 3001 Alcaraz, por lo que estuvo preso. El 20 de agosto de 1940 falleció Silverio López García con causa abierta: 2970. La información de la partida de defunción es confusa, pone que falleció de "tuberculosis abdominal en su domicilio" y acto seguido pone en la "prisión de esta ciudad" (todo indica que ambos fallecieron dentro de la prisión).

Con la información cotejada, 30 personas perdieron su vida por la represión franquista en Alcaraz y su comarca. Por los datos que he podido contrastar en la documentación oficial en múltiples casos, se puede deducir que dicho intento de enmascarar la información no es un hecho aislado en Alcaraz y comarca, pues es una constante en el resto de los partidos judiciales. Por ejemplo, en el caso del partido judicial de La Roda, respecto a la muerte de Isabel Ramos Morcillo, de Munera, de no haber contado con el testimonio familiar, solo se hubiese tenido en cuenta la documentación oficial. Como en tantos otros que fallecieron y fueron asesinados en las cárceles franquistas, sin testimonios orales, la realidad de los hechos jamás la hubiésemos conocido.

En la partida de defunción de Isabel Morcillo aparece que falleció en "su domicilio". Sin embargo, su bisnieta, Bárbara Audras, nos confirmó que no murió en su domicilio sino en el depósito (Cárcel) de La Roda, sito en calle Fray Antonio Rubio n.º 4. Ángeles, hija de Isabel, compartía cárcel con su madre. Contaba que ella murió cuando la estaban interrogando (torturando) y que la escuchó gritar durante el mismo. Este testimonio viene corroborado por Pretel y Fernández de Sevilla (2014, 134) y por Benito Cía (2004, 227), diciendo que "se registra la muerte en el depósito municipal de La Roda de Isabel Ramos Morcillo, tía de Eugenio Palacios Moya (a) panizares. El goteo de detenciones a lo largo de este mes de septiembre de 1947 es constante". La fecha en la que falleció Isabel, el 21 de septiembre de 1947, da información en este sentido.

Durante esa época también, los interrogatorios en cortijos y casas particulares en otras zonas de la provincia, sobre todo en Villarrobledo y comarca, fueron una constante en la eliminación de los maquis. Como cita Pretel y Fernández de Sevilla (2014, 134), uno de ellos, "Evaristo Rubio, confesó para salvar su vida, produciéndose a continuación una nueva oleada de muertos y prisioneros, torturas, confesiones y demás implicaciones, casi siempre obtenidas de manera brutal".

6. Exhumación y resultados

Durante la primavera de 2012 se llevó a cabo la exhumación de la fosa común existente en el cementerio de Alcaraz (Albacete) y la construcción de un monumento en el mismo lugar, ubicado en el interior del castillo árabe de esta localidad. La exhumación y la construcción del monumento duró un mes y medio aproximadamente. Una vez terminado, los restos fueron trasladados al departamento de antropología de la Universidad Complutense de Madrid, donde se les realizó el estudio de antropología, limpieza y clasificación. Una vez clasificados, se les extrajo una muestra para la realización de las pruebas de ADN necesarias. El resultado de las pruebas fue la identificación de dos personas: de Marcelino Lozano Melero y Antonio del Amo Maldonado.

Marcelino pertenecía a la última ejecución, la del 16 de noviembre de 1939, en la que ejecutaron a Manuel Avilés Muñoz, alcalde de Ossa de Montiel y Ramón Nieto Marín. Junto a Marcelino aparecieron los restos de un posible compañero de ejecución que no se pudo identificar. Por la cercanía al túmulo que se permitió construir unos meses antes de la exhumación de la fosa, pensamos que esta construcción hizo desaparecer el tercer cuerpo de un ejecutado del 16 de noviembre de 1939. Por otro lado, Antonio del Amo pertenecía a la primera ejecución, la del 14 de julio de 1939, en la que ejecutaros a siete personas. Junto a Antonio estaban solamente los medios cuerpos de dos de sus compañeros de ejecución. Los restos de los demás desaparecieron por la reutilización de la fosa. Hubo dos ejecuciones más, una el 12 de octubre de 1939 y la otra el 12 de noviembre de 1939, en cada una de ellas ejecutaron a uno. En ambos casos los restos aparecieron desfragmentados y en desconexión anatómica, lo que hizo imposible su identificación. Lo mismo ocurrió en los casos de los dos que fueron asesinados dentro de la prisión y de los tres que fallecieron dentro de la cárcel por distintas enfermedades. En total fueron 17 cuerpos entre ejecutados, asesinados y muertos en prisión, más una niña de 14 meses que falleció en la prisión. La niña no fue incluida en el primer listado del estudio ni en el monumento. Por entonces no tenía constancia de ella.

Los hallazgos encontrados en la fosa que no tenían nada que ver con los represaliados del franquismo fueron varios: uno fue el que nos comentó un funcionario del ayuntamiento nada más entregarnos el permiso de exhumación. Nos pidió que fuésemos discretos con lo que podía salir de la fosa, que ahí había niños enterrados, "de esos sin cristianizar", presuntamente procedentes del convento; otro fue el de una mujer mayor, al parecer también procedente del convento, esta estaba justo en el centro de la fosa, partiéndola en dos; el otro, un hombre mayor que se encontró en un lateral. Los tres habían sido enterrados con posterioridad a los ejecutados.

Por parte de la familia de Antonio del Amo Maldonado, esta recogió los restos y los efectos personales su hijo de ochenta años, acompañado de su nuera y de dos nietos. En la memoria quedará para siempre su mirada cansada y de agradecimiento cuando le indiqué cuales eran los restos de su padre y le entregué sus efectos personales.

La segunda entrega fue a la familia de Marcelino Lozano Melero. Los restos y los efectos personales los recogió su nieta Manuela, acompañada de su hija, bisnieta de Marcelino. En ese mismo instante, Manuela, profundamente emocionada, me comentó que quería cumplir el deseo que su padre, hijo de Marcelino, le había pedido antes de morir: -si algún día el abuelo fuese exhumado, te pido que mis cenizas sean depositadas junto a él-. Acto seguido le indiqué la caja que contenía los restos de su abuelo. Nieta y bisnieta, con lágrimas en los ojos cumplían con el deseo de su padre y abuelo.[228]

En plena exhumación, con la fosa abierta se presentó Bienvenida Pedregal con la foto de su padre Bienvenido Pedregal Henares, alcalde de Viveros. A todos los allí presentes se nos cortó la respiración. Ella había nacido pocos días después del asesinato de su padre. El día de la entrega me preguntó por la caja común con los posibles restos de su padre (posibles porque no se pudieron identificar). Le indiqué la caja y se la abrí. Con sumo cariño comenzó a acariciar los restos; su hijo y yo nos

---

228 Videos de la entrega de los restos de Antonio y Marcelino [15/09/2023] <https://youtu. be/Nlbw0xDUgAo> y <https://youtu.be/LDJ8MSipUGc>.

miramos con la emoción del momento y vimos cómo su madre había empezado el duelo. El simple hecho de tocar algún vestigio de su padre y ver el nombre grabado en el monumento que se construyó en el cementerio, hizo de hilo conductor para iniciar el duelo que duraba setenta y tres largos años. Este fue el antídoto y el mejor pago a los sinsabores y los desvelos de tanta negación administrativa.

En otro momento de la entrega de los restos, Mª Sol, nieta de Manuel Rosa Valero, con una fotografía de su madre en la mano me preguntó por la caja con los posibles restos de su abuelo. Su madre había fallecido y no pudo ser enterrada con su hijo como así lo deseaba. Con este gesto y con el sumo cariño con el que Mª Sol depositó la fotografía de su madre, cumplía con la necesidad de dignificar la memoria de su abuelo, la de su madre y la de ella misma.

La situación ya mencionada de la fosa común hizo que se perdiera parte de la información, pero al menos hemos llegado a tiempo de dar luz a la represión y la violencia generada en la comarca de Alcaraz por la dictadura franquista. La reconstrucción de los restos y el estudio nos reveló parte de la violencia generada en las ejecuciones. Varios orificios de bala se observaron en los restos hallados, algunos procedente del tiro de gracia y otros de la propia ejecución (más adelante informaré sobre ello).

Con el paso de los años, la memoria histórica se ha ido abriendo paso a empujones que hemos ido dando los que comenzamos al principio. Ahora está más normalizada. La gente no se sorprende tanto cuando llamas a su puerta, incluso algunas familias llaman ellas mismas. La gran mayoría de los hijos de los asesinados que vivían en el 2007, cuando comenzó a caminar la Ley 52/2007 de Memoria Histórica, ya no están. Son los nietos, la tercera generación la que ahora nos recibe o nos llama. Lo que no deja de ser emocionante, pero no tiene ese potencial emocionan que mana de la generación directa.

7. Estudio de antropología

El veinticuatro de junio de 2013 viajé a Madrid para visitar los trabajos de antropología, realizados en la Universidad Complutense de Madrid.

El resultado emocional de este viaje dejó una huella que perdura en el tiempo. Llegué a la Universidad sobre las 11:00 horas. Nada más llegar fui recibido por María Benítez, antropóloga. Mientras me conducía al laboratorio me iba contando cómo habían transcurrido los trabajos de gabinete. Tomamos el ascensor que había de subirnos hasta el laboratorio que estaba en la azotea del edificio. Desde la misma puerta del ascensor se aprecia una magnifica panorámica de toda la Universidad, lo que nos invita a disfrutar unos minutos de las maravillosas vistas. Seguidamente entramos en el laboratorio. Nada más abrir la puerta mi corazón comienza a latir más deprisa, siento cómo las piernas se me adormecen. A la vista se aprecia una gran nave llena de cajas y de restos humanos de diferentes individuos; en medio, se observa el lugar de trabajo de María, compuesto por tres mesas, una central y dos laterales, todas ellas con restos de nuestros represaliados.

Nos presenta el trabajo de laboratorio y cuenta con todo lujo de detalles las heridas producidas por los proyectiles, los orificios de entrada y de salida, el destrozo que produce por donde pasa el proyectil. De repente, hace un paréntesis y se dirige hacia el individuo número 5 (Marcelino Lozano Melero), que ya desde los trabajos de campo tenía sospecha de que había sufrido alguna lesión *antemortem* (tortura). Nos muestra el sacro, en él se aprecia claramente la rotura que le produjeron en la prisión. Todos nos quedamos pálidos al observar las múltiples lesiones que sufrió Marcelino.

La clavícula derecha presenta una fractura *antemortem*, en la que se aprecia regeneración ósea a nivel mediodiafisario. Ambos coxales presentan lesiones *antemortem* simétricas a nivel de ambas ramas isquiopúbicas con regeneración ósea que indican un posible traumatismo en vida con un objeto contundente y con una trayectoria de abajo a arriba.[229]

Sobrepuesto de este intenso momento, le pregunto a María que cuáles eran los posibles restos de mi tío. En este mismo instante mi corazón vuelve a latir más deprisa. Entonces María me dice: –Este es el que

---

[229] Estudio arqueológico-antropológico para la recuperación de la memoria histórica de los enterrados en la fosa de Alcaraz (Albacete). Informe de resultados. Anthropos S.L, 2012.

puede ser tu tío-. Por mi mente pasaron los recuerdos de toda una vida, mi infancia, mi tía... En silencio susurré pensando en ella: "lo que están viendo mis ojos". Desgraciadamente los restos que por los indicios suponíamos pertenecían a mi tío, las pruebas de ADN no lo confirmaron, pero las sensaciones vividas mientras mantenían la esperanza, habían servido de bálsamo. La interminable sensación del duelo comenzaba a andar.

Una vez realizado el estudio de antropología y el de ADN, la proximidad del día de la Constitución Española, seis de diciembre de 2013, hizo que este fuese el día elegido para la vuelta a casa. El azar o el destino quería que aquellos que habían luchado por la democracia, año y medio después de la exhumación regresasen a casa el día de la constitución. El acto de la entrega de los restos y el homenaje se llevó a cabo en el edificio administrativo de la plaza de Alcaraz. Después de este primer acto, siguiendo parte del mismo trayecto que recorrieron cuando fueron asesinados, los restos fueron trasladados desde la plaza al cementerio de Alcaraz. Fueron portados y acompañados por las familias y por el himno de Riego, que sonó gracias a la generosidad de los músicos Javier Tejada Ponce y Carmen Gil Muñoz.

A lo largo de esta aventura siempre tuve dos sensaciones, dos caras de una misma moneda. Por un lado, anhelaba que llegase el momento por el que tanto había luchado, la entrega de los restos a sus familiares. Por otro, junto a la satisfacción, se mezclaba el miedo. Miedo porque era sabedor de que las heridas y el sufrimiento de toda una vida estarían presentes (sólo tenía que mirar la cara de los mayores); satisfacción por cumplir con la esperanza que había sembrado en ellos y la imperiosa necesidad de terminar con el duelo; un duelo permanente, eterno, que llevaba setenta y cuatro años flotando como una nebulosa en el seno de las familias.

Sin embargo, la nota que deslució este momento fue la ausencia de mi madre, aquejada por los achaques propios de su edad (según me comentó ella), aunque yo sabía que su ausencia se debía principalmente a que no se pudo identificar a mi tío Manuel. No sé por qué razón nunca hablamos de este asunto, quizás, de forma inconsciente, ambos sabíamos que nos producía dolor y preferimos vivirlo en nuestra intimidad. Desde el comienzo de la exhumación ella fue consciente de que la identificación podía ser complicada. Una vez más demostró la grandeza de esta generación, volviendo a ser generosa con su silencio, desde aquí, sólo puedo decirte: GRACIAS.

Pasados unos meses, ya con la tranquilidad que da el trabajo realizado, llamé a los mayores (hijos e hijas de los represaliados) para comentar con ellos lo que había supuesto en su vida toda esta fase de recuperación de la memoria de sus padres. Todos coincidían en el efecto positivo de la recuperación de los restos, de la memoria y la sensación de tranquilidad que sentían al saber que los restos estaban recogidos en un lugar digno. En sus palabras se podía apreciar que por fin comenzaba el duelo que tanto tiempo habían esperado. Tuve la sensación de que un gesto tan sencillo hubiera tenido un efecto tan positivo, no entendiendo el porqué de tanta sin razón a la hora de llevar a cabo el proyecto por parte de algunos gestores públicos.

8. Trabajos realizados por la Asociación Fosa de Alcaraz después de los trabajos de exhumación

Después de la exhumación la asociación ha promovido varios actos memorialistas en Ossa de Montiel. El primero de ellos fue la colocación del primer monumento en Castilla La-Mancha ubicado dentro del casco urbano, en el parque de don Argimiro, usando el espacio público como espació de memoria. El monumento lleva inscritos los nombres de los asesinados, represaliados, encarcelados y exiliados por la dictadura franquista y los presos en los campos de concentración nazis de Ossa de Montiel:

- **Fusilados, 1939-1942:** Manuel Avilés Muñoz (alcalde), Cándido Campos Patón (alcalde), Mariano Vico Márquez (teniente de alcalde), Juan Márquez Villora (concejal), César Uceda Muñoz (funcionario municipal), Francisco Martínez Charcos.

- **Muertos en prisión,1941:** Alejo Núñez Martínez.

- **Encarcelados/as:** 1939-1958: Pedro Moreno Ordóñez, Antonio Jiménez León, Francisco Parra Martínez, Brígido Larios Garrido (alcalde accidental), Evaristo Caravaca González, Juan Rafael Victoria Victoria, Eugenio Canales Díaz, Lucas Avilés Muñoz (Concejal y Juez de paz), Juan León Cuenca, Aniano Mora Reinosa, Alejandro Parra Escribano, Arcadio Uceda Cruz , Vicente Rubio Canales, Francisco Parra Alcázar, Roque Jacinto Oliver Galera, Patricio Muñoz Garrido, Vicente Valls Mompó, Florencio Juan Antonio Avilés Muñoz, Julián Moreno Sierra, Raimundo Victoria Ponce, Rafael Félix Aparicio García, Antolín Charco Palacios, Bernabé Miguel Garrido Romera, Pedro Sánchez Reinosa, Antonio León Cuenca, Isaac Serrano Parra, Modesto Gómez Moreno, Fermín García Vallejo, Agustín Chillerón Moreno, Felipe Serapio Reinosa Avilés, Vicente Martínez Alfaro, Luis Moya Lario, Florentino Márquez Mora, Adela Rubio Canales, Doroteo Canales Cuerda, Francisco Parra Canales, Ramón Mora Reinosa, Elias Garrido Cano, Aurelio Gómez Uceda, Francisco Losa Charco, Alberto Muñoz Rodríguez, Juan Ramón Sánchez Rueda, Guillermo Gómez Membrillo, Eladio Gómez Charco, Jacinto Sánchez Rubio, Pascual Martínez Alfaro, José María Alfaro Moya, Alfonso Aguilar Montejano, Florencio Lozano Casas, Julián Chueca Avivar, Constanza Membrillo García, Prisciliano León Cuenca, Eusebio Moya Larios, Ramón Garrido Cano, Silverio Reinosa Avilés, Pedro José Avilés Muñoz, Ricardo Núñez Martínez, María de los Santos Sánchez Rubio, Rafael Félix Aparicio García, Blas Parra Martínez, Virginio Chillerón Carretero, Rosario Santos Nieto, Francisco Aguado Arenas, Antonio Aguado Arenas, Luis León Cuenca, Miguel Garrido Rodado, Juan de Mata Villanueva Gómez, Gabriel Martínez Alfaro, Celestino Martínez Charco, Nemesio Milla Menesalva, Argimiro Nieto Algaba (Maestro), Teodoro Menasalvas, Herminia Martínez, Pedro Mora Charco, Benita Márquez Victoria.

- **Exiliados:**
- Nunca volvieron: José Campos, Abel Gómez, Crecencio Moreno Sierra, Fernando Oliver Martínez.

- Presos en campos de concentración nazis: Francisco García, lugar: Wöbbelin (Alemania), ingresó el 24 mayo de 1944 y fue liberado el 2 de mayo de 1945.[230]

En ese afán de recuperar el espacio público como espacio de memoria, también promovimos la colocación de los Remembrance Stone en la plaza de la Constitución, homenajeando a los asesinados durante la dictadura en Ossa de Montiel, convirtiéndose en la tercera localidad de la península en poner los Remembrance Stone. Se trata de un movimiento que nació en Alemania en 1990, diseñado por Gunter Damnig para homenajear a las víctimas del nazismo y el franquismo.[231]

También hemos divulgado el estudio realizado sobre la represión y las víctimas de la dictadura en la provincia Albacete, este se realizó usando el patrón de violencia que llevó a cabo el franquismo en la provincia. Las cabeceras judiciales implicadas fueron: Albacete, Almansa, Alcaraz, Casas Ibáñez, Chinchilla, La Roda, Hellín, Villarrobledo y Yeste.[232]

En abril de 2017 la asociación solicitó al ayuntamiento de Albacete la colocación de un monumento para las víctimas de la dictadura en el casco urbano. Dicho monumento se aprobó sin concretar el espacio. Ahora estamos retomando las conversaciones con el ayuntamiento para concretar el espacio y el monumento.

También hemos promovido y difundido juntamente con el grupo de amigos y amigas de Antonio Machado de Albacete varios espacios de memoria. El monumento que se construyó en el cementerio de Albacete para homenajear a los 750 asesinados durante la dictadura franquista lleva inscrito el título: "A los que amaron la paz". Un título ambiguo que no convenció mucho, pero evitó un debate en el seno del gobierno municipal del PSOE. En el año 2019 se reseñalizó colocando una placa con la

---

230 Vídeo sobre la colocación de la placa-monumento, [15/09/2023] <https://youtu.be/Hg-gQv0Rf16M >

231 Enlace de la colocación de los *Remembrance Stone*, [15/09/2023] <https://youtu.be/5hnOCtf0AKY>

232 Lourdes Cifuentes: "Hubo más de un millar de ejecuciones en Albacete durante los primeros años del franquismo", en *El Diario*, [15/09/2023]<http://m.eldiario.es/clm/violencia-represion-Guerra-Civil-Albacete_0_691881138.amp.html>

inscripción: "Homenaje a los 750 asesinados y asesinadas en Albacete". También se reseñalizó con el mismo texto la placa que hay en el osario donde reposan los restos de los asesinados que fueron exhumados en los años cincuenta.[233]

El 5 de agosto de 2020, por iniciativa colectiva se instaló una placa en una rosaleda de la calle Hellín, en la antigua circunvalación, a las trece rosas. Año y medio después esta fue cortada por un acto vandálico. Poco después se le solicito al ayuntamiento que se hiciese cargo de la reposición de la citada placa. El 5 de agosto de 2022 el ayuntamiento de Albacete colocó la placa, formando esta parte del mobiliario urbano. Con este acto comenzaba la conquista del espacio público como espacio de memoria en Albacete.[234]

En marzo de 2019, la asociación y el grupo de amigos y amigas de Antonio Machado, en colaboración con el Instituto de Estudios Albacetenses, solicitó a la Diputación la colocación de una placa para homenajear a las más de 100 víctimas del bombardeo que sufrió Albacete la noche del 19 de febrero de 1937, siendo el que más muertes provocó de los 11 que sufrió Albacete.

El dos de abril de 2022 llegó a Albacete el movimiento internacional conocido como *Stolpersteine*. En el acto estuvieron varias familiares venidos de Francia para homenajear a sus padres y abuelos asesinados en el Campos de exterminio nazis.[235]

También hay un monumento en el cementerio de Albacete que homenaje a los 97 albaceteños que perdieron su vida en Mauthausen. Todos los 14 de abril se celebra un homenaje en su memoria. ▍

---

233 Vídeo de los homenajes realizados el 14 de abril de 2018 y de 2019, [15/09/2023] <https://youtu.be/eEOKn9ltNao> y <https://youtu.be/7qYVk4fZkKQ>

234 Vídeo del homenaje a las Trece Rosas del 5 de agosto de 2022, [15/09/2023] <https://youtu.be/ZYWO2hx0uvI>

235 Vídeo sobre los *Stolpersteine* de Albacete, [15/09/2023] <https://youtu.be/uAFHkYJ8fnM>

Publicación de los asesinados y muertos en la prisión de Alcaraz
en *La Tribuna de Albacete*.

Familiares alrededor del monumento el día de la inhumación
de los restos (6 de diciembre de 2012).

Referencias bibliográficas

- BASCARY PEÑA, Ana María (2021): *Aquí estamos nosotras*, Deculturas Ediciones, Sevilla.

- DÍAZ DÍAZ, Benito (2004): *La Guerrilla en Castilla-La Mancha. Tomelloso (Ciudad Real)*, Almud, ediciones de Castilla-La Mancha.

- GÓMEZ-FLORES, Andrés (2015): *Los años sombríos. Albacete durante el franquismo*, Editorial Altabán, Albacete.

- ORTIZ HERAS, Manuel (1996): *Violencia política en la II República y el primer franquismo*, Siglo XXI de España editores, S.A, Madrid.

- PARREÑO TÉBAR, Carmen María (2021): II *República y Guerra Civil en La Roda, Albacete (19931-1939)*, Instituto de Estudios Albacetenses "Don Juan Manuel", Albacete.

- PRETREL MARÍN, Aurelio y Manuel FERNÁNDEZ DE SEVILLA MARTÍNEZ (2014): *Maquis y Resistencia en la Sierra de Alcaraz y Campos de Montiel (1946-47)*. Asociación Cultural de Alcaraz Siglo XXI.
- (2020): *Lucha contra Franco en la Mancha Oriental la Sierra de Alcaraz y el Campo de Montiel (1946-47)*. Albacete, Instituto de Estudios Albacetenses "Don Juan Manuel", Albacete.

5.4. Memoria democrática en una sociedad marcada por la represión. Reflexión desde el Foro por la Memoria de Guadalajara

PEDRO A. GARCÍA BILBAO

XULIO GARCÍA BILBAO

Foro por la Memoria de Guadalajara

1. Una reflexión inicial

El decreto CLXXXV del 14 de agosto de 1812, lo ordenaba con claridad: «Que se llame Plaza de la Constitución la principal de los pueblos en que ésta se publique». La razón no era otra que la voluntad de querer «fijar por todos los medios posibles en la memoria de los españoles la feliz época de la promulgación de la Constitución Política de la Monarquía». Además del otorgamiento de una plaza, se decretaba que en todas las poblaciones donde la Constitución se hubiere proclamado ya o se fuere a hacer, se erigiese una lápida que diera cuenta de tal acto solemne; el mandato de las Cortes se hace llegar para su entendimiento «a la Regencia del Reyno» –recuérdese que el Rey está ausente en Francia a causa de la guerra– al objeto de asegurar su cumplimiento. Es sabido lo ocurrido en los años siguientes: Regresado el rey en 1814, en breve declaró nula la Constitución, ordenó el borrado de todas las referencias a ella, así como la persecución de los patriotas que la defendían, llevando a muchos de ellos a prisión, la muerte o el exilio. Con ello acabarían por surgir otras necesidades para la memoria democrática, las de recordar a los que lucharon, sufrieron o fueron muertos por su compromiso con las libertades de la nación y la construcción de un estado constitucional. Memoria pública pasó a ser algo bifronte; por un lado, el día alegre de un triunfo colectivo, fundacional, y por el otro, el del coste doloroso de esa lucha por la libertad.

Puede afirmarse con rotundidad que la expresión *memoria* fue recogida por primera vez en un decreto de un gobierno constitucional en España en el marco de un acontecimiento «feliz». La finalidad de esa acción en pro de la memoria era ayudar a construir y consolidar una identidad colectiva basada en las ideas de Nación, ciudadanía, soberanía nacional y Constitución. Memoria pública colectiva unida a triunfo de la libertad es pues la primera acepción del concepto. Pero la historia de España es también la historia de sus retrocesos, parafraseando a Ramón Carande. (JULIÁ, 2019). Los hubo en la España del siglo XIX como los habría en el siglo XX, hasta tal punto que nos encontramos hoy intentando valorar la situación de la memoria democrática colectiva en el territorio de Castilla-La Mancha. Sí hubo represión, prisión, muerte y exilios para los liberales del XIX, si su sacrificio fue no obstante recordado, lo que tampoco fueron olvidados fueron los triunfos y los momentos en los que la esperanza pareció que iba a prender (MORALES MUÑOZ, 2017).

Hablar solamente de dolor y represión puede llevar a la reproducción inconsciente del mensaje que los verdugos quisieron transmitir en sangre: «si no queréis que se repita el castigo, no volváis a hacer lo mismo». Buena parte del movimiento memorialista en España, como Federación de Foros por la Memoria, tiene muy claro que lo que importa es preservar la memoria de los triunfos populares junto al valor del sacrificio que han tenido siempre que pagar los pueblos para conquistar avances en paz, justicia social y libertad. Sin embargo, consideramos nuestro deber el reconstruir lo sucedido en nuestra provincia, Guadalajara, al final de la guerra de España, cuando la dictadura franquista pudo ya aplicar su programa de exterminio.

2. Estado de la cuestión en cuanto cifras de víctimas y corpus de personas represaliadas en Guadalajara

No fue hasta 2010 cuando se publicó la primera investigación de conjunto sobre la represión ejercida por la dictadura franquista en Guadalajara. Hasta 2010 solamente se podían encontrar referencias de investigación sobre la represión en Guadalajara en una obra general realizada por el general franquista Salas Larrazábal sobre las cifras de la guerra civil, un trabajo que había incluido el acceso a los registros civiles y a los libros de enterramiento, pero que era algo superficial, incompleto y que inducía a errores. Tomaba un listado de ejecuciones incompleto y a unas generalizaciones sobre el impacto en el censo, ignorando muchas otras categorías de víctimas y, desde luego la identificación de las mismas. A partir de esta fecha se emprendieron trabajos de actualización, (PARAMIO et al., 2010) que como en el trabajo inicial, datos de víctimas mortales e identificaciones personales –con mención a la Causa Penal–, con nombre y apellidos, de las personas perseguidas, procesadas, condenadas o no, ejecutadas en aplicación de sentencia o extrajudicialmente, muertas en prisión o deportadas que se habían podido localizar fehacientemente.

En un rápido resumen podemos obtener una visión de la intensidad de la represión ejercida en la provincia por parte del *ejército de ocupación franquista* (GÓMEZ BRAVO, 2017). La provincia de Guadalajara tendría de acuerdo con el censo de 1940, 211.561 habitantes, de los cuales en torno a los 17.000 vivían en la capital. Los estudios han podido identificar a 8132 personas víctimas en un grado u otro de la persecución franquista, es decir, de un 4% de la población total. En estas cifras faltarían grupos específicos como los fallecidos en combate, bombardeos, enfermedad o no localizados hasta el momento, pero solamente con los ya identificados el panorama que se ofrece es de una gran intensidad. La investigación realizada y puesta al día en 2021, señalaba entre esas 8132 personas 306 alcaldes y 535 concejales de las diferentes localidades de la provincia, siendo ejecutados o muertos en prisión 62 alcaldes y 75 concejales. Del total de identificados hubo 1611 condenas a doce años y un día, 652 condenas a 30 años y 1362 condenas a muerte de las que fueron ejecutadas 822. El resto se enmarcan en diversas categorías, como los encarcelados de forma preventiva o los que sufrieron asesinatos extrajudiciales. Por tanto, las víctimas mortales de la represión ascenderían 1485 personas, repartidas de la siguiente forma:

Categoría	Nº de víctimas
Pena de muerte	171
Madrid Cementerio Este	82
Otras provincias	89
Fallecidos en prisión	259
Guadalajara	161
Otras provincias	98
Muertes extrajudiciales	166
Deportados a campos de concentración	90
Total identificados de todas categorías	1485

Tabla 1. Victimas mortales de la represión en Guadalajara o de este origen (1936-1948). (GARCÍA BILBAO et al.: 2021).

El objetivo del Foro por la Memoria era esclarecer el coste pagado por la población de la provincia por la resistencia al golpe de Estado, la guerra y la dictadura, incluyendo a quienes fuesen naturales o habitantes de Guadalajara. El alcalde republicano Marcelino Martín era de Salamanca, vivió en la capital, fue ejecutado en ella y posteriormente su familia logró trasladar sus restos a su ciudad de origen; en este y otros casos, le situamos como víctima mortal de la represión en Guadalajara y procedimos a dar a conocer en Salamanca su nombre y suerte. Otro ejemplo es el del capitán de la Guardia Civil José Rubio García, jefe de seguridad del Gobierno Civil de Guadalajara en Julio de 1936, juzgado y ejecutado en la capital alcarreña por lo que se le incluye en el listado.

La construcción de un corpus general de víctimas de todo grado de la represión en la provincia ofrece unos datos que debidamente desagregados y segmentados en diversas categorías ofrece una visión excepcional sobre lo vivido por la población. Un 4% de la población significa una cifra lo bastante elevada como para poder afirmar que esta sociedad quedó en shock por muchos años. Debe añadirse una dimensión que suele descuidarse: cómo quedó afectada por la situación creada tras el 1 de abril, la forma de vida de la población.

3. La sociedad de Guadalajara tras la represión masiva de la primera posguerra

Existen varios trabajos sobre la reconstrucción de las instituciones públicas en las capitales y provincias de la región por el nuevo régimen. En el caso de Guadalajara las referencias encontradas se basan sobre todo en el ascenso del Movimiento Nacional para ocupar la casi totalidad de los puestos en ayuntamientos, en la capital y en la Diputación Provincial, señalándose el pulso entre el falangismo y los restos de las redes caciquiles que fueron la base del poder del Conde de Romanones en la provincia. Sin embargo, la acción represiva aniquiladora llevo a que, cuando las nuevas autoridades quisieron nutrir sus filas localmente, tuvieran que contar con algunas de las personalidades que formaran parte de las viejas elites y redes de poder local. Los datos y la identificación de las personas concretas que fueron la base del poder local y social republicano muestran es que éstas fueron barridas, tanto la que procedían de la fracción democrática e ilustrada de las clases medias urbanas o comarcales, como los sectores más avanzados del movimiento obrero y las organizaciones agrarias, en las que se vertebraron un gran número de pequeños propietarios agrícolas y numerosos jornaleros. Esta base social fue la que plantó cara al *romanonismo* y a los sectores más reaccionarios en las elecciones republicanas, pero sobre todo en la conquista de la hegemonía social y cultural de la ciudad. Precisamente por haberse logrado con creces construir tal base de modernización social, la represión tuvo aquella extensión y profundidad. Se trataba de destruir la base social y cultural de la República y del movimiento obrero.

Las cifras de víctimas y represaliados, demuestran que para los republicanos de grupos sociales mejor situados –existiendo entre ellos numerosas penas de muerte entre personas significadas con cargos públicos o de partido–, las penas accesorias de pérdida de los puestos de trabajo por depuración en el caso de funcionarios, de deportación y de prohibición de ejercer en la provincia, o las multas e incautaciones, alcanzaron a la casi totalidad de esos sectores. Para los cuadros de los partidos y sindicatos obreros las penas fueron más duras de aplicación implacable, la muerte, la deportación y, en general para toda la población un gran retroceso en las condiciones de vida y trabajo. Esta laminación colectiva comenzó el mismo día 1 de abril de 1939 y se prolongó durante décadas, teniendo en cuenta que, junto a la represión violenta, también la hubo a modo de muerte civil, como las inhabilitaciones o las condenas en olvido que marcaron la vida española durante décadas

Para 1948, fecha del último fallecimiento en prisión y de una gran ola de detenciones de enlaces guerrilleros, la generación que había vivido los años de cambio y transformación social y había protagonizado la ilusión de la República, estaba completamente laminada. Quienes apoyaban al régimen y disfrutaban de sus privilegios, pasaría a convertirse en las décadas posteriores en la base social del tardofranquismo. La resistencia a la dictadura en los cuarenta y con cincuenta de Guadalajara fue, sobre todo, una lucha por la supervivencia material y humana de quienes salían de las cárceles y sus familias, sometidos a la vigilancia de una ciudad pequeña y la falta de medios para ganarse la vida que no pasaran por la completa sumisión al nuevo régimen.

Desde los años sesenta se vivieron en la provincia numerosos cambios. Tras los años de deportaciones o extrañamientos forzosos por condenas o presión social, se aceleró la migración económica del campo a la ciudad. La capital creció a expensas de la provincia y numerosas familias marcharon también a Madrid, Zaragoza, Barcelona o al País Vasco y a Levante. Llegados los primeros años setenta, la represión franquista continuaba, si bien en una sociedad que había sido troquelada por la fuerza una generación atrás. Guadalajara se había industrializado en cierta medida en la España de los «polos de desarrollo» y favorecida por la cercanía a Madrid y sus comunicaciones. El movimiento obrero se reconstruye en el nuevo marco desde los sesenta y llegan a la provincia numerosos emigrantes de otras zonas de España para trabajar en Azuqueca de Henares o en las industrias de la capital. Comisiones Obreras se organiza en la clandestinidad y también la UGT. El Tribunal de Orden Público se convierte en el instrumento de la dictadura y entre sus sentencias se encuentran a decenas de sindicalistas condenados.

4. Transición, impunidad y olvido en Guadalajara

En los años de la Transición se puede observar que el recuerdo de la represión sufrida estaba vivo, pero enterrado social y completamente separado de la vida política. Es un telón de fondo, casi invisible pero latente. El PSOE sitúa en 1979 como candidato a la alcaldía al hijo del que fuera presidente del Tribunal de Responsabilidades Políticas en 1939, y el PCE tendrá entre sus cuadros principales a algunos militantes, honorables sin duda alguna, con apellidos ligados familiarmente a la memoria de la dictadura, como fruto de las políticas de «reconciliación nacional» que el partido impulsaba desde los años cincuenta.

Pese a todo no fue fácil: Guadalajara es la única capital de provincia en la que en los años entre 1975 y 1977 se van a inaugurar monumentos a Franco y a José Antonio Primo de Rivera; hubo que esperar al gobierno de Rodríguez Zapatero para poder retirar el último de ellos. En 1979, la UCD no pudo presentarse en Guadalajara a las municipales y una alianza de extrema derecha logró situar concejales en el consistorio de la capital. Pese a estos detalles, la historia oficial de la transición en Guadalajara nos dice que no fue especialmente compleja y en breve se pudo observar un enorme tráfico de personas de tradición del régimen franquista que o bien ellos o sus hijos «transitaban» sin mayores dificultades a Alianza Popular primero, o al Partido Popular más tarde. Y no solamente a los partidos de la derecha.

Por ello, no debe sorprender que, en 1977, tras las elecciones de junio, un grupo de ciudadanos a título personal acudiera al Gobierno Civil de Guadalajara para solicitar que se permitiera la construcción de un monumento memorial. El gobernador civil quedase muy sorprendido por la respuesta a su pregunta de por qué no se habían dirigido al ayuntamiento. Emilia Cañadas, hija de Antonio Cañadas Ortego, alcalde de Guadalajara ejecutado en 1939 y promotora de la iniciativa, respondió: «no hemos ido al ayuntamiento porque tenemos miedo, pues siguen allí los mismos franquistas de siempre». Hubo que esperar a 1979 y al resultado de las elecciones municipales, para que aquella comisión ciudadana, ahora convertida en promotora de un monumento memorial, lograse la autorización administrativa municipal para erigirlo. Se trataba de un memorial privado.

Tras las elecciones municipales de 1979, con mayoría socialista y representación comunista en el Ayuntamiento, las calles principales con nombres de la dictadura fueron cambiadas en agosto de 1981, pero sobrevivirían en el callejero hasta 2021 decenas de denominaciones ligadas a la dictadura. De igual forma, en esos años se trasladó la estatua de un Franco general en batalla situada en la plaza del ayuntamiento a una localización secundaria, para más de una década después acabar «desapareciendo» sin más. Toda una metáfora.

Antonio Buero Vallejo, el famoso dramaturgo, natural de Guadalajara, veterano soldado de la República y figura de la resistencia cultural y política, encontraría dificultades para ser tratado con normalidad en la ciudad. Su nombre y figura eran intragables para ciertos sectores reaccionarios de la sociedad arriacense. En una entrevista que se hizo famosa en TVE se le preguntó si vivía la transición con cierta desilusión, a lo que Buero contestó con un clarísimo «nunca estuve ilusionado», exponiendo con dolor contenido su desconfianza en el proceso. El intento de darle su nombre a uno de los nuevos institutos fue boicoteado en la década de 1980 y su acogida social y reconocimiento pleno habrían de esperar a su muerte.

La orden de destrucción de archivos ligados a la represión que emanó del Ministerio de la Gobernación en la etapa de Martín Villa afectó a también Guadalajara. El edificio de la secretaria provincial del Movimiento guardaba restos de documentación quemada cuando tiempo después fue traspasado a Comisiones Obreros en la distribución del antiguo patrimonio sindical del régimen. Pero si faltaban pruebas documentales de acceso público, el «público» conocía o intuía que notorios periodistas locales o ciertas personas destacadas que ahora eran ciudadanos demócratas sin tacha habían sido parte del aparato de represión. Eran conocidos igualmente los nombres de algunos miembros de la Brigada Político Social que vivían en la capital y en la que habían prodigado sus servicios. Nada de esto, sin embargo, afloraba en la vida política institucional de la Guadalajara de la transición.

5. Memoria de la resistencia e iniciativas ciudadana

En esos esfuerzos por rescatar la memoria y la dignidad de las víctimas destacan algunos elementos que encontraremos en otras partes de España. Desde los primeros días de la Transición hubo intentos de localizar los lugares de enterramiento de las víctimas, conseguir traslados de restos mortales a panteones familiares o de construir monumentos memoriales. Muchas de estas acciones eran colectivas y había entre sus promotores, normalmente viudas o hijos, un sentimiento de fraternidad que había sido forjado en los años en los que el luto había estado prohibido. En La Rioja se hicieron célebres las mujeres de negro que habían luchado durante años por poder acceder a la gran fosa común del paraje conocido como La Barranca. En Guadalajara, el equivalente a esas mujeres de negro fue la iniciativa promovida por Emilia Cañadas, quien, junto a otros familiares de ejecutados, organizó una *Comisión Cívica Pro-monumento* en recuerdo de cuantos habían sido asesinados por la dictadura e inhumados en el cementerio de la capital; llevaban años acudiendo al cementerio civil de la ciudad casi clandestinamente para situar flores en días señalados. No se trataba de recuperar los restos de un familiar personal, sino de una acción que pretendía actuar sobre el colectivo y alcanzar con su acción y ejemplo a la sociedad entera de la ciudad y provincia.

En esos primeros años de la transición, entre 1977 y 1981, las acciones tuvieron ese carácter colectivo y con hondo sentimiento político y moral: se trataba de una sociedad que había sido duramente golpeada y que ahora, en la nueva situación política, necesitaba llevar al espacio público su memoria de dolor, resistencia y dignidad, pero no les fue posible. La acción colectiva y pública que se reclamaba no era metabolizable por el régimen constitucional de 1978. Se deseaba que los monumentos que se reclamaban fuesen públicos y que los espacios de enterramientos localizados fuesen objeto de tareas de dignificación, pero no hubo autoridad o institución alguna que lo asumiera o amparase. Cuando algunos alcaldes en sitios concretos tomaron iniciativas acabaron siendo desautorizados por sus propios partidos. Ocurrió en Guadalajara y en toda España: todo intento cesó tras 1981, cuando el fantasma del golpe de Estado surgió de nuevo y al boicot institucional se unió el renacido miedo *por abajo.*

Pero el hecho es que el nuevo marco democrático sí que permitía las acciones privadas, promovidas por la ciudadanía. Gran triunfo. El 27 de octubre de 1979, la inauguración del monumento del cementerio civil reunió a centenares de personas bajo la lluvia, y bajo ella y un mar de paraguas, la señora Emilia Cañadas, portavoz de la *Comisión Cívica pro-monumento,* secundada por Francisco Tobajas, hijo de Gregorio Tobajas, presidente de la Diputación Provincial ejecutado en 1939. Tomó la palabra y reclamó respeto y dignidad para todas las víctimas de la dictadura. Ella y las otras personas que componían la comisión promotora del monumento eran familiares de represaliados, pero lejos de pensar en clave individual y aislada, alzaban su voz por todas las víctimas y emplazaban a los poderes públicos ante su responsabilidad. No estuvieron solos, junto a ellos numerosos cuadros de partidos y sindicatos y cargos públicos electos, si bien estaban a título personal. Ese día las banderas de la República no pudieron ondear y hubo dificultades también con las de los diferentes partidos, la normalidad todavía no daba para tanto.

6. Algunas características de la geografía de la represión en Guadalajara

Guadalajara fue frente de guerra y la mayor parte de su territorio se mantuvo leal hasta el último día de lucha. La capital había sido tomada inicialmente por oficiales golpistas de la guarnición en julio de 1936, que movieron a algunas de sus tropas del regimiento de ingenieros, a un cierto número de voluntarios de falange y la JAP, además de a varias decenas de oficiales liberados por ellos de la prisión militar donde se encontraban por su actividad conspirativa previa. La ciudad permaneció en su poder apenas día y medio, pues las unidades leales y milicianos voluntarios procedentes de Madrid y Alcalá de Henares liberaron la ciudad rápidamente, si bien tras un duro combate. Quedó en manos golpistas el área de Atienza, donde el puesto de la Guardia Civil local no acató la orden de concentrarse en la capital, en la linde norte con Segovia y Soria, si bien el avance de tropas facciosas procedentes de Navarra y Zaragoza establecería una amplia franja ocupada en el arco noreste de la provincia. Todos estos movimientos acabarían por marcar la geografía humana de la represión.

Tras el 1 de abril de 1939, las autoridades del ejército de ocupación habían centralizado en la capital a la casi totalidad de los presos de toda la provincia; se habían establecido campos de concentración en zonas cercanas al frente para el primer procesado de los soldados rendidos tras el fin de las hostilidades, luego en la misma ciudad de Guadalajara se habilitarían centros de detención improvisados en los primeros meses y posteriormente se estabilizó la situación, pasándose por el tamiz del sistema judicial franquista a buena parte de la población que había apoyado al régimen republicano.

Lo que es necesario entender es que en Guadalajara la mayoría de los casos de represión y muerte son posteriores a la guerra, pues la resistencia armada republicana dio cobertura a la población mientras se mantuvo. En la guerra, buena parte de la población del norte y este de la provincia escapó a zona leal, afluyendo los refugiados en masa a la capital y a otras localidades de retaguardia. Esto puso a salvo a muchas

403

personas en esos meses. No obstante, estos desplazamientos, la represión de retaguardia ejercida por los facciosos se hizo sentir. Buena parte de esas víctimas no podrán ser identificadas nunca. La caída de Sigüenza, Alcolea del Pinar, Molina de Aragón, Atienza y sus áreas circundantes, implicarían muchas acciones represivas y de terror que causaron numerosas víctimas, algunas de las cuales hemos podido identificar. Pero el escenario que se dibuja es que lo duro vino tras el 1 de abril de 1939.

Los espacios conocidos como Camino del Río y Rambla al Río, que rodeaban el cementerio de la capital, fueron testigos de las ejecuciones diarias en los años 1939 a 1944. Este detalle se explica porque la mayor parte de las víctimas fueron las procesadas tras la victoria franquista, pues la ciudad había resistido toda la guerra hasta el último día y durante ella, la masa de la población leal a la república había escapado de la zona norte ocupada por tropas carlistas. En ese sentido las ejecuciones extrajudiciales que existieron en la zona ocupada fueron menores de lo que cabía esperar. Localizar e identificar los asesinatos y paseos a manos de Falange, carlistas o guardias civiles facciosos no ha sido tarea fácil y hasta la fecha solamente hemos podido probar 166 casos con nombre y apellidos. Aunque entonces no se sabía o no se había probado fehacientemente, las semanas posteriores al final de la guerra vieron gran cantidad de asesinatos entre los soldados republicanos que regresaron a sus pueblos, muertos impunemente a manos de destacados personajes de la milicia carlista que había operado al norte de la provincia.

Los años ochenta, marcados por la victoria del PSOE, pero también por el golpe de estado fallido de 1981, no dejaron traza que se haya podido localizar en lo que pudiera haber sido intentos de localizaciones y búsqueda organizada de desaparecidos en Guadalajara Y en esta realidad que tratamos, desaparecidos son solamente aquellos que fueron objeto de asesinato sin registrar, esto es, de forma extrajudicial. La gran mayoría de los muertos no eran desaparecidos, sino personas perfectamente identificadas con sus zonas de enterramiento regladas y localizadas, como eran los diferentes espacios del cementerio de la capital y los de las cabezas de partido. Un problema diferente es que muchas familias no supieran donde se encontraban sus familiares, que no existieran monumentos memoriales con los nombres o faltasen instrumentos públicos que permitieran el acceso a la información existente en los archivos.

7. La investigación de la represión. Los primeros intentos

Pese a todas las dificultades, algunas personas empezaron a investigar por su cuenta incluso en los mismos años finales de la dictadura. Es imprescindible recordar la figura de Tomasa Cuevas, militante del PCE encarcelada durante largos años, quien protagonizó uno de los mayores esfuerzos personales conocidos por rescatar la memoria de lucha y resistencia. Natural de Brihuega, joven militante en los años de la guerra, tras su paso por numerosos penales buscó a sus compañeras de encarcelamiento y reconstruyó de forma heroica por el esfuerzo y la falta de medios todo lo vivido en las cárceles de Guadalajara y de toda España por las mujeres de su generación. Otro militante histórico que asumió el esfuerzo de escribir e investigar sobre la lucha y la resistencia fue Miguel Rodríguez Gutiérrez, *Mirogu* (militante de la JSU) y dejó testimonio de su pasó por las cárceles franquistas (GARCÍA BILBAO, 2017: 85-93).

Ya en un plano más cercano, debemos citar como pionero de la investigación sobre la represión en Guadalajara al veterinario César González Camarero, aragonés y militante del PSOE, director provincial de agricultura, pesca y alimentación en 1983, quien a lo largo de varios años y tras escuchar de primera mano las historias personales y familiares de muchas personas de su entorno en la ciudad, acometió la tarea de investigar en fuentes primarias lo sucedido, trascendiendo así la fase de la historia oral. González Camarero tuvo acceso al registro civil de la capital y comenzó el análisis de los datos que encontraba, si bien no pudo acceder a otros registros como los expedientes carcelarios, los libros de enterramiento y otros. Su trabajo no pudo culminarse y falleció años después, tras compartir por escrito con algunos compañeros sus indagaciones en 1994. Había quedado impresionado por la realidad que se vislumbraba tras aquellas primeras pesquisas realizadas con método.

El hecho cierto es que durante todos los años ochenta, noventa y la primera década del siglo XXI, no se encuentra esfuerzo académico en el ámbito de Guadalajara por esclarecer estos hechos relacionados con la represión masiva. En 2004, Berlinches Balbacid, rompe el fuego con un estudio sobre 200 casos de represión franquista en Guadalajara (BERLINCHES, 2004) en el que procede con rigor y método en lo que no deja de ser más que una cata, si bien representativa de lo sucedido, en el campo de las incautaciones por la ley de Responsabilidades Políticas.

Resultaría muy significativo que en las historias locales que van a ser publicadas en esos años y posteriormente, en buena parte de ellas se ignora por completo los años de la guerra y la represión, pasando del Cid, el Renacimiento y los Mendoza, la francesada y Romanones a los Polos de Desarrollo y los 25 años de paz. Hay que esperar a la actualidad para encontrar estudios locales de alcance que no rehuían la realidad vivida (Paramio: 2010; De Marcos: 2018), o bien estudios específicos sobre el movimiento obrero que incluyen todo el primer tercio del siglo XX (Alejandre: 2020). No obstante, debemos aclarar que no estamos haciendo una relación de estudios sobre historia contemporánea (que los hay en Guadalajara), sino en este punto lindante o centrado en la guerra y la represión.

8. El Foro por la Memoria de Guadalajara y su investigación sobre la represión

En 2007 se fundó el Foro por la Memoria de Guadalajara, una asociación surgida de un grupo de personas con independencia de partidos o fuerzas políticas concretas –de hecho, las procedencias de sus miembros son muy plurales–, pero comprometido con el rescate de la memoria antifascista y los valores democráticos. Entre sus tareas está la investigación histórica con criterios y método académico. La línea seguida se basa en la consideración de que las víctimas de la represión franquista fueron, en primer lugar, personas víctimas de crímenes. Parece algo obvio, pero no lo debe ser tanto. Si fuesen consideradas víctimas de crímenes, sería la administración de Justicia la que se encargaría de las investigaciones de esos crímenes, las identificaciones y el tratamiento forense de los cuerpos de las víctimas localizadas. No es así, y no lo es ni siquiera por la Ley de Memoria Democrática de 2022.

Pero había sido en 2005, dos años antes de la fundación del Foro, cuando comenzamos la investigación sistemática que nos llevó en 2010 a realizar el primer estudio de conjunto sobre la represión franquista en Guadalajara y en 2021 a publicar el estado de la cuestión más reciente. Nuestro principal objetivo en ese esfuerzo es la concreción de un corpus de víctimas de la represión, identificadas con nombre y apellidos.

La labor del Foro por la Memoria pasó por otras tareas además de la investigación y publicación de monografías. Se organizaron en estos años Jornadas académicas sobre las colectivizaciones en la provincia, sobre la participación de las mujeres en el Ejército Popular y el esfuerzo de guerra republicano, sobre la figura de Tomasa Cuevas, además de once marchas anuales Memorial Batalla de Guadalajara, con rutas guiadas, conferencias y encuentros internacionales. La actividad en estos años fue continua e incesante, pero la que ha resultado mejor prueba de la utilidad de este esfuerzo han sido las más de 360 peticiones de ayuda por parte de familias o personas interesadas en conocer la suerte de víctimas de la represión, o las colaboraciones e intercambio de datos e informaciones con investigadores de otras provincias, además de la participación en proyectos específicos de la Universidad de Castilla-La Mancha.

9. La cuestión de la impunidad y las leyes de memoria

Si tuviéramos que caracterizar nuestra posición en el campo memorialista y ciudadano, lo expresaríamos con las siguientes puntualizaciones.

1. El régimen franquista, nacido de un golpe y una guerra, fue ilegal e ilegítimo y por tanto consideramos nulos sus tribunales, sentencias y desarrollos legislativos que conculcaran los derechos humanos o condicionaran el futuro del país. Esa nulidad, entendemos, debe tener efectos legales y permitir a las víctimas y sus familias hacer

valer su derecho a ser resarcidos en lo material y en la justicia penal. No se trata de que la dictadura cometiera crímenes, sino que su existencia, en sí misma, fue un crimen.

2. La identidad democrática colectiva española pasa por la plena asunción de la historia de lucha y sacrificio por las libertades y la construcción de un estado constitucional y democrático en el que no haya sombras ni hipotecas heredadas de la dictadura, de forma que ignorar en ese sentido la tradición republicana española no nos parece aceptable.

3. Las fosas son espacios de crímenes y pruebas de ellos, por lo que debe ser el Estado a través de la administración de Justicia, con sus propios especialistas y forenses, la instancia que debiera asumir su investigación y tratamiento.

4. La impunidad del régimen franquista debe acabar. Consideramos que un sistema democrático no puede sostenerse sobre la impunidad de crímenes sin envilecerse y vaciarse de contenido.

5. La ley de Amnistía de 1977 debe ser considerada nula de inicio, pues se basa en la legalidad del régimen anterior, un régimen criminal de origen. En ese sentido creemos que el debate sobre esta ley debe partir no del hecho de que exonera de toda responsabilidad a los miembros de las estructuras del régimen por crímenes o vulneraciones de los derechos humanos, sino que, por ejemplo, el haber sido miembro de la Brigada Político Social debiera constituir en sí mismo, un delito.

La posición del Foro por la Memoria, en tanto que asociación ciudadana que defiende unos valores, consideramos que no está reñida con el trabajo académico realizado con rigor y método. Compartimos posiciones de base con la Federación Estatal de Foros por la Memoria y coordinamos nuestras acciones con ellos. Nos opusimos en su día a la llamada ley de memoria del gobierno de Rodríguez Zapatero, defendimos la aprobación de una Ley Integral de Víctimas del Franquismo que desgraciadamente no ha sido asumida por ningún grupo parlamentario, impulsamos el llamado Encuentro de Vicálvaro y la Carta conjunta firmada por más de 80 asociaciones de toda España y en el proceso de discusión y trámite de la recién aprobada Ley de Memoria hemos mantenido interlocución con los parlamentarios que la han sacado adelante. Nuestra posición con la ley es crítica, consideramos que elude contradicciones fundamentales y lamentamos que no se haya podido llegar a un punto de encuentro que permitiera un cambio cualitativo en la cuestión de la impunidad franquista y sus derivadas.

Desde nuestro punto de vista, el modelo seguido por el estado español en materia de defensa de la memoria histórica es el propio de lo que el Grupo Nizkor ha caracterizado como «El modelo español de impunidad» (GÁLVEZ BIESCA, 2021). Esto es, un modelo que busca neutralizar las contradicciones, evitar que nadie saque consecuencias políticas.

Lo que se puede observar en la nueva Ley de Memoria Democrática es la preocupación por las víctimas, pero sobre todo por la necesidad de preservar de contradicciones la actualidad legalidad y legitimidad de nuestro modelo constitucional en lo que pueda tener de contradictorio con la legalidad franquista que dio origen a la proclamación de la monarquía, el marco legal franquista que amparó la transición y sobre todo la absoluta y total impunidad penal de la dictadura que perdura hasta la actualidad. En ese sentido, la realidad de la existencia de mucho dolor todavía, las injusticias no resueltas, y la existencia de un amplio colectivo de personas y familias que no se sintieron amparadas por la ley de memoria promulgada durante el gobierno de Rodríguez Zapatero, es lo que parece haber aconsejado a la acción del actual gobierno de coalición a intentar poner fin en la medida de lo posible a esta fuente de contradicciones. Baste con explicitar una de esas contradicciones: la nueva Ley de Memoria denomina como «ilegal» al régimen franquista, pero no contempla el derecho a acudir a la justicia para hacer valer la ilegalidad de sentencias y tribunales y apelar a la responsabilidad patrimonial del estado con los expolios, a la ley penal para perseguir a las personas que fueron instrumentos de la represión o, mucho más claramente, no se cuestiona la ley de Amnistía que parte precisamente de la legalidad franquista.

10. La cuestión de las fosas

Desde la experiencia práctica obtenida en el trabajo sobre el terreno y la investigación sobre fuentes primarias y archivos, hemos obtenido algunas conclusiones sobre el problema las fosas y lugares de enterramiento, pues en Guadalajara y su provincia hemos encontrado casi todas las variaciones posibles existentes. El concepto de fosa hace referencia a espacio de enterramiento. Una persona es enterrada en una fosa individual o tumba, pero el término, al menos en este contexto de muertes y crímenes masivos, esos espacios de enterramiento incluyen a más de una persona. Intentaremos ofrecer un breve resumen de nuestras consideraciones al respecto.

Una primera variable es si el espacio de enterramiento es un lugar reglado o no. Desde esta consideración establecemos una tipología de enterramientos en tres modalidades:

1. **Enterramientos en lugares reglados y específicos para *ello*.**
   Un cementerio oficial del tipo que sea es el mejor ejemplo de esta categoría. Para referirnos a un enterramiento en un espacio así se debería aludir en primer lugar al «espacio amplio» que representa éste. Y luego, en detalle, dentro del cementerio, el enterramiento puede tener varias concreciones: a) la tumba individual localizada e identificada o la no identificada. b) la tumba colectiva, esto es, una fosa con varios cuerpos. Puede ser a su vez un enterramiento plenamente identificado o no estarlo pese a encontrarse en cementerio reglado: es el caso del cementerio de Talavera de la Reina en el que algunas personas ejecutadas estaban en tumba individual, pero sin identificar en zonas linderas con la fosa común; hay una gran cantidad de estos casos.

   En los ejemplos concretos que hemos encontrado cabe otro plano de concreción: las fosas en cementerio específicas para ejecutados o fallecidos relacionados con la represión (en Guadalajara las fosas situadas en el antiguo cementerio civil específicas para fusilados) y las fosas genéricas para todo tipo de procedencias, el caso, por ejemplo, del cementerio de Vegueta en Las Palmas de Gran

Canaria, donde la fosa común es en realidad un espacio amplio con numerosas fosas menores en las que se depositaron restos durante muchas décadas de todo origen y donde entre miles de restos se depositaron algunas decenas de personas ejecutadas, mezcladas así con los demás.

2. **Enterramientos en fosa común o individual en zonas improvisadas ante circunstancias especiales.**
El mejor ejemplo de esto es una zona de enterramientos junto a un hospital de campaña o un centro de detención. Es decir, se trata de un lugar de concentración de personas en el que por algún motivo existe una fuerte mortalidad. Se pueden encontrar algunos de los detalles del punto anterior.

3. **Enterramientos clandestinos.**
Corresponde con aquello que se suele entender popularmente como fosa. La fosa clandestina es el lugar de enterramiento desconocido en el que se oculta un crimen. Hemos localizado casos en los que literalmente no hay fosa, los cadáveres eran abandonados en campo abierto o zona boscosa, arrojados por un precipicio o acciones similares. Hasta la fecha, el Foro por la Memoria de Guadalajara ha localizado 14 fosas clandestinas en la provincia de Guadalajara, teniendo los nombres y apellidos de 129 personas enterradas en esos enterramientos ilegales.

En el caso concreto del cementerio de Guadalajara, un espacio reglado, encontramos varios de los tipos citados de fosa. De las 977 víctimas inhumadas en el Cementerio de Guadalajara, 317 lo fueron en las 16 fosas comunes del viejo cementerio civil, todas ellas específicas para fusilados; entre ellos se entraban los restos de Timoteo Mendieta, enterrado junto a sus compañeros de saca de ese día y cuyo lugar de enterramiento estaba localizado y hasta contaba con una lápida nominal dispuesta por la familia. Eran estas fosas gratuitas (clase séptima según el reglamento del cementerio de 1935). En otros espacios de ese mismo cementerio civil, otras 82 víctimas fueron inhumadas en grupos de 2, por haber podido pagar sus familiares un entierro de 3ª categoría según la reglamentación

411

vigente. Todos estos enterramientos se hayan situados junto a la antigua puerta que daba al Camino del Río, situado tras la tapia sur del cementerio. En otros lugares del Patio Cuarto del antiguo cementerio católico, fueron inhumados 156 víctimas más –individuales o de dos en dos–, de los que sabemos que al menos 139 serían exhumados y trasladados al osario al cumplirse el periodo sin renovación del pago. Estar en un tipo de enterramiento u otro dependía de la capacidad económica de las víctimas: Con dinero para pagar se lograba una tumba individual o doble.

Por su parte, la fosa del Patio de Santa Isabel, donde ahora se ha construido el Memorial, llegó a contener 370 cuerpos de víctimas del franquismo que acabarían por ser trasladados al osario en diversos momentos. En otras partes del cementerio hay muchos otros enterrados según las posibilidades de las familias de pagar tumbas más caras: 15 en el Patio de Santa Ana, 11 en el Patio de la Soledad, 2 en el Patio de la Antigua y los 156 ya citados en el Patio Cuarto. El total de víctimas mortales de la represión franquista inhumadas en el Cementerio de Guadalajara es de 977 personas, que incluyen los fusilados en cumplimiento de sentencia (822) y los presos políticos muertos en la cárcel (155).

Siendo estas tipologías algunas de las posibles y existiendo varias posibilidades más, la acción del Foro por la Memoria ha optado por establecer un marco de interpretación en el que vemos tres posibilidades: Enterramientos en espacios reglados, Enterramientos en zonas improvisadas y Enterramientos clandestinos, pero en todos los casos de la represión franquista, fuere cual fuere las circunstancias de las muertes, estamos hablando de crímenes, pues los golpistas no tenían derecho a juzgar a nadie y mucho menos a cobrarse sus vidas. Las fosas del franquismo son las pruebas finales de su crimen fundacional y es por ello por lo que debiera ser la Justicia la que debiera actuar. España forma forenses civiles y militares para actuar en países lejanos, pero cuando se encuentra cerca de una nuestras ciudades o pueblos una fosa clandestina con indicios claros de un asesinato masivo, esos expertos oficiales no son llamados.

El Foro por la Memoria de Guadalajara ha participado en varias localizaciones y exhumaciones de fosas y en todas ellas se ha aplicado un protocolo propio de la Federación de Foros en el cual acudir a la Guardia Civil y al Juzgado de Guardia más cercano era lo que se hacía de inmediato una vez comprobada la localización de los restos; lo ocurrido en esos casos en la práctica debiera ser descrito con todo detalle en otra ocasión.

11. Sobre el concepto de *memoria histórica*

Cuando se habla de *memoria histórica*, ahora bautizada en este contexto como *memoria democrática*, la discusión puede llegar a extremos profundos y sin embargo no conectar con la realidad. En la España actual, el concepto de *memoria histórica* se emplea sustantivado como un eufemismo para referirse a los crímenes franquistas y la existencia de un problema con fosas, enterramientos masivos y familias en busca de la recuperación de sus deudos, siendo *memoria democrática* una expresión que intenta circunscribir aún más el terreno. Una sociedad constituida en estado democrático precisa de una identidad colectiva basada en símbolos que representen la dignidad colectiva y el esfuerzo pagado por esa colectividad para lograr su momento actual, su realidad democrática. Tales símbolos, tales esfuerzos y tales sacrificios en el caso español no son asumidos por el estado como propios cuando se trata de las víctimas de la dictadura o de los miembros de la resistencia antifranquista. No son las víctimas del franquismo y la lucha contra el golpe, la guerra y la dictadura, elementos simbólicos de los que el estado democrático haga bandera y representación. Es peor incluso, se les ve como una amenaza al consenso constitucional que permitió fundamentar la CE78 y el actual estado democrático. Son vistos como un fleco pendiente que se debe subsanar o contener lo antes posible pues su potencial desestabilizador sigue siendo considerado peligroso.

En este sentido creemos que la valoración del concepto de memoria histórica que realizó el profesor Fortes de la Universidad de Granada aclara muy bien lo que tiene de incómodo y contradictorio con la

España oficial, la lucha por la memoria: «El sistema soporta los acercamientos en clave sentimental o histórica, pero no en clave de análisis político. La memoria histórica es un campo de batalla de la lucha de clases y el aplastamiento criminal, genocida, de la resistencia armada republicana, de la lucha proletaria y hasta de la burguesía republicana por la reacción y el fascismo, es algo que no puede ser explicitado: el bloque de poder actual no lo soporta, sus relaciones con el pasado fascista son demasiado fuertes. Ese aplastamiento de la resistencia antifascista fue, además, en todos los órdenes, militar, pero también económico, cultural, ideológico con unas consecuencias que duran hasta el presente, quienes intenten así decirlo serán acusados de «radicales, intransigentes».

Esta aportación del sociólogo granadino Fortes, la realizó en el marco del documental «Causa 661/52. La insolencia del condenado» dirigida por Falconetti Peña en 2009; un impresionante trabajo de investigación sobre las guerrillas en Málaga y Granada, pero sobre todo por las dificultades para llevarlo a cabo y estrenarlo (García Bilbao: 2012). Hasta tal punto ha sido así que *Causa* no ha sido emitido por ninguna emisora de tv sea pública o privada.

La cuestión de la memoria histórica sigue abierta. La nueva ley es abiertamente contestada desde la derecha y la extrema derecha al punto de no reconocer y hasta despreciar el esfuerzo del PSOE y el gobierno de coalición de intentar frenar las contradicciones aún abiertas con su acción cortafuegos: les parece que concede demasiado, que rompe el «consenso constitucional», con lo queda a la vista de todos que tal consenso se basa en la existencia del olvido y la impunidad, en la dualidad de *vencedores impunes y perdedores amnistiados*. La posición del movimiento memorialista es clara. No obstante, las leyes deben cumplirse, y exigiremos que ésta lo sea, si bien al mismo tiempo no se va a decaer en la lucha por resolver las contradicciones, que las víctimas sean consideradas como tales y el franquismo sea finalmente declarado con todas sus consecuencias un régimen ilegal poniéndose fin a su impunidad.

12. Un hecho positivo: El monumento memorial

Pese a las visiones contradictorias sobre la naturaleza, concepto, implicaciones o alcance de la memoria histórica, a la altura de 2022, se han producido avances importantes en la normalización democrática. Algunas de las contradicciones no se han resuelto y no van a tener fácil resolución si es que algún día la tienen, pero la vida no se detiene y cada vez hay más personas persuadidas de la necesidad de poner fin a estas injusticias que arrastramos como sociedad. En el caso de Guadalajara particularmente, tras años de luchas en favor de la construcción de un monumento memorial público que recogiese la totalidad de los nombres de las víctimas mortales de la represión inhumadas en algún momento en el cementerio de la capital, puede decirse que finalmente se logró su construcción e inauguración el día 5 de noviembre de 2021.

Se trata de un doble muro de mármol con un total lineal de 40 metros de largo en el que figuran los nombres y apellidos organizados por localidades. No fue nada fácil llegar a ese momento. Una primera versión del monumento, aprobado su proyecto y con una subvención pública, fue boicoteado por el ayuntamiento presidido por el nieto de un oficial golpista de julio de 1936; no se concedió la autorización administrativa pertinente en todos los años de la legislatura, hasta que finalmente en las elecciones de 2019, una nueva mayoría municipal electa permitió el desbloqueo de la situación. Aquel 5 de noviembre de 2021, tuvo lugar la solemne inauguración. Estuvieron presentes algunas de las personas que habían participado en la iniciativa pionera de 1979, como Emilia Cañadas, y junto a ella Juan Carlos Tobajas, Ascensión Florián, Isabel Hernando, Conchi de Luz y muchas otras que habían guardado en sus corazones la dignidad y la voluntad para resistir el tiempo y el desprecio con el que se les quiso tratar. No estaban solas. Junto a esas personas acudieron las autoridades públicas: el alcalde de Guadalajara, la delegada del Gobierno, representantes del gobierno autónomo de Castilla-La Mancha, la Diputación Provincial y varios ayuntamientos de la provincia.

13. Una reflexión final

Empezamos esta aportación recordando que tal vez la primera mención a la memoria en un decreto de un gobierno constitucional fue el de 1812, en relación con lo que calificaron como *hecho feliz* de proclamar la Constitución, y cómo la respuesta del absolutismo trocó en represión y sufrimiento aquellos esfuerzos. A lo largo del siglo XIX, España emprendió el camino para construir un estado moderno, liberal, constitucional, afrontando toda suerte de convulsiones y problemas. En esos años el recuerdo de los mártires de la libertad y la constitución, los Riego, Mariana Pineda, Torrijos y sus compañeros, una legión incontable, fue mantenido y respetado, convirtiéndose en patrimonio colectivo y seña de identidad democrática de la nación. Tales figuras fueron a su vez asumidas por la Primera y Segunda República, en un ejemplo de continuidad y respeto a la lucha de una nación por erigirse a sí misma en un estado democrático y moderno. Tras el golpe, la guerra y la larga dictadura franquista que rompió por décadas esa trayectoria de la nación, el régimen constitucional de 1978 no consideró necesario ni rescatar el recuerdo de la experiencia republicana de 1931, su constitución y avances legales y sociales, ni rescatar ni hacer suya la memoria de cuantos lucharon en defensa del estado democrático y de sus ideales de justicia social y libertad. La continuidad de la memoria democrática del liberalismo español alcanzó a la República, pero la España constitucional de 1978 se ha mostrado incapaz de apoyarse y hacer suya esa tradición de lucha. Las contradicciones de la memoria en España nacen de esa incapacidad. El Foro por la memoria de Guadalajara, como los otros Foros de la Federación son actores ciudadanos en esta lucha democrática en la que el trabajo de investigación con rigor académico es un esfuerzo imprescindible al que intentamos contribuir lo que honrada y modestamente nos es posible. |

Referencias bibliográficas

- ALEJANDRE TORIJA, Enrique (2020): *El movimiento obrero en Guadalajara, (1853-1939)*. Fundación Federico Engels, Madrid.

- APARICIO ORTEGA, Paulino (2008): *Los alcaldes republicanos de Guadalajara*. Ed. Autopublicada.

- BERLINCHES BARBACID, Juan Carlos (2004): *La redención de la memoria. 200 casos de represión franquista en Guadalajara,* Guadalajara, Bornova Asesores Turísticos Culturales.

- CRUZ, Rafael (2006): *En el nombre del pueblo. República, rebelión y guerra en la España de 1936*. Siglo XXI, Madrid.

- CUEVAS GUTIÉRREZ, Tomasa (2022): *Mujeres en las cárceles*. Corbis, Barcelona.

- GÁLVEZ BIESCA, Sergio (2021), "El 'modelo de impunidad español': pasado, presente y futuro (1977-2020)", *Historia Actual Online,* 56, pp. 79-90.

- FORO POR LA MEMORIA DE GUADALAJARA (2010): "Fusilados/as en el Cementerio Municipal de Guadalajara entre 1939 – 1944" en <https://memoriaguadalajara.es/fusilados-en-el-cementerio-municipal-de-guadalajara-1939-1944-en-aplicacion-de-sentencias-ilegales-promovidas-por-los-tribunales-golpistas/> [28/11/2022]
- (2019): "VIII Marcha memorial batalla de Guadalajara", <https://memoriaguadalajara.es/2019/03/17/viii-marcha-memorial-batalla-de-guadalajara-galeria-fotografica/>[27/11/2022]

- GARCÍA BILBAO, Pedro A. (2017): *"Timoteo Mendieta no fue un desaparecido"* <https://memoriaguadalajara.es/2017/09/02/timoteo-mendieta-no-fue-un-desaparecido-pedro-a-garcia-bilbao/>

- GARCÍA BILBAO, Xulio (2016): *"El Foro por la Memoria busca a familiares de 157 republicanos desaparecidos de Sigüenza"* <https://memoriaguadalajara.es/2016/10/16/el-foro-por-la-memoria-busca-a-familiares-de-157-republicanos-desaparecidos-de-siguenza/> [27/11/2022],

- (2019): "Quienes eran. Los hermanos Castel, La Olmeda de Jadraque", <https://memoriaguadalajara.es/2019/12/28/quienes-eran-los-hermanos-castel-la-olmeda-de-jadraque/> [27/11/2022],
- (2017):"Guadalajara: 80 años de antifascismo y memoria democrática", *Memòria Antifranquista del Baix Llobregat,* 17, pp. 89-93.

• JULIÁ, Santos (1999): *Víctimas de la guerra civil,* Temas de Hoy, Madrid.
- (2019): *Demasiados retrocesos España 1898-2018,* Galaxia Gutenberg, Barcelona.

• LLEDÓ, Pilar (1991): *Alcalá en Guerra.* Alcalá de Henares, Brocar.

• MARCOS CORTIJO, Óscar de (2018): *Budia, la historia silenciada. República, Guerra Civil y represión en un pueblo de La Alcarria (Guadalajara).* Guadalajara, Silente Ediciones

• PARAMIO ROCA, P. Carlos, GARCÍA BILBAO, Pedro A. y Xulio GARCÍA BILBAO, (2010): *La represión franquista en Guadalajara,* Silente Ediciones, Guadalajara.

• PRESTON, Paul (2011): *El holocausto español. Odio y exterminio en la guerra civil y después.* Debate, Barcelona.

• RODRÍGUEZ GUTIÉRREZ, Miguel (1979): *El último preso del Valle de los Caídos.* Casaló Artes Gráficas, Madrid.

IN MEMORIAM
1939-1943